ミネルヴァ日本評伝選

用うるに玄黙より大なるはなし

鈴木貫太郎

小堀桂一郎 著

ミネルヴァ書房

刊行の趣意

「学問は歴史に極まり候ことに候」とは、先哲荻生徂徠のことばである。
歴史のなかにこそ人間の智恵は宿されている。人間の愚かさもそこにはあらわだ。この歴史を探り、歴史に学んでこそ、人間はようやくみずからの正体を知り、いくらかは賢くなることができる。新しい勇気を得て未来に向かうことができる。徂徠はそう言いたかったのだろう。

「ミネルヴァ日本評伝選」は、私たちの直接の先人について、この人間知を学びなおそうという試みである。日本列島の過去に生きた人々の言行を、深く、くわしく探って、そこに現代への批判を聴きとろうとする試みである。日本人ばかりではない。列島の歴史にかかわった多くの異国の人々の声にも耳を傾けよう。
先人たちの書き残した文章をそのひだにまで立ち入って読み、彼らの旅した跡をたどりなおし、彼らのなしとげた事業を広い文脈のなかで注意深く観察しなおす——そのとき、はじめて先人たちはいまの私たちのかたわらによみがえってくる。彼らのなまの声で歴史の智恵を、また人間であることのよろこびと苦しみを、私たちに伝えてくれもするだろう。

この「評伝選」のつらなりのなかから、列島の歴史はおのずからその複雑さと奥ゆきの深さをもって浮かび上がってくるはずだ。これを読むとき、私たちのなかに新たな自信と勇気が湧いてきて、その矜持と勇気をもって「グローバリゼーション」の世紀に立ち向かってゆくことができる——そのような「ミネルヴァ日本評伝選」にしたいと、私たちは願っている。

平成十五年（二〇〇三）九月

上横手雅敬
芳賀　徹

鈴木貫太郎

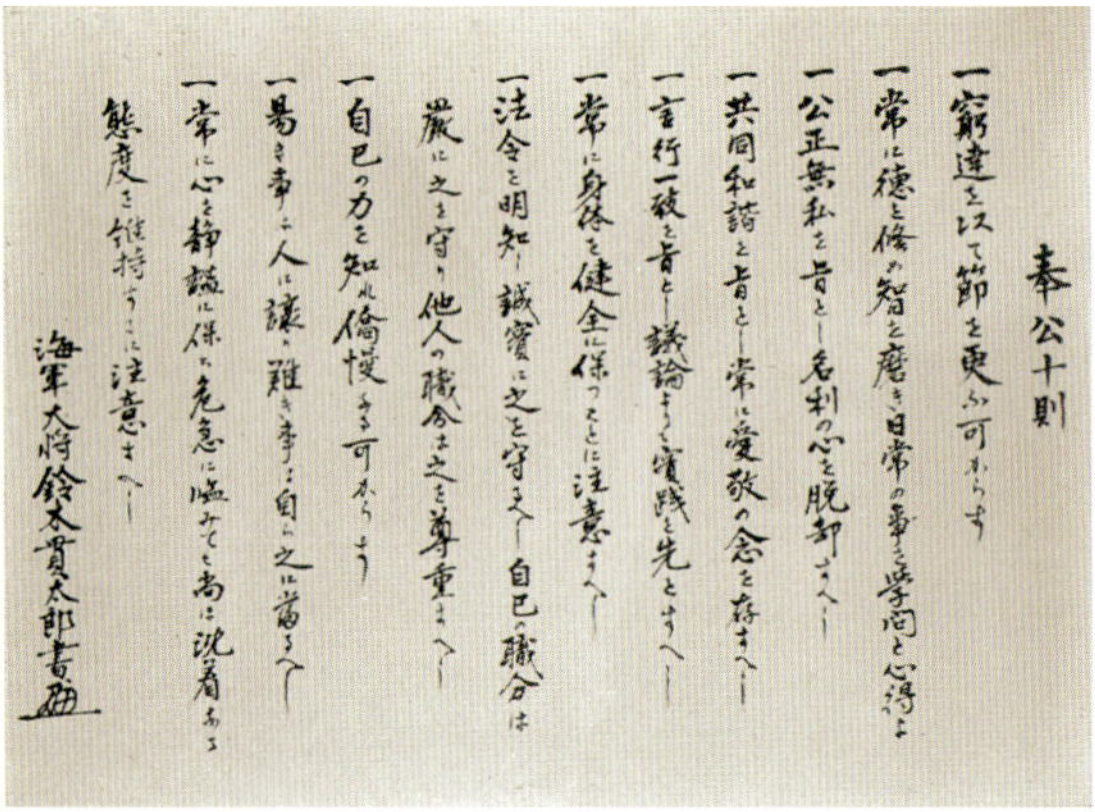
奉公十則
一窮達を以て節を更ふ可からす
一常に徳を修め智を磨き日常の事を学問と心得よ
一公正無私を旨とし名利の心を脱却すへし
一共同和諧を旨とし常に愛敬の念を存すへし
一言行一致を旨とし議論より實践を先とすへし
一常に身体を健全に保つことに注意すへし
一法令を明知し誠實に之を守るへし自己の職分は
嚴に之を守り他人の職分は之を尊重すへし
一自己の力を知れ驕慢なる可からす
一易き事は人に譲り難き事は自ら之に當るへし
一常に心を静謐に保ち危急に臨みては尚は沈着なる
態度を維持することに注意すへし
海軍大将鈴木貫太郎書

鈴木貫太郎書「奉公十則」
（海軍大學校に長く懸けられていた）

鈴木貫太郎終戰內閣成立時

はしがき——本書の素材となつた史料に就いて

本書の基礎となつてゐる史料は主として鈴木貫太郎氏の自傳である。巻末の參考文獻表に記しておいた通り、この自傳には三種の刊本がある。成立の順に擧げてみると、最初に出版されたのが、昭和二十三年四月の鈴木の歿後一周忌の記念として故人の嗣子鈴木一《はじめ》氏の編纂といふ形で櫻菊會出版部から二十四年十月一日付で刊行された故人の回想記の筆録の一書である。この時に書名は『鈴木貫太郎自傳』とされてゐた。

第二の版は昭和四十三年四月に、鈴木の生誕百年を記念して同じく嗣子一氏の名義で編纂された同名の書であるが、この版には昭和二十一年八月に鈴木の口述を勞働文化社の社長河野來吉が筆録編纂し、『終戰の表情』との題を付け、月刊「勞働文化」の別册として刊行した册子の全文と、鈴木一の回想記『父と私』全文をも併せて收録した形で、時事通信社から出た。

第三の例は平成二十五年七月に中央公論新社から發行された「中公クラシックス」叢書中の一點としての『鈴木貫太郎自傳』である。この書は出版社の意向により、昭和二十四年の櫻菊會版を底本とし、時事通信社版の『終戰の表情』以下の併載部分は省略して初版本の形に戻してゐる。同時に又中央公論新社編集部の委囑によつて本書の著者である小堀が初めて自傳の本文に校訂を施した形で刊行された。この校訂作業を施す過程で、本評傳の方法と構成は自づから決つてしまつたと言つてよい。

櫻菊會刊の初版の形は、當時日本青年協會理事の青木常盤氏が昭和十四年九月から十九年八月までの五年間に亙り、計二十六回小石川丸山町の鈴木邸に通ひ、鈴木の語る生涯の回想を筆錄して成つた稿本の活字化である。本評傳の著者にとつて全く未知の人である青木氏の聞書作成の努力と熱意とには後生として心からの感謝に堪へない。よくぞ是だけの綿密詳細な、しかも口述者の生前の語り口をさながらに傳へてくれる忠實な口語體の筆記文を作成してくれたものである。

筆錄者の御苦勞には只管なる感謝を覺える他無いのだが、只其處に出來上つた稿本は、昭和二十年春の口述者鈴木の境遇の激變から推して、とても本人の校閱と修訂を仰ぐ餘裕はなかつたのではないかと思はれる一種の未完成品である。この回想錄の文體を見れば、鈴木の記憶力は强靭で、且つまめにメモを作つておく習性をも有してゐた人ではないかと推測されるのではあるが、多忙な行動世界の人であつた以上、細部の忘失や記憶の錯誤から來る口述の不正確がそのまま文字になつてしまつてゐる箇所が少からずある樣である。それと所謂同音異義語・近音別語の頻出から筆錄者の手に生じてしまふ意味混亂の章句などは、口述者本人の眼を以てするより他訂正の仕樣がないであらう。凡そ本人の校閱の手を經てゐない稿本には通例どうしてもその樣な意味不通箇所が多く現れてしまふものである。

それに加へて、初版本の出た昭和二十四年といへば、米軍の占領政策に便乘する一部の文部官僚、所謂表音派國語學者の策動により、漸く確立に向つてゐた我が國語の正書法が一朝にして攪亂され、印刷表記の世界に非常な混亂が生じ始めた時期に當つてゐる。そこでこの自傳の初版本でも、稿本制作者か印刷所の植字者か、どちらの責任に屬するのかは不明ながら、全篇に亙る表記の不統一は相當の量であつた。結局のところ中公クラシックスへの編入のための新版の制作に當つては、それが出版物としてのあるべき體裁を具へるまでには本文校訂の作業に相當の日數を費さざるを得なかつた。

この校訂作業を進めてゆく途上で、その叢書には注を付ける事を要請されてはゐなかつたが、本文校訂のための謂はば潛在的な注を施すための史料調査の必要も頻々と生じ、その要求に一々應じてゆくうちに、何となく本評傳の粗筋は出來上つてしまつてゐた。

自傳初版本の敍述範圍に入つてゐる昭和十九年八月までの記傳は卽ち上記の方法で用が足りたのだが、問題は昭和二十年四月の總理大臣就任以後の事蹟である。これにも上記した『終戰の表情』といふ回想の筆錄冊子が作られてはあるのだが、その內容には『自傳』の續篇とは素直に看做せない問題點があつた。何分その回想の中に登場する、乃至言及される蓋然性を有するのは皆知名の同時代人であり、そこに先づ口述者の遠慮が働く。中には東鄕茂德、木戶幸一、廣田弘毅の樣に、鈴木と志を同じうして終戰工作に盡瘁した同僚であるのに現在は極東國際軍事裁判所法廷の被告として巢鴨拘置所に囚はれの身となつてゐる人がゐる。鈴木の回想の何ら批判的意味合ひを持たない何氣ない言及でもその人々の運命にどんな影響を及ぼすか、愼重に考へればうつかり名指しの批評すらできないことになる。東條英機、平沼騏一郎の如く、鈴木と立場を異にしてゐた人々の場合は猶更氣遣ひが必要である。勢、己が先頭に立つて奮勵してゐた終戰工作の過程に就いては、鈴木の回想はどうしてもその裏面乃至一皮剝いた深みに切り込んでは行かない、綺麗事に收まつてしまふ傾向がある。

さういふわけで『終戰の表情』は評傳の史料としては今一歩それに依據する事が憚られた。鈴木の歴史觀、戰爭觀、そして何よりも昭和天皇への尊崇と忠誠の念の純粹・熱烈なることを知るには洵に好き文獻であるが、然しこれらの鈴木の內面は直接の心情的表白に聽かなくても、その生涯の事蹟を精査してみれば自づからに明らかな事である。

それよりも寧ろ著者が留意せざるを得なかつたのは、著者の舊著『宰相 鈴木貫太郎』(昭和五十七年八月文藝春秋刊)との記述の重複を避ける事だつた。舊著は簡單に言へば內閣首班としての鈴木の終戰工作の苦心の事蹟を考證した文獻的研究である。その方法及び敍述と評傳といふ樣式との間には、同じとは言へない迄も互ひに相通ずる要素が少からずあり、著者としては舊著での達成を或る程度活用しないわけにはゆかなかつた。只、どうしてもさうするより他はない、といふわづかの箇所を除いて、舊著での敍述の再利用は極力避ける事にした。それに幸ひな事に鈴木の終戰工作過程を再考するための新しい研究は參考文獻表に記載した通り內外共に甚だ豐富に出てをり、著者にとつては新たに研究をやり直す如き愉快さを與へてくれるものだつたからである。

鈴木貫太郎——用うるに玄黙より大なるはなし

目次

はしがき――本書の素材となつた史料に就いて

第一章　少年時代……1
1　出生と幼年時……1
飛地代官だつた父親　一家を擧げての上京　小學校時代　受けた教育
2　前橋中學……7
山陽の史論に觸れる　海軍志望の抑〻の動機
3　近藤眞琴塾……11
近藤塾への入塾　一遍の受驗で海兵合格

第二章　海軍兵學校……13
1　兵學校生徒……13
同期生達　優れた教官團
2　少尉候補生……16
「筑波」艦での練習航海　遠洋航海の成果
3　任官・海軍大尉……20
初期の江田島での後輩指導　山本權兵衞大佐との邂逅　撤棧事件の經驗

目　次

水雷専攻を決める　濟州島での經驗　水雷艇長として
第三章　日清戰爭從軍とその後……33
1　旅順攻略戰への參加……33
準備不足と上村彥之丞の親切　初陣での失敗と氣樂な戰爭見物
2　威海衞襲擊……39
港口の防材破壞作戰　統率の苦心と上村の敎訓　氷結する水面
好意を見せた英國艦隊　鈴木の輕い惡戲　鬼貫太郎と上崎上等兵曹
3　臺灣行……52
「海門」の使命　風土病との戰ひ
第四章　海軍大學・歐洲留學時代……57
1　海軍大學校……57
不遇時には學問を　結婚
2　軍務局課僚として……60
多忙な兼務職　マカロフ戰術理論との對決　大演習での暴勇の面目
3　ドイツ留學……65

「丹波丸」での渡航　明治三十五年夏・ドイツ、イギリス巡遊
クルップ訪問　オーストリア、イタリア旅行　ハノーファー滞在
軍港視察の旅・ヴィルヘルムスハーフェン　海軍觀象臺
キール軍港視察　クロンスタット軍港訪問　昇任序列問題の憤懣

第五章　日露戰爭での活躍……87

1　「春日」回航の大任……87
突然の歸國命令　軍艦買取り、回航の仕事　或るイギリス人社員の俠氣
開戰迫る　天皇に拜謁　緒戰と「吉野」衝突の悲劇

2　黃海海戰……98
主力艦同士の對決　鈴木の平常心　水雷戰についての反省
ドイツ海軍との折衝

3　日本海海戰……107
猛訓練開始　自信をつけた鈴木中佐　海戰前夜の難問
いよ〳〵艦隊決戰の場に　鈴木の「送り狼」役　夜襲で殘敵掃蕩
激戰の一夜が明けて　瓜生中將の祝盃

第六章　海上勤務・艦隊司令時代……127
1　艦長として受けた試練……127
海・陸大での兵學研究　再び海上へ　第三艦隊での南航
2　濠洲行……134
マニラからシドニーまで　タスマニア島からメルボルンへ
濠洲西南部廻航
3　教育面での貢獻……142
座學より實踐を重視　「奉公十則」とその實證
家庭の不幸と訓練の充實
第七章　軍政面での奉公……149
1　人事局長・海軍次官……149
舞鶴から霞ヶ關へ　八代・秋山・鈴木の人脈　臨時議會開催の成功
2　歐洲大戰……156
臨時軍事費による驅逐艦群の急造　獨斷專行の實際
3　シーメンス事件の處理……161

山本、齋藤兩提督の豫備役編入　事件の結末
4 次官としてのその後……166
海軍治罪法改正と鐵道會議　八八艦隊實現に向けて
歐洲大戰・聯合國側への協力　再婚・京都での御大典　敍勳の話
父の死

第八章　艦隊勤務への復歸・遠洋航海……179

1 練習艦隊で米國行……179
三十年ぶりの太平洋横斷　サンフランシスコでの講話の大成功
ロスアンジェルスの日本人會で　サンディエゴでの見聞
パナマでの大歡迎　ハワイにて　カロリン群島にて
大演習・大西瀧治郎大尉救出
2 海軍兵學校長……197
江田島での充實した日々　武士道教育の成果の一例
鈴木の海兵教育の骨髓　「海軍兵學校校長訓示錄」
3 北海行……211
ワシントン會議前夜の日本海軍　シベリア出兵の最終段階を見る
攝政宮殿下への供奉

4　呉鎮守府長官……217
海軍大臣就任辭退　關東大震災に際して　排日移民法の成立

第九章　最高の顯職へ……223
1　聯合艦隊司令長官……223
戰艦「長門」坐乘　青島・廈門周航　間一髪で大事故に
颱風の中を突き抜けた第一艦隊　大正十三年秋の大演習
「安藝」擊沈處分と主砲齊射實驗
2　海軍軍令部長……240
河田烈との折衝　大正から昭和へ　第一次山東出兵問題
海軍特別大演習　凶變濟南事件

第十章　豫備役編入・侍從長時代……257
1　侍從長の地位・職分……257
侍從長に就任　張作霖爆死事件の善後策
2　相次ぐ政治・外交上の難題……267
ロンドン軍縮會議と條約　「統帥權干犯」の妄論　柳條湖事件の突發

越境将軍の軍紀違反　特別大演習からの歸航途上
犬養毅内閣への御期待　凶變度重なる昭和七年　第一次上海事變
五月十五日の凶事
3　遭　難……291
事件の豫兆と見られる蠢動　「天皇機關說」事件の波紋　遭難の現場
奏功した救命活動　恢復と敍爵
第十一章　終戰工作の大業……309
1　大命降下……309
戰爭の末期的樣相　小磯內閣の不樣な退場　重臣達鈴木に望を囑す
鈴木登場への國際的好感　米國大統領への追悼の談話
2　和平への暗號發信……331
陸海軍統合問題の無期延期　ドイツの無條件降伏・前車の轍
國力の現狀調查と戰局　暗號發信の祕策を肚裡に
暗號發信の現場の狀況　暗號通信の受信者側
3　ポツダム宣言受信……355
無責任體制の實情　洞窟の壁に面してゐた人々
首腦會談に向ふアメリカ代表團の面々　「共同」の性格は稀薄なポ宣言

宣言内容の検討　朝日新聞の勇み足「默殺」
原爆投下までの失はれた十日間
4　聖斷奉戴……375
原子爆彈二發の衝擊　聖旨拜承の瞬間　受諾文發信の後
バーンズ回答の到着　「玄默」の貫徹　再度の聖斷
八月十五日當日の事

第十二章　晩年と終焉……399
1　最後の御奉公……399
再び樞密院議長に　樞密院の新憲法案審議
2　極東國際軍事裁判への關與……406
清瀨一郎の來訪　的確無比の證言
3　靜穩な永眠……413
對ソ和平仲介交涉の思ひ出　長閑な晩年の日々　發病・自撰の法名
臨終・葬儀・歿後

主要參考文獻　421

あとがき　427
鈴木貫太郎略年譜　433
人名・事項索引

圖版一覽

鈴木貫太郎（國立國會圖書館提供）……口繪1頁
鈴木貫太郎書「奉公十則」（『鈴木貫太郎傳』より）……口繪2頁
終戰内閣組閣時（『鈴木貫太郎傳』より）……口繪2頁
前橋中學（群馬縣立前橋高等學校同窓會提供）……8
海軍少尉任官當時（『鈴木貫太郎傳』より）……22
舊式蒸氣機關構造略圖（海上自衛隊第一術科學校研究部資料課提供）……31
ドイツ駐在武官としてのベルリン時代（『鈴木貫太郎傳』より）……66
日清戰爭凱旋記念（『鈴木貫太郎傳』より）……178
海軍中將時代（たか夫人と）（『鈴木貫太郎傳』より）……181
舊海軍兵學校（現在の姿）……198
二・二六事件を傳へる號外……301
自邸における鈴木貫太郎一家（『鈴木貫太郎傳』より）……320
米機來襲のさなか、待避途中のスナップ（『鈴木貫太郎傳』より）……324
玉音放送を聴く人々……397
自邸にて（左はたか夫人）（『鈴木貫太郎傳』より）……414

第一章　少年時代

1　出生と幼年時

鈴木貫太郎は慶應三（一八六七）年十二月二十四日、和泉國大島郡伏尾（現、大阪府堺市中區）に生れた。新暦に換算すると慶應四年一月十八日といふことになるが、舊暦で見れば慶應三年一月生れの夏目漱石、九月生れの正岡子規と同庚である。二人の文豪は滿年齢が明治の元號年と一致するが、鈴木も數へ年式をとれば明治某年が卽ち彼のその年齢であると捉へてよいであらう。

飛地代官だつた父親

貫太郎の父鈴木由哲《ゆうてつ》は下總關宿（現、千葉縣東葛飾郡關宿町）五萬八千石の領主久世氏の家臣であり、母きよは下野國佐野（現、栃木縣佐野市）の修験道僧家の生れであつた。兩親共に關東人であるのに、その長男の貫太郎が泉州生れであるといふ遭遇は以下に記す事情による。

父の鈴木由哲が仕へてゐた關宿領主の久世氏といふ大名は、先祖は村上源氏より出たとされてをり、戰國武將として松平清康の配下にあつたが、德川家康にその戰功を認められ、次第に累進し、四代將軍家綱の代の寛文年間（一六六〇年代）に關宿の城主となつた。以後家運に若干の消長はあつたが、幕政の中で久世氏が最も重きをなしたのは萬延元（一八六〇）年大老井伊直弼横死の後、老中安藤信正の推擧を受けた久世廣周《ひろちか》が同役の老中となり、安藤と組んで公武合體の政策に盡力し、皇女和宮の家茂への降嫁といふ工作に成功した一件に於いてである。廣周は文久二（一八六二）年に致仕し、その後を嗣いだ廣文が當主の時、元治元（一八六四）年に鈴木由哲は久世家領の飛地であつた泉州伏尾一萬石の所領に代官として赴任することになつた。赴任して三年後の慶應三年の暮にその地で貫太郎が誕生したといふ次第であつた。（鈴木は『自傳』の冒頭で久世廣周の死を文久二年としてゐるが『國史大辭典』に依れば元治元年六月二十五日四十五歳で歿となつてゐる。一家が泉州に赴いた年である。）

代官の任期は十年といふことになつてゐたが、由哲といふ人は任地へ行くに際して荷物を何も持つて行かなかつたといふ。此は主君の久世侯が幕閣の中樞部に居たことから、種々の情報が自然に耳に入つてゐて、大名領の飛地に代官を置いて支配するといふ幕藩制度それ自體が終焉に近づいてゐるといつた豫感を持つてゐたせゐであらう。『自傳』では父の由哲が舊來の古式武藝の修行に出精する旁ら、西洋流砲術を學んで藩の大筒頭取《おほづつとうどり》なる役に就いてゐたとしてゐる。彼には時代の先を讀む眼があつたらしい。

由哲の人柄は至つて寛大で、彼が代官としての赴任が決つた時、關宿の地元の人は、爲之助さん

（由哲の通稱）を代官に迎へるとは泉州の人は運が好い、と噂をしたさうである。

實際、由哲が赴任して間もなく、泉州で領內の巡視に出た時、代官様の急のお通りといふことで慌てた百姓が肥し桶をひつくり返して糞汁が由哲の袴の裾を汚してしまふといふ椿事が生じた。ところが由哲は別段怒るでもなく手近の小川に降りて自分で袴の裾を洗ひ、これで濟んだ、と言つてそのまゝ立ち去つた。その寛仁さに村民一同感じ入つたといふ。思ふにこの人には、狼狽に發する粗相は怪我の様なもの、公儀を畏れぬ無禮とは別次元の事、といつた一種の合理主義的判斷が感性として身についてゐたのであらう。

私利私欲の情の薄い人であつたことは確かで、その土地には鮎漁の季節になると所謂一席を設けて代官の陣屋一統を饗應する慣例があつたのだが、それがなか〳〵に費用のかかる行事であつた。由哲はその內情を察知してゐて、その時期になると、今年は自分の都合が悪いから來年に、との口實を構へて延期を繰返し、到頭任期中に鮎漁を以ての代官屋敷宴會を開かせなかつた。又、賄賂といふほどの意味はないであらうが、地元から代官陣屋に向けての恆例の獻上品の贈進といつた慣例も廢止させた。これも亦、藩主の統治から國家の行政へと時代の性格が變りつつある、その時勢の推移といふ現象への感覺が鋭敏だつたことによるのであらう。

一家を擧げての上京

鈴木家の代官在任は由哲の豫想通り長い期間ではなく、元治元（一八六四）年に赴任して五年目の明治二（一八六九）年には泉州の陣屋を引拂つて東京に移ることになつた。『自傳』にはその季節を記してゐないが、たぶん〈江戸に下る〉といふ表現が

〈東京に上る〉と言ひ替へられた頃のことであらう（東京奠都は明治二年三月二十八日、諸藩の版籍奉還が六月十七日）。『自傳』に東海道島田の宿で、黄色の繭が澤山乾してあるのを子供心にも美しいと思つたとの記憶を記してゐるから、上京の旅は夏の初め頃のことであつたかと思はれる。

この東上の旅では、途中敬神家の父の意向で伊勢の神宮に參拜したり、官軍の兵士一行と同宿して無邪氣な貫太郎が可愛がられたり、上記の島田の宿では荒馬の前で道に轉んでその馬に頭上を跳び越えられて命拾ひをしたり、といつた經驗をしてゐるが、この經驗には二歳の貫太郎自身に直接その記憶があるはずもなく、いづれ後で親から聞かされた思ひ出話であらう。黄色の繭といふ視覺像だけが不思議にも現實の記憶らしい。

東京に着いた鈴木家は小石川關口の久世山と呼ばれてゐた久世家の持地にある同家の下屋敷に入居した。そこで翌明治三年に貫太郎の次弟に當る後の靖國神社第四代宮司陸軍大將鈴木孝雄が生れてゐる。

小石川に住んだのも三年足らずのことで、明治五年二月に一家は父の鄕里なる千葉縣の關宿に歸つた。利根川の本流と、其處で分流して東京灣に向つて南下する江戶川とに挾まれた、岬の樣に細長い地形の村である。この明治五年の八月に學制が公布され、翌明治六年の春、學齡に達した貫太郎は地元關宿の久世小學校に入學する。校名はやはり領主久世氏の名を冠したものであらう。

明治十年に鈴木由哲は新政府の官制の下で千葉縣と群馬縣の兩方から公務員としての招請を受けた。その時由哲は群馬縣（當時は熊谷縣と呼んでゐた）の縣廳勤務の十四等出仕といふ口の方を選んだのだが、それは當時群馬縣の方が教育水準が高いとの定評があつたので、子供の教育のためを考へて群馬縣での奉職を選擇したのだといふ。

小學校時代

父由哲の就職を機に、一家は縣廳所在地の前橋市に轉居し、貫太郎は同じ市內の桃井小學校に轉校した。『自傳』では〈小學校は八年でした〉と述べてゐる。明治六年三月に關宿で入學し、十四年三月に前橋市で卒業したわけである。現制度から見ると二年長いと見えるが、此は明治五年に發布・施行された「學制」が、下等小學四年・上等小學四年の二期八年制を採つてゐたことによる。「學制」は當時の世間の現實と乖離する部分が大きく、明治十二年には廢止されて現行の制度に近い形を規定した「教育令」に取つて替はられるのだが、貫太郎の小學校就學は丁度その「學制」の有効期間に當つてゐた。

小學校の在學中に、鈴木は本來の故鄕である關宿から、後に第二の故鄕と呼ぶことになる前橋市に移つたのだが、双方の土地とも彼にとつては十分に滿足のゆく自然環境であつたらしい。『自傳』には全篇を通しての稀な例として、關宿には〈漂茫と天涯へ流れ去る大利根の岸、薄や眞菰が生え茂り荒涼と連なる河堤には、夕方ともなれば月見草の花が點々と咲く景色〉とか、〈赤城・榛名・妙義の三名山に取り圍まれ、利根の奔流を背景とした風光明媚の前橋〉といつた抒情的な讚辭をこの二つの土地に献げてゐる。

幼年時代の思ひ出としては、意外の樣だが、自分が非常な泣き蟲で、これといつた理由も思ひ當らぬのに大きな聲でよく泣くので「泣き貫」との綽名をつけられた、と語つてゐる。一つには母親への執着が甚だ強く、母の姿が少しでも見えぬとそれが不安で泣くことが多かつたといふ自らの分析を記してもゐるが、一方關宿時代に魚釣りに出かけて堰の水門の傍の深みで水に落ち、泳ぎを知らぬままに何とかもがいて辛うじて岸に辿り着いて友達に引き上げられて助かつたのだが、着物を乾かすのが間に合はず、母に知られてさんざんに叱られたといふ思ひ出もある。それ相應に田舎育ちの子供らしい腕白や冒險も經驗した樣である。

前橋に移つた當初、これは子供の世界によくあることだが、土着の士族の子供達から所謂「他所《よそ》者《もの》」扱ひを受け、とかくいぢめられたり脅迫されたり、といふ經驗をした。父の由哲は、詳しい話を聞かなくとも、息子の置かれてゐる状況に何となく氣がついてゐたのであらう。出勤途上に通學路が同じ方向で同道してゐる貫太郎に向ひ、人から侮辱を受けても怒るものではない、短氣は損氣といふ、怒りに任せた行動は決して成功しない、自分の損になるばかりだよ、と淡々と說いてきかせたことがあつた。『自傳』では、〈何の氣なしにいつた父のこの言葉が今日に到る迄强く私の胸に喰ひ込んで離れない〉〈父の姿、その時の街の樣子までがあり〳〵と私の頭に燒きついて一生のものとなつて殘つてゐる〉と述べてゐるが、〈その時の街の樣子まで〉といふのが工まずして發した見事な修辭である。實際、決して怒らず、が鈴木の生涯の座右の銘だつたのではないか、といふのが『自傳』から浮び上つてくる全體的印象である。只、生涯に唯一度だけこの格率に動搖が生じたことがあるらしい插話は後章で紹介する。

受けた教育　小學校で受けた教育の內容は特に記すほどのこともなくて當然であるが、『自傳』で、小學校のうちに『十八史略』を讀んでゐた、と明記してゐる事に注意を惹かれる。上等小學での、即ち第五・六學年度以降のことであつたらうが、當時の初等教育、つまり寺子屋の傳統をも含めて、漢文素讀の水準が高かつた事は見當がつく。〈學校で敎はる、家へ歸つてきてまたそこを讀む、果ては每日一册宛讀み切るといふ、今から考へると全く亂暴な話〉と語つてゐるが、子供の柔軟な頭腦はその樣な濫讀によく堪へ、結局はそれで力をつけてゆくものである。鈴木の場合も斯うして身につけた漢學の素養は、おそらくは自分ではそれと意識するまでもないままに、彼の生涯を導く强靭な知性の力として作用したものであらう。

2　前橋中學

山陽の史論に觸れる　八年の小學校課程を了へて、明治十二年の春に同じ前橋市內の、群馬縣で唯一つの縣立中學校であつた利根川中學校に入學した。後の縣立前橋中學であり戰後は勿論新制の前橋高校である。ここで初めて英語に觸れるわけであるが、明治十年代の中學校に英語敎育の高い水準を要求する方が無理な話である。當時は小學校の國語讀本でさへまだろくなものがなく、アメリカの小學校で使はれてゐる讀本を和譯して使つてゐたくらゐであるから、中學校の英語のリーダーなどもアメリカの直輸入そのままであつた。敎員達も國語への直譯的讀解がやつとのことで、生徒にその内容の理解にまで指導を及ぼす力はまあなかつたと考へてよい。『自傳』でもアメリカのパトリック・ヘンリー（Patrick Henry, 1736–99）の如き獨立革命の急先鋒となつた共和主義政治家の思想を、これが最高の道德だと思つて無批判に講讀させられてゐた、と回想してゐるが、或いはかの〈我に自由を與へよ、然らずんば死を〉といつた過激な名文句なども既に讀まされてゐたのかもしれない。

英語の授業はそんな風であつたのだが、それに比べると漢學の水準はやはり高かつた。父が貫太郎、孝雄、三郎、末男の茂と四人の男の子の教育のことを考へて前橋での勤務を選んだといふ遠謀深慮は正しかつた。漢學の先生の名前は記してゐないが、讀んだのは『日本外史』、『政記』（勿論同じ山陽の『日本政記』）であり、〈これはすら〳〵と讀めるので、面白いところは暗誦する位まで節をつけよく朗吟したのだつた〉、〈國體の思想はこれで作られた〉と回想してゐる點が重要である。

前橋中學
（明治15年に移轉後の校舍）

鈴木は明治元年生れに相當するのだから、吉田松陰、橋本左內、伊藤博文、山縣有朋、西鄉隆盛等々の明治維新といふ變革を立案、推進し實現した所謂元勳の世代と比べれば、旣に事成りし後に生れてきた、謂はば遲れてやつてきた世代に屬する。だが『日本外史』によつて國體の思想を教へ込まれ、『日本政記』によつて嚴しい歴史批判の精神を培はれたといふその基礎的教養の點で、彼は維新の志士・元勳と全く同じ精神的基盤の上に立つてゐる。維新を遂行した世代との間に思想的傳統の斷絕はない。

これより五十年の歳月を經、鈴木が現役を退いて樞密顧問官にして且つ昭和天皇の侍從長といふ地位に就いた時、時代は日本の國體の在り樣をめぐつて啻ならぬ動搖を經驗する事になる。だがその時、國體の在るべき樣についての鈴木の信條は微動だにしなかつた。それはこの少年時代に賴山陽の二つの史書を通じて日本の國體の本來の姿を、原文を暗誦するといふほどの形で自然に、根柢から會得してゐたからである。

海軍志望の抑〻の動機

前橋中學では、本居宣長の學統に連なる、『日本語原學』の著者として高名な國學者の林甕臣《みかおみ》に國語を習つた。只、少年達が先づは歡迎しない國文法の授業だつたので、偉い學者の先生である割にはあまり印象に殘つてゐない樣である。

中學校時代に父が息子にかけた希望は、彼を將來醫者にしたい、そのためには弟達をさし措いても長男一人くらゐは大學にまで進ませてやる、といふことのやうであつた。決して裕福とはいへぬ地方公務員の身分に居ても父にはそれなりの希望と計畫性があつたのであらう。

ところが貫太郎自身は醫者にならうといふ氣持が全くなかつた。理由はたわいもないもので、或る時母が急病で深夜に醫者を呼びにゆくことを言ひつけられた。その時、醫者といふ職業は深夜にでも往診を求められれば行かなくてはならない、斯樣につらいものか、こんな職にはつきたくない、と考へたのださうである。

中學二年次の時のこと、鈴木自身は十六歳だつたと思ふ、と回想してゐるが、たぶん十五歳の明治十五年であらう、海軍兵學校の生徒募集の廣告を新聞で見て、俄かに海軍に入りたいと思ひ出した。これも極く單純な動機からで、その前年に日本の軍艦が遠洋航海で濠洲へ行つて大へんな歡迎を受けたとの記事を新聞で見て記憶してゐたからである。外國へ行つてみたい、大學を出て醫者になつたところで、官費留學の機會をつかむのはよほど難しい話であてにはできない、海軍に入れば必ず外國に行けると考へたからである、といふ。このところ、醫學部を卒業した明治十四年の鷗外森林太郎が文部省官費留學の選に洩れ、然し陸軍に入ればきつとドイツに行ける、馬にも乘れる、とさそはれて喜んで陸軍に入つたのだ、と親友の回想に語られてゐる心情と共通してゐて面白い。

鈴木は父に海軍入りの志望を打ち明けたが、父は、お前は總領だし醫者にするつもりであるから軍人はまかりならぬ、とて許してくれなかつた。

翌明治十六年に又海軍兵學校生徒募集の廣告を見た。鈴木は再度父に海軍兵學校受驗を願ひ出る。幸ひにしてこの學校には學費がかからない。父に財政的負擔をかけることはない。

父は長男の志望が固いらしい樣子を見て、さすがに役人だけあつて何か情報を探る手蔓でもあつたのであらう。上京して海兵受驗事情といつたものを調べてきた。その結果、遂に息子の希望に應へて海軍兵學校受驗を許し、且つそのためには上京して近藤眞琴先生の塾に入り、受驗勉强を始めるがよい、との指示をも與へてくれた。

3　近藤眞琴塾

近藤塾への入塾

鈴木はそこで早速、明治十六年の十一月、前橋中學を中途退學して上京し、當時芝の新錢座にあつた近藤眞琴の塾に入つて受驗のための勉强を始めた。

近藤眞琴（天保二・一八三一—明治十九・一八八六）は、先づ攻玉舍の創設者として著名であるが、國漢の學に蘭學を兼ね修め、加へて幕府の軍艦操練所に入つて航海術を學んだ人である。文久三年に四谷坂町に在つた彼の出身藩である鳥羽藩の藩邸內に蘭學塾を開いたが、これが攻玉舍の發祥であり、私學としてのその歷史は現在にまで續いてゐる。明治前期は福澤の慶應義塾と竝び稱せられるほどの高名な洋學塾であつたが、塾主近藤の經歷と志向からして自然に航海法や測量術をも敎授し、海軍を志望する少年達の豫備校の如き存在として長く名聲を保つた。鈴木由哲が長男に近藤塾への入塾を指示したのは當時の敎育事情からして自然のことであつた。

鈴木の海兵志望は當初の父の不許可のみならず、中學校の同窓の友やその他の周圍にも反對の意見が多かつた。

一遍の受驗で海兵合格

當時は言ふまでもなく天皇を大元帥として戴く日本帝國の軍隊の創成期であり、富國强兵といふ時代の要請に應じて精强な職業軍人の育成は正に國家的急務ではあつたのだが、現實には陸軍は長州閥、海軍は薩州閥が支配する組織だと思はれてゐた。關東の邊陬である下總の、それも幕臣であつた久世氏の藩の出身者が海軍に入つたところで、とても立身出世の望みはあるまい、と考へる向が强かつた。

然しこの場合にも、父の鈴木由哲にせよ、貫太郎自身にせよ、時代の趨勢についてもう少し健康的な觀察をしてをり、明治の新政府の人事上の公正にも然るべき信頼を寄せてゐたのであつたらう。鈴木は周圍の諫止を意に介することなく、近藤の塾に入つて孜々として勉學してゐた。その期間は八・九箇月ほどであらうか。翌明治十七年の夏に鈴木は一回の受驗であつさりと海兵に合格した。ところが一遍の試驗で入れると思つてゐなかつた鈴木は、塾の掲示した合格者名の第三位に鈴木と姓だけが出てゐたのを、自分ではない他の同姓の塾生だらうと思つて續けて授業に出てゐたところ、近藤塾長から、お前は海兵に合格してゐるではないかと注意され、あの鈴木とは自分のことかと思つたさうである。このことは『自傳』では語つてをらず、高宮太平の筆になる『鈴木貫太郎傳』の方にだけ出てくる。鈴木自身も謙虛であるが、何となく暢氣な時代だつたと思はせる話である。

第二章　海軍兵學校

1　兵學校生徒

同期生達

鈴木は明治十七（一八八四）年九月四日付で海軍兵學校にその第十四期生として入學した。卒業は二十（一八八七）年七月五日付である。同期で入學した生徒は六十人。前年第十三期が四十八人、その又前年第十二期が十八人であつたから、この數字だけを見ても政府が海軍の擴充に意を注いでゐる時期のことだつたと判る。

同期生として『自傳』が名を擧げてゐるのは佐藤鐵太郎と小笠原長生《ながなり》の二人である。佐藤は山形縣鶴岡の酒井氏庄內藩の出身、小笠原は肥前唐津藩主小笠原長行《ながみち》の嗣子であつた。一級下の第十五期には岡田啓介、財部彪、廣瀨武夫、小栗孝三郎、竹下勇等が居り、三年後の第十七期に秋山眞之が居る。鈴木の同期とそれより前の生徒計百二十八人ほどの中で關東出身は鈴木唯一人であつたといふ。校長は伊東祐麿中將で、戊辰の役に函館の戰爭で武功を立てた人であつた。

當時海軍兵學校の校舍は東京の築地にあつた。鈴木の在學した四年間は丁度所謂鹿鳴館時代に重なつてゐる。鹿鳴館が現在の千代田區内幸町の地に開設され、華族社會の社交場として明治風俗歐風化の流行源となつたのは明治十六年十一月のことである。一般に東京に輕佻浮薄な表面だけの洋化風俗が橫行し始めた契機が鹿鳴館だつたとされてゐるが、築地の兵學校にまでその影響が及ぶといふほどのものではなかつたであらう。鈴木の回想にもそれにふれる様な言葉はないが、只、海軍志望の少年達を〈繁華な東京で敎育するのはよくない〉との意見は出てゐた様で、兵學校に質實剛健の氣風を作るのに適した移轉先が夙に物色されてゐたらしい。鈴木の卒業した年（二十年）の秋、と『自傳』では回想されてゐるが、實際には翌明治二十一年八月に兵學校は廣島縣の江田島に移轉した。鈴木は自分達の同期が築地で全課程を修了した最後の卒業生であると記憶してゐたやうである。

兵學校生徒時代の經驗については鈴木はあまり多くを語つてゐない。入學した時には學校中で關東出身者は自分一人だと知つた、と語つてゐるが翌年には群馬・茨城・埼玉等から五人入つてきて、彼等が出身地の近い誼みで上級生の鈴木に親しみ、日曜日は鈴木の下宿に集つてきて一緒に過す習慣ができた。三年目にはそんな仲間が十數人となり、いつか關東クラブと呼ばれる様になつたが、同じ様に鹿兒島クラブ・佐賀クラブといつた同鄕人會も發生し、夫々が特に對抗意識を持つわけでもなく、互ひに仲よくつきあつてゐたといふ。

鈴木達のクラブは銀座の南鍋町の伊勢勘といふ料理屋の前の旅館に一室を借りて休日下宿としたが、

どこでも空いてゐる部屋は自由にお使ひ下さいといふ風で、當時は東京の銀座邊りでも鷹揚な氣風であつたことが知られる。

優れた教官團

兵學校に於ける士官育成のための專門教育についても鈴木は多くを語つてゐないが、英國海軍の恩惠については明言してゐる。〈當時の英國から來た教官の士官たちは皆立派な人を集めてよこしてくれたもので、日本に來てゐた人たちは、歸國後有數な地位にも就き、大將になつた人もある〉と。この教官達は所謂お傭ひ外國人に屬する人々であるが、明治前期には東京大學醫學部の、特に有名なエルヴィン・ベルツ、ユリウス・スクリバを始め、理學部、文學部にも優れた外國人教師が奉職して誠實に教育に當つた。これは明治新政府のお傭ひ外國人教師・政府顧問達に對しての處遇が宜しきを得、且つ敎を受ける日本人學生達の學問への情熱の高まりが然らしめた當然の成功例と言へばそれまでのことであるが、當時の國際環境の大所から見る時は、やはり一つの幸運が働いてゐたと見てよいであらう。日本の海軍が士官の育成に當つて英國海軍の持つ傳統の力に着目し、彼等に依存したことは正しい選擇であり、そして彼等がよくそれに應へてくれたのは卽ち日本にとつての幸運だつた。

英國流の教育を受け容れる日本の學校側も、生徒の監督に當つての規則は嚴正を極め、殊に明治十九年一月に伊地知弘一中佐が兵學校の教務總理〈鈴木は「校長」と回想してゐるが、後の幹事＝教頭に當る〉に着任してからは紀律遵守の嚴しさは徹底した。飲酒は一切禁止で、日曜日の上陸〈外出〉での一部の者のつい一杯が發覺すると生徒全體が立たされて叱責を受けたといふ。

2　少尉候補生

「筑波」艦で
の練習航海

明治二十年の七月五日付で兵學校を卒業し、海軍少尉候補生を命ぜられた。卒業と同時に候補生一同は練習艦に乗組み、練習航海に出發することになる。この慣例は大東亞戰争の開戰に至るまで續き、現在の海上自衞隊幹部候補生學校に於いても確乎と繼承されてゐる我が國の海軍教育の傳統である。

乗組を命ぜられた艦は練習艦「筑波」であつた。明治四年に海軍が或るイギリス商人から購入した元英海軍の六等軍艦である。排水量千九百八十噸の木造帆船で、蒸氣機關を備へてはゐたが、港の出入の際だけ機關を使つて六ノットくらゐ、外洋では帆走で八ノットくらゐの速力だつたといふ。この艦は明治八年から二十三年まで練習艦として使用され、明治期の多くの海軍士官を育成した記念的な艦であるが、もう一つ海軍給食の實驗航海で大きな成功を收めたといふ歴史的な記念を艦歴として有してゐる。

明治期の日本の軍隊が陸海軍とも、集團生活にはつきものであつた脚氣病の多發に惱まされたことはよく知られた史實である。その中で陸軍は陸軍省醫務局の長老石黒忠悳《ただのり》、小池正直を筆頭にドイツ醫學の學説である脚氣病原の細菌説を採つてこの見解に固執した。軍醫界隨一の秀才と目されてゐた森林太郎を留學生としてドイツに送り脚氣病對策の研究に努めさせたにも拘らず、森も結局ドイツ醫學の信奉に終始し、その限界たる細菌説から拔けきれなかつた。結果として陸軍は軍隊での脚氣病防遏に失敗し、日清・日露の兩戰役で厖大な罹病者を出してしまつたことは周知の史實である。

此に對し、海軍ではイギリス海軍に留學して優秀な成績を收めた軍醫監高木兼寬が明治八年から九年にかけての練習艦「筑波」の航海日誌を精査することで、脚氣の病因が兵員給食の質にあるのではないかとのヒントを得た。それに彼の軍醫としてのイギリス留學の經驗が大きく影響した。高木は明治十七年二月から十一月にかけて二百七十日餘の「筑波」の練習航海を兵食實驗航海ともして實施し、そして脚氣病の豫防に向けての確信を得るといふ絶大の成功を收めた。この實證されたる成果が日本の陸軍によつて活用されることなきままに無視されてしまつたのは、ひとり陸軍のといふより、日本の醫學・衞生學界自體にとつての大なる悲劇であつた。この悲劇の背景には、つきつめて言へば因果理論偏重のドイツの自然科學の學風と經驗主義的柔軟性を具へたイギリス醫學との體質の相異といふ根深い問題が伏在してゐた。その結果だけを見ての日本の學界に向けての功罪の判定は、後世の者が氣樂に論《あげつら》ふほどに容易な話ではない。

練習艦「筑波」にはその樣な學問史的に特異な履歴が刻まれてゐるのだが、明治二十年九月にこの艦で遠洋航海の訓練に出發した鈴木達の海兵第十四期生には、そんな歴史は關心の範圍外の事だつたらうし、又未だ話題になるほどに廣く認證を受けた事蹟でもなかつた。元來外國に行つて見たいといふのが海軍志願の動機であつた、と素朴に述べてゐる鈴木にとつて、二十歳にしてその念願が叶つたのは、醫學の道に進むよりこの方がやはりはるかに早かつたとの感慨はあつたであらう。

「筑波」は東京灣を出ると途中何處にも寄港せず、太平洋を横斷して直接サンフランシスコに向つた。『自傳』には別段の回想の記事はない。サンフランシスコから米大陸西海岸に沿つて南下し、メキシコ國境のサンディエゴに寄り、更に下つてメキシコ南部のアカプルコからパナマ迄行つた。最速でも八ノットといふ帆船であるから、これだけでもかなり長い洋上の日々だつたであらう。パナマ運河は一八八五（明治十八）年に起工されたが一八八九（明治二十二）年にその失敗が明らかとなつたのだから、明治二十年の「筑波」の乘員の眼にはまだ〈未完成〉と映つた。只その時にもレセップスの事業はほぼ挫折、といふ狀況は見えてゐたらしい。

パナマを出ると「筑波」は米大陸沿岸から離れて西南西に航路を取り、東太平洋海膨を越えて南回歸線に近いフランス領の小島タヒチに到る。ここは歐米人の想像裡での南洋の島の典型であるから何か珍しい見聞があつたのではないかと思はれるが『自傳』には別段の記述はなく、「筑波」はそこで針路を眞北に轉じて今度は北回歸線に近いハワイまで一路北上する。當時のハワイはまだ米國の領有下に入つてゐない、獨立の王國である。日本人の渡航は既に明治初年に始まつてゐるから、邦人居留民の數は多い。上陸した上での邦人との交際の機會も生じたであらう。時代が下ると日本海軍練習艦隊の入港は在留邦人の大きな樂しみとして盛んな歡迎の行事を催した插話は多い。

遠洋航海の成果　初めての遠洋航海での感想を『自傳』に探つてみると、後の聯合艦隊司令長官としての鈴木の名聲から見ると意外の樣であるが、若い時の彼は船に弱く、乘員四十一人の中の弱い組五・六名の一人だつたといふ。

艦長の野村貞大佐は越後長岡の人で、戊辰の北越戰爭では河井繼之助の指揮下に會津・桑名藩の軍隊と協動して薩長軍と戰つた勇士であつた。豪傑肌の人で船醉ひの青年士官に對し、意氣地がないから醉ふのだ、とにべもなく突放すので鈴木は閉口したらしいが、この人の戰績と學識には敬意を覺えてゐた樣である。

遠洋航海の目的の重要な一半である外國事情の實地見聞の點でも、明治二十年の「筑波」は然るべき効果を擧げたやうである。アメリカ合衆國の港サンフランシスコ、サンディエゴではその土地の繁榮と民生の活況が十分に看てとれた。ところがメキシコのアカプルコでは先づ艦が入港に際して放つ禮砲への答禮の砲聲が不規則で中斷が生じたりしてゐる。後で聞くと大砲の不調から怪我人が出てゐたことまでがわかつた。鈴木は〈久しく使はないので、負傷人が出來たといふ有樣で、氣の毒なものだつた〉と簡單に述べてゐるが、隆昌の國と衰頽してゐる國との差はこんなところにも如實に露呈してしまふものだとの觀察は念裡に深く刻まれたはずである。

パナマ運河の工事現場を見れば、大量の下層勞働者が投入され、酷使され、就中支那人がマラリアでばた〳〵と倒れてゆく、そんな衛生狀態の劣惡さに文明の開化進展の裏面を垣間見る思ひをしたことであらう。

メキシコやパナマに比べると獨立王國時代のハワイの印象は長閑なものだつた。「筑波」艦の水兵達は上陸後、船中の用水儉約のために溜つてしまつた洗濯物の下着類をハワイの川へ持つて行つては盛んに洗ひ、乾して艦に歸る。

若い士官達はバナナが安くて旨いのを喜んで、艦に賣りにくる行商人からいくらでも買つて食ふ。アメリカ人からは banana officer, washing seamen、つまりバナナ士官に洗濯水兵と呼ばれてからかはれたらしい。バナナだけではなく街中のアイスクリーム屋の屋臺でもしきりに買食ひをする。日本國内でのアイスクリーム製造の歴史は古くは明治二年に溯り、鹿鳴館の晩餐には不可缺のデザートであつたといふが、もちろんそれは特殊な階級の間のことで、兵學校生徒には縁遠い甘味であつた。銀座における市販の開始は風俗史によれば明治十九年といふことであるから、若い士官達にとつてはまだ珍しい氷菓であつた。何しろハワイといふ暑い土地での遭遇だから、中には六・七杯も平げる者がゐたといふことである。あまり多く食べると日射病のもとになる（要するに腹下《くだ》しであらうが）とて領事館から注意が來たといふほどであつた。

3　任官・海軍大尉

初期の江田島での後輩指導

當時の練習艦による遠洋航海にはどれ位の日數を費したのであらうか。前記の高木兼寛の兵食實驗を兼ねた航海が二百七十餘日をかけてゐること、船の速力が蒸氣機關時代の三分の一か四分の一程度だつたといふことから見ても相當の長さになつたと推測される。明治二十年の九月末に「筑波」で出發した鈴木の同期生達の歸國は二十一年の夏の初め頃であつたらう。鈴木は候補生の身分のまま八月一日付で「筑波」乗組を免ぜられ、同じ日付で「天龍」に配屬された。

これは兵學校が江田島に移轉して開校したのと同じ日付であり、この船は兵學校所屬の國產の練習用木造帆船であつた。つまり鈴木は歸國後もう一人の同期の候補生と共に江田島校舍での生徒の帆船運用敎育に當つたらしい。發足當時の江田島は未だ校舍も建つて居らず、「東京丸」といふ古い商船を繫留し、それを校舍に使つてゐた。

學校のみならず江田島の村落自體が貧しい寒村の樣相で、鈴木の回想が正しいとすれば住民の主食は米ではなく甘藷だつたといふ。生徒が島の外へ出るにはボートを使ふ。最も近い町は吳であるが、江戶時代から漁業と商業での市場町として相應の發達はしてゐたものの、吳鎭守府の設置は明治二十二年のことであるから、兵學校開校當時の吳はまさに港灣都市として建設中で、殺風景な埋立地が廣がつてゐるだけだつた。そんな風であつたから、鈴木は〈生徒の敎育には氣が散らないでよかつた〉と回想してゐる。週に何回か、生徒を「天龍」に乘せて艦船運用術の稽古をさせる。冬の休みには瀨戶內海を神戶まで行つたり、外洋へ出て土佐沖での訓練も實施した。敎へる側もまだ少尉候補生なのだから、生徒と同じ氣分で、敎官といふより先輩として後輩の指導に當るといつた空氣だつたのであらう。この時學校の古參生徒として鈴木候補生の指導を受けた中に、後に大將にまで昇る岡田啓介、財部彪、竹下勇、小栗孝三郎等が居た。

明治二十一年はかうした後輩の指導で暮れ、翌二十二年五月に巡洋艦「高千穗」乘組に轉勤した。同艦は明治十九年にイギリスで竣工した、三千七百噸の排水量を有する、當時「浪速」と共に日本海軍の誇る新型巡洋艦であつたが、鈴木は僅か一箇月ほどこの艦に居ただけで、明治二十二年六月二十

海軍少尉任官當時（明治22年６月）

二日付で海軍少尉に任官し、砲艦「天城」の分隊士となる。ところがこの艦にも三箇月ほど居たばかりで同じ年の九月末に「高雄」乗組に轉勤した。千三百噸ほどの巡洋艦であり、鈴木は今の驅逐艦位の大きさと回想してゐるがこの艦での分隊士となつた。

山本權兵衛大佐との邂逅

鈴木が海軍士官としての己の前途を最早退引ならない定命であると意識したのは、たぶんこの二十二歳の秋の「高雄」分隊士時代のことである。分隊士とは陸軍でいへば小隊長くらゐの格で、とにかく數十人の部下の生命を預る地位になる。陸上では平時ならば隊員の生命を預る、といつては誇張にならうが、とにかく舟板一枚下は地獄といふのが船乗りの宿命である。統率の責任は至つて重い。

それと「高雄」の艦長が大佐時代の山本權兵衛で、約一年半の同艦乗組の期間に山本から直接薫陶を受けたことは、鈴木にとつて〈生涯忘れ得ない思ひ出〉となつた。山本は嘉永五（一八五二）年生れの薩摩藩士で、この年三十八歳、日本海軍育ての親と稱された達識の英才で個人的には豪傑肌の腕力家であつた。只、冗談に、相撲を取つたら鈴木には負けさうだ、抔と口にしたといふから、體格がよくて重厚な感じの鈴木には一目置いてゐたのかもしれない。それと紀律を守ることに極めて嚴格だつたことの半面として部下の行動を意外なほどにきめ細かく觀察して記憶に留めてゐた。或る時艦長として大阪の海軍工廠を視察にゆくのに士官を數人連れてゆくとて、士官達の間で籤引をさせた。鈴木が當り籤を引いたのだが、彼はあの工廠なら自分は前に一度行つて見てゐるからとて艦長への隨伴を同僚に讓つた。そんな鈴木の人柄を、山本は口には出さぬままに認めてゐたらしい。翌明治二十三年の二月、「高雄」は朝鮮に生じた外交紛爭に際し邦人保護のため横須賀を出航し、半島西岸の仁川に廻航した。そこで艦長の山本大佐が駐鮮日本公使に同道して首都の政廳まで交渉にゆくことになつた。その時士官を一人連れてゆくとて面白いことに又籤引で選拔することになりこれも亦鈴木が籤に當つた。山本は、お前は正直者だからよく當るのだ、と喜んで連れて行つたといふのだが、それは前に自分の當りを同僚に讓つたことをよく覺えてゐたのだつた。

撤棧事件の經驗

この外交紛爭とは、撤棧《てつさん》事件と呼ばれ、國際的性格を有つ變事だつた。明治二十三（一八九〇）年一月の事、朝鮮の首都漢城（現ソウル）の土着韓人の商人團が市内に雜居する商賣仇の外國人商人の棧＝店舖を撤收させることを政府に對して强訴に及んだ。朝鮮の李朝政府は强訴の壓力に押されて外國商人達に所有の店舖の撤去を要求したが、當然諸外國の反撥を招いた。日本人商人も勿論この處置を不當としたが、當時の朝鮮の宗主國たる淸朝政府も强く反對し、世情の不安が出來した。

山本大佐は在留邦人の保護に當るべく「高雄」艦を指揮して二月下旬に仁川に向ひ、到着後は日本公使を輔佐して事件の解決に當つた。解決の鍵を握つてゐるのは結局清國の公使でその時はかの袁世凱であり、山本の任務は袁を如何にして巧く動かして朝鮮政府に影響力を及ぼすかに懸つてゐたが、彼はそれに成功した。『自傳』の回想によると、〈山本さんは「支那公使の袁世凱は威張つてゐて傲岸無禮な奴だと聞えてゐたが、今日は馬鹿に丁寧で如才がなく私の外套までとつて着せてくれ居《を》る、あの狸親爺なかなか喰へない奴ぢや」と笑つてゐた〉といふことだつたが、一大佐の地位で日本政府の代理としての重任を見事に果した山本に、その言動を身近に見てゐた鈴木は更に敬意を深めたことであらう。朝鮮滯在中、外交的公務は特に多忙といふわけではなかつたであらうから、山本艦長は乘組員を連れて時には異國の風物を見る遠足などを催し、その序でに食事を振舞ふなどの氣遣ひも見せた。山本のそんな一面も、變事に備へて部下の心を掌握する上官の常時の心得として鈴木に教へる所が大きかつた様である。

朝鮮出張は幸ひにして事件が早く解決したため短期で終り、三月の上旬には「高雄」は横須賀に歸航した。

水雷専攻を決める

朝鮮から歸つた明治二十三年の暮に、鈴木は水雷術練習生を志願した。動機は、〈何しろ水雷は海軍にとつては最新の武器なので〉といふ漠然たるものだつたが、希望理由がはつきりせぬ、との山本艦長の問に答へて、海軍で使ふ武器なら何でも知つておかねばならぬと思ふから、との返事にもならぬ返事で許可を得、水雷練習艦「迅鯨」乘組を命ぜられた。これがやがて二つの對外戰爭で「水雷屋」としての勇名を馳せることになる鈴木の專門が決る契機である。

當時は水雷術練習生を志願しても水雷學校といふ施設はなかつた。「迅鯨」といふ艦が卽ち學校であつた。他の專攻も皆そんなものだつた。例へば「淺間」といふ艦は砲術學校を兼ねてゐた。鈴木は「迅鯨」に約八箇月乘組んでゐて水雷練習課程を修得し、明治二十四年の七月にこの課程を卒業した。その後何故かほんの數日間當時の最優秀艦である二千三百噸の初代「金剛」に籍を置いた後、八月に少尉のまま「鳥海」の分隊長心得となつた。「鳥海」は名前だけから推すと「金剛」「高千穗」級の大艦かと思つてしまふが、『自傳』によれば〈今日のガンボートで一番小さい船なので、實はガッカリしてもうたまらんといつたものです〉と回想してゐる。薩摩出身でなければいい艦には乘せてもらへない、との風說を實感したかもしれない。「鳥海」乘組中の明治二十五年十一月に、當時中尉といふ階級がなかつたので少尉から大尉に昇任し、「心得」ではない正規の分隊長となつた。「鳥海」は艦隊に所屬せず、單獨で警備艦として朝鮮半島水域の警備に就いてゐる時間が多く、明治二十四年八月から二十六年十一月までの二年餘り、主として朝鮮半島西海岸の仁川を基地として沿岸警備の任務に當つてゐた。

任務といつても、單艦での水域警備は實は至つて暇であつた。鈴木は所謂遊びが好きなわけではなし、酒は飮まず、碁の樣な勝負事にも趣味は乏しく、他にする事もないので一念發起して讀書に精を出すことにした。兵學校で習つた原書を携へて來てゐたのか、二十四年の秋に一時歸航した際、氣がついて勤務先へ持つて行つたものであらう。『自傳』が擧げてゐるそれらの書目、マコーレーの『フレデリック大王傳』、コロムの『海戰論』、マハンの『海上權力史論』等、原書名を擧げてみれば以下の通りである。

Thomas B. Macaulay: *Frederic the Great*. 1856.
Philip H. Colomb: *Naval Warfare, its ruling principle and practice historically treated*. 1981.
Alfred Th. Mahan: *The Influence of Sea Power upon History*. 1890.

鈴木は自ら、英語はあまり達者でないので、あればなるべく翻譯の方を讀んだ、と述べてゐるが、コロムもマハンも原書が恰度この頃の出版であり、逸早く邦譯が出たものであるらしい。

漢書では、同僚の一人が鈴木の書物好きを見込んで、國內でか朝鮮でのことかわからぬが古本屋で『七書正文』を見つけて買つてきてくれた。これは孫子・吳子・六韜・三略等七種の兵法書を編輯した『武經七書』の稱も有する書で、その「正文」を名告る版であらう。鈴木はこの書について〈昔から有名なものだけに骨身に應へてためになつた。今でも大切にしてもつてゐる〉と回想してゐるが、內閣總理としての終戰工作の土壇場で鈴木の格率となつた「玄默」の理念は本書中の「六韜」の中の一句である。『自傳』口述當時の〈骨身に應へてためになつた〉との述懷には、今でも忘れ難く記憶に刻まれてゐる言葉もある、の含意があるのであらう。

公務に閑暇が多い故に讀書三昧の日日を過した、とは軍人として洵に見上げた心がけであるが、その様な兵學書耽讀の成果の一端として、鈴木はふと艦隊の戰鬪に於ける有利な陣形といふ公案についての短いレポートを自發的にまとめて見た。此の試みが海軍大學入學志願に際して思ひがけぬ役に立つた次第は後の該當の章で述べよう。

濟州島での經驗

「鳥海」に搭乘しての朝鮮水域警備時代の特異な經驗についても記しておく。

朝鮮半島の南端から更に南方の、長崎縣五島列島に近づいた位置に濟州島がある。古代の耽羅の國である。地理的には近いから日本の漁師達もよくこの島の邊まで出漁する。そこで島民による日本人漁民殺人事件が起つた。事件の糺明と補償交渉のため、仁川領事の林權助が現地に行くことになつた。林は萬延元（一八六〇）年生れだから鈴木より八歳年長の會津藩出身の外交官で、なか〳〵に外交上の實績を積んだ人である。昭和天皇の皇太子時代の歐洲御巡遊時は英國駐在特命全權大使としてお世話に當つた。昭和九年に樞密顧問官になつてゐるから最晩年に再び鈴木とは公務の上での接觸が生じる、面白い緣のある人である。その林を濟州島の現地まで「鳥海」で送つて行く役割が廻つて來た。外交官の任地での移動を軍艦で送ると言へば聞えはよいが、何しろ「鳥海」は乘組を命ぜられた鈴木が心底落膽したといふ小さなぼろ船である。いざ出帆してみると、仁川港内碇泊中の數箇月のうちに船の周圍にびつしりと牡蠣がついてゐた。そのために速力が三ノットしか出ない。艦長の伊藤常作も思案に餘つて途中の或る島の砂濱に引き潮時を見て船を伸し上げさせ、水兵達全員で牡蠣の掻き落しをやつた。スクリューにまで牡蠣がひどく附着して廻轉を鈍らせてゐたらしい。砂濱に接着してゐる船底部を除いて牡蠣落しが濟んだので滿潮を待つて船を浮び上らせ、出發したところ今度は七ノットは出たといふことである。

目的地に着くと鈴木は分隊長として二十人ほどの兵を指揮し、林領事と朝鮮政府側の役人とを護衛して役所に談判に向ふ。群衆の敵意は相當に険しく感じられ、鈴木の率ゐる兵士達は着劍して身構へつつ行進してゆく。役所に近づくと朝鮮側も兵隊を出してきたが、昔ながらの長銃と青龍刀で武装し、服装も原色の青・赤で隊長と兵卒を色別けし、吹くラッパは飴屋の笛そのままだつた、と鈴木はその珍しい印象を語つてゐる。役所では、外交使節の到着だといふのに正門を開けようとしないので、かなり強面《こはおもて》の談判に及んだらしい。『自傳』の語り口に少々分明でないところがあるが、おどしをかけて大門を開けさせたのは伊藤艦長ではなくて鈴木分隊長であつた様に讀める。朝鮮政府の大官も同行してゐるし、林領事は、日本帝國天皇陛下の代理である、不敬にわたるならば首都の政府に注進するぞとおどかしたところ、狼狽して門を開いて一行を受け入れ、扱ひも丁寧になつたといふ。

扨、殺人事件補償交渉の始末であるが、事の起りは、濟州島は鮑の特産地で、島民は鮑を以て公儀への年貢としてゐた。その外に海鼠や鱶鰭など支那料理の珍味とされてゐる食材を支那へ賣ることがこの島の大きな收入源となつてゐる。そのことを鈴木（他の「鳥海」乗組員も同じことであらう）は現地に來て初めて知つた。ところが現地人の漁法は幼稚で漁獲の能率は悪かつた。そこへ器用で且つ勤勉な日本人が來ると漁獲競争では島民は忽ち負けてしまふ。年貢に納める分まで横奪りされた様な氣になり、そこで喧嘩になる。喧嘩が刃傷沙汰となつて二・三人の日本人が殺されたといふ次第だつた。鈴木は事情を聞いて現地の漁民が氣の毒になつたが、事件は事件として處理せざるを得ず、林領事を補佐して二・三日談判を續け、結果として辨償金を拂はせることで目論見通りの決着をつけた。

濟州島では別に一つの不思議な經驗をした。それは「鳥海」が島に到着した翌日、日本から役人が來たとの噂を聞いたのであらう、琉球の漂流民が救ひを求めて艦にやつて來た。〈大和の旦那様といつて泣きながら訴へて來た〉といふ『自傳』の記述、つまり〈大和の旦那様〉はたぶん直接話法なのであらう。暴風のために琉球の海域から吹き流されてこの島に漂着し、辛うじて命は助かつたのだが、さて島の役人が自分達を日本へ歸してくれない、と訴へて來たのだといふ。鈴木はそれならば自分達が連れて歸つてやらう、と引き受けたのだが、濟州島の役人は、琉球は支那の土地だ、そこの住人を日本に引渡したりすれば自分達が朝鮮の國王からきついお咎めに遭ふとて怯えて承知しない。そこで林領事が、琉球は支那領ではない、漂流漁民は日本人である、政府から何か言はれたらこの日本領事が責任をとる、日本人は連れて歸るぞ、と懇々として說いたところ、澁々と五人程を放してよこしたのださうである。そこでその者達を釜山へ連れてゆき、釜山の領事館に沖縄への送還をたのむといふ形で救出してやつたといふことだつた。たぶん當時の朝鮮では、淸國人が、琉球は支那領であるとふれ廻つてゐたのであらうと鈴木は推測し、危いところをどうやら助けてやつた琉球の漂流民に深い同情を注いでゐる。

水雷艇長として

朝鮮から歸つて後、明治二十六年十一月のことであるが、橫須賀鎭守府所屬の水雷隊攻擊部に編入され、第一號艇の艇長を命ぜられた。水雷屋としての經歷がここに始まるわけである。第一號艇といへば聞えはよいが、明治十四年建造の一番古い排水量四十噸といふ三等水雷艇であつた。十隻ほどの艇で一部隊を組み鏑木誠といふ隊司令の指揮下に部隊の運用訓練を開始した。ところが着任して間もない十二月に荒天による海難事故に遭遇した。

その日は休日で千葉の海岸に碇泊してゐたものらしく、好い天氣なので多くのものが安心して上陸したが、鈴木は艇に殘つてゐた。夜に入つて突如強い西風が吹き出した。鈴木は相互の衝突を恐れて拔錨し、沖へ出て避難する方法をとつて難を免れたが、碇泊地では隊列が亂れ、衝突したり、沈沒したりで散々の目に遭つたといふ。『自傳』の記述は不分明で部隊全體の狀況は具體的によく把握できないが、五號艇は沈沒し、犧牲者も出たらしい。弱小の艇から成る水雷部隊とは、平時でも荒天に遭へばこんなもの、との認識が鈴木には生じた模樣である。

明けて明治二十七年の春、鈴木は六號艇の艇長に替つてゐたが、横須賀鎭守府で實施した小規模の演習で一つの失敗を演じた。それは敵（演習上の）艦隊の觀音崎水道通過を待伏せするといふ想定で走水港に待機を命ぜられたのだが、碇泊の位置を探し求めてゐるうちに艇尾のスクリューガードが岩礁に引懸り、恰も引き潮時だつたので艇自身が坐礁して船底を傷つける恐れがあつた。そこで陸上から大きな杉丸太を二本持つてきて艇の兩側に柱狀に立て、艇の胴中に太い綱を廻して艇を岩礁に打突けぬ樣に保つて次の上げ潮を待つた。乘員はさうして緊張しつつ艇の安定を保ち、上げ潮に乘じてどうやら又海面に出ることができたのだが、想定の敵艦隊はその間に水道を通過してをり、六號艇は襲擊に參加できなかつた。だが此の時は横須賀に歸つて事情を正直に報告したところ井上良馨鎭守府長官から、艇を傷つけることなく浮上に成功した處置を褒められたさうである。（なほ『自傳』に於ける

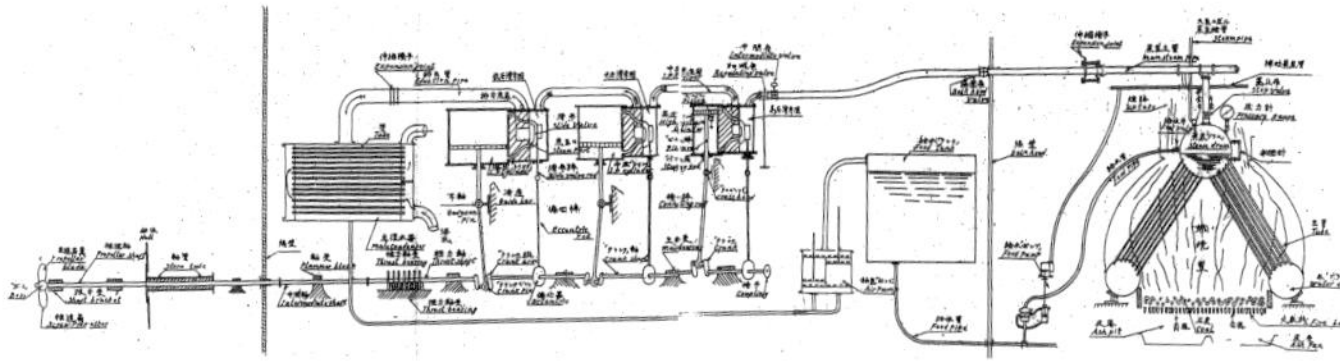

舊式蒸氣機關構造略圖

この部分の處置の描寫は特殊な海事用語（英語）のカタカナ書きのせゐもあつて解讀が難しく、正確か否かを保證し得ない。その解讀には海上自衛隊の元佐世保總監部總監谷川清澄海將の懇切な御教示を忝うした。）

日本海軍創成期の先人達の苦勞を偲ばせる挿話が鈴木の身邊にもう一つある。

明治二十七年春ともなると、日清間の外交關係は險しいものになつた。朝鮮に民族主義者東學黨の亂が起り、金玉均が上海で暗殺され、清國による朝鮮を屬國視した上での內政への介入の氣配が濃くなつた。日清間に戰爭勃發の豫想が高まつた。六月に鈴木の第六號水雷艇は對馬の警備に赴くことを命ぜられて橫須賀を出航した。六號艇の機關は老朽化してゐた。機關の燃燒室で發する熱を「水ドラム」（蓄水鼓胴部）から「蒸氣ドラム」（蒸氣壓搾鼓胴部）へ送るテューブ百五・六十本を入れ替へなくてはならないのだが、橫須賀にその施工をする設備が無く、神戶の小野濱造船所へ行つてそれをやれと命ぜられた。神戶までその老朽化した機關を焚いて何とか辿りつかなくてはならない。觀音崎を出た頃には既に爐（鈴木は『自傳』の中で「釜」と呼んでゐる）の中に水が入りさうな狀況になつてゐた。浦賀に碇泊して、ひびの入つたテューブにストッパーと呼ぶ栓を詰めて水が洩らぬ樣に應急修理をした。上等機關兵曹に鍛治屋から鍛へ上げた勇敢な男がゐて、機關の中で燃えてゐる石炭を一旦掻き出して火を落し、厚い服を着て帽子を冠り手袋をはめ、全身に水を十分にかぶつて餘熱の高い爐の中に入つてテユーブにストッパーを詰めて締める。十分くらゐかかる。相模灘に出て又やる。下田でもそれをやる。艇長の鈴木は心配して横須賀にもどることを考へたが、その豪膽な機關兵曹が危險な應急修理を繰返し、所謂瞞し〳〵の手當で、途中下田、志摩半島の五箇所港、紀州の串本、翌日又田邊でと泊りを重ねて到頭小野濱に辿り着いた。機關から出る蒸氣が洩れ放題の「ザル」狀態で横須賀から神戸まで行つたわけである。造船所でもこんな狀態でよくここまで來られたものだ、と呆れた由である。

當時水雷艇部隊は横須賀を基地として東京灣から相模灘にかけての海域で運用訓練をしてゐた。日清間に戰雲が迫つて來たので部隊は佐世保に移動し、そこで出陣を待つことになる。ところが鈴木の六號艇の樣に佐世保に集結するまでの沿岸の航行だけでも、これだけの悪條件を克服し、機關部員が身の危險を冒しての應急修理の連續で任地に辿り着いた艇もあつたわけである。鈴木にしても內心では、薩閥と無縁である故にぼろ舟をあてがはれたといつた祕かな怒りがあつたかもしれないが、まさかそんな不滿は噯氣にも出すわけにはゆかない。或いは又、六號艇が唯一の例といふわけではなく、他にも同じ樣な苦勞をし、乘員達自らの責任に於いて戰場に向つた船もあつたのかもしれない。

これが草創期の日本海軍の末端の實情であり、明治人の心意氣といつたものでもあつた。

第三章　日清戰爭從軍とその後

1　旅順攻略戰への參加

準備不足と上村彦之丞の親切

鈴木の六號艇は小野濱造船所でボイラーテューブを新しいものに入れ替へて、艦隊戰力の集結地である佐世保に向つた。日本と淸國との戰雲が急を告げてゐた七月の半ば頃である。佐世保に着いた時に、鈴木は自分の艇が水雷の發射試驗をしてゐない事に氣がつき、港内での試驗を申請したが、參謀（鎭守府の參謀長か常備艦隊の參謀か不明）が許可を出してくれない。その理由は水雷の如き貴重品を、この樣に實戰が迫つた段階で試驗發射によつて一本でも失つたならばそれが直ぐに戰力の減殺になる、といふことであるらしかつた。鈴木は確かに橫須賀での試驗發射で水雷を一本沈めてしまひ、搜索と收納に一週間も費した失敗の經驗があつた。それだけにその後種々の工夫を重ね、沈ませない自信はつけてゐたが、實戰で使ふ水雷の性能、發射管との相性など、一度も試してみる機會も持てぬままに實戰に臨むとはあまりに不用意であると思はれた。而してその貴重な實驗さへ、實彈の損失を恐れる故に認めようとしない、といふのも當時の弱小なる日本海軍の實態を反映してゐる話であつた。

鈴木はこの時玉利親賢といふ專任參謀に衷情を訴へ、その承認を得て灣內で數回の發射試驗を實施し、偏射角度等の計測を重ねて實戰に臨むに十分の自信をつけた。ところが殘念な事に實質的な開戰日である二十七年七月二十五日の豐島沖海戰の四日前、七月二十一日に對馬海峽の警備を命ぜられて對馬の海域に移動せねばならず、實戰艦隊からは外された形になつてしまつた。二十五日の豐島沖海戰にも、九月十七日の黃海海戰にも參加できず、艦隊に編入された水雷艇部隊が眼前を通過して戰場海域に向ふのを拱手傍觀する位置に甘んじてゐた。

鈴木の艇が常備艦隊第三水雷艇隊に編入されて實戰に出動する機會を得たのは十月二日の事で、八月一日の對淸國宣戰布告から二箇月が經過してゐた。

勇躍して對馬を離れ、實戰部隊の集結地である朝鮮半島平安南道は大同江口の漁隱洞に行つてみると、此處でも少々勝手の違つた處遇に遭ふ。それは、その時陸海合同の作戰會議で旅順攻略の目標が立てられ、そのために先づ大連灣の制壓が論議された。大連灣には大量の敷設機雷がある。艦隊側ではその機雷の除去作業を水雷艇部隊に下命しようと考へてゐた。

二十世紀に入れば、敷設された機雷の掃海作業は舊日本海軍の特技になつてゐて、大東亞戰爭の戰後にも昭和二十五年の朝鮮戰爭への祕密出動や、飛んで平成三年のペルシャ灣での「灣岸の夜明け作戰」に至るまで、世界に誇るべき技術と實績の傳統を有してゐるのだが、日清戰爭時の日本海軍には、未だ專門の掃海部隊といふものはない。機雷の側も未だ素朴な段階で、機雷の除去は軍艦搭載の汽艇やカッターで行ふ手作業である。水雷艇にはそのための器具も裝備もなく、その訓練を受けてゐるわけでもない。そこで水雷艇隊の艇長と各艦の水雷長との間に意見の對立が生じ、二十七歲の若い鈴木は相當に憤激して筋論を展開した樣である。

結局この時大連灣の敵前掃海作戰は取り止めになつたが、結果としては十月二十四日に花園口に上陸した陸軍部隊（第二軍）が金州經由約八十粁の陸路を迅速に進擊して十一月七日には大連に入つて占領を完了した。即ち大連灣での掃海作戰は必要なかつたことになる。

大同江口の艦隊集結地での議論の後で、鈴木は私的な用事があつて、碇泊中の第一遊擊隊所屬國產巡洋艦「秋津洲」艦長の上村彥之丞大佐を訪ねた。用件が濟むと、上村の方から、心配してゐた大連灣掃海作戰問題の歸趨について尋ねてきたので、鈴木は艦隊水雷長側の要求の理不盡なることを力說する。上村は鈴木の說を支持し、汝の意見は司令官（伊東祐亨聯合艦隊司令長官を指すか）に傳へておかう、と言つてくれた。それが實現したかどうかは不明だが、この時上村は若い鈴木の興奮をなだめる意圖を以てであらうか、掃海問題とは直接關係のない、薩摩軍の一士官として參加した會津戰爭の時の、部下統率の苦心談をじつくりと話してくれた。この敎訓が閒もなく、威海衞攻擊作戰に際し、水雷艇長としての鈴木が部下を統率するための良き指針として生かされることになる。

初陣での失敗と氣樂な戰爭見物

十月二十四日の陸軍の花園口上陸作戰への海軍を擧げての掩護活動への參加などは勘定外として、鈴木の實戰としての初陣は十一月八日旅順港外の哨戒勤務への出動だつた。この時、『自傳』の表現で言へば〈とんでもないヘマなことをやつた〉といふ。第三水雷艇隊が四隻で旅順口の隣の灣に向つて接近してゐるつもりが、間違つてまだ日本軍の手に落ちてゐない、要塞が健在である旅順口そのものに向つてゐた。前方の夕闇の中に清國北洋艦隊主力の「定遠」か「鎭遠」らしき大型艦が見えるので、二隻づつ二手に分れて、水雷到達距離として手頃な五百米くらゐまで近づいてみると、それは鈴木が横濱港あたりで見てよく艦型を知つてゐる「バルチモーア」といふアメリカ軍艦だつた。そこで慌てて僚艇に向つて「撃つな」を意味する發火信號を送つたのだが、既に夕闇の中だつたから忽ち陸上の砲臺に發見されて四門の二十四サンチ加農《キャノン》砲からつるべ射ちの一齊射擊を受けてしまつた。幸ひ直擊彈は受けなかつたが、至近彈が水に落ちて艇尾の旗に海水がかかるほどであつたといふ。アメリカ艦の方でも日本水雷艇の接近のために、陸上の砲臺から砲擊を浴せかけられ、急の待避行動で錨を揚げきれず、錨索を引き摺つたまま沖へ逃げたといふことであつた。間違つて實際に水雷を發射したりしなかつただけはよかつたが、まあとんだ失敗といふべき初陣の爲體《ていたらく》ではあつた。

旅順に迫つた陸軍の第二軍（司令官大山巖大將、第一師團長山地元治中將）は十一月二十一日にわづか一日の戰鬪で旅順を占領してしまつた。艦隊は未明から旅順港外五浬《かいり》から十浬ほどの海上に居て、威海衛から旅順救援に來るかもしれぬ清國北洋艦隊を迎擊する配置についてゐた。水雷艇隊は輕捷の特質を生かして陸上部隊と艦隊との間の通信連絡の任に當つてゐたので、鈴木の六號艇も陸岸に接近して陸軍第一師團による旅順攻略戰の始終を高見の見物と決め込むことができた。艦隊からも通報艦「八重山」が陸に近づいてきて、正午頃には既に大勢が決した状況を看て取つた。『自傳』の表現によれば、敵兵が陸續として山を下り〈旗を捲いてといふよりは、ひつかついで敗走するのが見えた〉さうである。「八重山」からの信號で、六號艇はその狀況を報告するために艦隊の遊弋海域に急行する。引返して元の位置に戻つてくると、又「八重山」からの信號で敵の水雷艇二隻が旅順港口から脱出したので、十號艇が追跡中、といふ。

六號艇もすぐにそれを發見し、僚艇に協力して追跡にかかる。他にもこれに氣がついた水雷艇があつて、この追跡戰に加はり、一隻を砲撃によつて撃沈し、あとの一隻「遇順號」といふ艇は退路を絶たれて陸地に乘り上げ、後日捕獲されて佐世保鎭守府の所屬となつた。

この樣に鈴木の旅順攻略戰參加は、實際には遠見の見物に等しく、至つて長閑なものであつたが、災難は戰爭からではなく、異常氣象の形でふりかかつた。卽ち旅順陷落の當日、十一月二十一日の事であるから、颱風ではないと思はれるが、日沒後雨雪を伴ふ猛烈な颶風が襲つて來た。天候の惡化を豫想して水雷艇隊は遼東半島南岸の沖に散在する長山群島の一つ小濱島の西部の灣内に豫め避難してゐたが、激浪に翻弄され、錨が持たなくて錨索を切られたり、島に打ち上げられて船體を破損したり、暗礁に乘り上げて舵器やスクリューを壞したりした艇もあつた。『自傳』の記述では、二十一日の夜暴風雨に遭遇し、翌二十五日の午後天候が治まつて、とある所、時間的記憶に何か齟齬があるのではないかと思はれるが、それは問はぬこととして、十一月二十六日にはこの小濱島の碇泊地を出て旅順港外に來てゐた聯合艦隊に合流した。すると旗艦の「松島」に呼ばれ、汝の艇で敷設されてゐる機雷の間を縫つて旅順港の奥まで入れるか、と尋ねられた。危險な航行ではあるが、小型艇ならば肉眼で機雷を避けつつ微速でゆけばよいと考へて諾と答へると、湯地艦隊機關長（定監《さだのり》・乃木希典夫人靜子の兄）と參謀の島村（速雄《はやを》）大尉を旅順の司令部に送り届けよとのことである。そこで鈴木は自ら艇首に立つて機雷に觸れぬ様に用心しながら港内深く入り、東港のドックの前に繋留して二人の士官を無事に上陸させた。

ドックの傍では恰度第二軍の將士が卓子を竝べて祝勝の宴會を開いてゐる最中だつた。到着した六號艇の乘員も早速その仲間に加へてもらひ、共に盃を擧げて旅順占領を祝つた。

その宴にゐた第二軍の將士は、軍司令官が前記の通り大山大將、第一師團長が山地中將で、乃木少將の率ゐる第一旅團は、鴨綠江北岸で第一軍に敗れた清國の宗慶軍が轉進して金州を攻擊してきたため、急遽その救援に赴き、乃木は宴會の場に不在であつた。

乃木の旅團は鈴木の屬する水雷艇部隊が被害を受けた、その同じ暴風雨に襲はれ、寒氣と泥濘の中で非常な苦勞をしながら金州に向つて北上して行つた。鈴木の弟の鈴木孝雄少尉は野砲兵第一聯隊に屬してゐて乃木の指揮下に入り、金州に向つてゐた。兄の貫太郎は旅順に上陸すれば乃木少將に、と同時に弟の孝雄に會へるかと思つてゐたところ弟の姿が見えない。もしや戰死かと一刻不安に驅られたが、それは急な戰況の展開に應じて金州に轉戰したまでのことであつた。無事ではあつたが、この冬の暴風雨の中での夜行軍は大へんな難行だつた様である。兄の方の旅順戰體験はまあ暢氣なものと言つてよかつた。

2 威海衛襲撃

明治二十七年の暮から二十八年の正月にかけての嚴冬期を鈴木の屬する水雷艇部隊は旅順港内に碇泊して過した。二十八年一月に大本營は山東半島の威海衛を攻略する計畫を推し進めた。一月十九日に海軍は艦隊が大連灣を出、渤海灣口を横切る形で南航して二十日の朝山東半島東北端の榮城灣に入り、陸軍第二師團と第六師團の第十一旅團が上陸戰展開中その掩護射撃に從事した。この射撃が奏効して淸國軍は簡單に退却し、鈴木の水雷艇隊が輕身を利して先に上陸してみると、淸軍は兵舎の中に朝食の膳に手を付けぬまま置いて退却した痕跡が歴然としてゐて笑ひを誘つたといふ。

港口の防材破壊作戰

一月二十日當日には水雷艇部隊の任務は榮城灣外の警戒であつたが、艦隊の本來の目的は威海衛の攻略であり、水雷艇部隊の任務は威海衛港口の防材破壊と淸國北洋艦隊主力への水雷攻撃であつた。

旅順での作戰準備中に、鈴木の屬する第三水雷艇隊の司令が交替し、今井兼昌といふ大尉が着任した。この人は元氣旺盛で實戰に臨んで實に豪膽な上官だつたと回想されてゐる。この司令が、作戰會議で威海衛港口の防材破壊は我が水雷艇隊がやる、と言つて引き受けて來、當時最も若手であつた鈴木の六號艇と中村松太郎の十號艇とに實行を命じたのはよいが、實は防材破壞といふ戰法に定石や前例ができてゐるわけではなかつた。破壞の方法については現場の指揮官が考案せよといふ話だつた。

差當つて考へつくのはやはり爆藥である。然し艦隊の常備火藥の中に水雷艇隊に使はせる防材破壞用の爆藥といつた品目の割當てがあるわけではない。作戰を命令した司令にも、それをどこから調達したらよいかとの當てはない。鈴木は思案にくれてゐたが、ふとした機會に大連灣にゆくことがあり、そこで上陸して舊知の郡司成忠大尉を訪ねた。郡司は海兵六期生であるから鈴木より八期先輩で、周知の如く文豪幸田露伴（成行）の實兄である。明治二十六年現役を退き、報効義會を設立して北洋開拓事業に乘出し、千島列島最北端の占守島に上陸して北洋漁業の開發に從事する、我が國の北方戰略の先驅者である。日清戰爭勃發のため一時現役に復歸し、この時柳樹屯で兵器庫係の任に着いてゐた。鈴木が何の氣なしに、艦隊內で爆藥が入手できないでゐることを話すと、郡司は、ここに淸國軍からの分捕り品で所屬未定の火藥があるから遣らう、と言つてくれた。そこで鈴木は喜んで淸國軍の保有してゐた火藥と導火線、信管などを分けてもらひ、これで防材破壞の準備はどうやら整つた。

次は嚴寒一月下旬から二月にかけての渤海灣の海面で、發射管の氷結といふ惡條件を冒して水雷を無事に發射できるか、といふ實驗をした。所がその時鈴木の部隊が用ゐてゐた魚雷の尖端につけてある信管は國產のものだつたが、この時の試驗發射では機能しないことがわかつた。古くなつてゐたせゐかもしれないが、威海衞攻擊が目前に迫つてゐる時、本國から新しいものを取寄せてゐる暇はない。鈴木は艦隊主力の軍艦「浪速」「高千穗」に行つて英國製の信管を貰つて來て各艇に分け、漸く出擊準備を整へることができた。思へば心細い話であるが、こんな內情は當時はもちろん祕密事項であった。冷靜な鈴木は〈かういふ事はいづれの戰爭の時も多少まぬかれないことだらうと思ふ〉と淡々と回想してゐる。

上記の樣に今井司令指揮下の鈴木達の水雷艇部隊は一月二十日の朝、艦隊主力の先驅として威海衞東南約六十粁の榮城灣に入り、威海衞本據攻擊の命令が下るまで、港口附近の偵察と哨戒に當つてゐた。水雷艇隊は三隊に分れ（一隊は四隻編成であつたらしい）、擔當海域を二つに分け、一日交代で偵察と哨戒を續ける。これがなか〳〵の難業であつた。艇は十六人乘の小型のものであるから、毎日水雷母艦に行つて水と石炭を貰はねばならない。哨戒作業は連日であるから休息する暇がない。出擊ならば大いなる緊張が必要で、氣の持ち樣が違つてくるが、敵に接觸する機會の無い哨戒行動は要するに退屈である。おまけに一月下旬の北洋の嚴寒では艦上の居眠りなどは極めて危險である。水兵の慢性睡眠不足と疲勞は心理的な不安定となつて蓄積されてくる。こんな狀態がいつまでも續くのではとても堪へられない、死んでもいいから早く威海衞突入を敢行して下さい、と訴へる水兵も出てくる。

統率の苦心と上村の教訓

艇長としての鈴木の苦心はかうした狀況でこそ面目を發揮する。鈴木は大同江口で「秋津洲」艦長の上村大佐から聞いた話を思ひ出した。上村の會津戰爭での經驗といふのは近代の用語で言へば塹壕に籠つての持久戰である。これが實に苦しい。こんな思ひをするよりはいつそ斬り死にしてもよいから單身飛び出して敵陣に斬り込まうといふ兵が出てくる。實際命令を待たずに勝手に敵陣目がけて斬り込んで犬死をする兵卒もゐた。さうした時ほど部下の氣持ちをよく掌握して輕擧妄動に走らせない様に戒める指揮官の責任は重くなる。戰鬪指揮よりも或る意味で難しい統率力の試練の場である。鈴木は、――威海衞突入といつても敵情偵察も不十分の狀態で敢行した所で犬死は明らかである、とにかくもう少し辛抱しろ、威海衞が陷落したらお前達には眞水の風呂を振舞つてやる、と、なだめ且つ勵ました。この約束は母艦の理解もあつて後日十分に果された由である。

こんな狀態が十日も續いたあと一月三十日になつてやつと第三艦隊の六號艇に港口の防材を破壞する出動命令が下つた。この時は陸軍部隊との連絡が惡く、占領した鹿角嘴《ろくかくし》の砲臺から友軍の射擊を受けてしまひ引返したところ、翌日から强風が吹き出してとても航行できなくなつた。二月三日に漸く風が凪いで、六號艇と十號艇が港口に接近した。朧月夜ではあつたが日本列島の早春とは大違ひで、海面には薄氷が張つてゐる。それで艇の進むに從つてシャリン〳〵と音をたてて氷片がはね散るといふ寒氣の中であつたが、鈴木は〈何となく快い心持の晩であつた〉と回想してゐる。

この晩は先夜誤射を受けてしまつた鹿角嘴の陸軍砲臺へ、鈴木の艇から一人の士官が上陸して連絡に行き、防材破壞の火光と爆音で敵側が氣付いて砲擊を始めるであらうから、その時は掩護射擊を賴むと申し入れた。陸軍側は快く承引したが、その連絡係の若い篠原少尉は、數日前までは戰場でなほ敗殘兵もをり、敵の死屍累々たる中を單身砲臺へ往復して來た勇敢な靑年だつた由である。

この連絡士官の歸艇が遲くなつたために、僚艇たる十號艇との行動の調整がつかず、六號艇は單獨で防材破壞に着手することにした。艇が防材に接觸し、兵が防材に飛び乘つてその下部に爆藥を仕掛け、導火線で艇に繋いでおき、艇は後退して然るべき距離まで離れたところで點火する、といふ方式である。その後退に際して某水兵が導火線を錨に引つかけて切つてしまふといふ失敗があり、後に名前を出す上崎辰次郎上等兵曹が沈着な動作で仕掛直しをした。

そこで豫定通りの爆破を實施したが、果して淸國側で哨戒に當つてゐた艦艇と灣口の小島（日島）の淸國側砲臺が防材附近の海面に向つて砲擊を始めた。それに應へて約束通り日本軍の占據した岬の端の砲臺から、淸國軍に向けての應射が始まる。六號艇は海面に身を潛めて頭上を盛んに飛び交ふ彼我の砲彈の火光を眺める仕儀となる。〈なかなか壯觀でした〉と、鈴木は回想してゐる。

防材の破壞成功と艇の通路の開削が確認できたので、六號艇は假泊地に戻つて今井司令に今夜のうちにも港內進入と襲擊を、と進言したが、司令は、第二艇隊との協同作戰の豫定であるから、とて襲擊は翌二月四日の夜襲を以て火蓋を切るといふことにした。

翌日と言つても日付で言へば二月五日と言つた方がよい二月四日午後十二時過ぎての出擊である。防材を破壞して威海衞港內への進路を作つたのは鈴木の六號艇であるから、先導の榮を擔つて第三艇隊の先頭を進み、その後を第二艇隊が續く形で先づ一列縱陣で東口から港內に進入し、入つてから橫一列に竝んで敵の大型艦目がけて一齊に水雷を放つといふ作戰を立てた。だが實際の戰鬪はさう上手く計畫通りにゆくものではない。第三艇隊は港口への潛入を經驗したばかりであるから全艇首尾よく入つたが、第二艇隊は初めての接近だつたから不安もあり、防材に引かかつて入りそこねた艇もあつて港內で豫定の陣型が取れず、結局各個ばらばらに攻擊する形になつた。

鈴木艇は折角先頭を切つて港内に進入したのにいざ水雷を發射してみると發射管の中が氷結してゐて水雷が水に落ちない。詰め替へて再度射たうと考へ、艇の速度を落して壓搾空氣を詰めてゐると、攻撃を了へて引返してきた十號艇と衝突しさうになつた。辛うじてまともな衝突は回避できたが十號艇の船首と六號艇の船尾が接觸して船體に破損を生じた。もう再攻撃どころではない。然もこの時十號艇の方も發射はしたが水に落ち切れずに半分首を出したままの水雷を抱へてゐる。衝突してその衝撃で水雷が爆發でもしやうものなら兩艇共沈沒したかもしれぬ。全く危いことであつた。

更に不運なことに引返す途中で今井司令の坐乘してゐるやや大型の二十一號艇が鹿角嘴近くの暗礁に乘り上げてゐるのに遭遇した。救出にかからうとして接近すると、既に夜明け近く、視野が明るくなつて來たために猛烈な砲撃を受けてしまつて近付けない。結局旗艦「松島」に報告に行き、坐礁した司令艇を守るための掩護射撃を依頼し、六號艇と十號艇が協力して小型ボートで乘員の救出に向ふより他なかつた。旗艦で夜襲の成果を聞かれ、水雷が氷結して出ませんでした、他の艇も撃沈の戰果は無かつた様ですと正直に報告したが、さぞ無念だつたであらう。鈴木の回想では〈伊東（祐亨）大將は「チェストー」といつて後を向いてしまはれた〉と書いてゐる（「チェストー」は語源未詳、江戸時代末期に鹿兒島からはやり出したといふ獨特の間投詞）。

後で判明したところではこの夜襲で何れの艇の放つたものかわからないが、一發の水雷が大艦「定遠」に命中し、同艦は衝撃で淺瀬に乘り上げて戰闘力を失つた。更に五日夜の襲撃では第一水雷艇隊が出、前日の經驗を十分に生かして巡洋艦「來遠」「威遠」等を擊沈する戰果を擧げた。聯合艦隊は同港を封鎖した形で、陸軍部隊の臼砲、占領した砲臺の山砲の協力も得て灣內の北洋艦隊を擊滅して行つた。北洋艦隊司令長官の丁汝昌は港外への出擊と決戰を企てたが部下の抗命に遭つて果せず二月十一日夜に劉公島の官舍で、部下將兵への寬大な扱ひを願ふ遺書を書いて服毒自殺した。十二日に威海衞守備隊は丁の遺命により降伏し、十七日に日本軍は要塞と北洋艦隊の全艦艇を領收した。丁汝昌の自決はその潔さによつて日本側にも感動を與へ、日本國內にも同情の聲が起つた。聯合艦隊の伊東司令長官はかねて丁に情理を盡した立派な降伏勸告文を送つてゐたことで、列國にも評判の良い武人だつたが、此度も丁の遺骸を鄭重に收容の上、禮を盡してこれを淸國側に送り屆けさせた。

好意を見せた英國艦隊

鈴木は威海衞攻略戰の際に極東派遣の英國艦隊との接觸で或る經驗をしてゐる。それは二月四日深夜から五日朝にかけての夜襲から歸り、疲れて艇內の小室で寢てゐると、同じ碇泊地にゐたイギリスの一等巡洋艦「エドガー」の艦長が訪ねてきた。起されて上甲板に出て見ると、四・五人の英國士官が居て、自分達は伊東司令長官の許可を得て日淸閒の海戰の見學に來たものだが、昨夜の汝の襲擊について聞きたい、と言ふ。鈴木はまさか水雷が氷結に妨げられて出なかつたとも言ひかねたのであらう。雷擊が成功したかどうかはわからないが、激戰であつたことはこの船を見ればわかるだらう、と答へておいた。英國士官は丁寧に六號艇の夥しい被彈の痕を檢分し、禮儀正しく挨拶して戾つて行つた。別れ際に、汝もこれだけの激戰を經驗したのだからやがて昇級してイギリスに來ることもあるだらう、その時は訪ねてくれ、とて名刺を渡した。その名刺から、鈴木はこの艦長が後に海軍大將になつたことを知るのだが、歐洲留學の際にも再會する機會は遂になかつた。

鈴木は聯合艦隊の幹部より早く、水雷艇の被彈狀況を調べに來た英國の觀戰武官の研究熱心さに感心したのだつたが、もう一つ記憶に殘つたのは英國海軍が日本に寄せてゐた意外な好意だつた。それは、威海衞襲撃の三・四日前のことだつたが、その海域が非常な荒天となり、小型の水雷艇などは激浪で顚覆する危險があつた。そこで港外の泊地から山東角の榮城灣に向けての避難を敢行したのだが、その時英巡洋艦の艦長は、日本水雷艇隊の直面してゐる危險を看て取り、事故が生じたらすぐに救助作業に入るつもりで伴走してゐたのだが、あの荒天を無事に乘り切つて皆無事に榮城灣に入つたのには感心した、といふのであつた。

そのイギリス艦隊の荒天の中での「傍觀」ぶりには鈴木達も氣がついてゐた。そこで人の難儀を見物して喜ぶの類かと思つてひそかに憤懣を覺えてゐたのだが、それが全くの誤解であることがわかつた。イギリスは開戰時にはどちらかといへば淸國側に日本情報を流すなどの反日的姿勢を取ると見えてゐた。然し高陞號事件で英國の國際法學の權威者が東鄕指揮の「浪速」の處置の正當性を論證したことや黃海海戰で見せた日本海軍の實力を知つて、日本に好意的になつてゐた。鈴木は「エドガー」號艦長の六號艇訪問の一件でも、彼等には機を見るに敏な感性があるのだと觀察し、日英同盟の生れる兆はこの邊に旣に看て取れた、と回想してゐる。北淸事變での日本軍の軍紀の嚴正と武力の卓越は、日淸戰爭中に好轉してきたイギリス國民の日本觀への太鼓判だつたと見てよいであらう。

威海衛夜襲の（全體としての）成功の後で、鈴木はもう一度港口防材の破壞に出動してゐる。それは、艦隊の水雷長達の周邊から、水雷艇部隊の防材破壞は不十分だ、あの程度では大型艦の進入はできない、との聲が出たので癪にさはつた故である。

鈴木の輕い惡戲

艦隊側はさう言つた以上、拱手しても居られず、數日後に汽艇とボートの隊を編成して防材破壞を試みたが、陸上の砲臺から射擊を受けて簡單に退却した。鈴木は艦隊側の勝手な批評に腹を立ててゐたので、この時ひそかに跡をつけてゆき、彼等が無爲にして退却したことを見屆けた。そこで鈴木は第三艇隊の僚艇を率ゐて夜陰に再度港口に行き、今度は爆藥を用ゐず、艇の乘員が防材に乘移つて防材を岸に繫いでゐる針金を斧で叩き切り、浮遊狀態になつた長大な防材の束を他の一隻の僚艇と共に艇尾につけて曳いて歸つてきた。そしてそれを翌朝艦隊の眞中に持つて行つた。鈴木は彼らしくさすがにそこで回想の口を愼しんではゐるが、それは艦隊の水雷長連に對する「是見よがし」の面當てだつたのであらう。この防材を艦隊所屬の工作船「豐橋丸」に引渡したので、それは戰利品で作つたベンチとして宮城の振天府（明治二十七・八年戰役の記念品陳列所）に納められた由である。

鬼貫太郎と上崎上等兵曹

この樣に、鈴木は直接戰功を樹てるには及ばなかつたにも拘らず、防材破壞や二十一號艇の救助作業では實に人眼を惹く樣な豪膽な振舞が多かつた。そこで周圍から鬼貫太郎の綽名を奉られることにもなつた。その鬼貫太郎をして泣かしむるほどの悲愴な事件が上崎辰次郎上等兵曹の割腹自殺である。

威海衛の失陷は淸國にとつても手痛い敗北であり、これを機に日本との和を講ぜんとする議が起つた。三月十三日李鴻章は講和會議の交渉使節として淸の都北京を出、天津を經て、その乘船は（塘沽からの出港であつたらうか）渤海灣を横切る形で、卽ち威海衞の日本艦隊の目前を通過して下關へ向つて行つた。日淸間の講和交渉は二月一日の廣島での第一回會議の挫折以來二度目である。戰況から考へて今度こそは成立するだらうと思はれた。とすれば威海衞に待機してゐる水雷艇部隊が再び出動する機會は最早ない。二月四日夜の北洋淸艦隊襲擊で魚雷を射てなかつた六號艇が恥を雪ぐ機會も失はれたことになる。上崎の切腹はそこに起因してゐた。

上崎は會津武士の血を引く武門の出身で、家には先祖から傳はる村正の銘刀があつた。それは陸軍中佐として出征してゐた總領の兄が持つべきものであつたが、辰次郎はこの開明の世の中で總領の權利もあるものか、とて母にせがんで上等兵曹の次男坊が貰ひ受けて持つて來た。その銘刀で作法通りに見事に腹を切つて死んでゐたといふ。遺書はあの勇敢だつた篠原少尉が預つて持つてゐたが、艇長に申しわけないから死んでお詫びをする、といふ趣旨であつたので、鈴木に過度の心理的負擔のかかることを恐れた篠原は若さに似ぬ配慮を働かせて、敢へて鈴木に見せなかつた。

鈴木は、準士官の椎名機關士が上崎と同室でその自決死の發見者であつたので椎名に問ひ質して漸く上崎の自裁の動機を知つた。鈴木の哀惜も痛切なものだつたが、水雷不發の責任を負つて自決といふ上崎の死は第三水雷艇隊のみならず艦隊全體に廣い反響を喚び起した。戰後今井司令と鈴木とが發起人となり、上崎のために慰靈の碑を建てようと企てて寄附を募つたところ、忽ち千圓近くの額が集まつた。明治二十八年の千圓が現在のいくら位に相當するか、換算に正確を期さうとしても意味は薄いと思ふが、とにかくその額で立派な石碑が横須賀の祖師山のお寺の境内に建てられた。碑は後に海軍水雷學校長の配慮により、長浦の集會所の傍に移されて更に廣く人の眼にふれる様になつた。上崎が自刃に用ゐた刀も水雷學校の保存する所となり、明治の軍人の任務に對する責任感の強さを記念する象徴となつた。碑の銘は上崎の葬儀に際して鈴木が讀んだ弔辭を漢文に直したものである。威海衛戰の實況を傳へる文獻でもあるので次に書下し文を添へて掲げておく。

上等兵曹上崎辰次郎君碑

君諱辰次郎上崎氏青森縣上北郡人舊會津藩士也萬延元年十二月生于岩代國若松城下年十四入海軍酷苦勵精技術大進明治七年航臺灣從征蕃役十年西南之役起君乃乘軍艦討賊兵十三年任下士官十九年新造軍艦浪速於英國成君被撰爲回航委員至英國乘之而歸二十二年敍勳八等無何任上等兵曹二十七年敍勳七等賜瑞寶章是歳征清役起時君在第六號水雷艇慨然決意曰吾欲誓死以報國恩十月航戰地從常備艦隊占領花園口十一月略大連灣攻旅順口屢々有功二十八年二月我軍攻威海衛敵艦隊據劉公島以水雷及防材鎖港恃險要而防戰數日不能遽拔同月三日夜第六號水雷艇乘月明迫港口敵知之砲擊甚烈而君自若冒彈雨而破防材通航路以是翌夜水雷艇隊得進入港內襲擊敵艦隊轟沈定遠等二艦此夜第六號水雷艇亦在隊中冒砲擊而迫近鎭遠飛彈如雨注中艇者六十餘彈將射出水雷粉碎敵艦何計嚴氷閉管妨碍發射自是君憤慨不已更期大功自慰十二日敵艦隊力屈遂乞降三月和議再起清使李鴻章發天津君時在威海衛港聞之而知戰機既去亦不可爲遺憾不自禁以此月十四日從容自刃艇內歳三十六艇員火化之歸葬横須賀龍本

君爲人沈毅義膽處事綜密克耐艱楚常尙節義至誠奉公服軍務廿有二年於茲勵精如一日威海衞之襲擊不奏効因嚴冬結氷所致於君何有然衷心不能自安負責謝過以死矣可勝歎惜哉頃者故舊捐金樹碑餘嘗長第六號水雷艇懷舊殊切乃爲君敍其事爲之銘曰

至誠奉公　孰若其忠　偉績將奏　孰妬其功　慷慨難禁　視天夢々
鬼哭神泣　烈士致躬　大書深刻　其碑穹隆　嗚呼崎氏　英名無窮

海軍大尉正七位勳六等功五級　鈴木貫太郎撰

君、諱《いみな》は辰次郎、上崎氏、青森縣上北郡の人、舊會津藩士也。萬延元年十二月岩代國若松城下に生る。年十四、海軍に入り、酷苦勵精、技術大いに進む。明治七年、臺灣に航し征蕃の役に從ふ。十年、西南の役起るや君乃ち軍艦に乘り賊兵を討つ。十三年、下士官に任ず。十九年、新造軍艦浪速英國に成る。君、選ばれて回航委員と爲り、英國に至りて之に乘りて歸る。廿二年勳八等に敍す。何《いくばく》も無くして上等兵曹に任ず。廿七年勳七等に敍し瑞寶章を賜る。是歲征淸の役起る。時に君、第六號水雷艇に在り。慨然、意を決して曰く、吾、死を誓ひて以て國恩に報ぜんと欲すと。十月、戰地に航し、常備艦隊に從ひ、花園口を占領す。十一月、大連灣を略し、旅順口を攻め、屢々功有り。廿八年二月、我軍威海衞を攻む。敵艦隊は劉公島に據る。水雷及《および》防材を以て鎖港し、險要を恃みて防戰數日、遽かには拔く能はず。同月三日夜第六號水雷艇、月明に乘じて港口に迫る。敵、之を知りて砲擊甚だ烈し。而《しか》して君、自若として彈雨を冒し、防材を破りて航路を通ず。是を以て翌夜、水雷艇隊港內に進入し得、敵艦隊を襲擊、定遠等二艦を轟沈す。此夜、第六號水雷艇も亦隊中に在り、砲撃を冒して鎭遠に近く迫る。飛彈雨の如く注ぐ中、艇は六十餘彈將に水雷を射出して敵艦を粉碎せんとする時、何ぞ計らん、嚴氷管を閉ざして發射を妨害す。是より君憤慨して已まず、更に大功を期して自ら慰む。十二日、敵艦隊力屈し遂に降を乞ふ。三月、和議再び起り、清使李鴻章天津を發す。君、時に威海衛の港に在り、之を聞きて戰機の既に去りて亦爲すべからざるを知る。遺憾自づから禁ずるなく、此月十四日を以て從容として艇内に自刃す。歳、卅六。艇員之を火化し歸りて横須賀龍本〔寺カ　不詳〕に葬る。君の人となり沈毅義膽、事に處して綜密、克《よ》く艱楚に耐へ、常に節義を尙《たふと》び、至誠奉公、軍務に服して廿有二年、茲に勵精一日の如し。威海衛の襲撃効を奏せざりしは嚴冬結氷の致す所に因す。何《いづく》んぞ君に有らんや。然るに衷心自《みづか》ら安んずる能はず、責を負ひ過を謝するに死を以てす。歎き惜しむに勝《た》ふべけん哉。頃者《このごろ》、故舊金を捐《なげうち》て碑を樹つ。餘嘗て第六號水雷艇に長たり。懷舊殊に切なるものあり、乃《すなは》ち君の爲に其の事を敍し、之の銘と爲して曰く。

至誠奉公、たれか其の忠に若《し》かん、偉績將奏、たれか其の功を妬まん、慷慨禁じ難く、天を視れば夢々《ぼうぼう》、鬼哭《な》き神泣《な》く、烈士躬《み》を致《つく》すを、大書し深く刻めば、其の碑穹隆たり、嗚呼崎氏、英名無窮なり。

上崎の自刃の後、三月十九日に李鴻章は下關に到着し、伊藤博文、陸奥宗光を相手の講和會議に臨んだ。三月二十日に會議が始まつたが、日本側は作戰が順調に進行してゐるので休戰を急ぐ必要はなかつた。李の休戰提議を適當にあしらつておくといふ氣味があつた。所が李が三月二十四日に自由黨の壯士に狙撃されて負傷するといふ事件が起り、日本の朝野の李に對する同情は篤く、ために却つて李の希望した休戰が日本側の思はくよりも早く實現することになり、四月十七日には講和條約の締結となつた。

日本艦隊は依然として威海衞で臨戰態勢をとつてゐたが、上崎上等兵曹の自決事件は海軍省の中樞部にも大きな感動と驚きを與へ、人事局は船長の鈴木の動搖を心配して三月二十三日付で三等巡洋艦「海門」の航海長に轉出させることにした。その「海門」は間もなく內地に歸航し、若干の改造を受けて測量艦として就役することになつた。

鈴木には海軍省が心配した樣な心事は生じなかつた。特に優遇といふわけでもない小型の測量艦の航海長といふ地位に甘んじ、「海門」が常備艦隊に配屬されて臺灣に派遣されたため、鈴木も初めて臺灣の地を踏む機會を得ることになつた。

3 臺灣行

「海門」の使命

測量艦「海門」航海長として橫須賀を出航したのは二十八年の七月十二日だつた。清國との講和條約は四月十七日に調印されてゐた。講和條件は清國が朝鮮の獨立を認め、遼東半島、臺灣、澎湖諸島を日本に割讓し、多額の償金を支拂ふといふもので、清國側の大きな譲歩を反映したものだつたが、この割譲領土のうち遼東半島に關しては六日後の四月二十三日に所謂三國干渉が生じ、結局五月十日付明治天皇の詔書を奉戴して清國にこれを還付するといふ決斷を强ひられたこと、周知の史實である。

臺灣については、元來が未開野蠻の、風土病猖厥の地として淸朝自身が統治を放棄してゐた様な島であり、その領有によつて日本に全島の開發・拓殖・文明開化といふ大事業が委託された形であつた。そして日本人はこの大事業を正に天命として奉ずる意氣込みでそれを遣り遂げたわけである。

日本帝國政府の臺灣經略工作は割譲が決つた二十八年四月には起案されてをり、同年五月二十九日には近衛師團司令部と第一旅團を本島北端の三紹角に上陸させて占領竝に宣撫鎭定工作を開始した。此に先立ち五月十日には海軍大將樺山資紀を臺灣總督に任命して同地經營の固い決意を示した。臺灣島民の一部が五月二十五日に將軍唐景崧を總統として民主國を名乘り、日本の統治に對する抵抗の姿勢を示したが、五月二十九日に日本の正規軍が北部に上陸し、壓倒的な優勢で六月七日に臺北を占領したことでこの民軍は支那本土に逃避した。

北部の平定が濟んで近衛師團が南進を開始し、臺南攻略が日程に入つてきたのでその附近の海岸を測量して地圖・海圖を作成しておく必要が生じ、それで七月半ばに測量艦「海門」が派遣されたわけである。臺灣海峽を距てて澎湖島の眞東に當る、本島の西海岸、北回歸線の直下になる布袋嘴といふ岬の附近が南進軍の半分を割いた旅團の上陸豫定地であり、適當と思はれる上陸點を選定するのも測量艦に課せられた任務であつた。

「海門」は最初はやはり北端の基隆港に入り、そこで鈴木は初めて臺北の町に行つた。旣に樺山總督が着任して城内に總督府廳を開いてゐた。日本が領有した直後の臺北は相應に賑やかだつたが、汚くて悪臭の漂ふ街だつた。城外の繁華街へ出ても臭いのに閉口して早々に戻つて來ると、先着の參謀がシガーを吸ひながら歩くと臭さを感じないよといつて一本分けてくれた。それを試してみるとたしかに街の臭氣を防ぐのに効果がある。鈴木は元來煙草を吸ふ習慣を持たなかつたのだが、日清戰爭中に軍隊用の天狗煙草を吸ふことを覺え、そして臺北でのシガーがやみつきになつてドイツ留學時代は一日に十數本喫んだりもした。葉巻趣味は細々とながら最晩年まで續いた。

風土病との戰ひ

基隆と臺北は臺灣の表門だから順路として寄つたまでであつて、「海門」はやがて本來の任務に服すべく基隆から澎湖島へ行つた。澎湖島の對岸に當る部分は本島沿岸では小島が多く海岸線の出入りの細かい所である。この業務にはかなりの日數を費し、結局二十八年一杯かかつた。その間には格別記すほどの大事には遭遇してゐない。殘存の淸國軍と呼ぶよりは臺灣の獨立を主張する現地住民軍と呼ぶべきであらう敵軍との戰鬪もあることはあつたが、特に危険な戰ひといふほどのことはなかつた。武力抵抗に及ばない住民との折衝には言語がよく通ぜず、結局筆談で用を足したりしたらしいが、布袋嘴近くの入江で、或るジャンクの船長が阿片を吸ふところを日本人に實演して見せながら、あなた方は喫んではいかん、といつて吸飲しながら寝てしまつたのを見たのなどは奇談に屬することであらう。

そんなことがあつた翌日、その船長から、この地域に敵軍が入りこんで來て戰鬪になりさうな形勢である、ここで戰鬪が始まつては迷惑だから日本人は早く退避してくれ、と言はれるがままに測量部隊は澎湖島へ引き揚げた。すると又その翌日に例の船長が澎湖島へやつて來、自分の船に日本人をかくしてゐると疑はれて、暴行を受けた、舟子が何人か拉致された、と泣き乍ら訴へて來た。皆が氣の毒がつて、いくらかの金錢を集めて見舞金として與へたところ、喜んで泉州の港へ歸つて行つたといふ。海軍の先遣隊が本島で遭遇した住民軍の抵抗といつても、まあその程度のものだつた樣である。

但し、「海門」のその地域の沿岸測量が略《ほぼ》終了し、布袋嘴を適地と見て「海門」の先導で陸軍の一個旅團が上陸してからは、多少の死傷が出るほどの戰鬪もあつた。

この旅團は第二師團長伏見宮貞愛親王の指揮下にあつた。臺北から南進して臺南に向つてゐた近衞師團の師團長は有名な北白川宮能久親王であつた。お二人の皇族の陸軍大將が征討軍の指揮に任ぜられてゐたことからも、日本帝國の臺灣領有とその戰後經營にかけた思ひ入れの深さは推し量られるといふものであらう。

伏見宮指揮下の陸軍は海軍の艦隊による陸上に向けての艦砲射擊による掩護も受けつつ順調に臺南占領に至つたが、近衞師團を率ゐた北白川宮能久親王の方は少し遲れて臺南に入城はしたものの、十月十八日嘉義を發せられる頃に發病され、二十二日擔架に舁かれて第二師團が占領したばかりの臺南に入り、貞愛親王の見舞を受けたのを最後の慰めとして、十月二十八日に粗末な陣中の病床で薨去された。宮の御病氣は森鷗外の『能久親王事蹟』によれば瘧《おこり》（マラリア性間歇熱）で、最後には肺炎を發症されてゐたといふ。臺灣の陣中では風土病としての瘧が流行し、罹患者が多かつたが死亡率は低く、約一・七パーセントだつた。死者は能久親王を含めて約七百五十人とされる。

コレラは瘧に比べて多いといふほどではなかつたが、鈴木の屬する測量部隊にあひにくそれが發生した。十一月頃、澎湖島で測量作業に從つてゐた時、土地でとれる鰺を膾にして食つたのが原因らしく一度に三十人ほどが罹病した。急いで船に乘せて佐世保に送り歸したとしても船の中で蔓延するかもしれない。それよりは陸上で隔離して、船の中を徹底的に消毒する方針を立てた。寺島大洗といふ軍醫大尉が船隊の軍醫長だつたが、鈴木が回想の中で稱贊してゐる、よく出來た人物であつたらしい。患者の直接の扱ひは自分の樣な年長者がやるべきことだ、とて若い軍醫を患者に近づけず、食器の熱湯消毒や便所の扉の取手に消毒薬を塗布する等の衞生管理を嚴しく命令した。それで大凡蔓延を防遏出來たらしい。それでもとにかく十人近い死者は出たと回想されてゐる。

澎湖島を根據地としての沿岸測量作業は案外長びいて、「海門」が任務を完了して佐世保に歸航したのは明治二十九年の三月になつてのことであつた。日清戰役からの凱旋といふ形での諸艦の歸航は全部終つてゐて、「海門」は一番最後まで働いてゐた艦であるのに、佐世保鎭守府にその認識が無く、迎へに出た參謀に、どこから來た艦か、と質問されたことで航海長の鈴木はさすがに憤慨したらしい。歡迎の宴の如きものは全く無かつた、と鈴木は淡々と回想してゐるが、大きな組織となると、その樣なことも起るのであらうか。

第四章　海軍大學・歐洲留學時代

1　海軍大學校

明治二十九年三月、日清戰役に出動した兵員の中の殿《しんがり》として測量艦「海門」は佐世保に歸投した。慰勞宴一つない味氣ない「凱旋」だつたが鈴木自身は前年の十一月に功五級金鵄勳章と勳六等瑞寶章を受け、出征の功はまあ應分に報いられてゐた。二十九年八月には一箇月の休暇を與へられて東京に歸り、兩親兄弟とも歡會の機を得た。地味な地方公務員の履歴も終りに近づいてゐた父親は貫太郎の武勳が然るべく顯彰されたことを心から喜んでくれた。

不遇時には學問を

部内では、威海衛で見せた鈴木の勇戰への褒賞の意味で、英國で建造中の新鋭驅逐艦「叢雲」の回航委員として英國へ派遣されるのではないか、との讀みがあり、鈴木自身もそれを期待してゐた。然し四月八日に人事異動が發表になつてみると鈴木は呉配屬の練習艦「比叡」の航海長兼分隊長に補せられてゐた。これはやがて練習のための遠洋航海に出る「比叡」の艦内で諸事準備をしておけとの含みを持つた命令であるから、鈴木には英國への新造艦回航委員としての派遣を一段格下げにした様な扱ひに思はれた。然し生來の謹直な性格から種々努力して十一月には「比叡」の遠洋航海用の修理・準備はほとんど完成した。ところが遠洋航海への出發が目前に近づいた時になつて、航海長から外されて分隊長専任の職に補せられた。

鈴木にしてみれば、航海長といふ役職に在つてこそ練習航海も働き甲斐のある業務だが、分隊長といふのは候補生の教育掛であつて、つまらない役割である。要するにこの練習航海には行きたくないとの思ひが募る。そこで航海不參加の口實として海軍大學校への志願を申し出た。「比叡」艦長は、海軍大學校に入るよりは遠洋航海の方が面白いではないか、との意見で、しきりに鈴木に受験を思ひ止まる様にすすめたが、鈴木は考へを變へなかつた。艦長も漸く折れて十二月上旬に、同じ呉鎭守府所屬の練習艦「金剛」の航海長兼分隊長への配置轉換を計らつてくれた。これで鈴木は練習航海を免除されて海軍大學校の試驗を受けることができ、首尾よく合格して翌明治三十年三月に海大學生たることを仰せ付けられた。

鈴木は曾て明治二十四年の夏八月から二十六年の秋十一月まで「鳥海」といふ小さい船で朝鮮半島沿岸警備の任に就いてゐたことがあつた。その時何か役不足の感もあり、暇でもあつたので、兵書を中心とする讀書に精勵し、その結果、艦隊の戰闘陣形は如何なる形が有利であるかといつた課題を思ひ付いて自分一人の獨學として小論文を書いてみたことがあつた。海大の試驗問題の中に一箇月ほどの余裕を持たせて書かせる論文試驗があり、鈴木が受驗した時にその論題は「艦隊に於ける最良の戰鬪陣形を論斷せよ」といふものだつた。鈴木は、これは大當りとばかり、勇躍してかねての攻究の成果を僅か三日ほどで仕上げて提出した。試驗問題の審査に當つた島村速雄中佐（當時）から、汝の對策が最上の成績だつた、と稱贊されもした。その他の砲術、水雷術、運用術、航海術の試驗も無事に通過した。同時に合格して海軍大學校の同期となつた學生は五人であつた。練習艦「比叡」乘組員時代は謂はば鈴木が部内での不遇を喞つてゐた時であつたが、その樣な時には勉强に打込んでゐればよいのだ、との曾て自分が體得した格率の正しさを改めて證明してもらつた樣なものであつた。

結婚

明治三十年三月から翌三十一年四月にかけて、鈴木の身分は海軍大學校將校科學生で、階級は海軍大尉である。その海大學生時代に鈴木は結婚した。新夫人は「比叡」の乘組みの時に少機關士として同僚だつた大沼龍太郎といふ會津藩士の青年の妹とよである。大沼機關士との緣でといふよりも、龍太郎の姉を夫人としてゐた出羽重遠大佐の勸めによる緣組みであつた。出羽は明治二十二年に鈴木が「高雄」の分隊士に補せられた時、山本權兵衞艦長の下で副長を務めてゐた。山本が當時鈴木の人柄を高く買つてゐたのと同樣、出羽も亦鈴木の爲人《ひととなり》をよく知つてゐたので、自分の義妹に當る十八歳のとよを娶ることを强く勸めた、といふよりも（偶〻大沼とその姉妹達の父親が病死して心細い身になつてゐたため）賴んだのであつたらしい。入籍は四月となつているが、實際の結婚生活は海大の試驗準備にかかる前の三十年一月には始まつてゐたらしい。媒酌は當然出羽大佐であつた。

2 軍務局課僚として

多忙な兼務職

將校科に一年在籍の後、明治三十一年四月に海大の甲種學生を仰せ付けられた。これは參謀その他重要職に就くための修業課程であるから、此を以て鈴木が海軍部内で重要な顯職に就く將來は約束されたと見てよい。六月には海軍少佐に進級し、十二月には甲種學生の課程も修了して、同時に軍令部第一局局員兼海軍省軍務局軍事課課僚といふ身分になつた。軍令部第一局は作戰・編制等の擔當である。軍令部長は第三代の伊東祐亨中將（後大將）だつた。この兼務は僅かの期間で、翌三十二年二月に海軍省軍務局軍事課專任となつた。海軍大臣は山本權兵衞中將、軍事課長は加藤友三郎大佐だつた。

この明治三十二年には、二月から七月にかけて陸軍大學校教官、海軍大學校教官、學習院教授と立て續けに兼務職に補せられ、軍務局の本務と合せて多忙を極めた。出勤先も複數で且つ急ぐから、所謂自腹を切つての車代が相當の出費となつた。今ならタクシー代といふところだが當時は人力車である。加藤友三郎課長が鈴木の負擔を見るに見かねて、兼務職の職場へ出勤するに際しては文字通りの車代として出勤手當の如き給與を設けてくれた由である。鈴木は『自傳』の中でこの時の激務のために實際に瘦せてしまつたと回想してゐる。それでも默々として堪へて本務と三つの學校の兼職をこなしてゐたが、やがて陸軍大學校の兵學教官は免除してもらふことになつた。

マカロフ戰術理論との對決

軍務局軍事課に勤務してゐる期間に、水雷の專門家として、又威海衛襲撃作戰で「鬼貫太郎」の綽名をつけられたほどの勇猛の士としての鈴木の面目にふさはしい逸事を殘してゐる。

それは水雷戰術の權威として世界的に名聲の高かつたロシア太平洋艦隊司令長官マカロフ中將（一九〇四年四月十三日、旅順港外で坐乘の旗艦「ペトロパヴロフスク」が觸雷沈沒、戰死）の構想になる改良型水雷戰術を軍令部が採用しようとて軍令部長の決裁まで下りた件に對する鈴木の下から抵抗である。

マカロフの改良案とは、魚雷の航續距離が約千米であるが、その調整辨に或る修正を加へると、速度は著しく落ちるが、到達距離は三千米にまで延すことができる。この魚雷を使へば三千米の遠距離からでも敵艦への水雷攻擊が可能になる、といふものだつた。軍令部はこの改良型を甲種魚雷と名を付けて採用を立案し、軍令部長の決裁を取つて軍令部次長伊集院五郎中將から海軍省軍務局に廻して來た。時の軍務局長は諸岡賴之少將で、鈴木の直屬の上司である軍事課長は前記の如く加藤友三郎大佐である。

鈴木は水雷の專門家としてこの案を檢討してみた。そして直ちに主任官として「不同意」であるとの斷を下した。

鈴木の經驗を見識を以て判斷するに、この魚雷の速度は調整された結果として十二・三ノットしかない（時速約二十粁）、こんな速力の遲い魚雷は發見されれば回避が容易である。又假令命中したところで衝擊力が出てゐないために信管が作動せず、現行の爆發裝置では發火しないおそれがある。發火するためには標的とされた敵艦の速力より少くとも五ノットを超える速度で走らねばならない。又夜間に碇泊中の艦を襲撃する場合でも、二千米や三千米の遠距離から敵艦を識別して狙ひを定めることは容易でない。人間誰でも戰場ではどうしても臆病風に吹かれるから、有効距離が長いと知つてゐれば、とかく肉迫接近を避けて遠方から發射してしまふ。その魚雷は目標に屆く頃には疲れ果ててゐてやはり發火しない結果となるであらう。水雷攻撃の戰法の神髓は、敵艦の少くとも五・六百米以内に接近し、推進力の減衰してゐない一發を射つ。これ以外にない。マカロフ提督が如何に優れた戰術家であらうと、この魚雷改造案は要するに机上の空論であつて、日本海軍はこんな臆病な戰法を採用するわけにはゆかない、といふのが鈴木の意見であつた。彼はこの五年後には、日本海海戰に於いてこの時の自分の意見が正しかつたことを、全艦隊の目前で實證して見せることになる。だがこの時點で軍令部にはマカロフの名聲に眩惑されてか、この机上の空論に引摺られる軍人の方が多かつた。軍令部には鈴木の友人の高島萬太郎少佐が居て、平生の交友關係を楯にこの書類への捺印を談判に來たりもした。然し鈴木は、海軍の作戰上の重大事案を個人的交際の次元で枉げるわけにはゆかぬ、むしろ汝が軍令部に戻つてこの案を撤回する様に言へ、と强硬一點張りであつた。

幸ひなことに直屬上司の加藤友三郎軍事課長は鈴木の經驗と識見に大きな信頼を置いてくれてをり、鈴木の言ふことに間違ひはない、とてやはり軍令部案を承認しない。軍務局長の諸岡少將も、加藤がさう言ふなら、とて鈴木に同調する。

軍令部では瓜生外吉大佐や外波内藏吉中佐といつた上層部が動き出して加藤軍事課長に交渉に及ん

できたが、加藤は、鈴木の說が正しい、として是亦讓らない。遂に伊集院五郎軍令部次長が、この事案の通過を妨げてゐるのは一少佐の頑固さにあると知つて怒り出し、山本權兵衞海相に直接善處を要望する次第となつた。山本にとつて軍令部長伊東祐亨は同じ薩摩の先輩であり、次長の伊集院も薩摩である。山本もこの事案の處置に困り、水澤（岩手縣）出身の海軍次官齋藤實に打開を委ねてしまつた。

齋藤も困却したが、何分誠實な人柄であるから反對者の鈴木を說得にかかるといふのでもなく、軍人としての自分の良心にかけてこの案は諒承できぬ、との鈴木の言分をよく聽いた上で、異例の處置を取つた。卽ち軍務局長、軍事課長、主任官の三人の責任者の決裁印を缺いたままの書類が大臣官房に廻り、大臣と次官とがこれに捺印して執行される、といふ形になつた。

大臣と次官の印だけであつて、責任課僚三人の印を缺いたまま決裁された書類とは、海軍省の歷史上空前絕後の椿事であつたらう、と鈴木は回想してゐる。現實の戰場に於いてのみならず、軍政面に於いても斯くも顯著に發揮された鈴木の硬骨漢ぶりは、やがて海軍次官時代のシーメンス事件の處理に際し、又侍從長時代の越境將軍事件、統帥權干犯事件に直面した際にも彼の言動の上に明瞭に現れてゐる。それはやがて後章で檢討することにならう。

大演習での暴勇の面目

この異例の書類決裁事件があつてから間もないことと思はれるが、三月半ばに軍務局から海軍大演習審判官陪從といふ役を仰せ付けられた。そこで藤本秀四郎少佐（當時）を艦長とする驅逐艦に乘つて審判員として大演習に參加し、吳軍港に夜間襲擊をかけるといふ設想の下に倉橋島（江田島の東側でほぼ同じくらゐの面積、今は音戸の瀬戸に架けられた大橋によつて呉市とは地續きになつてゐる）に接近して行つた。この藤本少佐は鈴木が「快男兒」と呼んでゐるなか〱の元氣者で、審判官陪從の鈴木が又それをけしかける樣な言動をしてゐたらしい。

驅逐艦は陸戰隊を揚げて倉橋島の監視哨を破壞し、監視員は暗號書を殘して逃走したので、藤本少佐は接收した暗號書を操作して夜暗にまぎれて呉軍港の中に潛入できるといふ設定になつた。鈴木は威海衞襲擊の時を思ひ出して面白がり、やれやれと藤本を激勵する。艦は暗號を入手してゐるから哨戒艇の目をごまかして、難なく呉軍港の中へ入つてしまつた。そこで敵艦隊といふ設想になつてゐる「八島」「常磐」といつた大艦に二百米から百五十米といふ至近距離で水雷を發射した。發射の合圖はロケットを以てするのだが、この距離では命中するのが當り前である。つまりつい先日の、水雷攻擊は目標になるべく近く肉迫して擊つのを最上とするといふ鈴木の戰術理論を地で行つた樣な演習となつた。

鈴木は驅逐艦からボートを下して先づ「常磐」に行つた。艦長の出羽重遠大佐が狼狽して寢卷のまゝとび出してきたが、夜襲をかけられて不覺を取つたことは了解した。「八島」は片岡七郎中將坐乘の旗艦で對抗側の審判官荒井少將が乘つてゐたが、寢首を搔かれたな、とぼやきながら廢艦（擊沈されたた、との想定）を認めた。參謀長は、こんなところへ入つてくる奴があるか、と怒つたが、規定は規定で致し方なく、兩艦とも藤本少佐の驅逐艦の雷擊によつて廢艦となつたと判定された。藤本少佐の艦自身は倉橋水道を拔けて脫出し、味方の艦隊へ向つて悠々と歸投して行つた。

主力艦二隻が逸早く廢艦になつたことで、この演習は謂はばぶちこはしとなり、續行か中止かで議論が沸いたが、結局中止になつたらしい。奇襲成功はよいとしても、演習の中止は困る、といふことで苦情が出た、妙な演習だつたが、鈴木にしてみれば、自分の理論の正しさが早速實證された様なもので、藤本秀四郎（後中將）を大いに德とした氣持もよく解る氣がする。

3　ドイツ留學

「丹波丸」での渡航

明治三十四年七月二十九日付で海軍省軍務局課僚の本職及び海軍大學校教官等の兼職を免ぜられ、ドイツ國駐在を仰せ付けられた。駐在の本務はドイツ海軍の教育制度・實情を取調べよといふ事であつたが、當時この種の外國駐在は誰しもが「留學」と理解してゐた様である。鈴木も『自傳』の中で〈つまり留學です〉と記して、以下種々の珍しい經驗を、個人的な懷舊の情に驅られてであらう、かなり微細に語つてゐる。以下それを適宜抄記してみよう。

渡航時の船は日本の郵船會社の「丹波丸」だつたが、その船長はイギリス人だつた様である。鈴木は大藏官僚で當時函館の稅關長を務めてゐた勝田主計《しょうだかずへ》と同じ船室をあてがはれ、忽ち懇意になり、海も穩やかで九月七日の出航から十月末のアントワープでの下船まで、先づは樂しい船旅だつたらしい。勝田については『自傳』で〈今でも懇意にしてゐる〉と語つてをり、この〈今でも〉は回想口述當時の昭和十四・五年のことらしいのだが、昭和二十年四月のかの「終戰內閣」の組閣時には寺內正

ドイツ駐在武官としてのベルリン時代（明治34年）

毅内閣（大正五年十月～七年九月）及び清浦奎吾内閣（大正十三年一月～六月）で大藏大臣を務めたことのある勝田を自分の内閣の藏相にと先づ招請してもゐる、その樣な間柄になつてゐた。年齡は明治二年生れの勝田がまあ一歳年少と數へてよいだらう。鈴木の組閣の際には勝田は老齡の故を以て入閣を辭退し、代りに己が女壻に當る廣瀬豐作を推薦して來て、鈴木は直ちに入閣を承諾してゐる。

ところで「丹波丸」が出航した三十四年の九月七日といへば、前年北京で猖厥した義和園の亂が日本軍を中心とする聯合軍の出兵で漸く收拾がつき、聯合國と清朝政府との間に所謂北清事變の講和最終議定書が調印された、その日である。公務を果して東洋から引揚げる英國人の新聞記者が（複數と思はれるが鈴木は人數を記してゐない）乘船して來たが、この英人達が、先に日本から乘船してゐた一人の讀書好きのドイツ人に何か謂れなき輕蔑感を懷き、些細な社交上の失策を咎めてひどくなぐつて怪我をさせるといふ事件が生じた。

鈴木と勝田は、日本國籍の船內でそんな不祥事が生じた事に憤慨し、英語力の達者な勝田が船長に嚴重な注意をした。勝田の地位と肩書はこの船長を畏怖させるに十分なものであつたらしく、船長も甚だ恐縮し、暴行を働いた英國人記者には嚴重な注意を與へたといふことであつた。こんな喧嘩沙汰からも、鈴木達は歐洲內部での英獨關係に一種の緊張があるのを看て取つた樣である。所謂建艦競爭が始まつてゐる事が思ひ當つた。それは恰度北淸事變での日本軍の軍紀の嚴正に英國が明らかに好意を懷き、日本人は又三國干涉にドイツが加はつてゐたことへの憾みが骨身に沁みてゐた時期のことである。

インド洋、スエズ運河、地中海等については鈴木の回想は特になく、マルセイユで勝田は下船してフランスに入國したが、鈴木はそのまま「丹波丸」に乘つて大西洋に出た。

それは假令船上からの望見にすぎないと解つてゐても、特異な地政學的位置にあるジブラルタル海峽を見たいといふ念願と、一八〇五年の昔にネルソンの率ゐるイギリス艦隊がフランス・スペイン聯合艦隊を擊破した、トラファルガル岬沖の海上を通過してみたいといふ、如何にも海軍士官らしい歷史感覺から出た願望だつた。その目的を達した後、ロンドンに行き駐在武官や同船してゐた（たぶんイギリス留學豫定の）海軍士官に案內してもらつて市中の見物に數日を過し、更に「丹波丸」に乘り續けてアントワープでの下船、陸路で目的地のベルリンに着いたのが明治三十四年十月三十日であつた。

明治三十五年夏・ドイツ、イギリス巡遊

ベルリンに到達すると、『自傳』では、在留邦人の誰彼が〈色々と世話をしてくれて早速語學の稽古を始めたのでした〉と記し、あとは三十五年五月に回想の記述が飛んでしまふ。三十四年の冬から三十五年夏にかけての半年餘の期間、會話力を含めて語學の勉强に專念してゐたのだらうと推測するより他ない。又故國では十一月二十七日に鈴木の留守宅で長男の一が出生してゐた。

鈴木は赴任當初、少佐ながらベルリン駐在の海軍武官の代表格であつたらしいが、五月に本國から瀧川具和大佐が大使館付武官として赴任してきた。その結果瀧川がドイツ駐在海軍武官一統の監督の任に當る事になり、鈴木も瀧川の取締りを受ける身となつた。この時の鈴木には俄には瀧川に對する自分の位置が正確には意識できず、やがて經歴上多少の不利を招くことになる。

それはともかくとして、六月十一日に瀧川大佐に扈從してドイツ西南部を巡る旅行に出た。デュッセルドルフでは博覽會を見物し、そのあとボン大學、ケルン大聖堂、コブレンツ、マインツとライン川を溯る形で旅を續け、溫泉保養地として知られるヴィスバーデンに數日滯在、マインツからマイン川を少し上つてフランクフルト・アム・マインに行き、引返して再びライン川本流を溯つてバーデンバーデンに入つた。

最初の宿泊地デュッセルドルフではベルリン大使館の鍋島書記官夫妻と同じホテルに泊り合はせ、晩餐に招待された。食後にウェイターが持つてきた煙草の箱から一本取り、一服吸つて値段を訊いてみると一本五マルクといふ高價な品だつた。日本貨で二圓五十錢くらゐに當る。それは鐵鋼王クルップが吸ふ世界一高い煙草だと言はれ、面白がつた鍋島書記官が代金を拂つてくれた。鈴木は日清戰爭後の臺灣出征時代についた癖で葉巻を嗜む様になつてゐたが、その頃のドイツではシガーの方が卷煙草より安かつた。そのシガーも上等のものを一日に十二・三本吸つたものだと語つてゐる。

鍋島書記官夫妻とはバーデンバーデン迄同行した。この有名な保養地でも、夫人のお伴をして寶石店をひやかすなどの樂しい旅をしたが、六月二十日にここで夫妻と別れ、瀧川大佐と共にストラスブールでフランス領に入り、多分終日鐵道に乘り續けて同國を通り拔け、ベルギーのオステンデで夜半の船に乘り、明け方ドーヴァーに着いてイギリスに入國した。ロンドンに着いたのは六月二十一日の午前中の事である。

瀧川と鈴木がイギリスに渡つた目的は英國皇帝戴冠祝賀觀艦式への參加にあつた。

一八三七年に卽位して以來、所謂ヴィクトリア時代の繁榮を實現し、在位六十五年に及んだ長命のヴィクトリア女皇の崩御は明治三十四年一月二十二日のことだつた。直ちに新皇帝エドワード七世が卽位を宣言し、その戴冠式は明けて翌明治三十五年の六月といふことになつた。その年の一月三十日には日英同盟條約が成立してゐるので、日本から見れば軍事同盟締約國の皇帝の戴冠式であり、もとより相當の禮を盡さざるを得ない。日本海軍は皇帝戴冠記念觀艦式に表敬參加すべく、伊集院五郎中將を司令長官とする「淺間」「高砂」「朝潮」の三隻から成る臨時編制の艦隊を派遣した。

そこでドイツ駐在武官としての鈴木と瀧川はロンドンに到着するや直ちに伊集院中將を宿舍に訪問し、翌日伊集院に扈從してプリマスまで行つた。ロンドンから汽車で約三百六十粁の西南方、コーンウォール半島南部のプリマスにはイギリス海峽に面する古い海港がある。遣英艦隊はプリマス灣に碇泊してゐたので、そこでドイツ駐在組は「高砂」に乘ることを指定され、旗艦「淺間」での宴會に招待されるなどして祝賀氣分が盛り上つてゐた。六月二十三日の夜三隻の日本艦隊はプリマスを出港、翌朝ポーツマス軍港に着いて投錨し、觀艦式參加に備へた。

ところがエドワード七世の急の病氣で觀艦式は無期延期となり、已むを得ず六月二十八日に三隻の日本艦隊はポーツマスを出て、翌日テームズ河の河口に近いシアネス軍港に廻航した。

觀艦式の中止は事實だが、戴冠式そのものも延期になつたのかどうかは詳らかにしない。夏目漱石の『明暗』には、主人公達の會話の中に、洋行歸りの或る紳士がエドワード七世の戴冠式の行列を見に出かけたところ、何分にも長身の西洋人の群衆に埋沒してしまつて何も見えず、下宿の主人が肩車に乘せてくれたので辛うじて見ることができた、といふ話題に興ずる場面がある。だがこれは、漱石自身が前年二月二日のヴィクトリア女皇の葬列をハイドパークに行つて見物した時の經驗の時日を變更して話柄に使つてゐるのであつて、漱石が戴冠式行列を見物したといふ事實はない。それはそれとして、然し日英同盟成立の吉報に沸いてゐた當時のイギリス在留日本人社會に於いて、丁度新しい世紀の開幕期にも當つてゐたイギリスの皇位繼承儀禮をめぐる諸種の行事は、誰しもがなか〳〵に得難い貴重な遭遇として深く記憶に刻んだことであらう。

戴冠式記念觀艦式參加といふ晴れがましい豫定は流れてしまつたが、折角英本國に入國したといふことで、鈴木は海軍士官としての面目にふさはしい幾つかの要地の視察旅行に出發した。七月三日にロンドンを發ち、先づサウスヨークシャー州の工業都市シェフィールドに行つた。鐵鋼・鋼製品工業の盛んな町で機械・電機製品の工場も多く操業してゐる。翌四日はタイン河畔のニューカッスルに行つた。日本人にも馴染みの深いアームストロング社の造船工場がある町で、この時にも日本から注文した軍艦の建造中で、日本海軍から山內式速射砲の考案者山內萬壽治《ますぢ》造船少將が駐在してゐた。

七月七日にニューカッスルからエディンバラに移動した。ここでは有名な離宮やフォース灣に架けられた當時世界一の長橋であつたフォースブリッヂを見物しただけで宿泊はせず、そこから西方に程遠からぬグラスゴウに行つて泊り、翌九日にその市の造船所を見物し、その日はリヴァプールに行つた。港としても有名で、港灣設備の充實はおそらく當時世界最高の水準と見られてゐた海運都市である。海軍士官として當然の旅程であつた。更にその日の夕方マンチェスターへ行つて泊つたのも、この市は日本の軍事産業の模範ともいふべき工業都市なのであるから謂はば必見の地であつた。むしろ〈一通りの見物〉をしただけで翌十日にもうロンドンに戻つてゐるのは、餘計な世話ながら少し物足りぬくらゐである。

ロンドンでは前に見殘した部分を見て歩いた程度で、軍人としての視察の必要は別段なかつたであらう。七月十三日にロンドンを發つてその日のうちにブリュッセルに着き、翌十四日ドイツに再入國してルール工業地帶の要衝エッセンに行つて泊つた。

クルップ訪問

エッセン往訪の動機は言ふまでもなく、ドイツ最大の兵器製造工場であるクルップ製鋼所の見物である。明治三十五（一九〇二）年當時の社主は、普佛戰爭でのドイツ軍への武器提供を一手に引受け「ドイツ帝國の兵器工場」と呼ばれた鐵鋼王アルフレッド・クルップの次の代に當るアルント・クルップだつたかと思はれる。鐵鋼王の孫娘ベルタと結婚し、第一次歐洲大戰で偉力を發揮したベルタ砲の製作者である第三代のグスターフ・クルップ（創業者からは四代目）も當時三十二歳程の青年ではあつたが、彼は元來外交官出身のフォン・ボーレン・ウント・ハルプバッハであり、當時既にクルップと縁を結んで實業界に入つてゐたか否かを詳らかにしない。この三代目のグスターフ・クルップは早くからナチスに接近してヒトラー政権の有力な支援者だつたから日本でもその名を知る者は多い。

それはともかく、七月十五・十六の兩日にクルップの工場を見物した瀧川と鈴木を、當主はいたく歡迎し、盛大な晩餐會を催してもてなしてくれた。或いは日露戰爭を目前に控へてゐることが全歐洲の眼に明らかな日本海軍の士官を歡待することに、クルップは何か實業家としての計算を働かせてゐたのかもしれない。只、それにしては、前記の山内少將がクルップを訪ねた時、山内が持ちかけた山内砲の製作を撥ねつけたばかりに、クルップは大きな損をした、と鈴木は面白いコメントを付けてゐる。クルップが受けなかつた山内砲の製作をイギリスのアームストロング社が引き受けたことから、日本海軍からの注文が大量に同社に行く様になつた。あの時山内砲の採用を引き受けておけば、クルップにも日本からの兵器製造の注文が大量に入つたであらうに、と或るドイツの實業人が鈴木にその殘念さを語つた由である。

それはともかくとして、クルップ家の贅を盡した歡待ぶりには鈴木も驚いた樣子である。食器類の立派なのにも瞠目したが、自慢の寶物として見せられたのが、德川時代の日本人の作に成るといふ銅製の蟹で、その精巧な絡繰仕掛は鈴木が故國でも見たことのない類のものだつた。その種の複雜微妙な細工物が本國に殘らず、專ら海外で祕藏珍重されてゐるといふ事態は現に有り得ることだつた。

實業家として鐵鋼王クルップは何分にも大量の工場勞働者を抱へ込んだ大企業であり、その勞働者對策・厚生事業にも獨自の經營手腕を發揮した人物であつたが、鈴木もそこに注目したらしく、〈設備の廣大なのはもちろん、職工の住居までよく整備してゐる〉と簡單ながら一言費してゐる。

オーストリア、イタリア旅行

鈴木は三十五年七月十八日にイギリス本國とドイツ領內エッセンの旅からベルリンに戻つた。八月中旬にイギリス駐在の中溝大佐がベルリンに來て、これからオーストリアを經てイタリアに旅行したいのだが、語學に不安があるので同行してくれぬかとのことだつた。鈴木もまだ語學が得意といふ域にまでは達してゐなかつたし、懷中も乏しく、乘氣にはなれなかつたが同行を諾し、八月十六日にベルリンを出、翌日ヴィーンに着いた。オーストリアの軍港見物の許可をもらはうとて日本公使館に行つてみたが公使不在のため必要な手續が取れない。外側から見えるところだけ見ればよい、と氣輕に考へ、その日はシェーンブルンの離宮見物くらゐで過し、翌十八日にはヴィーンを發つてブダペストに行つて泊つた。十九日は市內見物で過した。

當時この國はオーストリア＝ハンガリー二重君主國といつた形をとつてをり、オーストリアのハプスブルク王朝の皇帝フランツ＝ヨーゼフ一世がハンガリー國王を兼ねてゐた。ブダペストの王宮はオーストリア帝室の王宮でもあつた。美人で有名なエリザベート皇后はハンガリーに思ひ入れが深く、ハンガリー語も操り、この國の人心收攬に工まずして効果を擧げてゐた。

ハンガリーの公園で鈴木は日本人がよく出遭ふ類の經驗をしてゐる。それは、純粹のハンガリー人は自分達がフン族の後裔で、日本人とは元來同種だつたと信じてゐることである。慥かにハンガリー人はヨーロッパ圈內では唯一、名乘りの際に姓を先にし、名を後にする。その點で我等は共通だ、つまり同系統の民族だ、と親愛の情を示される經驗をした日本人旅行者は多いであらう。鈴木もその種のハンガリー人市民に遭遇した。鈴木達を案內してくれてゐたドイツ系のオーストリア人が、そんな事はない、と反論してそこで爭論になつた。鈴木が双方をなだめて、そのハンガリー人とは笑ひながら握手をして別れた。

八月二十日にブダペストを離れ、鐵道で西南に向ひ、現在はクロアチアの首府であるザグレブを經由して、アドリア海に臨む海港のフィウメに行つた。第一次歐洲大戰後のヴェルサイユ講和會議で新生ユーゴスラヴィア王國への歸屬とされ、領有を要求するイタリアの不滿を呼び、詩人のダヌンチオが義勇軍を率ゐて一時占領するといふ事件で有名になつた土地である。現在の名稱はクロアチア領リエカであるが、當時のフィウメはもちろんオーストリア帝國の版圖の內である。そこに日本の注文によつて水雷を製造したホワイトヘッドの工場があり、鈴木はそこを見學した。日本の海軍士官の來訪であるから喜んで中を見せてくれた。

翌日は、フィウメを入江の奧に抱へ込む形で西南にアドリア海へ大きく突き出てゐるイストラ半島南端の軍港プーラへ行つた。現在の內陸國家オーストリア共和國の版圖からは想像しにくいことだが、第一次歐洲大戰以前のオーストリア＝ハンガリー帝國には海軍があり、その唯一の軍港としてプーラがあつた。鈴木がヴィーンで日本公使館を訪ねたのは、このプーラ軍港視察の公的手續のためである。許可を貰へぬままに來てしまつたので、直接訪ねて訊いてみると、軍港の中へは入れないが、工廠の中に海軍博物館があるからそれを見たらよからう、との返事で、先づ博物館に入つた。

軍港の傍に海軍の戰死者を葬つてある寺院があつた。そこに立寄つてみると舊軍人だつたといふ男が出て來て、自分は拳匪事件（北清事變）の時オーストリア軍に加はつて北京に居たが、戰闘で負傷して廣島の病院に運ばれ、そこで全快するまで日本人から實に親切にしてもらつた、その恩は忘れない、とて日本人との遭遇を非常に喜んでくれた。この人の口ききで鈴木はプーラ軍港の中まで見せてもらふことができた。これは明治三十五年夏の話であるから、北清事變での負傷・入院といへばそのつい前々年くらゐのことである。第一次歐洲大戰ではドイツとオーストリアは同盟側、日本は聯合國側に入つて參戰し、敵對したわけだが、有名な松山捕虜收容所の話もあり、大戰後にヨーロッパを旅行した日本人で、ドイツ・オーストリア系の人々からこの時の鈴木と同じ様な親愛の情を示された經驗を持つ人は多くゐたはずである。

プーラからはイストラ半島の根元にあるトリエステに出た。既にヴェネチア灣の最奥部にある大きな港町で、そこから灣岸傳ひにヴェネチアに行つた。八月二十三日のことだつた。月の好い晩でゴンドラを乘廻して水の都の旅情を滿喫した。

そこから後は、ローマ、ナポリ、ポンペイと、まあ觀光旅行である。ナポリ見物の後はスペチア軍港を視察したかつたのだが、ここもローマ公使館の館員が避暑に出かけてゐて不在のため、公的視察の手續が出來てをらず、軍港の外廓を見るだけで終つた。八月二十九日にミラノに行つて泊り、翌日は有名な大聖堂を見物した。そこで納骨堂を見、カトリックの國にも祖先崇拜の風習はあるのではないか、といふ感想を懷いたことを語つてゐる。ミラノからスイスに入つてチューリッヒの町を馬車を備つて見て歩き、九月一日にベルリンに歸着した。所詮觀光旅行であつたが、ヨーロッパはかなりよく見て歩いた、との自足感を持つことはできた。

この旅行中に駐在武官の瀧川大佐から連絡が入り、次なる任務としてキール軍港に駐在し、ドイツ海軍の狀況を調査せよ、との命令を傳へてきた。この任務は鈴木には、ドイツ海軍の實情を調査して報告する、つまりスパイを命ぜられたに等しいと聞えた。自分の元來の留學目的はドイツ語の研修とドイツの教育制度及びその實踐狀況の視察である。諜報工作は第一自分の性分に合はない、これは御免を蒙りたい、さう考へてキール軍港行を拒否した。

然し瀧川大佐の要求は謂はば官命である。官命を拒否したらその結果がどうなるか、それに就いて鈴木はあまり眞劍に考へてゐなかつた。鈴木は明治三十五年のうちに中佐に進級すると見られてゐたが、それが一年遲れた。瀧川がキール軍港行の拒否を抗命と見て、考課表を減點したものらしかつた。

ハノーファー滯在

鈴木はこの時は瀧川の機嫌を損ねたことを大して意に介することもなく、旅行中の經驗からしても更に語學の研修を深めたく、最も純粹なドイツ語が通用してゐるといふ點で定評のあるハノーファーに行くことにした。明治三十六年三月一日にベルリンからハノーファーに移つた。この市にはドイツ陸軍の大きな師團の司令部があるので、日本から連隊の隊付士官として研修に來てゐる將校が多く、何かと世話をやいてくれた。海軍から來てゐる士官も居て交遊の樂しみもあつた。

鈴木はルードルフ・ハインツといふ化學工業の工場を經營してゐる人の家に下宿した。彼の工場は北イタリアにあつて週日はそちらに居り、週末だけハノーファーの自宅に戻つてくるといつた生活をしてゐた。鈴木はこの技師の息子の中學生が或る日代數の宿題ができなくて困つてゐるのを教へてやつて、大いに徳とされた。そのくらゐに語學も上達してゐたと見られる。息子の母親が、週末に主人が家に戻つてきた時、息子が鈴木から代數を教へてもらつて大いに驚いた話をすると、主人の技師はさすがに、海軍のキャプテンが代數を知つてゐるのは當り前だ、と輕くいなした笑ひ話を鈴木は回想してゐる。日常會話が少したど〳〵しいと、その日本人を何も知らぬものの様に思ひこんでしまふのはヨーロッパ人では中流人士の間でもよくある通性である。夏目漱石などもつまらぬ語學上の知識で妙に感心されて却つて屈辱を覺えるといふ經驗を絶えず日記に書きつけてゐる。鈴木の場合はもちろんそんな深刻な話ではなく、むしろハインツといふこの工場主と、その友達のジョウサン（ドイツ名前としては或いはヨナタンか）といふ染料製造工業の社長から、その專門の領域で種々親切な教示を受けた經驗を快く回想してゐる。

肝腎の語學の方はプロイスといふ老孃から習つた。この人は年老いた母親と共に一種の私塾めいた下宿を經營してゐて、十數人の娘さんを預り、規則正しい生活をする様そのお婆さんが監督しつつそこから學校へ通はせてゐる。鈴木から見ると珍しくもあり、感心すべき民間教育施設であつた。

軍港視察の旅・ヴィルヘルムスハーフェン

五月に鈴木はドイツの二つの軍港の視察を思ひ立ち、先づヴィルヘルムスハーフェンに向けて十日にハノーファーを發つた。ヴィルヘルムスハーフェンはユットラント半島の東、北海のドイツ灣（現今はヘルゴレンダー灣とも）と呼ばれる入江に面してゐてハノーファーからはさう遠くない、北東約百六十粁の距離にある。ハノーファーの驛で汽車に乘らうとしてゐると、かねて親切にしてくれてゐた、海軍經理局長で樞密顧問官の肩書を有する高名な國際公法學者のペレルス教授に全く偶然に遭遇した。教授も亦數人のキャプテンと同行してヴィルヘルムスハーフェンにゆくところだといふ。行先が同じなら我々と同じ車室で行け、と誘つてくれ、一等の白切符を買つて持つて居た鈴木を、二等の青切符の一行と同じ車室に乘換へさせた。數時間で行ける距離なのに一等で旅行するのは田舍者か外國人だけだ、と、からかはれて、鈴木は苦笑しながら喜んでペレルス教授達の仲間に入つた。

海軍部内でも高い地位に居るペレルス教授の同行と口添へがあつたおかげで、鈴木のヴィルヘルムスハーフェン視察は多大の成果を擧げた。同地には三日泊つて軍港の諸設備を見たのだつたが、日本だつたら外國人には見せないであらう樣な火藥庫、彈丸庫の內部まで見せて詳しく説明してくれた。海兵團に行つてみると、下士官が家族連れで入居できるアパート的な宿舍があり、子供のための學校もある。日本海軍では考へられない、行屆いた設備である。

火藥庫・彈丸庫を見て鈴木が氣がついたのは、現在の建物は敷地の四分の一を占める程度である。擴張しようと思へば優に三倍以上の增設が可能であらう。スパイと呼ばれる諜報活動などは性に合はぬ、とて公命を拒否した鈴木であつたが、その氣を以て見れば、ドイツ海軍には非常な軍備擴張をする意圖があるな、といふことくらゐ簡單に解る。それにしてもどうしてこれほど親切に待遇してくれるのか、鈴木は訝しく思つたが、思ひ當るのはオーストリアのプーラ軍港での體驗と同じことで、北清事變の際の北支派遣ドイツ軍の負傷兵が日本の病院で手厚い看護を受けた記憶が日本人に對する親切となつて表れてゐるのではないか、といふことだつた。それに加へて、鈴木は此の頃にはドイツ語の理解力はかなり向上してゐたが、表現力は未だしで、執拗な質問などはすることなく、素直に説明を聞いて頷くばかり、といつた態度が好意を持たれる因だつたとも考へられた。

五月十三日にはヴィルヘルムスハーフェンからブレーメンに行つた、と『自傳』では述べてゐるが、そこで海軍の各種學校やロイド會社の造船實驗施設を見た、としてゐるので、これは商都ブレーメンではなくて、同じドイツ灣に臨むブレーメルスハーフェンのことではないかと思ふ。鈴木はヴィルヘルムスハーフェン、クックスハーフェンをいづれもハーフェンを地名の一部としてではなく〈…港〉と譯してゐるからである。

ブレーメルスハーフェンでも日本領事（ドイツ人）に案内されて四・五日の暢氣な滯在をしてゐたが、ロイドの船舶實驗ドックと海軍の電信學校の授業を見たのはいづれも珍しい收穫だつた樣である。

五月十九日にはクックスハーフェンを經由してエルベ河を溯り、ハンブルクに行き七日滯在した。大都會であるから諸施設の見物や、紹介された日本と緣故のある商會主を訪ねるなどの社交もあつた。

海軍觀象臺　ハンブルクでは海軍觀象臺なる施設の見學をしてゐる。觀象臺とは海上氣象觀測と船舶管制を主務とする研究所的性格を有する施設である。北海、バルト海、ノルウェー、スウェーデン沿岸部一帶の氣象觀測を行ひ、海流の調査もし、附近を航行する船舶に正確な情報を提供するのが任務である。商船の航海用時計の檢査もしてゐた。この觀測所の發する情報の正確さと綿密さとはヨーロッパ一との定評を得てゐた。海軍の管掌下にある役所であるが、發する情報は廣く一般の船舶に開放されてゐるから、凡そドイツの海運業者達がこの觀象臺から受ける恩恵と、それに對する感謝の念は大へんなもので、國民一般を海軍に結び付ける固い絆として機能してゐる。

鈴木が思ふには、曾ては日本海軍にも同種の機能を果す管船局と氣象臺を有してゐたのだが、經費がかかりすぎるといふ理由で、その任務を遞信省に移してしまつた、あれは殘念なことだつた、あれが存續してゐたら、凡そ日本の航海事業が海軍といふ組織に對して持つ親密な關係が、現在とは明らかに違ふ、良好なものになつてゐたであらうに、といふ感想が湧いた。

キール軍港視察

五月二十六日に一旦ベルリンに歸り、二十九日から又改めてハンブルク經由でキールの軍港に視察に赴いた。先づ海軍の士官達がよく泊るといふホテルに投宿したが、滯在豫定を訊かれ、相當長く居るつもりだと答へると、それならば民宿の方が安くつくだらうと教へられ、すすめられるままにと或る下宿屋に居を移し、腰を据ゑて軍港の視察に取組むことにした。

先づ鎭守府に出向いて長官に面會した。長官はチスター元帥で、參謀長はモルトケといふ人だつた、と『自傳』に記してゐる。參謀長と呼んでゐる故にこれは陸軍軍人でかの小モルトケ（一八四八―一九一六、明治三十六年には五十五歳）本人か、或いはその縁者かとも思はれるが詳らかにしない。

鈴木は先にも見た如く、諜報工作といつた任務は潔しとせず、カメラも持たず、質問は概して淡泊な基礎的事項が多く、元來ドイツ語を學びに來てゐるのだから幾日居てもよいのだ、といつた態度でゐたので、これが鎭守府幕僚の心象をよくしたらしい。軍港内のどこでも、特に案内はつけぬから勝手に見て歩くがよろしい、と、甚だ寛大な扱ひだつた。實際、短時間にそゝくさと視察してゆく同國人の駐在武官達に比して、鈴木の鷹揚にして謙虚な見學の姿勢は、發展途上にあるドイツ海軍の幹部達の好意を喚起したらしかつた。

折から鈴木のドイツ語會話力も、當地でも個人教授をとるなどしてかなり向上して來てゐた。そこで一日に一箇所くらゐと決めて、海軍工廠、造船所、兵學校、海兵團、彈藥庫などをゆつくりと見て歩く。どこへ行つても特に急ぐでもなく、詳しく説明を聞いては、ビールなどを振舞はれて雜談に時を過す。魚雷製造工場だけは海軍省が許可を出さない、とて見せてくれなかつたが、實は民間でも魚雷を造る會社はある。それはイギリスでも同じだつた。そこは各國に賣る目的で造つてゐるのだから機密はなく、見學は可能だつた。

鈴木は諜報工作に意がないのみならず、その樣に見られることさへ避けたい氣持があつたので、どこを見ても、メモはとらず、寫眞も撮らず、下宿から封書を發信することもせず、ゑはがきを出すくらゐだつた。下宿には海軍士官がよく出入りして、亭主は軍艦の寫眞などを多く持ち、鈴木にこれらを買はぬかと持ちかけたりしたが、これにも取り合はなかつた。視察といふのは只管自分の眼でよく見、話を聞いてそれを記憶にとどめることだつた。それでもなほ、ヴィルヘルムスハーフェンの軍港で自然に感じ取れたのと同樣、現にドイツ海軍が鋭意擴大の途上にあるといふ趨勢を明瞭に看て取ることはできた。

ハノーファーを出る時同行したペレルス教授の子息がキール大學の助教授として此地に居り、この人も何かと便宜を圖つてくれた。語學の個人教授を取りたい、といつたところが或る學生を紹介してくれた。この學生がドイツ特有の學生團の客員會員に鈴木を推薦してくれ、ドイツ學生團の氣風を知ることもできた。鈴木の當時の年給は約三千五百圓だつたので、そんな社交生活にも十分の餘裕を以て加はることができた。食事は一日に一圓五十錢あれば贅澤な生活だつた。月二百圓あれば樂だつた。〈しかし文部省留學生は千八百圓位だつたと思ふ〉といふ記述は、丁度同時期にロンドンに居た文部省留學生の熊本の五高教授漱石夏目金之助の留學生活について記錄されてゐる金額と正に一致する。つまり漱石の場合は月百五十圓の給費で、その中から圖書の購入の爲に多大の出費を强ひられたのだから辛かつたわけである。鈴木の場合は圖書を買ふ必要はなし、月額二百九十圓ほどをまる〳〵消費してしまつてよかつたのだから、〈私には充分だつた〉との記憶があるのは尤もである。

キールに居たのは結局五月二十九日から七月十六日までの約五十日であり、まあ軍港視察としてはゆつくりとした滯在であり、ドイツの學生組合の珍しい習俗にふれて樂しむ餘裕もあつた。〈日本の大學の學生の放漫なのとは違つた社會を持つて居た〉と評價してゐる。學生團の團長に選擧されると組織の世話に忙殺されて大學に出る暇がなく、大概は進級が一年遲れるのだが、然し又それが至つて名譽な經歷になるのであつて、その履歷があれば、社會に出てからの世間の信用がまるで違ふ。學業の遲れといふ不利を補つて餘りある、といふ話も鈴木には珍しかつた。

キール滯在中、六月二十三日に「フライア」(Freyja) といふ軍艦に招待され、その日のアメリカ艦隊のキール入港の情景を見物させてもらつた。その翌日にはドイツ皇帝ヴィルヘルム二世が御召艦「ホーエンツォルレルン」（Hohenzollern）に乘艦してキールに來り、避暑をかねて暫く艦上生活をなさつた。その閒にレガッタやヨットの帆走競爭や、新造戰艦の進水式があり、外國士官として皇帝に列立拜謁を賜つたり、戰艦「カイザー・ヴィルヘルム・デル・グローセ」（Kaiser Wilhelm der Große）での宴會に招かれ歡迎を受けたりもした。

こんな風にキール軍港での滯在は種々見聞を廣める機會に遭遇し、樂しい經驗だつた。鈴木はそれらの見聞を、別段諜報といつた意識もないままに、學ぶべき點を列記する形で相當の長文の報告書にまとめて駐在武官監督係の瀧川大佐に提出した。最初諜報係の任務を拒否したといふことで鈴木に對し旋毛を曲げてゐた瀧川は、この報告書を非常に喜び、郵送して事故に遭ふといけないとまで慮つて或る歸國者に托して軍令部に屆けさせる、といつた配慮をした。鈴木のこの報告書は、ドイツ海軍事情の最新の情報として爾後海軍からのドイツ留學生にとつてのよき手引書になつたらしい。

クロンスタット軍港訪問

當時は日本とロシアとの外交關係が極めて險惡なものになつてゐて、ドイツ在留の日本人は寄ると觸るとその話題で議論を交し、憂國愛國の熱情を吐露し合つた。ドイツ人も日本人に向つてロシアとは何時やるのか、といつた問をしきりにかけて來た。鈴木もその憂慮の發する所に驅られて、八月の半ばから九月初旬にかけ、デンマークからバルト海を北上し、フィンランド灣の最奥にある露都ペテルスブルクに視察に行つた。ペテルスブルクの沖合なるクロンスタット軍港に行つたのは九月初旬だつた。日露關係緊迫といつてもそれは極東での話で、斯樣なフィンランド灣の奥にまで日本海軍の手の及び様もないのは自明の理である。クロンスタット鎭守府の長官は高名なマカロフ提督で、日本人の來訪を喜んで親切に應對してくれた。これは開戰後明治三十七年四月十三日に、坐乘してゐた旅順艦隊の旗艦「ペトロパヴロフスク」の觸雷爆沈によつて戰死することになる人だが、戰術理論家として日本海軍にも信望する向は多かつた。マカロフは新造戰艦「スワーロフ」(バルチック艦隊の旗艦として日本海海戰の開戰劈頭に集中砲火を浴び大破、後沈沒)を見て行つてくれとて案内までつけてくれた。鈴木が見て廻ると艦の後部に何も置いてない廣い部屋がある。何に使ふのかと訊いてみると士官達のダンスホールに充てるのだといふ。軍艦内の限られた空間を戰鬪のために如何に有効に使つたらよいか、軍艦艤裝の苦勞をよく知つてゐる鈴木にしてみれば信じ難い話で、この一事を以てしてもロシア艦隊恐るるに足らず、といつた感想が鈴木の胸に湧いて來た。マカロフ提督の人となりは大へんよい印象を與へたものではあつたが、この人の遠方攻擊用の魚雷理論は曾て鈴木が嚴しく批判し、やがて日本海海戰の夜襲で自説の正しさを見事に實證してみせることになる、そんな因緣がある。

ペテルスブルクには五・六日居て、ドイツへの歸途は鐵道に依つたらしい。國境を越える時に、入國査證に何かよくわからぬ難癖を係官からつけられて、入管への照會の電報代、自腹を切つたホテル代等のつまらぬ出費を強ひられて甚だ癪に觸つた。ベルリンに歸つてから、それは査證申請の際に「袖の下」を使はなかつたからといふだけのことだ、と公使館から笑はれ、ヨーロッパの役人世界の裏面について又一つの學習をした樣な氣がした。といふことは、ドイツ、オーストリア、イタリアではその様な經驗をしてゐなかつたわけで、やはりロシアの國民性の一端だつたといふことであつたらう。

昇任序列問題の憤懣

ロシアの軍港視察からベルリンに戻つて來て間もなく、年譜に依れば明治三十六年九月二十六日付であるが、進級して中佐になつた。ところが同時に進級した中佐の中にも序列といふものがあつて、それは財部彪、竹下勇、小栗孝三郎、そして鈴木、といふ順番であつた。このうち財部は鈴木の一級下の第十五期の中では拔群の秀才と目されてゐた存在だからよいとしても、竹下、小栗は第十五期生の中では普通の成績の生徒である。殊に小栗は海軍大學校では鈴木の教を受けた學生であつた。日清戰爭で功五級の金鵄勳章を受けてゐる鈴木に對して小栗にはそれがない。それなのに自分を小栗の下につけるとは何事だ、と鈴木の憤慨は相當のもので、居合せた伊藤乙次郎中佐に憤懣の情をぶちまけた。自分はもう海軍をやめようと思ふ。病氣と稱して歸國してしまへばそれによつて緣が切れるだらう、とまで思ひ詰めて口に出したものらしい。この時、鈴木が、自分の進級が序列の上で後廻しにされたのは、瀧川から例の諜報工作拒否に由る悪い報告が本省宛てに行つてゐたせゐだとすぐに氣がついたのかどうか、『自傳』の記述では不分明である。

又、昇任の通知は公使館に届いた海軍公報で知つたのだと思はれるが、そこで〈下宿へ歸つて見ると父の手紙が着いてゐた〉といふのは、當時の國際郵便事情からして、時間的廻り合せが宜すぎる様に思はれるが、まあその點には敢へて疑問を呈せぬこととして、父は息子の中佐進級の報に接して至つて無心の喜びを言ひ、日露の國交切迫の秋に當り、いよいよ盡忠報國の誠を盡す様に、との激勵の文面であつた。

これを讀んで、鈴木は鐵棒で頭を毆られた樣な思ひがした。父の言ふ通り、日本は今や國家存亡の危機に臨まんとしてゐる。この期に臨んで、一個人の部內での進級の序列の高下遲速などに拘泥するとは何事であるか、との深甚の反省が、無心なる父の祝詞と激勵によつて喚起された。只、この憤懣の情のあからさまな吐露は、鈴木の自傳全篇の中では珍しい一節であり、晩年の鈴木の淡泊な人柄から考へても生涯で實に例外的な一件と映る。

然し斯うした怒りも、一生に一度くらゐはあつてよいものである。軍といふ階級社會に於いては、席次は人事の秩序を左右する最も重要な契機であり、この秩序についての各人の納得の度合は組織全體の士氣に關はる。各人の昇任の順序については、成績の上で自づからなる公論の如きものが形成され、暗默の合意ができてゐるものである。さしたる理由も無しにこの順序が狂つたとなると、それは端的にその組織を統御してゐる論理への不信に繫る。鈴木のこの時の怒りは正にその不信から生じたことだつた。從つてこの憤懣は、自分の昇進の遲れが、實は瀧川大佐の指示への拒絕に發することだと思ひ當つた時に、多分說明がつき、納得も行つたのではないかと推測される。そしてこの番狂はせは、やがてこれも然るべき順序に依つて修復されることにもなつたのだつた。

第五章　日露戰爭での活躍

1　「春日」回航の大任

突然の歸國命令

明治三十六年の暮も押し詰つた十二月二十八日に海軍大臣からの至急電報が届いた。日本海軍は此度イタリアのジェノヴァで目下建造中の「モレノ」「ソバダヴィア」といふ二隻の軍艦を、イギリス政府の示唆を受け、注文主のアルゼンチン政府から買入れるといふ交渉に成功し、兩艦を「日進」「春日」と命名、前者を現在フランスに駐在中の竹内平太郎大佐を主任とする海軍武官四名、後者をドイツ駐在の鈴木中佐等三名をその回航委員に任命して本國に回航させることに決定した、ついては極祕で歸國の準備にかかれ、との要旨であつた。

これは命令豫告であつて、通常はそれから本命令が到着するまでにかなりの時日の餘裕があるものなのだが、この時ばかりは日露間の戰雲急なる折柄、既にして翌々日の十二月三十日には賣買契約の成立を承けて本命令が届いた。鈴木も困惑したが、何しろ國家の大事に關はることなので、身邊の者には正月休みにフランスにゆく、といふ口實を構へてともかくも極祕で出發の仕度をした。

ジェノヴァからは、先にその地に着いてゐた技術官から急報が入り、國際法上の重要問題が生じてゐるので直ぐ來てくれとのことだつた。そこで一月三日にベルリンを出て四日にはジェノヴァに着いた。問題といふのは、イタリアの税關からの問合せで、出港時には兩艦は如何なる旗を掲げて出るのか、といふことの決定だつた。艦には日本海軍士官はわづか數名づつしか乘らぬ豫定である。あとは航海に必要なだけのイギリス人百二十余人を主體に、イタリア人等民間からの雇傭船員である。もし地中海でロシア艦隊の接近を受けてゐる時に開戰にでもなつたら攻撃を受ける可能性があり、その時には、大砲だけは備へてあつても戰闘員はゐないのだから忽ち撃沈されてしまふ。

然し既に日本名の艦名も付いてをり、數日後には受領の手續は完了する。そこで斷然、日本の軍艦旗を掲げて出港することにした。

軍艦買取り、回航の仕事　とにかく珍しい經驗であつた。一月四日にジェノヴァに到着して艦に乘つてみると、大砲の艤裝は濟み、機關も運轉できることが解つたが、甲板にはまだ羅針盤がなく、諸裝置の配線工事は完了せず、今多勢の職工が作業の最中である。然し船が動きさへすれば、末端の工事は航海中にでも出來ると肚を決めて、一月八日に受領の手續をすることにした。受渡しの相手側委員はアルゼンチンの士官である。

彈藥を始めとして日本までの航海の間、かなりの人數の英國人、イタリア人の船員が乘つてゐるのだから、彼等のための食糧・被服等受渡しの物品の品目も分量もかなりのものになる。それらを一々書類とつき合せて點檢してゐる暇はないので、相互の口先だけの交渉で相手を信用して濟ませてしまひ、石炭も大急ぎで積み込んで、一月九日早曉には出航と決定した。この間ロシア公使はジェノヴァに來て日本の回航委員團と同じホテルに泊りこんで謂はば監視を續けてゐる。だからイギリス人の船員達には二十日出港と言ひ含めて新聞にもさう書かせることにしておいたのだが、八日深夜の出港は直ちにロシア公使に把握され、公使はそれを地中海のジェノヴァ對岸に當るテュニスに近いフランス領ビセルタに碇泊中のロシア艦隊に通報した。

鈴木の乘つた「春日」には回航業務を請負つた英國のアームストロング社から三・四十人の船員が來て乘り込み、機關部はイタリア人の受持となつた。兩艦の初航海は謂はば試運轉同然だから、不時の事態に備へてイタリア人機關員達はそれ相應の諸々の準備をして乘込んだ樣である。

ビセルタを出たロシア艦隊は戰艦「オスラビア」を先頭に、ポートサイドへ先廻りする形で「日進」「春日」に先行して東航してゐたが、マルタ島沖を過ぎる頃、島陰から英國の新鋭重巡洋艦「キング・アルフレッド」號が出て來てロシア艦隊の後に付いた。これは日本艦隊の護衛に出て來てくれた樣なものだつた。日英同盟の効果が早速に現實に表れた形である。

「日進」の航行は順調だつたが、「春日」の方では途中で機關部の機械の一部が燒けついて一方のスクリューが回轉しなくなるといふ事故が起つた。アルゼンチンから讓り受けたばかりの艦であるから、各部の注意書きがスペイン語で書いてある。英國人の船長はじめ英人の船員達にはそれが讀めない。

機關部に働いてゐるイタリア人には讀めたと思はれるが、彼等と甲板に居る英國人との間に又話が通じない。そんなわけで何かと運轉上の手違ひが生じたらしかつた。

乘組員の諸國混淆狀態はスエズを過ぎると更に甚しくなつた。アームストロングの社員で會社の都合で下船するものが幾人かあり、その補充にと現地でアラビア人やアビシニア人（エチオピア人）を傭ふ。この連中には契約觀念が乏しく、船上の仕事が厭になると勝手に下船してどこかに消えてしまふ。その補充にとてコロンボ邊ではマライ人やインド人を傭ひ入れた。鈴木が數へてみると計八箇國の國民が乘り合せてゐる。烏合の衆とはよく言つたものだ、正にその通りだと感心したが、航海中の人事の最高責任者である鈴木の人柄のせゐか、別段の紛糾も起らず、結構和合を保つたまま日本まで來たといふ。「日進」ではイタリア人機關部員と英人船員及び日本委員との間がうまくゆかず、シンガポールでイタリア人が皆下船してしまふといつたトラブルが生じたりした。

ロシア艦隊は、イギリス大型艦の日本艦隊掩護の姿勢の堅いことを認識して、紅海を出たあたりで監視追跡を止め、引返して行つたが、ロシアのウラヂオストック艦隊がインド洋に來てゐる可能性がないとは言ひ切れない。ところがそんな心配について、アームストロングの社員でボイルといふイギリス人が面白い意見を有してゐることに鈴木が氣がついて、俄かにこの男と親しくなつた。

或るイギリス人社員の俠氣

このボイルといふ男が鈴木と親しくなつたのはスエズ碇泊中のことだつた。彼の言ふところによると、自分はアームストロング社からの用命で、スエズまで船内の雜務管掌のために派遣されてゐるのだが、スエズから先は、そのまま日本まで乘つて行つてもよし、そこで引返して歸國してもよし、といふことになつてゐる、さてどうしたものか、との相談なのである。鈴木は、それなら日本まで同行するがよい、我々が日本に着く頃にはきつとロシアとの戰爭が始まつてゐる、さうなれば、何かと日本からアームストロング社への注文が發生してお前がそれを受注することにならう、きつと多くの仕事が待つてゐるよ、と勸奬した。これは大當りで、事實ボイルは鈴木の勸めのおかげで大した金持になるのだが、それは少々後の話で、彼は鈴木の話を受けて本國の會社に、自分はこのまま日本まで行くと申請して許可を受けた。

これ以來鈴木はボイルを話相手に、航海の無聊を慰める機會が多くなつた。紅海を抜けてインド洋にさしかかつた頃、もし自分達が洋上に居る間にロシアとの戰爭が始まつたらどうするか、との話題になつた。

鈴木達日本の回航委員は、萬が一洋上でロシア艦隊に「春日」が捕獲されさうな破目にでもなつた場合は、火薬庫に火を入れて自ら爆沈する、決してロシア海軍の手に渡す様なことはしない、その時火薬庫に點火するのは先任士官である筑土大尉の役割、とまで祕かに取り決めてあり、謂はば覺悟を決めて航海を續けてゐるのだつた。そこで却つてあまり思ひ煩ふこともなく、平常心を以て日々の航海業務を着實に果してゐたのだが、イギリス人の考へは少し違つてゐた。

ボイルの言ふところによると、自分達イギリス人は契約上この艦を三十五日間のうちに是非無事に日本へ送り届けたいと考へてゐる。そのためには、もし洋上でロシア艦隊の襲撃を受ける様なことでもあれば敢然と應戰するつもりだ、それでイギリス人の甲板員達は、イタリア人の機關部員には一切知らせぬままに、備砲の配線工事等には十分の配慮をし、いざとなれば運用・發射もできる様に、砲座の近くには彈丸も運んでおく、只これはイギリス人の幹部達の間だけの申し合せだ、イタリア人には絶對に內緒にしておけ、といつた話であつた。

鈴木はボイルの見せた俠氣を面白く思ひ、回航費として約束してある手當の二倍を出さうといつた。先方は「日進」に乘つてゐる竹內大佐の方が回航委員の先任であることを知つてゐて、竹內の許可を得ずにそんな計らひができるのか、と訊いてくる。鈴木は「春日」に關しては自分が全權を握つてゐるのだから、自分に任されてゐる範圍內で裁量はできる、と答へ、相手も喜んだ。

ボイルは以後もなか〱忠實を盡してくれた。コロンボに着く少し手前のミニコイ島附近で、マルタ島以來日本艦隊を護衞する樣な形で附隨してきた「キング・アルフレッド」號が「春日」に接近してセマフォール（semaphore）の信號を送つてきた。旗や發光による信號裝置である。さすがに信號兵までを乘せてはゐなかつたが、若い海軍豫備少佐のペインター船長が何とか受信し、それをボイルが解讀・筆記して十五・六分も費した上で二頁位の通信文が入手できた。それによると日本とロシアとの外交交涉は結局妥結に到らず、開戰は避けられないだらう、これを最近の情報として傳へ、本艦はこれから離れて濠洲へ向ふ、といつた內容だつた。

コロンボへの入港は「日進」に數時間遲れる程度の差で「春日」も入れたが、そこからシンガポールまでの間に、速力の出ない「春日」はかなりの遲れをとり、「日進」が二月一日に入港、「春日」は遲れて三日となつた。スマトラ島に近づく頃に、「春日」のイギリス人船長ペインターとボイルとは、依然ウラヂオのロシア艦隊の遊弋の噂を氣にして夜遲くまで警戒を怠らない。マラッカ海峽に進入して漸く、是で安心、といふことになつたのはよいが、シンガポールでは現地の英國官憲への連絡が惡かつたために石炭の搭載作業になか〳〵入れず乘組員達は焦瘁した。そんな時にはとかく流言蜚語が飛ぶもので、ロシアの謀略工作の手が及んで日本艦への石炭搭載に怠業が發生した、といふのだつた。

開戰迫る

本國でも海軍大臣と外務省が心配して先任回航委員の竹內大佐宛に電報で出港督促が屆く始末である。これは日露間の開戰の危險が切迫してゐて、大本營では兩艦のシンガポール出港が確認出來た時點で戰端を開くといふ肚らしかつた。事實兩艦が辛うじて日本迄の必要量の石炭を積み了へて出港したのが二月四日の午後六時、それを確認できたが故に、二月六日に日本政府はロシアに對し外交交涉の斷絕を通告してゐる。事實上の開戰である。二月八日に陸軍は朝鮮半島の仁川に先遣隊を上陸せしめ、海軍は仁川沖でロシア艦と砲火を交へ、他の一隊が旅順港外のロシア艦隊を攻擊した。ロシアの對日宣戰布告は二月九日、日本で宣戰の詔勅が發せられたのは二月十日である。

折から南支那海には暴風が吹き荒れて、「春日」は前甲板のスチールワイヤーのリールを波にさらはれたり、後部船室の窓ガラスを破られて水が入つたりした。而して速力の劣るために「日進」より一日遲れて臺灣海峽を通過した「春日」は、琉球の北部で幸運にも黑潮の流れに乘つて航行したので、二月十六日に「日進」より數時間遲れただけで橫須賀に入港することができた。「春日」は一日遲れて來ると傳へられたために曳船の小蒸氣が迎へに出て來ず、遠路遙々辿りついた身として怪訝の思ひをした様である。

此處に氣の毒ながら可笑しかつたのは、スエズあたりから船に乘つたクーリー達だつた。四國の沖では冠雪の連山を望み見たといふ、日本の二月半ばの寒さについて彼等にはもちろん何の知識も豫想もない。臺灣海峽を拔ける頃から海上の寒さは正に嚴冬の樣相を呈して來た。冬服の仕度の無い彼等は大概機關室に入り込んで暖を取つてゐたが、やはり甲板に出なければならぬ勞務はある。石炭殼の海中投棄などがその代表的なる作業であつた。クーリー連中はそこで石炭袋の底と兩傍に穴をあけ、貫頭衣よろしくそれを二枚も重ねて身に着けて寒風を凌いでゐる。石炭袋に頭と手足がついて甲板上を徘徊してゐる有樣は珍妙だが、どうしてやることもできない。

例のイギリス人のボイルは、冒險心旺盛である一方、優しい情もあつた男らしく、船が横須賀に着くや否や横濱に出かけて行き、何十人分かの古着を買ひ集めて來てクーリー達に配つてやつた。横須賀鎭守府も雜多の階層から成る乘組員達を相應に歡迎してやり、彼等も與へられた古着を着用して東京見物をもし、然るべき報酬を受け取つてまち〳〵に故郷へ歸つて行つたといふことである。回航の任務を果した乘組の船長や機關長には日本政府から勳章も授けられ、一般の國民からも感謝狀や贈物が山の樣に屆けられてその勞が立派に酬ひられた形だつた。

天皇に拜謁

傭はれた船員達は艦の横須賀到着を以て全ての業務から解放されたわけだが、回航委員の面々はさうは行かず、海軍省への任務完了報告と宮中での拜謁・奏上といふ重要な責務を直ちに果さなくてはならなかつた。鈴木は回航先任委員の竹内大佐と共に海軍省に出頭して山本權兵衞海軍大臣に先づ歸朝報告をした。山本がこれから汝等を同道して陛下への拜謁にゆくと言ふ。そのことがあるかもしれないと豫想して蝶ネクタイは銀座へ出て買ひ調へては來たが、出かけようとしてゐると伊東祐亨軍令部長に靴が汚いのを見咎められ、注意された。山本が氣がついて大臣副官の所へ連れてゆき、大臣の靴磨掛に磨き上げてもらつた。

陛下の御前に出ると、山本海相が「陛下のお買上げになりました日進、春日の回航委員をつれて參りました。これから回航の狀況を言上申上げます」と先づ奏上する。なるほど兩艦が帝國海軍の艦籍に編入されたのは、〈陛下のお買上げ〉によるものである。

明治天皇は大層御機嫌宜しく、先づ「心配ぢやつたなあ」と仰せられる。鈴木は海の男相應の職業意識に基く或る意味の暢氣さで、一月八日から二月十六日までの四十日間の航海を淡々たる心境で無事乘切つて來たわけだつたが、今改めてそれが陛下の財產をお預りしてお屆けする大役だつたことに氣がついた。回航の狀況を言上し終ると、陛下は御滿足氣に「御苦勞ぢやつた」と仰せられ、鈴木も肩の重荷を下した樣な安堵感を覺えた。

緒戰と「吉野」衝突の悲劇

鈴木は歸國すると直ちに「春日」の副長に補任せられた。四十日の航海でこの新造艦の運用については誰よりもよく知つてゐるはずであるから、當然の處遇であらう。それでもイタリア製の特徵たる設備には扱ひかねる點も種々あり、電氣裝置などは日本より技術的に進んでゐて、信號器具や艦內の擴聲式電話器などを、研究のために分解してみたら元通りにならないので、結局從來の日本式に取替へるといつたことも生じた。艦の構造はなか〳〵綿密な出來になつてゐて、各船室の防水區畫が完全で、どこかに水雷を一發喰らつてもそこから他部には浸水しない様に出來てゐた。乘員の安心感の上にも有利な作用をすると思はれた。

新たに就役した約七千六百噸級の兩艦には直ちに乘組員が配屬された。砲術學校・水雷學校の教官を務めた者が多く居て、訓練には好都合だつた。僅か一箇月半の訓練でもう三月末には實戰に參加してよい様な練度に達してゐた。その備砲は世界最高水準の到達距離を有するものだつた。そこで「春日」は出羽重遠中將の指揮する第三戰隊に編入されて四月十一日に旅順港の封鎖作戰に出動した。

初めて旅順港に接近してみた時、これは先に記した如く四月十三日のことだつたが、ロシア太平洋艦隊（旅順艦隊）の旗艦「ペトロパヴロフスク」が日本の水雷敷設船「蛟龍丸」その他が前日に沈置しておいた强力な小田式機雷に觸れて瞬時に爆沈した光景を見た。機雷に用ゐた火藥は有名な下瀬火藥だつた。マカロフが吹飛んだ、と冗談口を叩いたらそれが現實で、クロンスタット軍港で親切に應待してくれた名將マカロフはこの爆沈で艦と運命を共にした。水雷專門家の鈴木は、「ペトロパヴロフスク」が旅順港の出入にいつも同じ航路を取るから、そこを見澄した日本側の機雷作戰に引掛つたのだ、我々の側も、いつも同じ航路を取ると、それを地上の要塞から觀察してゐる相手がそこに機雷を敷くかもしれぬ、注意した方がよい、と、臨時に「春日」に乘組んでゐた高木參謀を通じて聯合艦隊參謀の秋山眞之に傳言したのだつたが、その危惧は果して現實になつた。五月十五日の戰艦「初瀬」「八島」觸雷沈沒の悲劇である。

そしてその前日、五月十四日の正午頃、これは濃霧のため、鈴木の乘艦である「春日」が先行の

「吉野」に衝突するといふ大事故を起す。この時の第三戰隊は旗艦「笠置」以下、「千歳」「吉野」「春日」「富士」の順の一列單縦陣であつたが、深い霧のため視界は零に等しかつたらしい。副長の鈴木は勤務の疲れで軍装着衣のままベッドに横になつてゐたが、非常な衝撃を受けてベッドから放り出された。甲板へ出て見ると恐しく濃い霧である。直ぐに探照燈の點燈を命じたが、幸ひ直ぐに後甲板の二つが點いて、「吉野」に衝突したため急速後進中の「春日」が、更に後續の「富士」とは十米ほどの僅差で二重衝突に至るのを防ぐことはできた。艦中が大騒動になつてゐたが、鈴木は「吉野」乗員の救助が緊要と判斷して救助艇の發進を命じた。作戰行動中の軍艦は、格納してある救助艇を下すのも難儀なのであるが、ともかくも錨を下して艦の位置を固定し、救助艇を出すところまでは行つた。然し探照燈も濃霧の中ではあまり利かず、沈没した「吉野」の方角がわからない。それやこれやで「春日」の乗員達による救助活動はあまり効果を擧げることができなかつたらしい。海上に漂つてゐる人々はボートや救命ロープに手が届いても、疲労しきつてゐて結局流されてしまふ者が多く、引き揚げられても力盡きて死んでしまふ者もあり、實に氣の毒な事態となつた。「吉野」の犧牲者は艦長以下三百人以上に及んだ。

實は五月十二日には水雷艇四十八號、十四日には通報艦「宮古」、十七日には驅逐艦「曉」がいづれも觸雷沈没し、そして十四日に「春日」に衝突された「吉野」、十五日に主力艦たる「初瀬」「八島」の觸雷沈没が生じた。日本艦隊にとつて厄日の連續した六日間だつた。

立て續けに生じたこの不運は、明らかに直接に戰力の減殺に繋るものであり、海軍將兵一同の士氣に及ぼした影響は小さくないものであつたが、この時の聯合艦隊司令長官東郷平八郎中將の、微動だにしない毅然たる態度が、艦隊員の士氣の堅持に與へた絶大な影響は歴史的な語り草である。そしてこの事蹟は戰艦「朝日」に乗組んでゐたイギリス海軍の觀戰武官ウィリアム・パケナム大佐が悲劇の翌日に「朝日」に巡視に來た東郷に接しての印象として海外に傳へたことで國際的な報道となつた。

ロシア側は日本艦隊の蒙つた大きな損害によつて、士氣の衰へを期待したらしかつたが、東郷提督の剛毅さが全軍に傳はり、旅順艦隊に向けての港外からの威壓による封鎖の姿勢は少しも緩まなかつた。旅順港內のロシア艦隊は、ために消極的な姿勢に徹してしまつて、なかなか出撃して來ようとしなかつた。

2 黃海海戰

主力艦同士の對決

旅順港內に閉ぢ籠つて出て來ないロシア艦隊に對し、鈴木が副長を務める「春日」と僚艦の「日進」とは、港外の遠距離から港內に向けての間接射擊(と言へば聞えはよいが實態は盲擊ちである)を試みてゐる。前記した如く、兩艦はアルゼンチン海軍がイタリアはジェノヴァの海軍工廠に注文して建造中のものを謂はばねだり倒して買ひ取つたものである。アルゼンチンは當時チリとの間が緊張してゐていつ戰端を開くかわからぬといふ事態になつてゐた。アルゼンチン海軍は、開戰を豫想し、チリの大都市に、遠方から艦砲射擊を加へるといふ作戰を立てた。

つまり敵艦の鋼鐵舷側を打ち抜いて撃沈する様な強力な主砲ではなく、十吋《インチ》、八吋といつた口徑はや丶小さいが（「三笠」の主砲は十二吋、昭和期の「陸奥」「長門」は十六吋砲）夫々二萬米、及び一萬五千米の射程を持つ仰角三十三度の遠距離砲で榴彈を打ち込み、命中した周圍に破壞をもたらすといふ發想の下に設計された備砲だつた。そこで八月九日の「日進」「春日」も老鐵山を越えての遠方から旅順港内に向けての射撃を試みたものである。

これに挑發されてといふところがあつたのかどうか、八月十日に旅順から戰艦六隻、巡洋艦三隻、又一巡洋艦の先導する驅逐艦八隻その他の大艦隊が堂々と出て來た。これは實は日本側の兵站輸送路の破壞に大きな効果を擧げ、陸軍にとつても脅威となつてゐたウラヂオストックの艦隊と合流すべしとの皇帝の命令を受けて移動を開始したものだつた。東郷は、早々に相手を威壓して又旅順に逃げ戻られてはまづいと考へて、敵艦隊が十分に港口を離れるまで攻撃を控へ、廣い洋上で相手を待ち構へることにした。

この日は早朝から「日進」と「春日」は旅順港口に接近して偵察してゐたが、ロシア側が頻りに掃海艇を出して掃海作業をしてゐるところから、艦隊の出港が豫想できた。實際に出港したのは午前六時頃だつたが、東郷の作戰により相互が邂逅したのは正午を少し過ぎた頃である。兩艦は東郷からの下命を受けて、旅順港口を離れ、洋上で第一戰隊「三笠」「朝日」「富士」「敷島」の四戰艦の後に「春日」「日進」の順に付き、六隻が單縱陣を組んで現場に向つた。現場とは遼東半島の南端とその南方に東へ向つて突き出してゐる山東半島の先端部に近い威海衞との丁度中間くらゐの位置である洋上だが、その邊で南行するロシア艦隊に、第一戰隊がその右に竝行して進み、砲戰を交す形となつた。

わづか一門ながら、二萬米の距離を擊てる十吋砲を備へた「春日」が、信號を以て許可を得た上でこの海戰での第一發を放ち、續いて「日進」の八吋砲も砲擊を開始した。當時の海上戰闘でかかる遠距離からの砲擊は珍しいことだつた。砲術學校出身の砲員が多い「春日」と「日進」の練度は高く、命中彈も多かつたが、前記の如く、艦自體を擊沈できる樣な重砲ではなかつた。最大の目標は敵方の旗艦戰艦「チェサレウィッチ」だつたが、偶〻手近を航行してゐるのが巡洋艦「アスコーリド」で、副長の鈴木が艦長に進言し、敵に不足はあつたが、砲擊を加へたところ、十吋砲と八吋砲が續けて命中し、艦橋から黒煙を吐いて戰列から離れて行つた。どうしたわけかその後續艦群もその後に續いて離脱して行つたため、後に殘つた旅順艦隊の戰艦六隻と我が第一戰隊六隻の追跡・對決の形となつた。敵艦に十分追ひ付くまでにはかなり時間がかかりさうなので、鈴木は副長の權限で一同に食事を命じた。砲戰の火蓋を切つたのが十二時半頃で、それから二時間半近く、晝食を攝つてゐる暇はもちろんないと見られたのである。

この時他の艦では、なほ敵艦追跡中といふ事態であり、皆握飯の配給くらゐで濟ませてゐたのに、「春日」では二時間は餘裕ありと見て、全員食堂で卓に着いて平常食を攝りワインまで飲んだといふことが評判になつたらしい。これも副長鈴木の持論たる「平常心」を保つといふ格率の表れだつたであらう。鈴木自身は早々に食事を濟ませ、艦橋に戻つて煙草をふかしながら戰況を觀察した。各自喫煙自由との許可も出した。

この敵艦追跡中に、通報を受けた出羽中將の第三戰隊（巡洋艦「千歳」「高砂」「笠置」他）も戰場に急行して來て合流し、主力戰隊と合せて敵艦隊より優勢となり、午後五時半頃、敵を包圍する如き形で第二會戰が始まつた。

決定的な一彈は「三笠」の放つた十二吋砲の一發で、此がロシア艦隊の旗艦「チェサレウィッチ」の司令塔に命中した。鈴木は〈その艦はつひにその司令塔の中にある舵取り機械を損じて忽然左の方へ艦がグーッと廻り自艦隊の列中に突入した〉と回想してゐるが、戰記史料によると、「三笠」の十二吋砲彈二發の續けての炸裂により、ウィトゲフト長官、艦長イワノフ大佐以下艦橋にゐた全員が吹き飛ばされ、舵輪に取り付いてゐた操舵手が即死したため、艦は文字通りに舵を失つて急旋回を始め、味方の艦隊列の中に突込んでしまつたのだつた。當然、後續の艦列は潰亂狀態となり、散を亂して逃げ惑ふ狀況となり、大半が當初の目的地たるウラヂオストックに向ふことを斷念し、旅順港に逃げ歸るか、山東半島の芝罘や膠州灣に逃げ込んで驅逐艦「朝潮」と「霞」に鹵獲され、「春日」に破壞された「アスコーリド」と他一隻は上海まで逃げた。佛領インドシナの西貢《サイゴン》まで逃げた艦もあつた。それらは全て領主國の官憲により拘留され、武裝解除を受けて戰列には復歸できなかつた。又樺太の大泊まで逃げた一隻は「千歳」が追跡し、擱座せしめて擊破した。

鈴木の平常心

敵艦隊を急速追擊中の艦内で、約二時間の餘裕ありと見てワイン付の晝食を攝つたり、煙草許可の指令を出して自分も一服やりながら艦橋で晝寢をしたりと、鈴木の「平常心」のあかしとなる插話を、自身が寔にさりげなく語つてゐるが、實際、彼は黃海海戰といふ現場の體験を樂しんでさへゐたかの様な記述も見られる。例へば艦橋の最も高い所で一條實輝といふ公爵の士官が一人レンヂファインダーを操作して敵艦との距離の測定作業に從事してゐたが、こんな重要な役割を遂行してゐる人が一人でゐるのは淋しいだらう、氣の毒だ、とて固定した持場の無い副長の氣輕さで、その側へ行つて雜談しながら、要するに海戰見物を決め込んで、軍艦の戰ひに起る不思議な現象をあれこれと記述してゐる。

イタリア製の「春日」の士官室にはピアノが備へつけてあつた。實戰に出動するのだからピアノなどは基地に下してゆけばよいのだが、「春日」乘組の筑土大尉はピアノを彈ける人だといふので、それを積んだまま出航し、又その上に神棚を作つて伊勢の大神宮のお札を貼つておいた。十日夕方の第二次會戰で「春日」も被彈し、彈は士官室に飛び込んで破裂したため室內は慘憺たる有樣となつたが、神棚とその下のピアノは無事だつた。鈴木は大いに皇大神宮信仰の心を起し、そのめでたいピアノを凱旋後水交社に寄附した。鈴木とジェノヴァで「春日」「日進」の讓渡契約を交したアルゼンチンの海軍士官は駐在武官として日本に來てゐたが、後に出世して同國の海軍大臣となつた。それを聞き知つた鈴木は、後に「生駒」艦がアルゼンチンに航海した時、件の海軍大臣に連絡を取つてその緣起のよいピアノを彼の國の水交社に當る海軍のクラブに寄贈するなどしてゐる。

水雷戰について の 反 省

黃海海戰は、旅順艦隊をウラヂオストックに移動させて日本の兵站輸送路破壞に專念させるといふロシア側の戰略を完全に挫折せしめ、且つ艦隊としての戰鬪力を殆ど零に近いほどに低下せしめたといふ點で日本側の大勝利と評してよい結果に終つたが、海戰によつて擊沈し得た敵艦は意外にも一隻もなかつた。殊に、晝間の砲擊戰が日沒と共に終り、その後に夜襲を命じられた驅逐隊・水雷艇隊が何らの戰果も擧げ得なかつたことに、聯合艦隊幕僚達は反省を迫られた。そこで思ひ出されるのが、マカロフ原案の低速長距離魚雷の採用を圖る軍令部の提案を、海軍省軍務局課僚だつた鈴木が斷乎として捺印を拒否し、軍務局擔當者の捺印がないままに軍令部だけの決裁で書類が通過した、あの事件である。

八月十日の黃海海戰が幾件かの要解決の課題を殘して終つた後、九月十日付で鈴木は第五驅逐隊司令に轉補されることになり、「春日」を下りて驅逐艦「不知火」に隊司令として乘組むことになつた。裏長山泊地に碇泊中の聯合艦隊の幕僚監部に出向いて東鄕司令長官に挨拶した後、島村速雄參謀長に會つて、お受けすべき訓令などあれば――と、伺ふと、島村は笑ひながら鈴木の手を握り、「別に何もないが豫ての君の說の通りに十分やつて貰ひたい」と、かう言ふだけであつた。これだけでも鈴木にはピンと來るものがあつたはずだが、鈴木は念の爲に參謀室に行き、有馬良橘中佐、秋山眞之少佐、松村菊男大尉等の參謀連と會ひ、島村の肚の裡を聞いてみると、やがて前線部隊の內情が判つて來た。

先月の黃海海戰を含めて、開戰以來驅逐隊水雷艇隊の戰績が甚だ惡い。魚雷は旣に數百本、海軍が貯藏してゐる數の半分以上を費してしまつてゐるのに、實際に命中した數は甚だ少く、此と云つた戰果は擧つてゐない。魚雷戰の戰法については豫て鈴木の強い主張があり、彼の說が實際正しいのではないか、との意見も亦少からず聞えてゐた。そこで水雷戰の實地に鈴木を登用すべしとの聲が強くなつて來た、と、さういふ事情らしかつた。

鈴木は勇躍すると共に、全艦隊の輿望が自分の双肩にかかつてゐるとの自覺から大いなる使命感の緊張を覺えつつ第五驅逐隊司令の任に就いた。同隊は鈴木の乘る「不知火」を司令艦として、「夕霧」、「叢雲」、「陽炎」と計四隻の三等驅逐艦から成る編成だつた。

驅逐隊の任務には哨戒線に就いて敵艦隊の動向を監視するといふ役割がある。着任した鈴木がその役を果すべく、旅順港外に接近してみようとしてすぐに氣がついたのは、哨戒線の張り工合が艦隊司令部の訓令通りに行はれてゐない、といふ現狀だつた。訓令では旅順港から十浬乃至二十浬の域內を遊弋して封鎖網を維持することとされてゐるのだが、到底それほど接近してゐない。更に十浬の遠方から遠望してゐるといつた印象で、各艦が勝手に動いて相互間の連絡もとつてゐない。乘員に訊くと、浮流機雷が多いので、訓令された位置に近づくのは危險である、と言ふ。要するに臆病風に吹かれてゐるのである。これでは哨戒の眼を逃れて敵艦が港外へ出て來ても捕捉できない場合が生じ得る。

豪膽な鈴木は直ちに哨戒線の張り方を改めさせた。晝間明るい時に各艦を四列の横隊に竝べて低速で進ませると、なるほど浮流機雷が見つかる。最初の日に一日で七箇を發見して銃擊で爆破させた。この部分には夜入つても安全だとして、夜間もそこを哨戒させる。別方向から潮に乘つて流れてくる機雷も有り得るわけであるが、幸ひにしてそのことは起らず、兵員達も安心感を得て港口近くまで行く樣になつた。鈴木は秋山參謀に連絡し、各艦の分擔哨區を具體的に決め、自分の哨區には確たる責任を持たせる樣な訓令を下す樣に言ひ入れもした。これによつて哨戒線は緊密となり、旅順艦隊の出港挑戰も時にはあつたが、大した交戰にはならぬままに封鎖狀態は續いてゐた。

陸上では第三軍が十二月五日に二〇三高地を最終的に確保し、そこに觀測器を据ゑて、野砲と海軍砲による旅順港内の艦隊への砲擊が始まつた。これは大きな効果を擧げ、港内に閉塞せられた七隻の戰艦・巡洋艦は各艦とも次々にその位置で完全に破壞され、顚腹したり擱座したりして全滅に瀕した。

十二月九日に唯一健全だつた戰艦「セバストーポリ」が勇敢に港外に出擊し、老鐵山と饅頭山の閒に位置して防材を周りにめぐらし、艦砲を以て陸上をも擊つといふ見事な戰鬪ぶりを見せ始めた。同艦が出擊して來たのは鈴木の哨戒勤務の日に當つてゐたので、「不知火」は「セバストーポリ」から十浬の海上で監視してゐた。司令である鈴木は徹夜で艦橋に居て同艦が移動の兆候を示さないかどうかを見張つてゐる。艦長桑島少佐をはじめ乘員も交代で見張についてゐた。曉方の午前四時に、これまで何の動きも示してゐないから多分哨戒線の突破には出ないだらう。動くとしても旣に明るくなつて來たから直ちに追跡に入ることはできる、七時まで休まうと思つて司令室に戻ると、何しろ十二月初めの寒い夜であるから、從卒が氣を利かして炭火を十分に起しておいてくれたのはよかつたが、通風のない狹い船室の中であるから、一酸化炭素が充滿してゐて、鈴木は寢てゐる閒に中毒を起してしまつた。意識の奧では、午前七時起床、「セバストーポリ」監視、といふ強い責任感が働いてゐて、七時頃無理に身體を起しはしたのだが、戶を開けて外へ出た途端にバッタリと倒れて人事不省の狀態になつてしまつた。幸ひ下士官の乘員が司令の倒れたのに氣がついて、數人で人工呼吸を施すなどの手當をして、とにかく中毒狀態から恢復した。然し一酸化炭素中毒はなまなかの事ではない。極めて危險な症狀である。生命に關はる危い事故であつた。

さてその日から「セバストーポリ」をどうすれば始末できるかの戰術會議が始まる。相手は大小の艦砲を備へてをり、陸上の砲臺からも掩護射撃は熾烈である。艦の周りには堅固な防材を設けてあり、水雷艇の持つ小型魚雷では艦に直接命中できない。離れた所で爆發してしまふ。驅逐艦は艦型からして防材を迂回しての接近が難しい。結局計三十隻の水雷艇が六回の強襲をかけ、防材の隙間を抜け出て背後から撃つた魚雷により十二月二十日になつて漸く沈めることができた。この戰闘で、攻撃側も水雷艇二隻を失ひ三十何人かが戰死を遂げた。

ドイツ海軍との折衝

一月一日に旅順が陷落すると、沈沒を免れてゐた驅逐艦が六隻港外に脱出して山東半島の南側へ廻り込みそのうちの一隻がドイツ領である膠州灣に逃げ込んだ。日本側は東郷正路中將を司令官とする「明石」と驅逐艦三隻を青島に派遣し、その鹵獲を圖つた。鈴木も「不知火」に乘つて同行した。膠州灣はドイツ海軍の管轄下にあるから、ドイツ語の話せる鈴木が同行したのはよかつた。旗艦「明石」の參謀の英語では用が足りず、相手方のドイツ人參謀との交渉には結局鈴木が當つた。ドイツ士官は、遁入《とんにふ》したロシア驅逐艦は國際公法に遵つて處分し、二十四時間以内に必ず武装解除するから、日本艦は港内に入らないでくれ、と言ふ。鈴木は一晝夜港外で待つてゐたがロシア艦の動きが見えない。嚴正中立國たるドイツ官憲の言を信用し、約束通り武装解除は遂げられたものと判斷して旅順に戻つて來た。

「明石」を派遣した第三艦隊司令長官片岡七郎中將の許に報告に行くと、丁寧に勞を犒つてくれた。ところが艦隊參謀長（齋藤孝至大佐か）が妙な人で、あのロシア艦を、黄海海戰の結末時の樣に鹵獲できなかつたのは努力不足だ、と毒づく。片岡司令長官、東郷（正路）司令官、鈴木司令、皆ドイツ留學組だからドイツ人に誑かされたのだといふ様なことを現に口に出す。鈴木も珍しく、『自傳』の中でこの參謀長の沒分曉漢《わからずや》ぶりを罵つてゐる。黄海海戰の際、ロシアの驅逐艦「ルシテリヌイ」が逃げ込んだのは清國領の芝罘であつたから、「朝潮」と「霞」が乗り込んで、某中尉が敵の艦長と格闘にまで及んで相手艦を捕獲するといふ武勇譚が生じても、支那人は我不關焉で何ら國際問題にもならなかつた。然し今度の場合は、膠州灣は西歐的國際法感覺の嚴正なドイツ帝國の主權下にある領域である。そこを管轄するドイツ海軍が、法に則つての處理を約束した上で、日本艦の入港を拒むのである以上、その言を信用し、敢へて他國の主權下で、ロシア艦鹵獲といつた戰闘的行爲を控へるのは常識である。それがわからずに「明石」艦以下の努力不足を云々するのは慥かに非常識である。こんな參謀の下に鈴木の親愛する（軍艦內でピアノを彈く様な）筑土大尉が附いてゐるのは氣の毒だと思つた、と、鈴木はそんな感想でこの話を締め括つてゐる。

3　日本海海戰

猛訓練開始　明治三十八年一月一日の旅順要塞の陷落・開城によつて、聯合艦隊の旅順封鎖作戰は終了した。次は東航の途上にあるバルチック艦隊の接近に備へての作戰準備である。

大部分の艦が佐世保や吳に戻つてドックに入り、故障箇所の修理や船底の掃除に取掛つた。

鈴木は一月十四日付で第四驅逐隊司令に轉補され、乘艦は「不知火」から「朝霧」に替つた。同艦は司令長官上村彦之丞中將坐乘の一等巡洋艦「出雲」を旗艦とする第二艦隊の所屬だつた。參謀長は藤井較一大佐、首席參謀は鈴木と同期の佐藤鐵太郎中佐、又長官を補佐する司令官として、鈴木をよく理解してくれてゐる島村速雄少將が一等巡洋艦「磐手」に坐乘してゐた。

多くの隊員と同樣、鈴木も二週間ほどの休暇を貰ひ、佐世保で休養してゐる間、母と妻と二人の子供（八歳の長女さかえと滿で三歳になつたばかりの長男一《はじめ》）が佐世保にやつて來て束の間の家庭生活を樂しんだ。長男の一はドイツ留學で不在中に生れた子であり、歸國してすぐの鈴木の出征であつたから、父親に馴れてをらず、所謂母親つ子の甘え癖がついてゐて、我儘が多い。或る晩何かのきつかけで一は父からひどく叱られ、えりがみをつかんで暗い戶外につまみ出されて戶を閉められてしまつた。それから以後父は非常に恐い存在となり、一は父の言ふ事には絕對服從といふ態度になつた。鈴木は、倅を嚴しく叱つたのはこの時が一生で唯一度のことであつた、實は自分自身も元來寬大な父親から一遍だけ叱られた事があり、その時の經驗を生涯肝に銘じてゐた、と回想してゐる。この話は鈴木一の晚年の手記の中でも「父と母と私」といふ題で、父親の回想と符節が合ふ形で語られてゐる。

こんな寬ろぎも戰爭中の軍人にとつてはほんの一時の息入れにすぎず、一月の末には乘艦の修理が完了し、聯合艦隊の集合地である鎭海灣に行つて猛訓練に入つた。この時の聯合艦隊の訓練ぶりは文字通りに猛烈なもので、殊に艦砲の射擊訓練である內膅砲射擊《ないとうはう》では、「三笠」が訓練用の內膅砲彈の元來の一年分三萬發を十日間で使ひ盡し、補給が追ひつかなかつた、との砲術長安保清種《あぼきよかず》少佐（當時）の回想があるほどである。眼を酷使する兵種である砲員達は、炭塵から視力を保護するために石炭搭載作業を全て免除されるといふほどに、幕僚監部の配慮も行屆いてゐた。

第四驅逐隊司令である鈴木中佐ももちろん艦隊を擧げての猛訓練の渦中にあつた。意を注いだのは當然その專門である水雷發射方法の研究であり、防禦網を備へた敵艦への强襲の方法や、夜間襲撃が早くから想定されてゐたため、暗闇で敵艦との距離を測定する工夫等である。訓練によつて闇中でも敵の姿を認めることができるくらゐに視力も强くなつた、と回想してゐる。因みに、大東亞戰爭時の零戰のエースパイロット「大空のサムライ」事坂井三郎は、晝間でも星を見ることができるほどに自ら視力を鍛へた體驗を記してゐる。

自信をつけた鈴木中佐

猛訓練を重ねて決戰の日を待つ期間に、鈴木の指揮する第四驅逐隊に少しく別の作戰命令が下された。三月の半ば過ぎ、といへば卽ち奉天の大會戰も濟んだ後の事だが、後備第二師團（仙臺）を朝鮮半島北部咸鏡北道の城津に輸送する必要が生じ、上村中將の第二艦隊にその船團の護送が命じられた。第二艦隊に編入されてゐる第四驅逐隊の任務は船團の上陸地點附近の掃海である。當時は機雷戰それ自體の草創期であるから掃海艇といふ專門の艦種は未だ無い。驅逐艦が水面にロープを入れて引いてみるといふ程度の作業である。試してみると元山灣でも城津の沿岸にも機雷の敷設は無いとの判斷が出て、そこで安心して船隊は元山に第二師團を上陸させた。

護衛の任を果した第四驅逐隊は朝鮮半島の東岸に沿つて、ロシア領との境に近い羅津まで偵察に行つてみた。羅津の港灣にはまだ氷があつた。驅逐艦が近づくと陸上から銃撃を受けた。小なりとはいへ驅逐艦には六吋の備砲がある。艦砲で應戰すると騎兵一個中隊くらゐの軍勢がばら〳〵になつて逃げてゆくのが見える。羅津の町に接近して艦砲射擊を加へると敵の部隊は完全に退却して見えなくなつたので、ボートを出して兵員が上陸し、電線を一マイル分くらゐ切斷して海中に投棄した。(電信による敵の後方への連絡を絕つためであらう。)後で陸軍から聞いた話では、ロシア軍は日本の驅逐艦の接近を見て、退路を斷たれることを恐れ、內陸部へ退いてしまつたらしい。そこで上陸した第二師團は實際の戰鬪には遭遇しないで濟んだといふことだつた。

朝鮮半島東岸作戰はそんなことで片づいて、第二艦隊は鎭海に戻つた。東郷司令長官にお目にかかり、第一艦隊參謀長の加藤友三郎少將とも打合せをした。加藤少將は、バルチック艦隊がいよ〳〵近づいてくる、對馬海峽に來るのは五月十四日頃と見當をつけてゐる、艦數は(戰艦だけで言へば日本側四隻、ロシア側八隻だが)ほぼ互角だが、主力艦群の砲戰に入る前に驅逐艦隊の襲擊で少しでも相手の力を減らしておいてもらひたい、といふ樣な話だつた。鈴木は第四驅逐隊の四隻が各々敵一隻づつを沈めますから都合四隻は引受けます、と言つた。一見大言壯語の樣だが、鈴木の隊は實際それほどに戰意昂揚し、張り切つてゐた。おそらく猛訓練の結果として自信がついてゐたのであらうし、鈴木の多年の持說である、肉迫・短距離攻擊の決意が四人の艦長達に徹底してゐたのであらう。海戰が終つた後の結果報告の際にも、鈴木は加藤參謀長に對し、あの時は四隻と申し上げましたが、一隻足りず三隻といふことになりました、と笑つて申告したといふ餘裕綽々ぶりであつた。

海戰前夜の難問

當時聯合艦隊の幕僚達を深刻に惱ましてゐたのは、バルチック艦隊は、果して朝鮮海峽乃至對馬海峽强行突破の航路を取るか、それとも日本列島を大きく迂回して宗谷海峽もしくは津輕海峽を拔けてウラヂオストックに向ふか、そのどちらを取るだらうか、といふ問題だつた。前者ならば現にさうしてゐる如く、鎭海灣に總勢を集結して敵の接近を待てばよいのだが、後者ならば、主力部隊を函館灣の邊に待たせておく必要がある。その手當を終へた後に豫測が破れて敵艦隊が對馬の海域に進んできたらどうなるか。これは深刻に頭の痛い問題だつた。バルチック艦隊の出現が豫想より大分遲れてゐるだけに、疑心に驅られた幹部の中には、主力の北方への移動を主張するものも出て來てゐた。

日露戰爭當時の日本國の戰略的情報網は、大東亞戰爭時の情報戰で無殘な敗北を蒙つた我々昭和の民が、自らを顧みて深甚の慚愧を覺えざるを得ないほどに、明治の先人達の苦心を反映した、質の高い、綿密なものだつた。機械的技術的により高度だつたといふ意味ではなく、情報の活用目的について全國民の間に共通の了解があり、國民的統一がとれてゐた、といふ意味に於いてである。

活用の目的とは、言ふまでもなく、國難の克服であり、この戰爭に勝つといふ一事である。行政府の各省廳や各種民間組織の利害關係や面子や功名心などは、この一事の達成のために全てその最高目標に道を讓つた。高い次元で言へば、外務省と大本營との間に、昭和の戰爭時に於ける樣な肩の張合ひは全く無く、例へばバルチック艦隊の寄港乃至碇泊する沿岸部の在外公館はもとより民間組織の成員でも、艦隊の動向についての情報をつかめば、それを全て取殘す事なく上に傳へた。それが確實に大本營に迄屆いた。就中よく知られてゐるのは、沖繩の宮古島の漁民が出漁中にバルチック艦隊を發見し、宮古島に電信施設がないため、それのある石垣島まで五人の漁民が百二十粁の海上を手漕ぎの刳り舟で渡つて通報に及んだといふ事蹟である。これは當時は國家機密とされて世に隱れてゐたが、後世には、擧國一致、斯かる末端の一私人までが國家の情報戰に參加し協力したことを示す史實として扱はれる樣になつた。この五人の漁民の義擧は、結果としてはバルチック艦隊發見の第一報としては間に合はなかつたが、一箇の美談として世に遺つた。

バルチック艦隊の方にも情報戰を戰つてゐるといふ意識はあつた。五月二十二日午前に司令長官のロジェストウェンスキー中將は二隻の假裝巡洋艦を本隊から離し、日本列島の東方を迂回して北航する樣に命じた。此はもちろん全艦隊が宗谷海峽に向ふかと思はせる陽動作戰だつた。然し兩艦とも臆病風に吹かれてか、日本の本土からあまりに離れた航路をとつたために日本の哨戒艦の眼にとまらず、陽動の意味をなさなかつた。

又、その翌日には東支那海の洋上に停止して各艦に艦隊附屬の運送船から多量の石炭を轉載させ、役目を終へた運送船六隻に二隻の假裝巡洋艦を護衞につけて揚子江河口の呉淞に向はせた。役目を果し了へた運送船群を連れて航海するのは慥かにこれから決戰場に向ふ艦隊にとつては足手纏ひであつたが、二十五日に呉淞の河口に八隻のロシア船が入つたことは、上海に張つてあつた日本側の情報網に直ぐに把握され、バルチック艦隊のその時點での位置についての貴重な情報となつた。おまけに殘りの石炭の全部を搭載した艦隊の吃水線は下がり、航行の速度も低下した。ロジェストウェンスキーのこの處置は戰術的には完全に裏目に出た。

この貴重な情報が屆く迄は、聯合艦隊の幕僚にとつては、ロシア艦隊が朝鮮海峽に來るか、津輕方面に向ふか、全く豫測がつきかねてゐた。

鈴木は第四驅逐隊司令として對馬の要港部を根據地とし、濟州島から五島列島にかけての哨戒に當つてゐたが、一夜（二十四日夜か）首席參謀の秋山眞之が司令長官の密封命令を携へて對馬に來り、會食して話し込んだ。その密封命令とは、五月二十六日正午までに敵艦隊の所在が不明の場合、二十六日の夕刻から聯合艦隊は北方への移動を開始するといふ趣旨のもので、卽ち二十六日正午に開封せよ、との指定のついたものであつた。

秋山は鈴木に向つて、艦隊參謀達の意見の分布を說明して己の憂慮をも打ち明けたものと思はれる。分布といふのは、聯合艦隊の參謀長加藤友三郎と首席參謀の秋山眞之とは敵艦隊は既に津輕海峽に向つてゐるものと豫測し、聯合艦隊はもはや日本海を北東に向つて津輕海峽方面に移動すべきだとの意見、第二艦隊司令官の島村速雄と參謀長の藤井較一は、斷乎鎭海灣に留るべしと主張し、第二艦隊首席參謀の佐藤鐵太郎中佐は敵がどの經路を取つた場合でもウラヂオストックに入るまでに決戰を挑める樣、隱岐島の前島に艦隊を移動させておくのがよいとの意見であつた。

鈴木は、判斷がつきかねて心配顏の秋山に自分の所見を理を盡して語つた。卽ち、敵艦隊の出現があまりに遲い、既に津輕方面へ向つたのではないかと考へる人達は、既得の情報から綜合して、バルチック艦隊全體の速度を十ノットくらゐと判斷してゐるのではないか。然し、自分の見る所ではその速度は七ノットである。洋上での石炭の搭載作業などを考へるとその程度の速力で航海してゐるものと考へてよい。この速度を算定の基準とすれば未だ五・六日はかかる。もう少し鎭海灣で待つた方がよい、といふのが鈴木の意見であつた。

秋山がこの鈴木の所見にどう反應したか、鈴木の回想は直接これにふれてゐない。公定の戰史によれば五月二十五日午前「三笠」艦内での作戰會議では、聯合艦隊の北方への移動が殆ど決りかけてゐたところ、かねての持論を變へない第二艦隊參謀長藤井大佐がこの方針に激しい反對を唱へ、遅れて席に入つて來た第二艦隊の司令官島村少將が此に同調したため議論の方向が反轉し、遂に決議には至らなかつた、とされてゐる。そこで出された妥協的折衷案が、前記の密封命令の內容が示す如き方策であつた。

鈴木はこの件について、この重大な決定を專ら藤井參謀長の明斷によるものとの說があるが、必ずしも特定の個人の意見が全體を制したといふわけのものではない、自說を貫き通した藤井大佐が偉かつたことは間違ひないが、加藤少將、秋山參謀も內心は同じ意見だつたのではないか、と回想してゐる。司令部の出した「もう少し待つ」といふ結論は鈴木が秋山に語つた所見と〈偶然に一致した〉といふのが鈴木の謙虚な回想であり、とにかく東鄉司令長官の許で、結果として左樣な決議が出來たのはよかつた、と彼は素直な喜びを述べてゐる。

幸運な事に、「三笠」艦上での緊迫した會議のあつた五月二十五日の夕方、ロシアの運送船群八隻が吳淞に入つたとの情報を現地が把握し、それは二十六日の午前零時五分に東京の大本營に入電し、その日の早曉には聯合艦隊司令部に迄屆いた。斯くて半日の差を以てかの密封命令は開封されること無くて濟んだわけである。

いよ〳〵艦隊決戰の場に　五月二十六日、鈴木は第四驅逐隊の驅逐艦四隻を率ゐて對馬から濟州島方面に哨戒に出た。强い風の日で驅逐艦の動搖は激しく、二隻が帆柱を折られた。そこで艦隊司令の命令を受け、對馬の西側・大口の瀨戸に入つて碇泊し、折れたマストを取換へるなどの應急修理をして暴風の鎭まるのを待つた。

二十七日の未明、二時四十五分頃、哨戒に出てゐた假裝巡洋艦「信濃丸」は五島列島の西方百十粁程の地點で船の燈火（バルチック艦隊に隨伴する病院船のものだつた）を發見し、近づいてゆくと、やがて自身が大艦隊の中心部に紛れ込んでゐることに氣がつき、四時四十五分に敵艦隊發見の第一電を打つた。この電信は對馬に碇泊してゐた第三艦隊所屬の「嚴島」が受信して聯合艦隊司令部たる「三笠」に轉電され、全艦が直ちに出動準備に取掛つた。第三艦隊は第一電受信の一時間後には出航し、午前十時少し前にロシア艦隊を發見したので、監視する形でその後を追つての隨伴航行を始める。

鈴木の第四驅逐隊も午前五時頃に「信濃丸」（鈴木は「八幡丸」と誤記してゐる）の無電を受信して直ぐ、六時頃出動してゐる。「信濃丸」はやがてロシア艦隊を見失ふのだが、第一電を受けた哨戒中の巡洋艦「和泉」がやがて再發見し、後は時々刻々に「和泉」から敵艦隊の位置と動きが報告されてゐる。當時既に電波妨害の技術も實用の域に入つてゐたが、ロシア艦隊は妨害を試みてはゐない。

鈴木は二十ノットの速度で南下し、五島の北の方でバルチック艦隊に遭遇した。そこで二列縦陣で進む艦隊の左側三千米ほどの位置で見張に附いて、鈴木の表現によれば〈恰も送り狼のやうな格好で開戰の前まで敵の脇にへバリついてゐた〉が、敵艦隊は、微力な驅逐艦相手に砲戰を開くは無用と思つてか、攻擊を仕かけては來なかつた。

鈴木の第四驅逐隊のこの「送り狼」的行動は、敵艦隊を見失はないための監視行動と見ておけばよいのであるが、結果としては、秋山首席參謀の考案した七段階戰法第一段の目指す所に相應する或る種の効果を擧げた。

鈴木の「送り狼」役

といふのは、秋山の考へた七段構へといふのは、第二段の主力艦による正面攻擊の前哨戰として、驅逐艦・水雷艇隊の襲擊による敵艦隊陣形の攪亂といふ戰術を構想したものであつた。ところが二十七日の早朝は前日の荒天の名殘りで、〈本日天氣晴朗ナレドモ波高シ〉といふ秋山參謀の有名な電文の結句の通り、强風のため水雷艇部隊の早朝からの出航は無理と思はれた。そこで輕量の水雷艇は後に殘して驅逐艦だけが出動したのだつたが、その「送り狼」を續けてゐるうちに、出羽中將の率ゐる第三戰隊の二等巡洋艦群「笠置」「千歲」「音羽」「新高」が、第四驅逐隊の左側から追付いて來た。この四隻は午前十一時頃にはロシア艦隊から數發の砲擊を受けながら、これの前方を大きく迂回し、遠距離から監視する形で、間もなくの會戰地點に向つて急いで行つた。

鈴木は「和泉」が頻りに送つてゐる敵艦隊位置報告が正しいかどうかを檢證してみようとの意圖で、敵艦隊を追ひ拔き、その前面を通過する形で第三戰隊の後を追つた。艦隊の前方からみると、各艦の位置・陣形はよく把握できる由である。そこで測定してみると「和泉」からの報告は至つて正しく、訂正する必要のないことが判つた。他方第四驅逐隊の前方横斷といふ行動に遭つて、ロシア艦隊は陣形を變へた。これは後に相手方の戰記報告を見て解つた事であるが、バルチック艦隊は日本驅逐艦四隻の前方横斷を見て機雷を放流したと思ひ、それを避けるために、陣形を變へ、艦隊の二列縱陣に亂れが生じたが、この亂れは主力艦同士の對決開戰まで行動の障害となつた。卽ち秋山參謀の構想した七段階戰法の第一段である、驅逐隊の襲撃による敵艦隊の攪亂といふ作戰の一半が圖らずも成就した形になつた。

尤も襲擊と云へば、鈴木は第四驅逐隊が敵艦隊の前面を迂回・通過する際に、魚雷攻擊には打つて付けの位置に達したことを認識してゐる。そこでよほど襲擊を試みようかと思つたのだが思ひ止まつた。それは自分の功名手柄を欲するために、第一艦隊主力艦群の主砲攻擊の目標測定を亂したりしてはなるまい、その方が大事だと考へ直して、抑制した、と語つてゐる。

鈴木の驅逐艦隊が、斯様に敵の目障りとなる役割を演じてゐたのが正午過ぎの頃であり、一時頃には、東鄉艦隊が南下してくるのが見えた。出羽中將の率ゐる第三戰隊は、乙の字の筆順を逆に辿る様な形で、ロシア艦隊の前方を遠く迂回して主力艦隊への合流を急いでゐた。第四驅逐隊も出羽戰隊の後に附かうとて速力を二十四ノットに上げて追尾してゐたが、その時は針路を變へたために激浪に逆らふ形となり、小型艦としてはかなり危險な情況となつた。出羽司令官もこの情況を看て取り、自由な行動を取れとの信號を出してきたので、第四驅逐隊は艦列を離れ、波浪に對して安全な方向を取りつつ、上村中將の率ゐる第二艦隊の側面にゐて、世紀の大海戰を傍から見物する姿勢を取つた。當初から本隊に隨伴してゐた第一、二、三、五の驅逐隊は第一、第二戰隊の後陣に控へ、出羽中將の第三戰隊は後陣の位置を活用して、ロシア艦隊の後尾部を攻擊する體勢を取つた。

鈴木は、第四驅逐隊の置かれてゐた位置のため、午後二時五分の事であつた史上に高名な「T字戰法」實行のための旗艦「三笠」の所謂「敵前大回頭」の現場を見て居らず、『自傳』にもその記述は無い。因みに言へば、此等の歴史的常套句は後世のマスコミの製造・喧傳の所產であつて、當時用ゐられた表現ではない。只、勝敗は最初の三十分間の主砲の擊ち合ひで決した、といふ秋山參謀の述懷から生じた定說と同樣、鈴木は〈僅か二十分も經たぬうちに戰爭の狀態は決まつた〉と回想してゐる。敵の主砲攻擊が集中し、この日の敵の全命中彈の四分の一を被彈したとされる旗艦「三笠」以外は、各艦の損害は輕かつた。只、第二戰隊に屬する一等巡洋艦「淺間」が被彈の結果浸水して速度が落ち、艦列を離れたためそこに敵彈が集中してくる。沈沒した場合の救助を考へて第四驅逐隊が「淺間」に近づいたところ、いはば側杖を喰つた形で鈴木の隊の「朝霧」と「村雨」が「淺間」に向けてくる射擊で被彈した。「村雨」は夜の九時頃になつて速力が出なくなり、戰列を離れたが、その頃は旣に、日本艦隊の完勝の報道が世界に向けて發信されてゐた。

夜襲で殘敵掃蕩

日本海海戰の全般の展開と結末については此を詳しく論じてゐる公刊の戰史も少からずある事ゆゑ、本書では事の性質上第四驅逐隊司令としての鈴木中佐の戰鬪ぶりにのみ焦點を絞つて敍述しておく。

午後三時二十分、東郷は七段戰法の第二段である主力艦での正面攻擊の段階は終つたと判斷し、艦砲の射擊中止を命令した。次の第三段は驅逐艦・水雷艇隊による夜襲である。その襲擊命令は四時三十分に出た。何故この間に一時間の攻擊の空白を置いたのか、素人には不可解であるが不問に付す。日沒を待つとしても五月下旬午後五時の對馬沖はなほ十分に明るい。故に、海戰終了後、鈴木に向けての、君の攻擊ぶりをよく見てゐたよ、との東郷司令長官の賞詞があり、眞晝間に接近してやつたのだからよく御覽になつたのだらうと思つた、との鈴木の回想がある。眞晝間といふわけでもないが、午後五時頃ならまあ夜襲といふほどではあるまい。幸ひ晝間の强風は鎭まつて、驅逐艦・水雷艇といつた小型艦艇の行動には殆ど障礙がなく、鈴木の「朝霧」も僚艦の「村雨」も自由自在に走り廻り、かねての鈴木の持論通りに六百米くらゐまでに敵艦に肉迫して魚雷を放つたのであるから、同時に夜襲を命令された第五驅逐隊と合せて、命中させた魚雷の數は多く、黄海海戰時とは全く面目を改めるほどに、小艦艇による魚雷攻擊の有効性を實證する戰果を擧げ得たのだつた。

午後七時すぎ、本當の日沒後に、司令部は、驅逐艦隊襲擊せよとの命令を信號で傳へ、本戰隊は北方欝陵島への集結との指令を受けて引揚げて行つた。後は驅逐艦隊と水雷艇部隊に任せる、とのかねての秋山構想の筋書通りである。驅逐艦隊は四隻宛が五隊、水雷艇隊も四隻宛が六隊であるから、計四十四隻の小艦艇部隊が決戰場での殘敵掃蕩の作戰に取り掛るわけである。但し鈴木の第四驅逐隊は既に日沒前の襲擊で存分に活躍してゐるので、司令達の間で申し合せを作り、他の隊の攻擊が濟んでから最後の出番を受持つといふことにしておいた。そこで第四隊は腕を撫しながら自らは攻擊を抑制して出番を待つてゐた。この時の日本の驅逐隊・水雷艇隊の三方からの包圍態勢をとつた夜襲攻擊の凄まじさは、この夜襲で擊沈された裝甲巡洋艦「ナヒモフ」に乘組み、沈沒後驅逐艦「不知火」に救助・收容された一水兵の手記でも證言されてゐる。晝間の海戰で無傷だつた「ナヒモフ」の砲擊は激しいものだつたがその砲火を潛り拔けて肉迫して來た一隻の水雷艇の放つた魚雷の爆發力は物凄く、艦は艦首を上に擧げて棒立ちになつたかの如く、乘員全員が失神したのも同樣の恐怖に驅られて動けなくなつた、云々と綴られてゐる。海戰の記錄としての要の部分は、間近にまで迫つて來た水雷艇から發射される魚雷の命中度の高さと、十分の速力を保つて命中した時の魚雷の衝擊力の强さ、といふことであらう。

鈴木は約束に從つて、攻擊參加を控へ、夜襲の終つた頃を見計らつて戰場に近づいてみたが、最早敵影を認めることができなかつた。そこで、速度の落ちてしまつた「村雨」を、晝間あれだけ働いて敵の旗艦「スワーロフ」に大損害を與へたのだからよいではないか、と宥めて列外に出し、殘つた三隻で稻妻形の航路を取つて索敵を續けてゐるうちに、明けて二十八日の午前二時半、「三笠」とよく似た艦形の「シソイベリキイ」を發見した。もしや「三笠」では、と暫時疑念に驅られたが、間もなくその近くに、これは艦形をよく覺えてゐる「ナバリン」をも發見したので、安んじて攻擊にかかつた。それは快速を利用して敵艦の前方に出、竝行の位置を取つて且つ反航しながら魚雷を放つのである。

この時も鈴木の「朝霧」は六百米、三番艦の「白雲」は三百米の近距離に迫つて擊つたので、命中時の衝擊が此方の艦にまで及んで來た。機關部員達は激動を感じて船底から跳び出して來たさうである。「ナバリン」は五分くらゐで沈んでしまつたが、「シソイベリキイ」は直ちには沈まなかつた。後に沈沒が確認された。

激戰の一夜が明けて

五月二十八日、夜が悉皆明離れた頃、鈴木は蔚山で燃料と水雷の補給を受け、欝陵島を目指して航行してゆくと前方に複數の艦影が見える。近づいてみると瓜生外吉中將麾下の第四戰隊（「浪速」「高千穗」「明石」「對馬」）が敵の殘存艦「ドンスコイ」を包圍攻擊してゐる現場であつた。前夜の經驗からして、もし沈まなかつたら夜に來て又夜襲をかけて擊沈してやればよいと考へてその場を去り、夕方欝陵島へ戻つてみると敵艦の姿は無い。北方に逃れ去つたかと考へて、明けて翌二十九日の未明三時頃迄朝鮮半島東岸の元山邊迄索敵行を續けたが發見できなかつた。然しその頃には無電連絡でバルチック艦隊はほぼ全滅と判斷できたので、最早獲物はあるまいと考へて又欝陵島に戻つてきてみると、かの「ドンスコイ」はそこで自沈し、約三百人の乘員は島に上陸してゐることがわかつた。鈴木も上陸してみると、負傷者が多く、抵抗の意志は全く示してゐないのに、島民の朝鮮人は少しも勞はつてやつてゐる樣子がない。無抵抗で寢具も食糧も持つてゐないロシア兵は言葉も通じぬ故に戶外に放置されたままになつてゐる。鈴木は麾下の三隻の驅逐艦からある限りのビスケットを出してロシア兵に配つてやり、負傷してゐる艦長その他は家の中に入れて勞はつてやれと住民に言ひ含めてその場を離れたが艦長は結局そこで死んだ樣である。

島を離れて鎭海に向ふ途中で、曾ての鈴木の乘艦である一等巡洋艦「春日」に遭遇した。そこで

「春日」に欝陵島の「ドンスコイ」乗員の救助と収容を依頼し、鎮海に行つてみると、既に聯合艦隊の艦はそこには一隻も居ない。皆佐世保か舞鶴に引揚げてゐる。それが二十九日のことで、翌三十日に佐世保に行つて、東郷司令長官にやつと歸投報告をした。二十七日朝の出動以來第四驅逐隊が一番長く洋上に居たことになり、司令の戰況報告も鈴木が最後であつた。

東郷は此の三晝夜の不休ぶりを以てしての鈴木の奮鬪の勞を多とし、前述の如く、二十七日の夕方の戰ひでの鈴木の勇戰ぶりに賞詞を贈り、海戰の經過を長々と三十分以上に亙つて話してくれた。東郷のこんな長話を聞いたのは鈴木としては初めての經驗で、且つ生涯忘れ得ぬ感激の記憶として殘つた。東郷は鈴木が海軍大學に居た時の校長であつたから、元の自分の學生に語る樣な氣安さがあつたのでもあらうが、何よりも海戰の內容、就中世界戰史上初めての水雷戰の效果についての滿足の度は深かつたのであらう。

水雷戰の效果と云へば、鈴木は、加藤參謀長に復命した時の如く、自分の隊で三隻は片づけた、との認識を持つてゐた。然し、夜襲の際の「ナバリン」の擊沈は確認したが、「シソイベリキイ」は直ちには沈まなかつた。そこで致命傷を與へたのは第四驅逐隊に間違ひなく、捕虜の證言とも符合するが、沈めたのは自分の隊だとの他隊の者の主張もあつた。そこで戰功の判定に當つた秋山參謀が、お前の隊の戰果は多すぎる、あの一隻は他に讓ることにしたから了承せよ、と言ふ。鈴木は快く應諾した。

戰功といふものについての鈴木の寡欲ぶりはこの例だけではなかつた。此は先にも述べたことだが、二十七日の午前、第四驅逐隊がバルチック艦隊の左側を追ひ拔いて前方を横切つた時、機雷の投入を恐れて右に舵を切つたロシア艦隊の陣形は亂れ、鈴木の隊は魚雷攻擊には恰好の位置に居たのだが、主力艦の砲擊戰に場を讓るべきだと考へて狙ひ擊ちを思ひ止まつた。それから深夜の索敵行に入つた時、鈴木は實は、晝間の決戰で擊ち洩らされたロシアの第三戰隊「ニコライ一世」「アリヨール」「アプラキシン」「セニャーウィン」から成る所謂ネボガトフ艦隊を發見してゐる。この四隻は二十八日の午前十時半に竹島の南西八十浬の沖合で、東鄉艦隊に包圍・攻擊され、應戰することなく降伏し、四艦は日本の戰利品となつた。

このネボガトフ艦隊を鈴木は深夜の月の出前に見てゐるのだが、同じく日本の水雷隊が索敵中であるらしいのを見てその場を離れ、やがて「ナバリン」を發見するのである。

鈴木が戰果を逸したといふ思ひで眞に口惜しかつたのはむしろ次の件である。卽ち晝間の魚雷戰で、鈴木の「朝霧」が敵の旗艦「スワーロフ」に六百米まで接近して魚雷を放つた事は旣に記したが、「朝霧」は實は更に三百米の距離まで肉迫して二發目を放たうとした。ところがその二發目が激浪のため電氣回路が洗はれてしまつてゐて魚雷が水に落ちない。此は十年前の威海衞襲擊の際、水雷が海水の氷結の爲發射管から出なかつたのと、原因は違ふが同じ失態である。發射管擔當の若い中尉に、何とかして魚雷を海に落してみろと激勵したが、結局不首尾に終つた。鈴木は威海衞での失敗に責任を感じて自刃した上崎上等兵曹を痛切に思ひ出して、再度の己の不運を嘆いた。その若い中尉も、あの話を知つてゐたのかどうか、晝間司令に叱られた時は腹を切つて死なうか、と思つた由で、休憩の命令が出ても、午前二時半の夜襲開始まで自分の部處に着いて發射の姿勢を崩さずにゐた。幸ひ夜襲では「ナバリン」を轟沈させる戰果を擧げたので、この中尉は司令から大いに褒められ、腹を切らずに濟んだ。

鈴木自身にも大いに快とすべき晴れの場面は生じた。

大海戰の後、鈴木は對馬海峽の哨戒勤務についてゐたが、もう敵艦の接近してくる豫想は全く無く、甲板の上から烏賊釣りなどを樂しんで、まあ暢氣に過した。五島烏賊といふ大型のもので釣り上げるのに手應へがあつて面白かつたらしい。澤山釣れると第二艦隊司令長官の上村中將に獻上したりすることもあつた。

瓜生中將の祝盃

六月の或る日、鈴木の艦が對馬の尾崎灣に入つた。そこに第三戰隊の司令官出羽重遠中將の乘つてゐる「千歳」が入つてゐた。出羽中將に表敬のために「千歳」を訪問して司令官室に通つてみると、祝勝會ででもあつたのか、宴會の後らしい空氣だつた。そこには客分として第四戰隊の司令官瓜生外吉中將が來てゐたが、この瓜生中將が鈴木を見ると大變喜んでシャンパングラスを持つて近づいて來た。そしてシャンパンを注いでくれて、「今日は君の爲に祝盃を擧げる、今度は君に兜を脱ぐ、君の先見の明に服す」との挨拶である。鈴木が一瞬解しかねてゐると、瓜生の祝盃は、例のマカロフ式魚雷戰法の採用拒否事件に係ることであつた。鈴木が海軍省軍務局の一課僚の地位に居て、この魚雷採用を提案してゐる軍令部の書類に遂に承認印を捺さなかつた時、瓜生外吉は當の軍令部の局長であつた。そこで瓜生はたかが一課僚の分際で軍令部案に楯突き通した鈴木の頑固さに腹を立ててゐたのだつたが、此度の日本海海戰での日本の水雷戰の實績は、——遠方からの魚雷攻擊などに何の効果もない、魚雷は標的とする敵艦に肉迫して擊つてこそ偉力を發揮するのだといふ鈴木の理論の正しさを、如實に立證して見せる結果となつてゐた。

瓜生はここで自分の理論的敗北を公明正大に認めた上で、鈴木の先見の明と、實戰で發揮したその勇敢さに心からの祝福を贈つてくれたわけである。鈴木の方でも瓜生提督のこの磊落な人格に大きな感動を覺えた様である。常々鈴木に好意的だつた出羽中將はこの場面を微笑を浮かべながら嬉しさうに眺めてゐた。

やがて日露間に講和條約が成立し、日本はともかくも戰勝國としての地位の確保を國際社會に承認されるに至る。明治三十八年十月二十三日には橫濱の沖で祝勝の大觀艦式が擧行される。參加艦艇は總數百六十一隻といふ大規模なものであつた。明治天皇は皇太子嘉仁親王（此年二十六歲・海軍少將）を伴なはれ、御召艦「淺間」に坐乘されて親しく觀閱を賜つた。鈴木は特に記してゐないが、たぶん第四驅逐隊司令として、殊勳の乘艦「朝霧」に乘つてこれに參加したものと思はれる。艦を降りて地上勤務に移るのは十一月に入つてからのことである。

第六章　海上勤務・艦隊司令時代

1　艦長として受けた試練

海・陸大での兵學研究

明治三十八年十月武功調査委員に任ぜられ、水雷戰分野での武功調査に從事したが、翌年の四月には自身も功三級の金鵄勳章を受ける身となつた。又三十八年十一月には海軍大學の教官となり、海軍教育本部員を兼務したが、日露戰爭での實戰經驗から得た水雷戰術の手法・實績を調査して教育參考書を編纂するのが仕事であつた。戰術・兵學教育の面では爾後三年間陸軍大學の教官も務め、陸軍側の教官との交流を通じて凡そ戰術といふものに應用の可能な原則的理論を學ぶ機會も多かつた。考へてみれば、鈴木の持說としてゐた水雷艇の肉迫戰法なども、陸軍の騎兵戰術から學ぶ所多く、そこから導入したものではなかつたかといふのが、鈴木自身の回想であつた。

もう一つここで鈴木が回想してゐるのは、明治三十二年に陸軍大學の兵學教官を務めてゐた時の經験である。その時にイギリスの一士官が陸大に留學してゐた。その人が孫子の兵學の書を英語に翻譯してゐて、それが正しく譯せてゐるかどうか校閲してくれと頼まれたことがある。原書は何分難解なので、或る漢學の先生に頼んで和譯して貰つたものを更に自分が英語に直してゐるのだといふことだつた。もちろん原文の讀める鈴木が見てもそれはなか〳〵よく譯せてゐた。

こんな翻譯を作る動機を訊ねてみると、その英國士官は日清戰爭中に觀戰武官として日本軍に從軍してゐた。そこで、日清双方が西洋式の軍隊を以て相鬪つてゐるのに、何故に常に日本側が勝つのか、と或る師團長に質問したところ、それは日本軍が孫子の兵法を西洋式の戰術に應用してゐるから強いのだ、との答であつたといふ。ヨーロッパ人が孫子の兵學などに關心を向ける動機の一端はそこにある、と知つたのだつた。

そこで又鈴木が今に思ひ當つたのは孫子では「用間」(「用間篇第十三」)と呼んでゐる情報戰の事である。つい先日までの日露戰爭に於いても、我も然りであるが、敵方も諜報工作では甚だ念入りな手を盡してゐた。僞情報を流しての後方攪亂工作などは、彼等が相應に古い東洋兵學を學んで得た戰法の一つかもしれない、といふことも考へられた。

明治四十年三月、海軍大將有栖川宮威仁親王(此年四十六歳)が第一・第二艦隊及旅順鎭守府特命檢閲使に任ぜられて出張されたのに際し、お付武官として扈從を命ぜられた。親王は鈴木の煙草好きに氣が付かれて煙草入れを賜るといふことがあり、鈴木はよき記念品として使はずに大切に保存してゐた。

その年の九月に海軍大佐に進級した。この時の進級でドイツ留學中に中佐に進級した際の不滿の因となつた席次を元に戻し、鈴木の後に竹下（勇）、小栗（孝三郎）といふ序列にして貰へたが、最早これといつた感慨を催すわけでもなかつた。

再び海上へ　明治四十一年九月、海軍大學教官を免ぜられ、第二艦隊附屬の巡洋艦「明石」の艦長に補せられた。海軍士官ともなれば一度はやつてみたい職が大型艦の艦長である。鈴木も本望を達した思ひで勇躍呉に赴任して「明石」に乘込んだ。ところが艦長としての經歴の出端から思はぬ失敗を仕出來してしまつた。

九月二十七日に、「明石」は呉軍港のドックでの修理を終り、海上に出、先づ廣島灣で羅針盤等計器の調整に取掛つた。初めての艦長としての勤務であるから張切つて艦橋に立つて調整の結果を吟味してゐた。前方に何の障礙も無く、暫く直進して行けばよい様な航路であつたから、一寸書類を見ようと思つて海圖室に入つてゐると、思はず時を過したらしい。何だか船が伸し上つた感觸があり、驚いて艦橋に駈け上つてみると、艦は廣島灣の津久根島（津久賀島か。とすれば廣島灣といふより東方の大崎上島に近い安藝灘北部）の北百五十米程の位置で淺瀬に乘り上げてゐた。航海長は太陽の位置と羅針盤とを比べて見るのに夢中で氣がつかない。低速で航行してゐたため潮流に押されて島に近づきすぎてゐたのだつた。急いで艦に後進をかけたが、あひにく引き潮にかかつてゐて艦底が砂に喰ひこむばかりである。取り敢へず錨を入れて艦を固定し、漸く五・六時間後に上げ潮になつたので艦を引き離すことができた。幸ひ砂地だつたので艦底に損傷は無く、呉でドックに入れて、はげた塗料を塗り直す程度で濟んだ。

坐礁は艦長の責任で査問委員會に附せられることになつてゐる。第二艦隊司令長官はこの時もう大將になつてゐた出羽重遠である。出羽大將に坐礁の顚末を報告すると、それでは査問委員會にかけよう、と言はれる。査問を受けるまでもありません、私の失態であることは明らかですから直ちに懲罰に付して下さい、といふと、ではさうしよう、艦に歸つて待つてゐろ、とのことである。結果として謹愼一日といふ罰で濟んだ。何となく、鈴木に對する出羽提督の好意を推察させる輕い處分である。

鈴木にしてみれば、日本海であれだけ驅逐艦を乘り廻してゐたのに、三年ほど海に遠ざかつてゐるうちに、たちまち山船頭になつたか、との口惜しさと反省がある。艦の航行は一應航海長の責任に屬するが、一艦の安危そのものは艦長の肩にかかつてゐる。航海長に干渉はしないが、艦長としても常に航路の事を頭に留めておき、艦長の手許にも常に海圖を置いて二重の安全裝置をかけた形にしなければならない、と、さうした教訓を肝に銘じた。

この反省のおかげで、鈴木はその後の長い海上生活の間に度々艦を毀損する様な危險に遭遇したが、艦長としての決斷宜しきを得て、いつも破局的な事故を免れることができたのだ、と述懷してゐる。

第三艦隊での南航

明治四十一年十二月に「明石」は第二艦隊から除かれて第三艦隊に編入され、南支那方面に巡航することとなつた。この南進艦隊の司令官は寺垣少將で、秋山眞之を艦長とする巡洋艦「音羽」、鈴木を艦長とする巡洋艦「明石」及河川用砲艦數隻から成り、主として揚子江から福州、廈門、澎湖諸島、廣州等を巡航した。揚子江を溯行した時は、南京はもちろん更に深く溯つて九江《チウチアン》、大冶《ターイエ》、漢口《ハンカオ》（武漢）迄も航行した。五月から六月にかけての候で、漢口の暑さには驚き、旅館で戸を閉めることが出來ず、開け放しで寝た。警備行動といつても軍務といふほどの業務は無く、從來とかく不滿の多かつた內陸の邦人居留民と海軍との間の交流の圓滑化を圖るといふ程度のことだつたが、これが案外成功して、在留邦人も海軍に友好的になつてきた。

漢口では何もする事が無くて無聊に苦しんだが、そんな時「音羽」艦長の秋山眞之が、故郷の松山で子供の時に習ひ覺えたといふ仕舞を優雅に舞つて見せたのには鈴木も驚いた。日本海海戰の最大の立役者の一人なる名參謀なのだから、鈴木が感心したのも無理はない。要するにやれば何でも出來る人なのだ、といふこの人に向けての鈴木の嘆賞の一端である。

上海や南京では支那人の要人とも交際を持つことがあつた。南京の總督を務めてゐたのは淸國人（滿洲人）で、西洋風に捌けた、國際感覺を有する人だつたが、後の辛亥革命の際長江上流の方へ逃げて結局殺されたらしい。もう一人は海軍大將で、支那人には珍しい廉潔な人柄で、革命後は鄉里の福州に引退して鄉人の敎育に專念したらしいのだが、知日派で且つ明治天皇を崇拜し、御眞影を入手して禮拜してゐたといふ。當然、鈴木や秋山には親しみを表してくれたであらう。

揚子江の河口を出てから南下して、香港、海南島の北部を見、廣州灣へ入つてみた。ここは十九世紀の末年以來フランスの租借地となつてゐる。それから十年近く經つのだからフランス風に開化でもしてゐるかと思つて行つてみたのだが案に相違して草茫々の荒地である。兵營があり、フランス人の住家もあつたが、村落といふ程度の印象で、駐屯してゐるフランス軍の士氣も紀律も懈怠を極めてゐた。青島を取つたドイツ、威海衞を領したイギリスとはまるで違つてゐて、フランス人には植民地經營の熱意は無いと看て取れた。

一つ珍しい話を記してゐるのは、香港から南へ五・六百浬といふ所、現行名東沙諸島のうちの一島であらうか、鈴木はプラタス島と呼んでゐるが、そこへ行つたことである。珊瑚礁から出來た島で燐鑛石が取れるので日本の西澤某氏が採集施設を作り西澤島と稱してゐた。調べてみると淸國領であり、西澤氏の占據が公認されると香港の政廳にとつても眼障りになるので、折衝の上その施設に對しては相應の補償額を出して淸國に返還することになつた。その引揚げの人間や設備の可動部分を「明石」に乘せてきた、といふ經驗である。

この様にかなり廣い海域を巡遊したのであるが、これに就いても鈴木は面白い注釋を付けてゐる。卽ち石炭消費額の節約に努めた件である。海軍は石炭を、例へば上海に營業所のあつた三井物產の鑛山部から買つてゐたが、納入の度に酒や金品などを持つて來る。それをことわり、船への石炭の積込みも、三井側が人夫を使つて負擔する甲板受け取りから、炭庫への積載を艦の乘員が行ふ舷側渡しに切替へた。酒樽だの金品だのは要らぬからその分石炭を持つて來い、と言ふと、相手もその方式を喜んで石炭買入れの度に一割方多く渡してくれた。こんな事が度重なると、割增し分の合計量もかなりのものになり、餘裕が生じて規定よりも遠方まで航海する事ができた。廣州灣などまで行けたのもこの節約のおかげであつたといふ。かうして燃料費を節約し消費量を增大する工夫は、當時一般に行はれてゐたわけではなく、或いは鈴木の才覺によるこの南進艦隊に固有の例だつたが故に斯く特記してゐるのではないかと思はれるが、なほ詳らかにはし得ない。

航海時に危険に遭遇した經驗は廈門から澎湖島へ行つた時に生じた。この時は元來二番艦の「明石」が先導艦となり、司令の乘る「音羽」が後に續くといふ艦列を取つた。霧の濃い日で、視界が甚しく惡い。漸く目標となる燈臺が見えて來たが、鈴木が記憶してゐるのと形が違ふ。航海長が針路を誤つたらしい。鈴木の手許の海圖によればあの燈臺（Northrock）の手前には大きな暗礁がある。そこで鈴木艦長は後續艦の司令の許可を受ける閒も取らず、急速に艦を逆轉させて航路を變へ、やがて澎湖島に隊を誘導することができた。現位置測定法を操作して測つてみると、やはり暗礁の位置に千米くらゐまで近づいてそこで反轉したことが判り、胸を撫でおろしたことであつた。これは瀬戸内海での最初の失敗に懲りて、惡天候の際に航海長に任せ切りとはせず、艦長自身常に海圖を見つめて艦の現位置を確認しておく癖をつけてゐたおかげでの危險回避の成功であつた。自らに課した教訓が生かせたわけである。

付加へて言へば、僚艦「音羽」が福州の港內で坐礁事故を起したこともあつた。そこで鈴木が査問委員長となつて「音羽」艦長の秋山を査問するといふ立場になつたが、艦には損傷が無く、又坐礁の原因は支那人水先案内の誤導によることが明らかだつたので、秋山は責任を問はれることなくて濟んだ。

2　濠洲行

マニラから
シドニーまで

明治四十二年十月に鈴木は「明石」を降りて二等巡洋艦「宗谷」の艦長に轉勤した。これは伊地知彦次郎中將を司令官とする練習艦隊に屬し、僚艦は鈴木と同期の佐藤鐵太郎大佐を艦長とする一等巡洋艦「阿蘇」であつた。（兩艦の大きさはそれほど違はない。）十一月十九日に江田島で兵學校の卒業式があり、慣例に從つてその日に卒業した生徒全員を二艦に分乘させて練習航海に出航することになる。「阿蘇」には小林萬一郎候補生以下九十名、「宗谷」には井上成美以下八十九名が配乘、と鈴木は記してゐる。艦隊は直ちに三田尻（現、防府市外港）へ寄り、十一月二十一日にそこから近海巡航の途に上り、旅順、仁川、鎭海灣、釜山と廻航して十二月半ばに佐世保に戻つた。これを準備段階とし、翌明治四十三年の二月一日に横須賀を出て、南洋諸島を經て濠洲に到る遠洋航海の途に上つた。

南に向つての最初の寄港地はマニラだつた。スペインとの戰爭の結果アメリカの領有に歸してから十年程經過した時期であつたが、アメリカ人の態度は開放的で、十分に歡迎してくれた。島にある砲臺（といふのはコレヒドール島の要塞を指すと思はれるが）だけを例外として何でも進んで見せてくれた。守備隊の兵士達と候補生達との交驩の機會もあつたが、兵士達は日本との戰爭の機會もあらうかとの豫想は有つてゐた。只激しい戰意を訓育されるといったことはないらしく、戰爭が始まつたらすぐに捕虜になつて、救出を待てばよい、などと暢氣な話を口にしてゐた。

マニラを出て南航し、モルッカ諸島の南方のバンダ海に面したオランダ領アンボン島のアンボイナに碇泊した。十七世紀初期にオランダ東インド會社が進出し、やがて（一六四七年）オランダ領となり、淸國商人が多數入り込んで貿易港として繁榮した土地である。日本の御朱印船も頻りに出入して日本人居住地を作り、紅毛商人との間の紛爭を起した歷史も有する土地である。練習艦隊が寄港した當時もオランダがこの地に政廳を置き、オランダ軍の守備隊が駐屯してゐたが、經濟は華僑が掌握してゐた。日本人も五・六人居たといふが、商社の駐在員なのか、何らかの形で居着いてしまつたのか鈴木は記してゐない。

アンボンから南東に針路を取り、アラフラ海を通過し、パプアニューギニアと濠洲北端ヨーク岬との間のトレス海峽を拔け、オーストラリア大陸の東岸に沿つて大陸と大堡礁（Great Barrier Reef）の間を縫つて南下してゆく。難路であるから二人のパイロットを傭ひ（何處の港で乘せたのかを記してゐないが、大堡礁にかかる手前のクックタウン邊りであらうか）、年長の自稱熟練者の方を「宗谷」に乘せ、若い方を「阿蘇」に乘せた。そのため司令官の坐乘する「阿蘇」が二番艦となり、「宗谷」が先導艦となつて二日間珊瑚礁の間を航海した。目的地ブリスベーンに向ふためには途中で一度針路を東に取つて大陸の沿岸から離れなくてはならない。丁度變針豫定地に近づいた頃に雨が降り出して陸地が見えなくなり、パイロットが弱音を吐き出し、自分にはもう水先案内不可能と手を上げてしまつた。艦長としての鈴木は別に慌てることもなく、常々艦橋で海圖を睨みながら艦の位置を測定してゐたのに基いて、それなら自分でやる、と言つて操艦を引受け、海圖上での艦の位置と經過時間とを睨み合せて見當をつけ、視界零の洋上で舵を切つた。暫くして雨が晴れてみると艦は正しい進路を取つて進んでゐる。

そのパイロットは酒飲みの上に傲慢な男で、自分は水先案内にかけては濠洲一の熟練者であるとうそぶいてゐたが、この事あつて以來鈴木には頭が上らなくなつた。どうして初めての航路で陸地が見えないのに間違はずに進めたのだ、と感心するので、軍艦は商船とは違ふ、海圖と羅針盤があればこれくらゐのことはできる、と胸を張つた鈴木は、冒險だとは思つたが現實に自信は持つてゐたのだつた。

この一件を濠洲の政廳に報告でもされたら本當に失職の恐れでもあつたのか、パイロットは以後俄かに鈴木の機嫌を取り出した。本心から敬意を覺えたらしく、鈴木が、ここは昔キャプテン・クックの通つた海路だな、と航海史の蘊蓄を披露したのにも感心して、ブリスベーンで艦を降りて別れる時に、キャプテン・クックの傳記を持つてゐるから差し上げたい、と言ふ。口先だけのお世辭だらうと思つてゐたところ、數日後に艦隊がシドニーに入港して碇泊してゐた時、その傲慢だつたパイロットの細君といふ女が、本當にクックの傳記を携へて鈴木に贈呈すべく艦を訪ねて來た。

ブリスベーンの次は大都會であるシドニーへ行つた。氣候が日本と似てゐるせゐか、日本の植物を多く移入して植ゑてあるのが眼についた。遠足をしてみたり、夜は宴會に呼ばれたり、と遠洋航海には通例のありふれた行事があるだけだつた。

ところが或る日、ドイツの輕巡洋艦が寄港した機會に、濠洲海軍がドイツ人幹部を相伴として日本艦隊の士官達を招待してくれたことがあつた。ドイツ語の話せる鈴木はそのドイツ艦の艦長と社交的な會話を交してゐた。鈴木はベルリンでヤコブセン中佐といふ砲術家と交際した記憶を話題にし、ヤコブセンは英國の有名な砲術家の某提督に匹敵する人だね、と言ふと相手のドイツ人艦長は、いや、ヤコブセンと比べたら英海軍の某などはその足元にも及ばないのだ、と、濠洲海軍の士官達の面前で憚ることなく言つてのけたのに、鈴木は驚いた。この〈驚いた〉は、そのドイツ士官の傍若無人の個性に對してなのか、ヨーロッパ人一般の自己主張癖に對してなのか、それとも一九一〇年といふ歐洲大戰前夜のこと、ドイツ海軍の英海軍への對抗意識の尖鋭化の表現の一端と見てのことなのか、鈴木はそこまでは述べてゐない。

タスマニア島からメルボルンへ

シドニーを出て濠洲最南端より更に南のタスマニア島に向ひ、その又南部にあるホバートに入港した。何故か日本人を特別に歡迎してくれる、質朴な土地柄だつた由である。島の大きさは四國くらゐで、石槌山ほどではないがそれに近い標高の山があり、候補生達は山登りをした。緯度も南緯で日本とほぼ同じくらゐの數値の位置にあり、折から南半球は夏なのだが、山には雪があつたさうである。土地にはカンガルーも居るが、オッパサムといふ獸の良質な溫い毛皮の襟卷が安く買へる。この頃は日本にも輸入されるやうになつてゐたが、安いので土產に買ひ込んだりした。

ホバートから出港する時、司令官の乘つてゐる「阿蘇」が先行し、「宗谷」がその後に續いて單縱陣にならうとした。すると「阿蘇」から信號があつて左旋回の面舵を指令して來た。不思議に思ひつつその指令を無視して計畫通りに直進し、豫定した艦列を作つて航行して行つた。

後になつて先導艦に乘つてゐた先任參謀の坂本則俊中佐に、あの時の司令官の命令は間違つてゐる、あんな干渉的な信號は以後命令とは思はぬから左樣申し上げておいてくれ、と、さう言つた。すると坂本參謀が答へて言ふには、あの命令を出したのは司令官ではない、佐藤艦長だつたといふ。そこで鈴木は〈佐藤は片眼だよ、吾輩は兩眼であると笑つてやりました〉と、この一件を締め括つてゐる。

ここに、次節で改めて觸れることになる、同期の佐藤鐵太郎に向けての鈴木の對抗意識が微妙に表れてゐる。鈴木は昭和十七年三月の佐藤の死去に際しては葬儀委員長を務めてゐるほどで、慥かに生涯の親友であつた。然し、ドイツ留學時代の進級をめぐつての不滿を回想した部分にも、〈私の級は、佐藤鐵太郎など尤物だつたが癖があつて使はれなかつた〉と語つてゐる。その佐藤の〈癖〉については後の章で觸れる機會はあるであらう。

タスマニア島を離れて、艦隊は再び濠洲大陸に向ひ、メルボルンに寄港した。大きな都會であるから、樣々の型の住民が居る。鈴木は親日家の面白い本屋の親爺に遭遇した。白人で、堅固なキリスト敎徒なのだが、人種差別觀を持たぬ、といふより強く否定してゐる。皮膚の色の違ひは住んでゐる土地によるだけのことで、日本人と歐洲白人との間に人種的差別はない、ニュージーランドにマオリ族といふ古い土着の人種が住んでゐるが、正直で約束をよく守り、知的水準も高い、元來日本人と同種だつたのではないかと思ふ、とてマオリ族に關する大きな本を二册呉れた。勇敢で戰に強いが、人を信じ易く、約束をよく守る性質を利用して、英人はマオリをうまく瞞して廣大な土地を奪つてしまつた。英國紳士といふが、彼等がこの土地で仕出來したのはそんなことだ、といふ面白い持說を聞かせた由である。

メルボルンでは社交的な失敗を一つ遣つてしまつた。濠洲南部のヴィクトリア州の知事はハミルトンといふ海軍大將で甚だ上品な英國貴族であつたが、或る晩日本艦隊の司令官と兩艦長を豪華な晩餐會に招いてくれた。歐洲風に賓客の兩隣に貴婦人が坐る樣に席順が決めてある。鈴木の兩隣も卽ち貴婦人で向ひ側が總督と艦隊司令官の席である。英語の會話の苦手な鈴木は口當りのよいシャンパンをすすめられるがままによく飲み、會話は簡單なイエスやノウで濟ませひたすら料理を平げてゐた。司令官の伊地知中將は英語が達者であり、佐藤大佐も鈴木と同じ時期、ほぼ同じ期間に英國に駐在し、アメリカへも廻つてゐる。雄辯といふ型ではなかつたが、ほどほどに話を交してゐた。鈴木はそこで不覺にも食卓に向つたまま居眠りをしてしまつた。

伊地知司令官は氣を揉んで、キャプテン鈴木は酒を飲むと眠る癖がありましてね、と取りなしてくれる。總督がそれを受けて、酒を飲んで眠る人はグッドマインドの幸福な人ですね、と洵に洒落《しやれ》た社交的な文句で鈴木の不體裁を救つてくれる。そんな兩者の氣遣ひを耳に挾んで有難いと思ふと同時に恥づかしくなつて醉が醒めた。宴が終つて一同別室に移つてウィスキーを樂しむ段になつて、總督は鈴木の會話の不得意からくる手持無沙汰を見て取つて、親切に庭へ散歩に誘ひ出してくれた。濠洲にも上流社會ともなれば、人がこの樣な社交的な風儀を心得てゐることに、鈴木は本氣で感動した樣である。後刻、當然ながら伊地知司令官と佐藤大佐とからその夜の社交的不體裁を注意された。それでも、酒を飲んでつい居眠りする癖はなか〳〵直らない、と自省の言葉も書きつけてゐる。

メルボルンを出て大陸の南岸沿ひにアデレードに向つた。經度は東京とほぼ同じ、緯度で見ると赤道を間に挾んで丁度東京との對蹠點といふ位置にある都會である。

濠洲西南部廻航

ここでも艦隊は十分に歡迎を受けた。アデレードを出ると、カンガルー島とヨーク半島南端との間の狹い海峽を拔けるのに、非常に潮流の速いところで、艦の操縱に甚だ苦心した様である。やはりパイロットを乘せてゐたが、ここでもパイロットの要求と艦長の鈴木と意見が違つて苦心した様である。この時の鈴木の操艦方針は瀨戸内海で航海長として舵輪を握つた時の經驗から來てゐた。瀨戸内海の大島水道などは狹い上に潮流の動きが激しい。小型の漁船も犇めいてゐる。さうした水路では艦の針路を不動に保つことが肝要である。艦の進む方角が安定してゐると見えれば小廻りの利く漁船の方で必ず衝突を避ける。當方から衝突を避けようと思つて大型艦が變針の氣配を示せば漁船の方ではあの艦長は未熟だと笑ふに決つてゐる。潮流に對しても同じことで、艦の速度と針路が安定してゐれば、岸壁に接觸せんばかりの時には必ず潮が押し返してくれるものだ、慌てての小刻みの操艦は禁物だ、といふのが艦長としての鈴木の信念だつた。

かうして大オーストラリア灣を西進し、濠洲大陸西南端のオールバニに入つた。人口の少い、淋しい街であるが、車を走らせて郊外へ出てみると、廣漠たる原野の所々に健全な農業を營んでゐるらしい集落がある。それが多くドイツ人の移民の村であると知つて、改めてドイツ人の勤勉な活動力を認識する思ひだつた。

オールバニを出、文字通りに大陸の西南端に當るルーイン岬を廻つて北上し、五月四日にパース市の外港であるフリーマントルに寄港した。この航海は天氣は好かつたのに波浪のうねりが激しく、「阿蘇」も「宗谷」も四十度に近い傾斜を示すほどの大搖れであつた。只、航行速度が遲かつたので格別の被害はなかつた。二日後の五月六日にブーア中將の率ゐる濠洲艦隊の軍艦三隻がフリーマントルに入港したが、此の方は速力を上げて荒波を突切つて來たらしく、甲板に激浪の被害の跡があらはであつた。

翌五月七日にイギリス皇帝エドワード七世崩御の報知が傳はり、艦は半旗を掲げ、宴會等は一切中止となつた。九日には新帝ジョージ五世の卽位宣言があり、祝意の皇禮砲を撃つた。新帝は、言ふまでもなく、大正十年に皇太子時代の裕仁親王をバッキンガム宮殿に親しく迎へて厚遇を盡くされ、日本の皇室の親英感情に決定的な影響を與へた方である。

翌十日には濠洲政府からの要請で、崩御された先帝への弔砲として分時砲なる禮砲を撃つた。崩御された時の年齢に當る六十八發を一分おきに放つのであるから一時間以上を費す禮式である。鈴木にはもとより、日本海軍としては初めての經驗であつた。

翌五月十一日にフリーマントルを出て蘭印に向つたが、この時から伊地知司令官が「宗谷」に移乘し、「宗谷」が旗艦となつてバタビア（現、ジャカルタ）を目指した。フリーマントルでは國喪の故に甚だ淋しく過したので一同はバタビアでの上陸を樂しみにしてゐたが、今度は此處でコレラの發生があつて上陸を禁止された。自然、食料の購入も宴會等も取り止めとなり、匆々に出港して三日後にはシンガポールに向つた。只、幹部達は總督官邸の晝食會で饗應を受け、有名な植物園にも案内してもらつた。

シンガポールは在留邦人の多い土地であるから領事館にも大いに世話になつた。そこから香港、馬公（澎湖島）、基隆と寄港し、上海の呉淞に入つた。此等の地は鈴木自身も曾て南進艦隊に所屬してゐた時「明石」艦長として來遊した土地である。上海には日本人居留民も多く、內地に歸つたも同然の寛いだ氣で過した。六月二十九日に呉淞を出、七月二日に呉に歸着、二月一日の出航以來丁度五箇月に亙つた遠洋航海の訓練は終了した。

3 教育面での貢獻

座學より實踐を重視

元來この遠洋航海は、前年の秋に江田島を卒業したばかりの少尉候補生約百八十名を乘せての航海の實地訓練の意味がある。只「阿蘇」の方は艦長の佐藤大佐に任せておけばよいことで、鈴木としては、座學の方は既に兵學校で十分に敎へられてゐるものと看做してあまり重視せず、「宗谷」では實地經驗と勤務態度に重點を置く訓練を主眼とした。例へば勤務錄なども詳細な長文の記載を要求すると、とかく先輩の書いたものの引寫しが多くなつたりする弊があることも鈴木は見て知つてゐた。そこで作文などにさう重い要求は課さず、むしろ艦內規律の嚴守、當直勤務などの嚴格な勵行などに注意を拂つた。それは艦長が直接に一々口出しをするわけではなく、尉官級の若い指導官を通じて鈴木の思ふ所を勵行させたのだつた。「宗谷」乘組の大尉には山本五十六、市來崎慶一等、中尉には古賀峯一等、少尉にも後年の提督級が居て、鈴木の教育方針をよく體得して後進の指導に當つてくれた。

艦隊がシンガポールで十分に休養を取り、次の香港までの航海中に、候補生達に筆記試驗を課した。成績判定の會議を開くと、「宗谷」の候補生の成績は「阿蘇」のそれよりかなり惡かつた。司令官の講評に對して鈴木は實務の成績評價を重視すべきことを主張し、後年高名な教育者となる「宗谷」乘組の井上成美候補生を百點とし、あとは井上を基準として段階的に等差をつけて行つた。

鈴木が思ふには、軍人としての評價は半年や一年の訓練の後のペーパーテストなどで決められるものではない、十年二十年後の實績を見て初めて判ることだ、自分はその様な將來を見越して議論より實踐を重んずる教育をして來たつもりだ、といふにあつた。そこで鈴木が、このクラスで後に將官に進級したものは「阿蘇」乘組の候補生では四分の一、「宗谷」では四分の三位の比例だつた、と記してゐるのは、自分の教育方針への自負であると共に、「阿蘇」艦長佐藤鐵太郎への對抗意識もあつての事と見られるわけであるが、單なる競爭心の域を超えて、軍人教育の本質に觸れる或る何ものかの暗示を試みてゐると見てよいであらう。

「奉公十則」とその實證

筆記試驗の成績では「阿蘇」組より惡かつた、との判定が「宗谷」組の候補生達に、むしろ何らかの感奮の動機になればよい、と考へ、鈴木は、十年二十年先の汝等の實績によつて「宗谷」での教育の眞價は證明されるであらう、そのつもりで務めよ、と激勵して「奉公十則」なる教訓を作つて候補生一同に示した。引用してみれば、次の如きものである。

奉公十則

一、窮達を以て節を更ふべからず
一、常に徳を修め智を磨き日常の事を學問と心得よ
一、公正無私を旨とし名利の心を脱却すべし
一、共同和諧を旨とし常に愛敬の念を有すべし
一、言行一致を旨とし議論より實踐を先とすべし
一、常に身體を健全に保つ事に注意すべし
一、法令を明知し誠實にこれを守るべし、自己の職分は嚴にこれを守り他人の職分はこれを尊重すべし
一、自己の力を知れ、驕慢なるべからず
一、易き事は人に讓り難き事は自らこれに當るべし
一、常に心を靜謐に保ち危急に臨みてはなほ沈着なる態度を維持するに注意すべし

以上

このうち最後の第十則の實踐場面が如何なる場合に生ずるのか、鈴木も候補生達も忽ちにして實地で經驗することになる。

練習艦隊が上海で休養を取つてゐる時、巡洋艦「千歳」が呉淞に入つて來て「宗谷」の左舷近くに碇泊した。明治四十三年の六月二十九日の朝出港命令が下り、司令官は單縱陣で「千歳」の前を通過せよと命令し、「阿蘇」は上流から指令通りに「千歳」の前を通つて出たが、「宗谷」がその針路を取れば長江の速い流れに押されて「千歳」に衝突する恐れがある。これは河に流れのあることを全く無視した航行だつた。鈴木は衝突の危險を看て取つて直ぐに錨を投じて全速後進をかけ、「千歳」の直前四・五十米の所で辛うじて停止して衝突を免れた。航海長も當直將校も色を失つて唯艦長の顏を見てゐるばかりである。候補生も水兵達も同じく艦長の顏から眼を離さない。この時艦長が少しでも狼狽を顏に表したら全員が恐慌狀態に陷る。

鈴木は意識して泰然たる態度で危機に對處し、その後で候補生達を集めて、衝突回避のための操艦方法を詳しく說明して聞かせた。それは「奉公十則」の最後の條〈常に心を靜謐に保ち危急に臨みてはなほ沈着なる態度を維持するに注意すべし〉といふ敎訓を身を以て實際に示したことになるわけだつた。鈴木自身にも忘れられぬ記憶であつたが、候補生達にも敎官の訓育の生きた實踐として深く印象づけられた事件であつたらう。

明治四十三年七月二日に練習艦隊は呉に歸投した。鈴木の役割も此で濟んで「宗谷」を退艦し、七月二十五日付で水雷學校の校長に就任した。時の海軍大臣は第二次桂太郎內閣の齋藤實中將で、就任の時の話では、君に水雷學校を任せたのは水雷戰法の改良進歩を圖るために君の如き專門家を選んだのだ、緩《ゆつく》り腰を据ゑてやつてくれ、といふことだつたから、鈴木の方も三・四年はやつてみるつもりで居たところ、一年半ばかりの後、四十四年十二月には戰艦「敷島」の艦長に補せられた。

この異動の動機を尋ねてみると、將來將官になるためには大型艦の艦長としての履歷が必要である。一等巡洋艦「阿蘇」の艦長を務めた佐藤鐵太郎には既にその條件が具はつてゐるが、鈴木の乘つた「宗谷」は、排水量で僅か五・六百噸しか違はないのに、二等巡洋艦であるために、この措置を取つたといふことで、その配慮は有難かつたが瑣末な形式主義の適用を滑稽な事と思つた。

齋藤海相から期待された水雷學校長としての抱負は、任期を一年半で中斷されたために、大した成果は得られなかつたが、水雷戰法の進步に相應の努力はしたとの充足感はあつた。又、學校であるために淸國からの留學生十數人を引受け、その中の何人かは個人的に面倒を見てやる關係となつた。中には本國に歸つてから出世して提督となり、中華民國海軍から大使館付武官として再來日して鈴木を招待してくれる者も出るなどの樂しい記憶も出來た。

祕密兵器の實驗を命ぜられたこともあつた。後年から見れば軍事機密といふほどのものでもない、無線電信を用ゐての魚雷の操縱で、米海軍の創意に基くといふことだつたが、十年以上前のマカロフの遠距離魚雷と同じことで、鈴木から見ればそんな工夫を凝らさなくとも、驅逐艦や水雷艇で敵艦に肉迫して直接攻擊する方が餘程効果があるといふ結論だつた。

家庭の不幸と訓練の充實

「敷島」の艦長となり、「敷島」を旗艦とする第一艦隊の行動に従つて朝鮮沿岸や旅順方面に、又内地の海域を巡航して訓練に従事し、鈴木としては充實した、愉快な日々を送つてゐたが、明治四十五年、明治天皇の崩御、大正改元となつて間もない頃、留守宅でとよ夫人が病氣で重態との報知を受けた。「敷島」が伊勢灣に入つてゐる時であつたが、第一艦隊司令長官であつた恩顧のある出羽重遠中將が非常に心配してくれ、出羽の配慮で、艦を副長の齋藤七五郎中佐に任せて、急ぎ東京へ歸つた。夫人の病氣は腎臓病から尿毒症を起しての重症で、七月三十日に崩御された明治天皇と同じ狀態である。愉快だつた第一艦隊「敷島」への復職は無理と見極めをつけ、豫備艦として常時横須賀に碇泊してゐる「筑波」に轉じたのが九月十二日だつた。夫人の逝去は九月十八日で、まだ三十三歳の若さであつた。

その死を目前にしてゐたため九月十三日の明治天皇の御大葬にも參列できず、大きな心殘りとなつた。

「筑波」での艦長としての勤務は、閑職だからといふことで、鈴木の家庭事情を察してくれての緊急の異動だつたのであらうが、これは紀律の亂れた、實は甚だ評判の惡い艦であつた。鈴木が乘艦したその晩に、十二時過ぎまで、士官室で酒を飲んでの騒ぎが續いてゐる。兵員教育について見識と自信を有する鈴木は、初めが肝腎と肚を決め、酒が飲みたいならボートを出してやるから陸に上つて騒げ、艦內で紀律を亂すことは相成らん、と激しい雷を落した。候補生として「宗谷」に乘つてゐて、鈴木の嚴しさをよく知つてゐた某少尉が艦長室へ謝りに來た。

妻を亡くして淋しくもあつたため、鈴木は努めて艦に泊る様にした。嚴しい艦長が常時乗員と寢食を共にしてゐれば、乗員が緊張を緩めてゐる暇が無いのは當然である。僅か半年ほどのうちに「筑波」の軍紀はすつかり引締つて來て、乗員がよく勉强する様になり、面目を一新した。

顧みると「敷島」での充實した戰鬪訓練と、「筑波」での風紀取締り成功の經驗は、兩つながら鈴木には海軍軍人としての自信を固めるのに非常に好い經驗であつた。

大正二年五月、少將に進級して「筑波」を離れ、舞鶴に赴任して水雷隊の司令官になり、十六隻の驅逐艦隊を統率して訓練に勵んだ。途中八月から十一月までの三箇月ほどは第二艦隊の驅逐戰隊司令官となり、旗艦「千歳」に坐乗して各種の演習に參加し、益々腕を磨いた。五千噸級の三等巡洋艦である「千歳」でも、運用次第で、驅逐艦の様に敵中深く乗り込んで水雷攻擊に成功し得ることを演習で實證して見せた。

第二艦隊の司令長官は伊地知季珍《すえたか》中將で、小柄であるが膽力の据わつた、立派な提督だつた。各種の演習で鈴木が見事な成績を擧げ得たのもこの提督と參謀長の吉田晴風大佐の有能さのお蔭であることを鈴木はよく承知してゐた。長い海上生活の中でも最も愉快な記憶を作り得た半年間であつた。

第七章　軍政面での奉公

1　人事局長・海軍次官

舞鶴から霞ヶ關へ

大正二年、四十五歳の鈴木は舞鶴水雷隊司令官といふ適材適所の地位を得て、愉快に全力を盡して働いてゐたが、〈どういふ風の吹き廻しか〉十二月一日付で海軍省の人事局長に轉補された。時の政府は第一次山本權兵衛内閣、海軍大臣は齋藤實である。人事局長への登用は鈴木の廉直な人柄をよく知る齋藤海相の思はくによるものであつたかもしれない。

第一次山本內閣の事蹟として重要な事の一に、陸海軍大臣・次官の任用資格を現役武官に限るとしてあつた官制の內部規定を、議會の要求を容れて削除した件がある。これは國政に於ける政治が主導で軍事が從屬といふ統帥の大原則を、大日本帝國憲法の體系の成熟期に再確認した、憲政史上極めて重要な官制の策定であつた。時の陸軍大臣木越安綱中將は、陸軍部內の强い抵抗を押し切つてこの內規削除を承認するといふ英斷を下し、大正二年六月十三日の官制改定の公布を見屆けて後十日のうちに任期途中で大臣の地位を去つた。この件に關して陸軍内部の抵抗が如何に激しく、簡單に言へば木越が如何に部内からの恨みを買つたかは、彼の樣な戰功も十分な智將が、結局大將に昇任することなくて退官したといふ經緯からも窺ひ知られる。

鈴木の回想は直接此の事に觸れてゐないが、この英斷を敢へてした山本内閣・齋藤海相の下での人事局長補任であり、六月に公布されたこの官制改革に無關心で居られたはずはない。鈴木は後年豫備役に退いて（昭和四〔一九二九〕年、六十二歲）以後の侍從長の時代に、帝國憲法體制の内部に仕掛けられてゐた統帥權の歸趨といふ問題で嚴しい試練に直面することになるのだが、彼が輓近に所謂文民統制《シビリアンコントロール》原則の立場を嚴守して事に處し得たについては、突如として軍政畑に投入された時の、山本内閣の英斷の記憶が彼の心底に根を下してゐた故とも優に推測できる。

齋藤海相による鈴木の登用は、結果として第一次山本内閣の命取りとなつたシーメンス事件への海軍の對處を、廉潔且つ硬骨で知られる鈴木を以て當らせるといふ數奇な運命を用意した。而も次期大隈内閣での海軍次官を引受けざるを得なかつた鈴木は、八代海相を補佐する形で、山本、齋藤といふ大恩のある、且つ深く敬愛もしてゐる海軍の大先達兩人に責任を取らせ、豫備役に追ひ入れるといふ形で事件の收拾を圖らざるを得なかつたのだつた。

八代・秋山・鈴木の人脈

シーメンス事件の露顯は、大正三年一月二十三日の帝國議會での立憲同志會代議士島田三郎による海軍收賄事件の追及開始にある。島田の追及の根據は恐喝事件を起したドイツのシーメンス會社の或る社員に對するベルリンの公判廷での判決文の中にあつた。それが時事新報紙上に報ぜられて國會議員の眼に留つた。ドイツの裁判所の公文書に記載されてある、といふことで海軍當局も答辯に窮し、新聞は連日海軍の汚職を書き立てた。司直の調べが進むに從つて三井物產から海軍高官への贈賄事件も發覺し、事件の規模は擴大して行つた。卽ちその時點で吳鎭守府司令長官であつた松本和《やわら》中將が艦政本部長在任中の明治四十三年、イギリスのヴィッカース商會に巡洋戰艦「金剛」の建造を發注した際、三井物產を通じてヴィッカース社から四十萬圓の手數料を受取つてゐたことが發覺し、喧傳されるに至つた。その事實は司法捜査により、明白にして疑ひなしと判明したので、人事局長としての鈴木は直ちに（三月半ばか）松本中將の待命處分を齋藤海相に進言した。これは齋藤海相が鈴木の剛直に寄せてゐた信賴に應へるに足る果斷の擧であつたらう。山本首相は時機尙早と見て海軍大臣の內奏を暫く抑へてゐたが、それは鈴木から見ると、我より打つべき先手を打たずにゐて、破局に突き進んでしまふ拙策と映つた。山本內閣は、三月二十三日に豫算案不成立といふ決議を突き付けられて翌日總辭職した。これは懲罰の意味をこめて、貴族院が海軍の建艦費豫算七千萬圓の削減を可決した結果であつた。

山本內閣總辭職の後を受け、淸浦奎吾に組閣の大命が下つたが、結局淸浦內閣は成立しなかつた。原因は加藤友三郎が海軍大臣就任を懇請されたが入閣を拒否したためである。加藤は入閣の條件として、山本內閣が豫算案不成立のまま下野したので、現在進行中の（八八艦隊を遠望して、當座）八四艦隊（具體的には戰艦「伊勢」「日向」「山城」他）の建造が工事中絕となる。工事が中絕すれば現に就業中の優秀な職工達の維持が難しくなり、それは國防上忌々しき問題である、もし自分が入閣するとなれば臨時議會を開いて、前內閣で削られた建艦費を復活させてもらひたい、これが條件である、と談じた。

清浦は、建艦豫算復活のための臨時議會開催は政治的に無理だと判斷し、加藤の出した條件を呑まなかつた。現海軍の誰に交渉しても言分は加藤と同じことであらうと考へて清浦は組閣を斷念した。

そこで又元老會議が開かれ、井上馨の熱心な發案により大隈重信に、明治三十一年以來十六年ぶりで二度目の大命が降下することになつた。

海軍大臣の獲得が組閣上最大の難問であることは大隈にとつても同じである。內閣の支柱となるべき立憲同志會總裁加藤高明を通じ、大隈は舞鶴鎭守府司令長官の八代六郎中將を呼んで海相としての入閣を交渉した。加藤と八代は共に愛知縣出身といふ同鄉の誼があつたが、八代の答も加藤と同樣、臨時議會を開いての建艦豫算の承認を入閣の條件とする、といふのだつた。そこで大隈と八代との間の驅引となるのだが、大隈は清浦よりは巧みであつた。今はとにかく內閣の成立が必要なのだから、建艦豫算の事は後廻しにして入閣してくれ、その上で臨時議會の開催を閣議の席上で要求すればよいではないか、とて八代に入閣を說得した。八代はそこで、よし、閣議で提案して容れられなければ直ちに閣外に去り、同時に倒閣運動をすればよいのだ、と肚を決めて海相就任を承諾した。

八代と鈴木とは長いつきあひではないが、鈴木の舞鶴司令官時代には食事を共にする機會はあり、疎遠といふ間柄ではなかつた。八代が自分の片腕としての次官には鈴木をと着目した動機は元來秋山眞之の強い勸めにあつたのだが、結果として秋山と八代の選球眼は正しかつた。

八代は初め秋山眞之を通じて次官就任を依頼してきた。秋山からの電話を受けた時、鈴木は行政の仕事は嫌ひだとて言下に斷つた。むしろ秋山こそ適任だから君がやればよい、と言つたところ、秋山は、自分には敵が多いからだめだ、と言ふ。稍〻微妙なところだが、秋山には案外自分の位置が客觀的に見えてゐたのかもしれない。

秋山は諦めずに、これは八代さんからの懇望だ、とて、再度電話をかけてきた。鈴木は自分は行政には向かぬ、と、本氣で考へてゐたのみならず、丁度その頃父親が脳溢血で倒れ、危險な狀態にある、到底就任は出來ない、そんなに言ふならやはり君が奮發してやればよい、と再度斷ると、今度は訪ねて來て、他に人がゐないのだから是非賴む、と、謂はば三顧の禮を以ての懇請である。

鈴木が考へるに、今次官を引受ければ、建艦豫算の復活とシーメンス事件の處理といふ二つの難問題に直面することになる、どちらにせよ失敗すれば海軍をやめなくてはならないかもしれない、さうとなれば重い病に倒れてゐる父にとつてどんなに心痛であるか、思へば氣の重いことである。

そこで病床の父に向つて現下の狀況をありのままに話し、悪くすれば二・三箇月のうちに海軍をやめる事になるかもしれません、如何致しませう、と打ち明けてみた。

父の答は立派であつた。それだけ人に賴まれたのなら次官を引受けたらよからう、その結果海軍から引かなくてはならないとなつても私は悔いることはない、といふのであつた。人から賴まれた以上は——、といふところに父の昔氣質がよく表れてゐた。

秋山に、病床の父から承諾を得た旨を傳へ、あとは八代さんに直接お返事をしよう、と答へておいた。

翌朝七時頃、水交社で八代中將に面會した。會つて話してみると、八代の覺悟も竝々のものではないことが解つた。國家のため海軍のために一身を犧牲にしてもやるべきことはやらねばならぬとの悲壯な決意を披瀝するので、鈴木も八代と共倒れを覺悟でこの難局に挺身する決意を固めた。

八代が鈴木を海軍次官にと懇望したについては、實は秋山の介在が決定要素であつたこともやがて判明して來た。鈴木は前記の如く、南進艦隊で僚友だつたこともあり、秋山とは性格は反對といふ程に違つてゐたが、やれば何でも出來る秀才として高く買つてゐた。又、秋山の方では日本海海戰での擊沈艦數について自分の分を一隻減らして功を他に讓つた、恬澹たる男といふ鈴木の印象が強く記憶に殘つてゐた。鈴木が人事局長を務めてゐた時の次官が、同期の出世頭と見られてゐた財部彪であり、その後に直ぐに鈴木が次官になる、といふのは序列として悪くないとの計算も秋山の肚裡にあつたかもしれなかつた。そして秋山が鈴木次官の下について軍務局長に補せられたのも順當な人事だつた。

臨時議會開催の成功

大隈内閣は大正三年四月十六日に成立した。鈴木の海軍次官就任は翌四月十七日付となつた。偶〻四月十一日に皇太后陛下（昭憲皇后）崩御の事があり、御大葬費豫算計上のための第一臨時議會が開かれ、海軍の建艦豫算補充のための臨時議會はその後に廻されて六月二十日に第二臨時議會開會といふことになつた。八代新海相は最初の決心通り、閣議で臨時議會の開催を要求した。

ところが大隈總理の屬する民政黨は所謂少數與黨であつて、議會での多數派は野黨の政友會である。この勢力分野のまま臨時議會を開いたら建艦費補充の議案は多數黨の反對によつて潰されるかもしれない。さうなつたら政府の敗北として内閣も倒れる可能性がある。そこで臨時議會を危ぶんで、開催に反對する聲が閣内からさへ出てゐる。然し開催できないとなれば海軍大臣は辭職するとの決意を示してゐるからやはり内閣は瓦解する。

この難局に際會して、實に不思議な話であるが、行政不得意を自稱する鈴木の政治的手腕が大きく物を言ふことになる。鈴木は建艦豫算の削減すべからざる所以は、政友會の方がよく承知してゐる向があると睨んで、海軍豫算の主査をしてゐた長野縣選出の翠川鐵三といふ政友會の代議士に會つた。そしてこの海軍豫算の補充が國防上如何に重大な問題であるかを諄々と說いた。論の主軸は建艦に從事中の優秀な技師・職工達が、工事中止によつて失職し分散したらもう二度と集めることはできない。さうなつたら日本の國防の前途は暗闇に閉ざされてしまふ、との論法であつた。

幸ひにして翠川代議士は鈴木の說明と熱意とに理解を示してくれ、政友會の議員として國防上の重大問題のために十分に盡力する、と約束してくれた。

そこでいよいよ臨時議會が開かれてみると、色々と海軍の汚職事件に對する論難攻擊は出たけれども、最後には全會一致で建艦豫算補充案は議決に達することができた。海軍大臣と次官にとつてはもちろん、內閣としても愁眉を開いた形で、この成功は意外の感を起すほどであつた。認められたその經費は〈僅か六百何拾萬圓であつた〉と鈴木は回想してゐるが、慥かに大正三年當時としても、巨額といふほどではない。この場合、金額よりも、國防豫算をめぐつて議會で勝つことができたといふ實績が政府にとつて重要なのであつた。

2　歐洲大戰

六月二十八日にボスニアのサライエヴォで生じたオーストリア皇太子夫妻の暗殺事件は、歐洲の國際關係に急速に暗翳を押し廣げ、七月二十八日にはオーストリアがセルビアに宣戰、それが直ちに兩國の背後にゐるドイツとロシアを捲き込み、獨露間が開戰、八月にはフランスとイギリスもドイツに對して宣戰を布告し、第一次歐洲大戰といふ大動亂の勃發となつた。

臨時軍事費による驅逐艦群の急造

日英同盟の存在は、直ちにイギリス側に立つての日本の參戰を義務づける様な盟約ではなかつたけれども、イギリスの通商保護要請の期待に應へてむしろ積極的に彼を支援したいとの情誼に動かされる向と、英・獨間の戰争はアジア太平洋に於けるドイツの領土と權益とを我有にするによい機會だと見る機會便乘主義とが相俟つて、政府見解も輿論も概して參戰に傾いて行つた。

日本が對ドイツ帝國に宣戰といふ形で參戰したのは大正三年八月二十三日付であつた。そこで九月五日に大隈内閣で三度目の臨時議會が開會され、參戰に伴なふ軍事費豫算の審議に入つた。

鈴木は國際關係の脈絡に於いては決して機會便乘主義者ではなかつたが、對ドイツ開戰は軍備充實の好い機會であると見る眼はあつた。『自傳』では〈この時も臨時議會に提出した中に海軍に關する事は驅逐艦十隻急造の豫算でした〉と他人事の様に語つてゐるが、これは實は鈴木自身の發案にかかる豫算要求だつたのではないかとの推測を誘ふ。

その論據は――、一に、海軍省に人事局長として入る直前まで、鈴木は舞鶴で水雷隊の司令官を務めてゐて生涯で最も充實した、愉快な海軍生活を送つてゐた。前記の通り、輕巡洋艦「千歲」を旗艦として十六隻の驅逐艦を指揮し、自ら熟練を意識するほどに猛訓練を積んだ。その結果、輕巡洋艦を含めて驅逐艦の樣な小型艦艇の敏捷な機動力を巧みに運用すれば、魚雷といふ强力な武器によつて、一戰鬪單位としての水雷戰隊の攻擊力は大艦巨砲型の戰隊に劣らない、との認識を得てゐたことである。二に、驅逐艦十隻急造の豫算を獲得するに當つて、鈴木は殆ど獨斷專行に近い形で個人的な政界工作を行つてゐることである。實際、行政面は苦手だし、嫌ひだといふ次官就任躊躇の辯は果して本心なのかと疑ひたい程の、俊敏な根廻し工作を遣つてしかも成功してゐる。

その次第は、『自傳』によれば、野黨政友會としては、大隈內閣の閣僚が出してゐる臨時軍事費中の驅逐艦急造の如きはそれほど急ぐ話ではあるまい、次の議會で緩《ゆつく》り審議すればよい、今回は否決しようといふのが內部議論の大勢だつた。そのことを聞き及んだ鈴木は、本會議の前日、今、政友會の幹部が衆議院議長官舍に集まつて明日の議事についての打合せをしてゐるとの情報を摑み、八代大臣にも告げずに急ぎ議長官舍に出向いて、幹部に面會を申し込んだ。幸ひに前山本內閣の文相で、現衆院議長の大岡育造代議士が出て來て會つてくれた。

そこで鈴木は熱辯を揮つたらしい。――現在海軍の保有する驅逐艦は、每年豫算を次年度廻しにされてゐるために、老朽艦ばかりで碌なものがない。今回建造計畫に上つてゐる十隻といふのは旣に製圖が出來てゐる新しい型のもので、直ぐに着手すれば來年の三月には完成できる、豫算も僅か千五百萬圓である。今新たに歐洲の戰爭に參加といふ事態に臨んで、この十隻が出來るか否かは、海軍全體の士氣に關はる重要な懸案なのだ、といつた主旨である。

海軍としては、勃發した歐洲での大戰に於いて、イギリス側の協力要請が、陸軍への出兵要求は別の話として、海軍に關しては、ドイツ艦隊との主力艦同士の決戰などを想定してゐるはずはなく、小艦艇部隊による商船隊護衛や植民地の沿岸警備くらゐに限つたものであらうとの見當はついてゐた。それでしかも、部內には日露戰爭に際して英海軍から受けた有形無形の協力といふ恩顧に對し、借りを返すといふと表現が功利的になつてしまふが、謝恩の心を行動に表したいといふ氣持が底流として存した。

鈴木が輕驅逐艦十隻の急造を構想した時には、さすがに大正六（一九一七）年二月のことになる第二特務艦隊の地中海派遣の擧にまでは考へ及んではゐなかつたであらうが、結果を見れば地中海に派遣されて聯合國の商船團の護衛に活躍した敏捷な新銳二等驅逐艦八隻は全てこの時に急造された十隻の內の艦である。

鈴木が面會した大岡代議士は、此も軍事・國防上の識見の確りした人であつたらしい。鈴木の言ふ事を尤もであると肯定し、黨議では既に否決しようと決めてゐるが、自分の提言でそれを覆へすことができるかどうか、とにかく盡力してみませう、と約束してくれた。翌日の議會ではこの大岡議員の努力で、海軍の驅逐艦豫算請求を潰さうとの政友會の黨議は撤回され、此も全會一致で可決することを得た。

本會議前夜、鈴木が大臣にも默つて獨斷で政友會に工作に出かけた次第を、官邸に行つて八代海相に報告したのは夜十時を過ぎてゐた。八代も驚いて、それ程の事を自分に相談もせずに勝手にやるとは怪しからぬ、以後斯様な振舞をしては困る、と澁い顏をした。鈴木は重々お詫びをしながらも、その返事が振《ふる》つてゐる。前以て相談申し上げたら、きつとそんなことはよせと仰有るだらうと思ひましたので、といふのである。以てこの際の鈴木の獨斷での行動が確信犯的なものであつたことがわかる。

何故鈴木が斯様な獨斷專行の擧に出たか、『自傳』の語る鈴木の説明によれば次の如くである。

獨斷專行の實際

初め閣議で驅逐艦急造案が提議された時、大藏大臣の若槻禮次郎と八代海相との間に論爭が生じた。若槻藏相は、その案は後日定例議會が開かれた時にそこで提出すればよい、九月の（第三）臨時議會に此を出すと、海軍は第二臨時議會で建艦費承認を贏ち取つたことに味を占めて、又戰時軍事費に便乘の火事場泥棒をやるとて、政友會が內閣攻撃の具に使ふだらう、といふ意見だつた。それに對して八代は今戰時豫算を組まうとしてゐる時に、この程度の金額が出せないはずはない、と强硬に主張し、遂に閣議では結論が出なかつた。閣議から海軍省に戻つた八代が、この案には大藏省が同意しない、と語るのを聞いて、鈴木はその時既に肚を決めた様である。

鈴木は、それならば大藏省を動かせばよいのだと考へ、大藏省に次官の濱口雄幸を訪ねた。次官同士といふのは互ひに話し易い、といつた力關係はあるのかもしれない。鈴木はそこで濱口に對して、現在驅逐艦十隻の建造が如何に大きな意味を持つかを懇々と説明した。濱口の反應は、海軍大臣は豫算が認められないと直ぐに辞職を口に出す、それならやめるがいい、といふのが大藏大臣の言分だ、と、八代海相の强硬さが障礙なのだと言はんばかりである。それなら驅逐艦十隻の意味を自分から若槻藏相に説明するから大臣に會はせてくれ、といふと、大臣は今外務省へ出かけて留守だ、といふ。鈴木は、今の次官同士の議論が大分灼熱して高聲になつてゐるのが隣室の大臣には實は聞えてゐて、それで大臣は避けたのではないか、と推測した。そこで執拗に、では二人で一緒に外務省へ行かう、そこで自分から大藏大臣に説明してみよう、とまで言つて、濱口と同車して外務省へ出向くことにした。

實はここで既に勝負はついたらしい。濱口は車の中で、汝の言分はよく解つた、委細は自分から大臣に説明するからあとは任してくれ、と言ひ出した。そこで鈴木もそれ以上は押すことなく、外務省の玄關で濱口次官と別れて海軍省へ戻つた。すると二・三時間後には濱口から電話があり、あの件は大臣が了承してくれた、豫算案は確かに臨時議會に出す、といふ返事だつた。ここまで來れば、あとは政友會が異議を唱へさへしなければそれでよいわけである。鈴木が八代に無斷で政友會に掛合ひに出向いたのは、これだけの下工作をしたあとの仕上げに近い段取りであつた。

この議會工作の成功の後で大隈首相は鈴木を「水雷艇〳〵」と呼んでからかつたさうである。夜襲をかけて肉迫攻擊をした、といふ意味である。だが要諦は、濱口も大岡も、よく鈴木の説く「理」に服した、といふ一事である。鈴木も、濱口、大岡兩氏とは初めて會つて交涉を持つたのだが〈偉い人でした〉との賞讃を贈つてゐる。

以上の鈴木の意外に巧みな議會向けの政治工作の絡繰を覗いて見て言へる事は、彼は確かに所謂根廻しを試みて成功してゐるが、その手法は決して「策士」のそれではない、といふ事である。狙ふべきつぼを見抜く眼力はあるが、それに立ち向ふ姿勢は正攻法で理を説く以外のものではない。ただ大隈がからかつた様に、奇襲といふ戰術には長けてゐたと評することはできよう。

3　シーメンス事件の處理

山本、齋藤兩提督の豫備役編入

八四艦隊を目指しての戰艦建造の續行と驅逐艦十隻の一擧急造といふ課題は首尾よく片付けることができたが、八代海相と鈴木次官といふコンビにとつての最大の難關は、シーメンス事件の處理であつた。何しろジャーナリズムが總出となつて海軍叩きに熱中したのも尤もな、海軍創設以來未だ曾て無かつた大瀆職事件である。まかり間違へば大臣と次官とが揃つて海軍から出てゆかねばならぬといふほどの覺悟を決めての嚴正な對處が必要だつた。

シーメンス事件とは一口で言へば海軍の艦政本部に生じた瀆職事件である。實態は外國への軍艦の發注に際し、間に三井物産といふ民間企業が介在しての贈收賄の發生である。

次官への就任を請はれた時、私には待合政治はできませんが、それで務まるならばやりませう、といふ條件を出したほど、金錢に潔白で且つ正直一本槍の性格だつた鈴木にしてみれば、海軍上層部に生じた收賄事件は實に論外の沙汰であつた。いや無欲且つ清廉といふ點では八代海相も亦鈴木と全く同じだつた。平常心を失はぬ冷靜といふ點でも、八代は日本海海戰の前夜、「淺間」の艦長として第二戰隊に加はつてゐたが艦橋で悠々と尺八を吹いてゐたといふ逸話があるほどの人物で、瀆職事件の後始末に當る人材としてこのコンビには部內の信賴が厚かつた。

それだけに、この二人による事件の處理は嚴し過ぎたのではないかとの風評もないではなかつた。殊に山本權兵衞、齋藤實といへば明治海軍創設期の大恩人であり、海軍出身の政治家としては傑出した功績を有する實力者である。その二人を豫備役に編入するといふ處分案が組閣早々の閣議に出された時は閣僚達にも驚きを與へた。立憲同志會總裁の外相加藤高明などは、政治的には自分とは對立する黨派に屬する謂はば政敵たる山本へのこの處分を不當であるとして八代の提案に反對した。

八代の心中も嘸《さぞ》かし苦しかつたであらう。兩大先輩への斷を下す前の一週間ほど、連日、朝は神前に正座して默想を凝らし、神明の照覽を祈つては出勤した上で事件の處理業務に取り掛つたといふ。鈴木はいよ〳〵斷を下した時の八代の心境を、涕を揮つて馬謖を斬つた諸葛亮のそれに譬へたが、地位の高下を以て測れば八代の苦しさは蓋し部下を斬つた孔明以上であつたかと思はれる。

部內からも東鄕平八郞、井上良馨の兩元帥が八代を訪ねて來て詰問に及んだ。八代は兩元帥の來訪と聞くや、直ちにその來意を察し、鈴木次官に立會を命じ、四人が一卓を圍む形で、兩先輩に向つて諄々と理由を說明した。その趣旨は以下の如くだつた。

今回の處分には三つの理由がある。第一に、海軍が提出した戰艦建造に關する豫算案が衆議院を通過した時に、海軍の瀆職事件で議會が紛糾し始めたわけであるが、貴族院では議會閉會後に內閣が總辭職するとの意志表示があれば豫算案を通過させよう、との條件を示したのに對し山本首相はこの忠告を拒絶した。そのために豫算案は成立せぬままに內閣は結局倒潰し、國政の運營上大きな損失を來した。これは內閣の延命にのみ執着して海軍の建艦計畫の頓挫を顧みなかつた擧である。

第二に、松本和中將は、山本、齋藤兩大臣の信任の最も厚かつた人であるにも拘らず、斯かる單純な收賄事件を起した。これは兩氏に人を見る眼の明が缺けてゐたのであり、人材登用上の失敗といふ責任を免れない。

第三に、貴族院に於いて村田保議員から首相に對し聞くに堪へぬ罵詈讒謗の彈劾發言があつたが、首相がこれに對して一言の抗辯もしなかつたのはいたく軍人の威信を傷つけたものである――と、以上の如き趣旨であつた。

以上のうち村田保貴族院議員の言動が如何なるものであつたか、史料が管見に入らず詳らかにしない。衆議院では尾崎行雄が政府彈劾の先頭に立つてゐたが、その回想によると、前內閣の桂太郎首相などは尾崎の舌峰の鋭さに顏面蒼白となつて言葉を失つたものだが、山本は唯默つて傲然と睨み返すだけで、尾崎の彈劾の効果はなかつた、といふ。山本が貴族院での攻擊に抗辯しなかつたといふのも或いはその無視默殺の類であつたかもしれない。

八代の說明に對し東鄉は端然として、よくわかりました、との丁寧な挨拶を返したが、井上元帥の方は不滿の態が納まらず、口中で何やらぶつ〳〵と呟いてゐたが鈴木は自分にはよく聞きとれなかつた、と冷然たる回想を記してゐる。井上は、伊集院五郞と共に戰場の實績がないのに（單に薩摩閥に屬してゐた故に）元帥府に列せられた異例の海軍大將であつた。

この峻嚴な海軍部內の綱紀肅正の英斷に對しての東郷の對應は、鈴木にはさすがに大人物といつた印象を與へた樣であるが、八代の方は、自分はそれまで東郷を神樣の如くに尊敬してゐたが、これで東郷さんもやはり人間なのだと判つた、と微妙な感想を洩してゐる。

因みに、シーメンス事件で山本內閣彈劾の急先鋒に立つた尾崎行雄は、次の大隈內閣に司法大臣として入閣し、山本・齋藤兩大臣のシーメンス事件との關係を調査してみたが、全く潔白であり、殊に薩摩閥の首領として事件をきつかけに世の糾彈の矢面に立つた山本の身邊が世評とはうらはらに清潔そのものであつたことに感嘆した。金錢上の清廉さに關しては、齋藤實についても、祕書官から機密費を受取る時でさへ一々預り證を渡してゐたといふ逸話が傳へられてゐるほどである。

事件の結末　シーメンス事件の司法的結末としては、いづれも軍法會議での判決であるが、大正三年五月二日に、事件發覺時の吳鎭守府司令長官松本和中將が、三井物產からの收賄の廉で懲役三年、追徵金が收賄額に相當する四十餘萬圓、澤崎寬猛大佐がシーメンス社からの收賄の廉で懲役一年、追徵金一萬餘圓の有罪判決、少し間を置いて九月三日に、藤井光五郎機關少將が、英國ヴィッカース社からの收賄により、懲役四年六箇月、追徵金三十六萬八千餘圓の宣告を受けて終了した。三井物產關係の容疑者達は東京地方裁判所で審理を受け、いづれも執行猶豫付の有罪宣告を受けた。

海軍部內の有罪者三人といふ結果は、比較的傷が小さかつたとの見方も出來るわけであるが、他方、山本、齋藤といふ二人の大功ある海軍の長老が豫備役に編入されてしまつたことの損失は大きい。もちろん兩人ともこれが政界からの引退となつたわけではなく、兩者のその後の經歴を見れば、むしろ海軍を離れたことで、より廣い國政の分野に出て十分にその驥足を伸ばす機會を得たと見てよいほどであるが、とにかく此處に生じた人材面での空白は海軍にとつては大きな傷手だつた。且つ兩大臣とも、その職務權限の範圍內に於いて何らかの失政があつたわけではなく、謂はば高度の政治的及び道義的責任を取らされたまでである。（故に後年の兩人の重厚な活躍に見る如く、これは官の經歴の上での瑕疵とはならなかつたと云へる。）

そこで一言しておくべきは、斯かる嚴正な處分に及んだについて、その責任を負ふ八代と鈴木の兩人に、自らの完全な廉潔からくる、一種過剩の正義感、もしくは傲りの如きものはなかつたか、との問ひかけについてである。

結論から先に言ふとこの收拾策一件の脈絡にその樣な要素の混入は全くなかつた。

八代中將が、海相として掌握した人事權に傲るどころか、あの斷を下すに當つては連日神明の加護を祈つては己の良心の曇りなきことを期した話は前記したが、鈴木に就いても『自傳』には次の如き述懷が見られる。卽ち、松本中將は檢擧されて收監される直前（三月三十一日）、海軍省に鈴木人事局長を訪ねて己の衷情を告白したのだが、それによると、山本の信任厚かつた松本は五年間も艦政本部長を務めた後に吳鎭守府長官の榮職に就いたのであり、本部長時代旣に次期海軍大臣との呼び聲も高かつた。周圍の煽てに乘つて當人もついその氣になつたが、さうすると、海軍大臣の機密費などが如何に乏しく、碌な政治活動など出來ないことは職掌柄よく知つてゐる。そこで大臣になつた時の機密の活動資金を豫め蓄へておかうと考へて收賄に至つてしまつたのであつて、決して私腹を肥やさんがためではない。これだけはよく解つてくれ、といふのであつた。

鈴木はこの話を受けて、それは松本の言つたことは事實その通りであつたと確信する、松本は決して私利私欲に動かされる人ではない、と語つてゐる。或る意味で松本に同情的であり、鈴木自身が松本を斷罪する樣な口調は微塵も見せてゐない。

八代は又八代で、翌大正四年七月に大浦兼武内相の選擧違反（買收）で内閣改造の議が起ると、待つてゐたと言はんばかりに閣外に出（他に若槻藏相と加藤高明外相も）、海軍での新部署への任用を全て斷つて京都に引込んでしまつた。八代ほどの人材を海軍に呼びもどすには、八代の人柄をよく御存じであつた大正天皇御親らのお聲がかりが必要だつた。

4　次官としてのその後

海軍治罪法改正と鐵道會議

シーメンス事件は大正三年一月の發覺から五月の軍法會議の判決まで、約四箇月といふ手際の良さで解決できたわけだが、海軍次官としての鈴木はその他にも意外な官歴を經驗してゐる。

『自傳』に基いて記してゆくと、先づ海軍の治罪法改正調査委員長を務めてゐる。直接の言及はないが、蓋しシーメンス事件の發覺により、その適切な處理のために組織された委員會だつたのであらう。この委員會で花井卓藏、鵜澤總明といつた法曹界の名士の協力を仰ぎ、交流を有つ機會もあつた。海軍からは後に貴族院議員となつた海軍省法務局長內田重成が主査として參加し、治罪法の改正に努力してくれたので、後々まで適用できる安定的な法基準を設定することができた。內田法務局長は當然ながらシーメンス事件の法的處理にも盡力したが、鈴木の見る所では、この人は法律家にありがちな枝葉末節までの穿鑿審査を以て己の功とする樣な所がなく、公正迅速に事を處理してくれた、と、その功績を評價してゐる。

少しく面白いのは明治三十五年に發足した鐵道會議に議員（約二十名）として祕密の協議に參劃してゐる事である。この時鐵道院の諮問した企畫は國有鐵道の廣軌への改造である。鐵道院總裁仙石貢《みつぐ》の意を體して曾て仙石の下僚であつた技師古川阪次郎が議事を主導した。この廣軌案は元は大隈首相の腹案に成るといふことだつた。

日本の鐵道を廣軌にしたい、との發案は既に明治二十年に「鐵道改良之議」といふ形で參謀本部から出されてゐた六點ほどの國土施設改良意見の中に含まれてゐた。然しこの當時には、日本の鐵道網建設の大功勞者である井上勝《まさる》鐵道局長官が、廣い見地から考へて、專ら軍事的要請に發すると見られる廣軌採用案に反對を唱へた。明治二十五年の帝國議會で仙石貢技師が、廣軌鐵道の利便性の調査の必要を提議しただけでも井上長官は激しい語氣でその必要性を否定したといふ前史があつた。

鈴木が參劃した時の鐵道會議は從來の廣軌論者だつた仙石と古川が鐵道院の側から出た議員なのだ

から、何となく案が通るのではないかと鈴木は見てゐた。鈴木自身は軍用的見地からではなく、鐵道本位に考へての上で、會議では廣軌說を主張した。ところが鈴木はこの會議で、政界に於ける各部局の利害關係に發する驅引といふものの妙といふより面妖さを經驗する。

陸軍から出てゐた議員は參謀次長田中義一で、これは鐵道會議で初代議長を務めた當時の參謀本部次長川上操六中將以來の陸軍の意見を代表して廣軌論者であつた。ところが、どうしたことかこの時は狹軌維持論に說を變へてゐる。おまけに軍令部を抱きこんで廣軌論に反對する。參謀本部と軍令部が反對し、海軍次官は鐵道院の側に立つて廣軌說を唱へるといふ、變な成行になつた。

鈴木の觀測では、陸軍が從來の主張を飜して俄かに廣軌案に消極的になつた動機は、折から二箇師團增設を議會に懸けてゐる（大正三年十二月第三十五議會で否決、四年六月第三十六特別議會で可決）といふ時機に當つてをり、陸軍の要求によつて鐵道が又莫大な（鈴木は二・三億圓と見てゐる）豫算を必要とするといふ事態を喧傳されるのを懼れたのだつた。つまり陸軍といふ國制の一部局の利害を優先して考へ、鐵道の輸送力の大幅な增强といふ國家的見地をその犧牲にしたのだ、と見た。大隈首相の太つ腹に敬意を懷いてゐた鈴木としては甚だ殘念な次第だつた。『自傳』口述當時の回想で、あの時廣軌改造を決定しておけば、現在の輸送能力は遙かに上つてゐたはずである、二・三億の經費は特別會計でやれるし、收益の伴なつてくる事業なのだから增師問題とは別に考へても良かつたのだ、と惜しんでゐる。廣軌改造問題は大正五年になつて四月に內閣に軌制調査會を置いて再度協議したが結局實現しなかつた。

八八艦隊實現に向けて

大正三年十二月の第三十五通常議會では、鈴木は政府委員として議會に出席し、八八艦隊建設計畫についての説明に當つた。この計畫は同年設置の防務會議で、大隈首相を議長とし、外務、大藏、陸軍、海軍の各大臣、參謀總長、軍令部長を議員として策定したもので、戰艦八隻、巡洋戰艦八隻を海軍の第一戰部隊として常備する、艦齡八年を過ぎたものは第二戰部隊に編入し、第一戰部隊に新造艦を補入する、といつたもので、大隈内閣の段階では先づ八四艦隊の成立を目指してゐた。

戰艦としては既に「扶桑」「山城」「伊勢」「日向」「長門」が建造中であり、此に「陸奥」「加賀」「土佐」が加はつて八隻になる豫定だつた。巡洋戰艦は既に「金剛」「比叡」が完成してをり、これに「霧島」「榛名」が續くことになつてゐた。因みにこの四隻は、その後度々の改裝を施され、八年の艦齡を過ぎた時點での大東亞戰爭の開戰を立派な現役艦として迎へて活躍することになる。「長門」が戰艦の中で唯一隻生殘り、横須賀軍港で停戰を迎へたことは周知の通りである。鈴木は『自傳』の中では巡洋戰艦（battle cruiser）については裝甲巡洋艦（armoured cruiser）といふ古い呼稱を用ゐてゐる。八八艦隊とはバクチを連想させる怪しからん計畫だ、などとやられて説明に苦心した由である。

歐洲大戰・聯合國側への協力

歐洲大戰に參戰して以後の動きを、鈴木の回想に語られてゐる範圍内といふ程度で觸れておくと、イギリスからの支援要請に對して海軍は前記の如く對ロシア戰爭中の日英同盟の誼みに對する謝恩の意味があつて概して積極的であり、鈴木次官もその趨勢に同調してゐた。一つには、それは對華二十一箇條要求で知られてゐる通りの加藤高明外相の積極的外交を推し進めてゐた大隈內閣の空氣であつたかもしれない。大隈は次官會議などにもよく顏を出し、くだけた態度で自由に物を言ひ、喜壽を過ぎたくらゐの老大なのにまだ五十になつてゐない鈴木少將などをもよく相手にして談じたので鈴木は好意を懷いてゐた樣である。當時の議會でも中堅代議士連の總理に向けての口のきき方などは甚だ亂暴なものだつたが、大隈はそんな暴言を吐く代議士を子供の樣に扱つて平然としてゐた。鈴木は、さうした場面に接して、大臣になどなるものではない、莫迦らしい、と心底から呆れてゐたらしい。

海軍では山屋他人《たにん》中將指揮の第一南遣支隊（巡洋戰艦「鞍馬」「筑波」「淺間」他驅逐艦二隻）を、青島を出港して行方の判らぬドイツ東洋艦隊搜索のために太平洋に出し、松村龍雄少將の指揮する第二南遣支隊（戰艦「薩摩」、巡洋艦「平戶」「矢矧」）を濠洲方面へ、オーストラリア軍輸送作戰護衛のために出した。

日露戰爭の終結と共にアメリカの日本贔屓は完全に終り、對日警戒心といふよりむしろ敵意は年々嚴しさを增してゐた。そこでドイツとの開戰によつて日本がドイツ領の南洋諸島に進出してくる勢は當然豫想され、日本の太平洋進出を何らかの形で妨害するであらうといふ觀測も亦自然に生じた。外務省はこの觀點からの對米恐怖症にとり憑かれ、軍令部が艦隊の出動を發令した時、抗議を申し入れて來たほどであつた。その抗議はたぶん直接軍令部にではなく、海軍省に來たのであらう。鈴木は次官として〈私は外務省の抗議を一蹴した〉と回想してゐる。外務省は、もしアメリカと戰爭になつたら負けはしないか、といふので、鈴木は〈三年以內なら負けない、向うは物資があるから長びけばどうか判らぬ〉と答へて外務省を納得させた。

この觀測は大東亞戰爭開戰前夜の聯合艦隊司令長官山本五十六の、半年や一年なら存分に暴れてみせるが、長期戰となつたらあとは判らぬといつた感懷を直ちに思ひ出させる。實際八八艦隊建設中の日本と、一九一六（大正五）年の海軍大擴張計畫案發足前夜のアメリカとは、大體鈴木の外務省への答が數字の上では當嵌まる樣な拮抗狀態に達するはずであつた。又アメリカはまだ對ドイツ戰に參戰してゐなかつたから、日本艦隊がドイツの領海で彼國の艦隊と交戰しようと、中立を守つて容喙はしないであらうといふのが海軍の公式見解であつた。

シュペー提督の率ゐるドイツ東洋艦隊は、優勢な日本の山屋艦隊との會戰を避けて遠く南米海域に航し、チリ沖でイギリス艦隊を擊破した。然しイギリス本國を發進してドイツ艦隊の後を追つた「インヴィンシブル」「インフレキシブル」の二隻の巡洋戰艦は、「超弩《ド》級」といふ成語の原となつた革命的新型艦「ドレッドノート」の更に上を行く文字通りの超弩級の面を發揮し、フォークランド島でドイツ艦隊を捕捉するや忽ち此を擊滅してしまつた。それでも鈴木の回想してゐる通り、〈シュペー提督はその功績を稱へられ今でも軍艦の名として殘されてゐる〉、といふのは第二次大戰に備へてのドイツ海軍の苦心の結果の「豆戰艦」「アドミラル・グラーフ・シュペー」號のことである。

ドイツ海軍ではその他に神出鬼沒とその敏足を謳はれた巡洋艦「エムデン」の暴れぶりは有名である。（假裝巡洋艦として通商破壞に猛威を揮つた「ヴォルフ」や、同じ武裝商船で、ルックネル少佐の自敍傳で日本でも人氣を呼んだ「ゼー・アドラー」の武勇談には鈴木は觸れてゐない。）「エムデン」の猛威に對してはイギリスの要請に應じての特別の南遣艦隊として加藤寛治大佐を艦長とする「伊吹」に「日進」「筑摩」を添へて派遣したが、「エムデン」は日本艦隊と交戰するに至らぬうちにオーストラリア海軍の巡洋艦「シドニー」との海戰に破れて坐礁した。

イギリスでは地中海の通商路護衛にも日本の協力を要請して來た。巡洋戰艦「金剛」「比叡」をも名指しで度々言つて來た、と鈴木は回想してゐる。軍令部では虎の子と謂ふべき兩艦を出すわけにはゆかぬとて拒否したが、鈴木は出し惜しみなどせずにどん〳〵派遣したらよい、失へばあとを作るまでだ、といふ意見であつた。結局佐藤皐藏少將を司令官とする第二特務艦隊を編制し、老朽艦「明石」を旗艦とする二等驅逐艦二戰隊八隻の派遣を大正五年二月に決定したが、この輕驅逐艦が、前記した如く開戰當初の鈴木次官の巧みな工作によつて急遽建造された新鋭艦群である。地中海派遣艦隊は非常な好評を博し、後に巡洋艦二隻、驅逐艦一戰隊四隻を増派することとなつた。

マルタ島に基地を置いた地中海派遣艦隊の功績は世に隱れもなく、ドイツ潛水艦の雷撃を受けて損傷を蒙つた驅逐艦「榊」の艦長以下五十九人の戰死者が同島の海軍墓地に鄭重に葬むられ、又司令官以下二十數名にイギリス國王からの勳章が授與されるといつた榮譽もあつた。然し、他方で東南アジアのイギリス植民地圏では、日本艦隊を所詮傭兵隊としか見ない人種差別的處遇が露骨であり、日露戰爭時の友好感情が反轉して日本海軍にも反英的氣分が醸成され始めたと見ることもできる。後年の海軍少將高木惣吉は、地中海での任務を果してシンガポールに入港してゐた「明石」に中尉として乘組んでゐたが、大正七年四月の或る夜、英海軍の冷遇ぶりに憤懣の限度に來てゐた「明石」副長の上村従義少佐の仕組んだ欝憤ばらしのかなり強烈な英艦向けの悪戯の次第を面白く報告してゐる（高木惣吉『自伝的日本海軍始末記』昭和五十四年、光人社刊）。所詮悪戯であつて、國際問題にも軍紀違反問題にもならなかつたが、歐洲大戰は、日本對英・米のアングロサクソン兩國との間に將來生ずるであらう衝突を豫想させる種々の兆候を顯在化させる機會でもあつた。

特務艦隊を地中海にまで派遣することに踏み切つた決斷の背景には、戰後の講和會議に於いて、イギリスは日本が山東省のドイツ權益と赤道以北のドイツ領諸島の領有について、戰勝國としてその繼承を主張するならばそれを支持するとの密約を與へてゐたといふ事實はあつた。この時、赤道より僅かに南に位置する、ギルバート諸島西方のオーシャンアイランドに屬する舊ドイツ領ナウル島は燐礦石を產する重要な島であるからそこまでは日本の取得分に入れるべきだつた、と、三井物產の職員から聞かされ、鈴木は日本の情報把握力の劣勢を反省したが、時旣に遲かつた。赤道以南は濠洲に任せる、として格別の手を打たなかつたため、ナウル島は燐礦に着目したイギリスが領有してしまつた。

再婚・京都での御大典

大正四年六月、時に四十八歲で鰥夫生活を送つてゐた鈴木は良緣を得て三十二歲の足立たかを新夫人に迎へた。足立は皇太子裕仁親王が五歲の幼兒の時から哺育係として奉仕し、親王の方でも宛ら實の母の如くに慕ひ、長じても深く敬重してゐた婦人であつた。後年の二・二六事件での遭難の際に寔に氣丈に振舞つて鈴木の命を取り留めることに成功した賢夫人である。

何分戰爭中の次官の劇務に明け暮れする毎日であつたから、新婚旅行に出かける暇もなかつた。この年の秋、京都で大正天皇卽位の御大禮があり、鈴木は大禮使參與官として初めて神官の様な衣冠を着し、紫宸殿の御前で衞儀の太刀を捧持するといふ名譽な役を務めた。京都では宿も或る商人の宏壯な邸に先任副官の谷口尙眞《なほみ》大佐と共に泊つた。所謂宿屋ではない、幾間もある座敷を提供され、新夫人を連れてくればよかつた、と思つたが、さうした才覺の働かないのが當時の軍人である。同樣に新婚だつた谷口大佐も單身で來てゐた。そんな風聞を耳にしてか、京都の地元の巫女めいたお婆さんが、子供が授かる樣にとの神樣のお札を持つて來てくれたが、効目があつたのは谷口大佐の方だけであつた。

京都の御大典に行く前、八月には大隈內閣の改造があつて八代海相は閣外に出、後任には加藤友三郎中將が入閣した。鈴木も八代と共に次官を退いて海上へ出たいと願つたのだが、加藤新海相からあと一年續けてくれと懇望され、結局大正五年十月の大隈內閣の總辭職まで次官の職に留まつた。

御大典での京都滯在中に、內閣改造時まで外相を務めてゐた立憲同志會の加藤高明から、折入つての話があるとて招かれた。會つてみると、大隈侯からの傳言として、大正天皇が御親ら、八代前海相を海軍はどう處遇するのか、とお尋ねになつてゐる、加藤新海相の肚はどうなのか、といふ話だつた。八代はシーメンス事件の始末に際し、法的にも德義上も自分の正しさを確信してはゐたが、情の上での內心の痛みから、京都に引込んでゐて次の勤務を引受けようとしなかつたのである。鈴木は八代の心事にも、八代に寄せる加藤高明の友誼にも感銘を受け、歸京するや直ちに加藤海相に天皇の御軫念の趣を傳へた。大隈首相がこのことを直接加藤に傳へなかつたのは、總理として海軍の人事に直接干渉すると取られたくなかつたからで、それも適切な配慮だつた。

大正天皇の御諚でもあるといふ話に潔癖な八代も折れ、その年の暮には第二艦隊司令長官に任じられて再び海上に出た。これで八代には大將に昇進する途も開け、佐世保鎮守府司令長官を經て大正九年八月に豫備役に入つた。

敍勳の話

大正五年一月にロシア皇帝の代理としてゲオルギー大公が、對ドイツ戰爭への武器提供等の支援に感謝を表明する使命を帶びて、朝鮮半島經由で來日した。かねて日露の接近を主唱してゐた山縣有朋はこの使節の來朝を歡迎し、外交當局を促して同盟關係の締結を畫策した。これが七月に從來の協商關係を擴大した第四回日露協約の成立となるのだが、これは海軍次官としての鈴木には緣の無い話で、彼の經歴に關はるのはこの時大公がもたらした勳章についての一寸したトラブルである。ロシアの制度から見ると陸海の各省大臣と次官は統帥部の參謀次長と軍令部次長より上位にあると見るので、海軍次官の鈴木にも勳一等に當るものを用意して持參した。ところが朝鮮から大公に隨伴した陸軍の將官が、田中義一參謀次長には是非勳一等をやつてくれ、と身內贔屓の進言をしたために大公御持參の勳章に一つ不足を生じた。そこで鈴木には一級下の勳章を受けてくれないかと言つてきた。鈴木は當時旣に旭日重光章の佩綬者であり、丁度この年の四月には勳一等旭日大綬章を受けた人である。今更外國の勳章を有難がる樣な位置にゐるわけではない。それが陸軍側の小細工により、陸軍次官は豫定通りの勳一等で海軍次官が二等といふのは海軍の面目に關はるといふ理由でその受領を辭退した。皇帝使節としての大公は甚だ困惑し、歸國した曉に改めて陸軍次官に宛てたものと同じ勳章を贈るから、その上で受領するとの約束だけはしてくれないか、との大公の書簡を携へて最高位の隨員が海軍省に訪ねてきて懇ろに承諾を求めた。そこで鈴木も稍ゝ恐縮して快諾の旨を答へた。斯くて六月の末近くになつてロシア皇帝授與の神聖アンナ第一等勳章なるものが外務省を經由して鈴木に屆けられた。然しそれから僅か九箇月後の大正六年三月（ロシア暦では二月）ロシアではソヴィエト革命が起り、ニコライ二世は退位宣言に署名し、ロマノフ王朝は滅亡した。年末にはソヴィエト政府はロマノフ王朝が外國と結んだ全ての祕密協定を暴露し、ために日露協約中の祕密協約も烏有に歸した。ロシア皇帝が日本の將官達に使節を通じて贈つた諸々の勳章も佩用の意味を失つたであらう。因みに鈴木は大正七年にはイギリス皇帝からバス第二等勳章（Knight Commander of the Bath）を贈られ、翌八年にはフランス共和國政府からも或る勳章（Grandofficier de L'ordre, Nationale de la Legion d'honneur）を贈られてゐる。

鈴木と勳章制度との因緣についてもう一つ言へば、青島の陷落を機に武功調査委員會が發足し、鈴木は委員長となつた。敍勳の基準について何かと議論があつたが、鈴木は、內地勤務の者にも種々功績はあらうが、實際に戰場に出てゐない者は金鵄勳章の對象とはしない、との一基準を立案し、陸軍大臣岡市之助中將の贊成を取付けた上で、陸海軍とも此を準則として立てた。これは以後論功行賞の一の目安として有効視されたといふ。

父の死

大正六年五月、鄉里の關宿から父の鈴木由哲が上京し、赤坂の靈南坂にあつた海軍次官官舍に貫太郎を訪ねて來た。父は前橋市の吏員生活を切り上げて鄉里に戻つてより、衆望を擔つて關宿町長に推され、度々改選されて八十四歳のこの高齢になつてもまだ務めてゐた。久しぶりに訪ねて來た父と相對してみると甚だ顏色が惡い。自分でも癌の症狀を薄々自覺してゐた。鈴木は海軍の軍醫部醫務局長本多忠夫軍醫中將に診察してもらつたが本多の見立てもやはり胃癌で且つ相當に進んでゐた。本多はその結果を本人には告げなかつたが、父は自分の死期を自覺してをり、貫太郎の勸めに從つて一旦歸鄉の上、當面の仕事を片付けて改めて上京し、五月の下旬には東京の長男の官舍で病を養ふ身となつた。やがて町長の職も辭することに決め、國元から助役に來てもらつて諸々の事務引繼を濟ませ、もはや後顧の憂ひもないとて安心の狀態だつた。

鈴木は本多軍醫の診斷を以て諒としてゐたが、本多自身からの勸めもあつて帝大醫學部教授青山胤通の診察を乞うた。青山は明治天皇の侍醫も務めてゐた人で、當代內科醫として最高の權威者だつた。明治二十九年二十五歳で貧窮の裡に病沒した樋口一葉が森鷗外の世話によつて死ぬ前に青山博士の診察を受け得たことが美談として世の語り草になるほどのカリスマ的存在だつた。青山の見立ても本多と同じ事でやはり胃癌の末期といふことであつた。因みに青山胤通自身もこの頃同じく胃癌を病んでゐて、鈴木由哲を診察した翌月の七月には病床に臥す身となり、年末十二月二十三日に死去してゐる。

父由哲が鈴木の官舍で病床に臥す樣になつてから間もない六月一日に鈴木は海軍中將に昇進した。弟の孝雄も陸軍少將への昇進が內定してゐた。いづれも勅任官である。三男の三郎は臺灣總督府の事務官で奏任官である。四男の茂は永田姓を繼いでゐたが、この時陸軍步兵大尉となつてゐた。生涯役人の道を步み通した由哲にしてみれば四人の子息達の官途での出世の程は十分に滿足に値するものだ

日清戦争凱旋記念

（8人兄弟が全部揃つてゐる。明治28年6月ごろ）

前列右より・永田けい（末姉）薄井くら（次姉）抱かれているのは薄井武夫　由哲（父）きよ（母）佐藤よね（長姉）柴よし（妹）

後列右より・鳥居辰雄（よね長男）三郎（次弟）貫太郎　孝雄（長弟）茂（末弟）

つた。謂はば子女達の人生に就いては、老父は何ら思ひ殘す事のない、立派な訓育の責を果したわけである。

六月二十一日の午前五時頃、昔からよく言はれることだが、潮時によつて自分の末期の到來を悟つた由哲は、前夜家族一同を枕頭に呼んで自己の生涯についての心からの滿足の情を表明してをり、潮時を待つて安らかな大往生を遂げた。遺骸は東京に於いて荼毘に付したが、遺骨は關宿に戻つて、町を擧げての盛大な葬儀が營まれた。

第八章　艦隊勤務への復歸・遠洋航海

1　練習艦隊で米國行

三十年ぶりの太平洋横斷

大正六年九月一日に漸く次官を免ぜられた。漸く、といふのは、元來大正四年八月に八代中將が海軍大臣を退いた時に、八代と共に軍政畑から身を引き、再び海上に出たかつたのであるが、後任の海相加藤友三郎から是非にと請はれて次官に留任したのだつた。一年を經て大正五年の夏に再度海上勤務への轉出を願ひ出たところ、當時の海軍は念願の八八艦隊建設といふ大きな課題を抱へて苦鬪してゐる途上にあつたから、加藤海相としては從來の經緯をよく把握してゐる次官に去られることは思はしからず、更に一年の留任を請はれて承知したものであつた樣だ。

それが大正六年の六月となると、八八艦隊計畫も、八六艦隊と呼んでよいほどまでに眼鼻はついてきた。それに鈴木自身もこの月に海軍中將に昇任してゐる。さういつまでも次官の椅子に引留めておくことはできない。鈴木の本來の希望は水雷戰隊に司令官として復歸し、水雷戰術の研究を續けたいといふことだつたが、海軍大臣にしてみれば、今更そのポストに次官まで務めた中將をつけるわけにもゆかない。加藤は、鈴木を獨立の權限を有し、重要なポストである練習艦隊司令官に任命した。

此時の練習艦隊は一等巡洋艦クラスの「磐手」「淺間」の二隻で編制され、司令としての鈴木は「磐手」に坐乘、十二月に江田島に回航し、慣例通り兵學校を卒業したばかりの少尉候補生達を乘組ませて出航した。年末の二十七日に佐世保を出港して先づ旅順に向ひ、翌年一月にかけて支那沿岸を周航して一旦横須賀に戻つた。これは謂はば足馴らしで、遠洋練習航海の本番は三月二日に横須賀を出て太平洋を東へ向けて北米沿岸まで一直線の航海である。

鈴木にとつては自身の少尉候補生時代から三十年ぶりの再渡航であるが、あの時の「筑波」での長旅と比べれば、自身の身分も、坐乘した艦の水準も、文字通り今昔の感に堪へない違ひ樣であつた。

大正七年三月と言へば、歐洲の大戰も五年目に入つてゐる。前年の四月七日にアメリカがドイツに宣戰したことにより、日本と米國とは對ドイツ戰爭に於ける提携國の間柄になつてゐた。この大戰に於ける日本海軍の聯合國側への貢獻として、地中海に派遣した第二特務艦隊の舊造巡洋艦一隻と鈴木が海軍次官の時の苦心の政治的所産たる新造の輕驅逐艦八隻が聯合國商船團の護衛に大きな役割を果したことは前章の第2節に記した通りである。又この艦隊の國際的協調性と軍紀の正しさが列國の賞讚の的になつてゐた時機でもあつた。アメリカ海軍との直接の接觸の機會は西海岸では殆どなかつたが、ヨーロッパでかち得た名聲はアメリカでも十分に通用した。

サンフランシスコでの講話の大成功

太平洋を途中無寄港で横斷し、最初に錨を下したのがサンフランシスコであつた。日本人居留民の多い土地柄であり、練習艦隊は在留邦人からも合衆國官廳筋からも實意の籠つた手厚い歡迎を受けた。艦隊司令官としての鈴木個人の受けた諸々の厚意も心に殘る溫いものだつた。鈴木はサンフランシスコの日米協會の招きで廣い森林公園に案內された時、カリフォルニア大學名譽教授だといふ一人の親日家の教授から聞いた、アメリカの弱點ともいふべき打ち明け話を深く心に刻んで回想してゐる。それは『自傳』の記述を要約し補訂してみれば次の如き主旨のものだつた。

海軍中將時代
（たか夫人と記念に，大正７年８月３日～８年10月25日の期間に撮影）

貴殿らはアメリカに來て現地の新聞を讀んで、その論調がつまり國民一般の輿論だなどと判斷してはならない。新聞が載せるのは無知な大衆の勝手な聲を拾つてゐるに過ぎない。大體アメリカには三種の國家的な弱點がある。その第一が、米國民には廣範な層に亙つて普通選擧權が與へられてゐるが、それを行使するのが大部分は無知蒙昧の徒である大衆なのだ。大衆は自ら判斷力を行使して選擧に臨むわけではない。政治家共の煽動にたやすく乘せられて、彼等の宣傳のままにどの方向にでも動く。

第二にその政治家共は、巧妙に辯舌を弄して選擧民を籠絡する術には長けてゐる。然し一旦選擧に勝てば選擧民のことは忘れて、唯己一個の名利の追求に走るばかりである。彼等の名利欲を充たしてくれるのは選擧民ではなくて、資本家や大企業の經營者といつた金持連中である。代議士は政治上の正義の實現などには關心を持たない。唯富豪達の走狗となつて己の名利のために奔走するだけである。

第三に、その資本家なる富豪連中を動かしてゐる動機は何か。金が彼等の神である。國家國民の福利や名譽などは全く念頭に無い。彼等の持つてゐる金＝資本を如何にうまく運用し、更なる利益を生むか。彼等は唯その事しか考へてゐない。これがアメリカである——。

自由とデモクラシーの國といふ定評で理想化される趨勢にあつたアメリカの實情について、鈴木は蒙を啓かれる思ひをしたことであらう。大正七年當時の日本はまだ普通選擧法施行以前である。選擧權を得た大衆を籠絡して成り上る型の政治家はまだ出現してゐない。政治家が金錢の誘惑に弱いことは鈴木もシーメンス事件の處理といふ苦い經驗を通じて現實的な認識を得てはゐたが、それも却つて、あれは當事者が私腹を肥やすための理財行爲ではなかつた、との心證を固めた契機であつた。私利追求の自由が國民の權利として公認されてゐるアメリカの、裏から見ての現狀は少くとも當時の日本には未だ緣遠い話と思はれた。それにしても、自國の國民的弱點をこの樣にあけすけに初對面の異國人に語つて用心を促す米國の知識人の公明正大の氣風を、鈴木は好もしいものに思つた。

かうした厚意への答禮の意味を籠めての如く、艦隊司令官としての鈴木は、とあるテーブルスピーチの機會を捉へ、臨時外交使節としての抱負を以て平生の信條を正直に演說した。それは當時の世上で時として話題になる日米戰爭の可能性についての明白な否定論であつた。

日露戰爭の終結以來、東アジアでの經濟上の利權爭ひをめぐつて、こんなにも強い國であることを世界に示した日本と、それに對して急速に警戒心を增大させたアメリカとの間に生じないわけにはゆかない、兩國の國益の對立がとかく話題になる現況を踏まへての鈴木提督の見解表明であつた。曰く、——近頃日米間の戰爭といふことが時として話題になるが、これは物理的に不可能であり道德的にも不可說である。對淸國・對ロシアの戰爭に勝つて以來、外國人は日本人を好戰的な國民であるかの樣に言ふが此は非常な謬見であつて、要するに日本の歷史に無知な事から生ずる誤解である。日本の歷史を調べてみれば、日本人程平和を愛する溫和な國民は世界に類が無いことがわかる。日本ではここ三百年の閒一兵も動かすこと無く天下が治まつてゐる。近年の對外戰爭で日本人が實に勇敢に鬪つたことはたしかである。そこで、この勇敢さを以て好戰國民と呼びたいならばさう呼ばれても差支へはないが、歷史を見れば、日本人は外國から戰ひを仕掛けられても容易には應じてゐない。ジンギス汗の後裔なる元のクビライに挑戰された時には、應じなければ全國土を取られてしまふから已むを得ず立ち上つたのだ。秀吉の朝鮮征伐といふ史實はあつたが、これもこちらに侵略の意圖があつたわけではなく、元軍が朝鮮半島を經由して日本を侵したことへの復讐戰の意味があつたのだ。近來清國と戰爭をしたが、これも自存のために已むを得ずしてやつたのである。日本は戰ふ時には必ず正しい道をとつて戰つてゐる。東洋の歴史を見ると、日本と戰つた國は、元にしても明にしても清にしても、皆日本を敵としたことが原因となつて滅んでゐる。日本は常に正義に立脚して戰つてゐる。神は正義に與するから勝つのだ。近來日米戰爭論を屢〻耳にする。しかしこれはやつてはならぬことである。もし戰つて日本艦隊が擊破されたとしても日本人は降伏せず、陸上であくまで鬪ひ續けるだらう。日本の本土を占領するとしたら、アメリカから六千萬人を動員して日本人民六千萬人と對抗するより他無い。アメリカは六千萬の人員の損耗の揚句に日本一國を領したとしても、その戰勝利益はカリフォルニア一州の收益にも相當すまい。日本の艦隊が勝つたとしてもアメリカの降伏は考へられない。日本が反攻に出てロッキー山脈くらゐまでは取れたとしても、これを越えて東部にまで進出するとは日本の微力では及びもつかぬことである――。

以下『自傳』に記した回想のままを引用してみると、〈さうすると日米戰は考へられない事で、兵力の消耗で日米兩國は何の益もなく、ただ第三國を益するばかりで、こんな馬鹿げた事はない、太平洋は太平の海で神がトレードの爲に置かれたもので、これを軍隊輸送に使つたなら兩國共に天罰を受けるだらう〉、といつたものであつた。結びの一句〈兩國共に天罰を受けるだらう〉は、昭和二十年六月の第八十七臨時帝國議會での回顧的引用が議場の大混亂を喚起した絶妙な字眼なのだが、それはこのスピーチより四半世紀餘の後の話である。

この卽席の卓上演說は多くの節での區切りをつけ、その各節每に參謀の佐藤市郎大尉が同時通譯した。佐藤大尉は後に海軍中將となったが、岸信介・佐藤榮作兄弟の長兄に當る人である。甚だ英語の達者な人で、當時のアメリカ市民一般によく通用する平易な語彙を用ゐての巧みな通譯ぶりで、この演說は非常な好評を博した。鈴木も〈司令官の日本語演說よりは佐藤君の英語通譯の方が餘程の能辯だつたと大笑ひになつた〉と回想してゐる。

この時のサンフランシスコの領事は、これより六年後の大正十三年、駐米日本大使時代に、排日移民法案への抗議文中での〈重大なる結果〉云々の字句で外交責任を喚び起してしまった埴原正直だつた。埴原は鈴木の演說を非常に喜んだ。鈴木の回想によれば、〈實に良い事を言つてくれた、一度はあゝいふ事を米人に聞かせてやらねばならんのだが、吾々が言つたら外交問題になつてしまふだらう〉との感想を洩らした。

翌々日の土地の新聞に、カリフォルニア州の檢事總長といふ人が、鈴木の演說に大贊成である、との新聞一頁を占める長大な論文を書いて掲載紙を送つてきてくれた。その主旨も當然日米戰爭論の愚かしさを強く主張したものであつた。この反響を得て、鈴木の方も、アメリカ人に對してはこちらの思ふ通りを率直にぶつけてやつた方がよろしい、彼等には外國人の言分を淡泊に受入れる美點があるのだ、との感想を抱いた。

ロスアンジェルスの日本人會で

サンフランシスコでの卓上演說は、日米戰爭の可能性を強く否定して大喝采を博したわけだが、西海岸に居住する日本人社會の中では、日米戰爭の話題は道德的觀點からだけでは、わりきれない問題性を有してゐた。例へばロスアンジェルスの日本人の移民達の間では、もし日米戰爭が起つたら自分達はどうすればよいのか、がかなりの現實性を以て腦裡に蟠る問題だつた。何分アメリカ西海岸には明治三十九（一九〇六）年のサンフランシスコ學務局による日本人學童隔離決議、翌四十年の日本人勞働移民の渡航制限要請とその應諾による日米紳士協定以來の移民問題をめぐつての緊張がある。鈴木の率ゐる練習艦隊の訪米よりつい五年前の大正二（一九一三）年には實態が排日土地法に他ならない外國人土地所有禁止法をカリフォルニア州議會で可決してゐる。

日本人居留民の心裡には日本人である以上日本といふ祖國に忠節を盡さねばならぬといふ感情と、然し米國といふ土地に米國の市民として生活してゐる以上、「國の爲」といふ道德的義務の意識の內部に分裂が生じ、何かの機會にその相剋が激しく表面化することがある。各個人の內面に於いてのみならず、日本人社會の中が二派に分れて意見の對立を來す場合もあつた。

そんな背景があつたから、サンフランシスコでの演說で大きな反響を呼んだ鈴木中將が、ロスアンジェルスの日本人會に呼ばれて母國語による講演をした際に、それは廣く關心を呼んだらしく、三百人程の聽衆が集まつたといふ。

その時の講話の趣旨を、これは『自傳』が回想して引いてゐるところを、なるべく鈴木の語彙と口調を反映させる形で摘要して以下に引いてみよう。

——君たちは祖國を離れて米國に來てゐる。といふことは米國といふ國家の保護に身を委ねてゐるわけである。さうである以上その居住先の國に忠節を盡す義務を背負つてゐる。だから、日米戰爭が始まつたら日本に歸つて祖國のために米國と戰はうとか、この國にゐても日本のためになる様な働きをしようなどと考へるのは閒違ひである。そんなことなら初めからこの國に來なければよかつたのだ。そんな考へはいはゆる二心を懐いてゐるといふことであり、そのどちらを生かすかを平生決めておくことはできはしない。いよ〳〵その場が來たらその時に決めればよい。祖國日本を忘れてよいとは云はぬが、自分の住む土地のために盡し、この土地の風習をよく身につけ、日米戰爭が起らない様な空氣を作ることに努力し、將來日系人の大統領が出現する様な子孫の教育でも考へたらどうだ。米國に日本人をアメリカ化するといふ教育方針があるなら進んでそれを受けてよい。君たち在米の同胞が米國側に立つて參戰したとて、それで負ける様な日本ではない。それよりもあの大統領は日系人だといはれる子孫を作る様に努めるがよい——。

こんな趣旨の講話であつた。この趣旨に不滿を覺える考へ方の人も居たと思はれるが、主催者は大へん喜んだ。それは自分達が同じ考へを口にしたら、反對意見の人々からは必ず激しい反撥を受けただらうが、日本海軍の司令官から、さう言つて下さつたのが本當に有難い、これで私達もはつきりと態度を決めることができます、といつた受けとめ方であつた。

ロスアンジェルスでは、これは陸軍からの招待で、有名な世界一のウィルソン天文臺のあるマウント・ウィルソンの頂上まで自動車で案内されて登つた。ロスアンジェルスの東にある富士山より高い（四三四三米）山だと事も無げに語つてゐるが、位置はコロラド州にあり、何日間かを費しての遠乗の旅だつたであらう。この高山の清淨で稀薄な空氣が、太陽光線が地球に及ぼす影響の研究には是非必要で、そのために大富豪が巨額の建設費を支出し、現在の維持管理費もその寄附で賄つてゐるのだと聞いて、米國人の金の使ひ方に感心した。日本でも富士山の頂上にこのくらゐの巨大な觀測所を作り、世界の自然科學に貢献する樣な發見ができれば結構なのだが、といつた感想も鈴木の胸に湧いた。

サンディエゴでの見聞　ロスアンジェルスから西海岸に沿つて二百粁ほど南下すると、合衆國西海岸では最南端に當る、メキシコとの國境の町サンディエゴに達する。當時米海軍の要港で、十數隻の巡洋艦が碇泊してゐた。飛行場も百萬坪くらゐの廣さで、陸軍も海軍もここで訓練する。午前にも午後にも、凡そ五十機くらゐの飛行機が練習飛行をしてゐる。日本の航空隊とは桁違ひの規模の大きさであるのには驚いた。

水雷が專門の鈴木は、水雷戰法の教育訓練にも當然の關心を向けたが、ここでも亦驚いたのは訓練にかける經費の規模が日本とはまるで違つてゐることであつた。訓練用の水雷發射機は數十臺あり、兵士全員が一人一箇づつの水雷をあてがはれてをり、實地に發射の訓練ができる樣になつてゐる。これなら練度の向上は早いだらうと思つた。日本では米國の十分の一くらゐの費用しかかけられないので、實物ではなく、繪に描いた模型で教育してゐる。米海軍の教育にかける費用の豊かさに、鈴木はつくづく羨望の念を禁じ得なかつた。

サンディエゴでは又、米太平洋艦隊の司令官フーラム少將と識り合ひ、互に招待しあつて懇談した。この人との間でも日米戰爭の可能性が話題になつた。フーラム提督は長く東洋に居て、日本列島につ いても實際の地形をよく知つてゐるらしかつた。この人の海防的見地から見ての日本列島地勢論は、當つてゐるのかどうか、素人には解しにくく、鈴木も只紹介するだけで批評を加へてゐない。フーラム氏の見る所では、日本海軍は內海の領域で艦隊をまとめ、外洋に出擊するに有利な地形を有してゐる。對馬海峽から東支那海へ、瀨戶內海から太平洋へ、津輕海峽から北部太平洋へが三つの口である。してみると米海軍が艦隊を動員して日本列島を封鎖するには日本海軍の三倍に當る艦數を揃へなければならぬ。もし日本海軍が全勢力を瀨戶內海に集結し、折を見て關門海峽、豐後水道、紀淡海峽のいづれかから外洋に出擊したとするならば甚だ强力である。どうしても三倍の艦隊を以てするのでなければ日本の領海での制海權を有することはできない、現在の米海軍にはとてもそれだけの力は無い、故に日米戰爭は不可能である——云々。

フーラム提督のこの論理と地勢觀はどうも判然と把握しにくいものだが、鈴木の理解とその再現にも不備があるのかもしれない。ともかく日米戰爭は不可なり、との結論は鈴木にも異存のない事で、鈴木はフーラム說を一種の卓見だつたと稱揚してゐる。

サンディエゴではこの他にも珍しい遭遇があつた。練習艦隊の旗艦での午餐に地元の名士を招待したところ、その中に元ニューヨーク市長を務め、日本の勳三等の佩用者であるミッチェルといふ四十前後の紳士がゐた。他日大統領候補だとの風評もあり、テーブル席次も鈴木司令官の隣であつた。この人がサンディエゴに來てゐるのは義勇隊の一員として飛行訓練に從事してゐる故とのことだつた。鈴木が、貴殿ほどの有力な政治家がどういふ動機で飛行士としての出征を志望されたのか、と尋ねると、およそ政治家である以上國民の先頭に立つ義務がある、今日の戰力の最尖端は航空機にあると考へるので、自分は飛行士として戰時下の國民の先頭に立ちたいと思ふのだ、との答で、鈴木も大いに感心した。

政治家である以上國民の模範として、最も危險な位置に身をさらすのだ、といふ覺悟には政治家の鑑たるとの意氣を感じて嘆賞したのであつたが、この人はサンディエゴでの一箇月の訓練を受けた後、東部に移つて更に一箇月の訓練を經てヨーロッパ戰線に出征する豫定であつたところ、その東部での訓練中に事故で墜死してしまつた。鈴木はパナマ滯在中にその報に接し、哀悼の意に堪へなかつた。

サンディエゴではもう一つ、妙な經驗もしてゐる。それは世界同胞・靈智學會といふ宗教團體との接觸である。

その團體はポイント・ローマといふ岬の地に本據を置きカサリン・チリングリーといふ女性を教主として信徒大衆との共同生活を營んでゐる。鈴木はフーラム提督の奬めに應じてそこを訪れてみた。この學會の教祖は女性で、インドで祖師から訓練を受けてこの組織を作つた。二代目會長は男子だつたが三代目の現會長は再び女性である。學會創立の趣旨は、世界のあらゆる宗教・哲學・美學を研究し、その學會の立場から眞理と認めた命題を生活の上で實踐するのだといふことだつた。眞理と認識する時の判定の根據は何か、と問ふと、それはインドにゐる祖師が決斷を下す、と言ふ。手紙か電報で問ひ合せるのか、と訊けば、さうではない、主導者が靜座して瞑想裡に祖師に問へば靈感が通じて解決が與へられる、といふ樣な話であつた。

敎團としての實際の生活は、廣い畑を持ち、野菜を栽培し、禪宗でやる座禪の樣な靜座修行もある。佛敎的色彩の濃い印象がある。世界同胞との組織名の名告りにふれて、鈴木が、明治天皇に〈よもの海みなはらからと思ふ世になど波風の立ちさわぐらむ〉といふ御製があることを披露すると、先方が實はその御製をよく知つてゐた。その會長の言によると、彼等は明治天皇を古今東西を通じて最も君德の高い國家元首として認識してをり、その御製も自分達が研究してその五十何首かを自分達の敎團の信條のうちに採り入れてある、といふことだつた。それでは會員の中に日本人も居るのではないかと推測して聞いてみると、一人の二十歲前後の靑年を呼び出して紹介した。それは曾て海軍機關學校の英語敎師として日本に赴任し、鎌倉の建長寺、圓覺寺で禪の修業をしてゐたスティーブンソンといふ一風變つたアメリカ人が、日本で養子として緣を結んだといふ靑年だつた。してみればこの敎團と禪宗とはやはり緣が繫つてゐることがわかつた。

その日本人靑年は敎團の中でもかなりの階級に達するほどの修業を積んだらしい。最高の段階に達すると、過去現在未來の一切を達觀することができるのだが、未來を透視した結果を豫言として口に出すことは禁じられてゐる、豫言はとかく利慾と結びつくので學會は豫言を許してゐない、といふ話であつた。鈴木は實に不思議な經驗をしたとの感慨を懷いてこの敎團を辭した樣であるが、この訪問に同行者が居たのかどうか、鈴木は記してゐない。フーラム少將の言によれば、アメリカ人からは結局佛教信者の團體であると看做されてゐるらしかつた。

パナマでの大歡迎

サンディエゴを出て南下し、メキシコのアカプルコに入港した。ここは三十年前の明治二十年に老朽の練習艦「筑波」に少尉候補生として乘組んで訪れたことのある港である。その時は「筑波」艦の射つた禮砲二十一發への答禮の途中で、砲臺に故障が生じて怪我人が出たとの報知が傳はつてくるといふ滑稽の樣な氣の毒な記憶が殘つてゐる土地であるが、現況も往昔とさほど變つてはゐない、沈滯した印象だつた。

ところが更に南下してパナマに至ると、そこは又がらりと印象が變つた。恰度アメリカの歐洲大戰への參戰（大正六年四月）の記憶がまだ新しいパナマでは日本を對獨戰爭提携國と看做し、且つアメリカ軍をカリフォルニアからヨーロッパ戰線に送るのに日本船舶を使用するといふ噂も出てゐた折だつた。パナマの現地司令官が合衆國海軍省に問合せたところ、出來るだけ歡迎せよとの指令を受けたとかで、司令官から士官候補生の全員をパナマの太平洋岸から大西洋側まで鐵道で送り、大きなホテルに泊めてくれた。運河の構造から船舶の出入の機構まで、海軍軍人として興味を抱くであらう樣な部分を惜しみなく見せてくれた。

旅順や威海衞攻撃の經驗者としての鈴木が注目したものに、パナマの船舶碇泊地に於ける潛水艦の侵入防禦のための設備の嚴重さがあつた。砲臺の堅固さは勿論の事であつたが、鐵條の防潛網を晝間は開けておくが夜になると閉鎖して、交通を遮斷してしまふ、飛行機も上空から監視飛行に當るといふ警戒體制であつた。此頃は既にドイツ艦による襲撃の危險も薄らいでゐたはずであるし、當時潛水艦による港灣襲撃といふ戰術なども考へにくかつた時期であらうと思はれるが、アメリカには既にこれだけの防禦の思想が進んでゐたことを鈴木はパナマで見屆けたわけである。

鈴木が回想記の口述でこの部分を語つたのは、既に昭和十六年十二月の日米開戰より後の事である。鈴木の念頭には言ふまでもなく日本の五隻の特殊潛航艇による眞珠灣潛入の作戰のことがある。大正七年のこの見聞から推して考へてみても爾後四分の一世紀を經た段階での米海軍基地の奥深くへの潛入といふ作戰が如何に困難なものであるか、鈴木には思ひ半ばに過ぐるものがあつたであらう。

ハワイにて

肝腎の眞珠灣をも鈴木はもちろん再訪してゐる。パナマの次の寄港地としてオアフ島のホノルルが豫定されてゐたが、石炭を搭載するためには先づ眞珠灣へ行かなくてはならない。これが實は外交上案外難しいことだつたさうである。この時は對獨戰爭の味方同士といふことで好意的に對處してくれたらしい。狹い水道を拔けて灣内深く入つてゆく航路で鈴木はこの島と灣の地形をよく觀察してみた。將來は大艦隊を碇泊させることが可能な樣にとの工事中であつたが、その目的を達するには五年や十年ではむつかしいだらうと思はれた。潛水艦の潛入はまづは不可能の要害であると鈴木は見た。航空機を使つて魚雷を射つなどといふのも非常に困難な地形であると思つた。それだけに昭和十六年十二月八日の攻撃が成功するまでにはどれほどの工夫と訓練が重ねられたことであらうか、といふのが現役を離れて久しい老提督鈴木の感慨だつた。

眞珠灣での石炭搭載がとにかく無事に終つたので翌日ホノルルへ行つて碇泊し、謂はば社交的日程に入つた。當時の諸井六郎總領事は、三十年前には公使館の書記生としてここに務めてゐた人である。

だから「筑波」艦寄港時に候補生達がアイスクリームの大喰ひで領事館から注意を受けたことも憶えてゐる。一夕總領事から招待を受けた時の宴席でその昔話が出た。その時のアイスクリーム屋の主人はその後成功して今はホテルの經營者になつてゐる、今日はここに來てゐるから呼んで來ませう、との總領事の機轉で三人が顏を合せ、互ひに昔を偲んで、己等の今日あるを上機嫌で祝し合つた。

人のみならず、ハワイの街も數十倍といふ程に發展し、殷賑を極めてゐた。鈴木は特に記してゐないが、日本人居留民の數も大いに增え、事業の成功者も多く出てゐたことであらう。

カロリン群島にて

ハワイを出てからは針路を西南に取り、マーシャル群島南部（その北端部にビキニ環礁がある）のヤルート島に寄り、更に西へ進んでカロリン群島のポナペ島に至つた。この島の東側に平石を基盤目狀に疊みあげて築いた水城がある。石はポナペの地元產だが城廓狀の構造が珍しく、現地人の技術水準では考へられない巧みさなので、日本人が來て築造したのではないかとの言ひ傳へがある。

島民は大航海時代にスペイン、ポルトガルの南蠻人の渡來で黴毒をうつされ、五・六萬あつた人口が一萬くらゐに減じてしまつた。歐洲大戰によつてドイツ領から日本の占領下に入つてからは駐在の海軍軍醫が住民の病害の防除や醫療に盡力し、衞生狀態が向上したので、住人の日本人への感謝の念は強い樣であつた。

ポナペからトラック島にゆくと、ここは旣に夏島・春島といつた日本風の地名をつけ、海軍の根據地としての準備が整ひはじめてゐる。そんなわけで練習艦隊もここで水雷爆發などの演習實驗をした。

此島には琉球からの漁民の出稼ぎが多かつたが、この人達は練習艦隊の水中爆發が濟むと直ぐに籠を持つて水中に潛り、爆發で死んだ魚を籠一杯に入れて浮かんで來る。琉球漁民の息の長いのと、鱶を恐れない勇敢さに艦隊員達は驚いた。

現に艦砲射擊の標的を敷設する作業の際にも二間もある大きな鱶がボートの周りを泳ぎ廻つてゐるのがどうにも恐ろしい。ところが琉球漁民の言ふには、鱶は恐ろしいものではない、水中で寄つて來たら兩手の指を開いてこちらから突擊する姿勢を見せると必ず相手の方が逃げる、一度逃げた奴は二度と向つては來ない、といふのだつた。

もう一つ不思議な見ものだつたのは、木に依つて魚を求むといふのは元來有り得ぬことの比喩だと思つてゐたのに、此の島には木に登る魚がゐることだつた。マングローブは海岸に生えてゐる木で氣根の樣な根を水中に繁く伸ばしてゐるのだが、水中から五・六寸くらゐのだぼはぜの樣な大きな魚がその根に取り付いて鰭を動かして岸に登つてくるのであつた。

トラックから北上してサイパン島に接近したが、荒天のため碇泊を斷念し、あとは小笠原諸島、八丈島を經由して、七月六日に、三月二日の出航以來百二十七日ぶりで横須賀に入港し、遠洋航海の全日程を終了した。

大演習・大西瀧治郎大尉救出

遠洋航海が終つたところで、練習艦隊は候補生達を艦船や基地など夫々の新しい部署に送り出し、そのままの編制で九月の大演習に參加することになつた。鈴木は「淺間」「吾妻」といふ舊式艦二隻で南軍に配屬され、濟州島と五島列島の中間に設定された會戰の場に向つた。その日は天候が悪く、浪が高い上に靄がかかつてゐて遠距離が見えない。南方から會戰場に接近してゆくと突如敵の主力艦隊に遭遇してしまつた。それは八代司令長官の率ゐる高速の巡洋戰艦群だつた。まともな砲戰では到底敵し得ない。それでも鈴木の得意とする水雷戰法で抗戰しようと考へ、敢へて前進して水雷を發射した。演習だから火箭を發して雷撃の信號とするのだが、やはり敵艦隊の砲撃の方が早かつたと審判官に判定されて廢艦を宣せられた。つまり撃沈されたとの認定である。廢艦となつた以上は會戰場を離脱して列外に去らなくてはならない。東に向つて歸航してゆくと、前方に暗礁にぶつかつて立つ様な白波が見える。こんな位置に岩礁があるはずはない、と不思議に思つて近づいてみると、それは不時着水した飛行機であつた。まだ航空母艦のない時代の事であるから、艦隊と行動を共にするのは所謂水上機である。そのフロートが破れて半分水が入つてしまつてゐるのが見えるが、乗組の士官が二人、波にさらはれぬ様に機體の上に乗つてゐる。直ちに救出に取掛つたが、雨の降る中、波は高いし、夕闇は迫つてくる。機體の引上げは容易な作業ではなささうである。二人の乗組員に機を捨てて艦に移れと命じたが、愛機を捨てるのが惜しいのか、責任を感じたのか、既にずぶ濡れで疲勞の極にあるのに機を離れようとしない。機體は放棄するとしてもせめてエンジンだけは助けたい、といふことでエンジンを外して艦に移す、といふ形で二人の航空士官の救助は成功した。

當人に聞いてみると、强風のために目的地に達する前に燃料が切れ、已むを得ず着水して、夜になつたら發光信號を揚げて救助を待つつもりだつたといふ。しかし信號彈も水に浸つて機能しなくなつてゐた。もし鈴木の艦が廢艦を宣せられて列外に去ることがなかつたらこの不時着機に遭遇することも起らず、二人の航空士官はこの時に海軍の歴史から永遠に消えてゐたはずである。

この士官の責任感と運の强さに鈴木はいたく喜んだ。その二人のうちの一人が大西瀧治郎大尉で、この回想記口述の時點では鈴木は、彼は後に立派な飛行將校となつた、とだけ記してゐる。その大演習から二十八年後の昭和二十年八月、軍令部次長としての大西瀧治郎中將がどの様な形で鈴木貫太郎首相の終戰工作に關はりを有することになるか。神ならぬ身の兩人共、もちろん知る由もない。

鈴木が大西を、立派な飛行將校となつた、と回想した時點では、昭和十年に軍令部が戰艦「大和」の建造を企畫した當時、航空本部次長としての大西が、時代錯誤の巨大戰艦建造計畫に猛烈な反對を唱へ、空母第一主義を執拗に主張したことまでを知つてゐたかどうか。多分否であらう。

因みに、航空母艦の無かつた時代、と書いたが、英・米の海軍より數箇月の差をつけて日本海軍が世界最初の航空母艦「鳳翔」を竣工させたのは大正十一年の末であつた。但し「鳳翔」の起工は大正八年の事、大西が鈴木の「淺間」に發見されて辛くも命拾ひをした五島沖での大演習の翌年である。

2　海軍兵學校長

江田島での充實した日々

遠洋航海直後の大演習も終つて、大正七年十二月一日付で海軍兵學校長に補せられ、練習艦隊司令官を免ぜられた。即日江田島に出發し、官舍住ひが始まる。子女の學校を變へるわけにはゆかないので、夫人だけを伴なつて赴任した。同居の母親と子供達は、夏休みに江田島に來て生活を共にするといふことにした。

鈴木は『自傳』では〈兵學校では格別なお話もありません。時々生徒を集めて訓示や講話をやる。日曜日には生徒が遊びに來るといふやうなものです〉と記してゐながら、ではどんな訓示や講話をしたのかについては、自分の功績については寡默を守る彼らしく、詳しく語つてゐない。只、一方で〈江田島という所は空氣が明朗な所で同時に一般の氣風も良い所ですし、かういふ所なら一生校長をしてゐても良い、特に若い無邪氣な生徒の相手をしてゐたのですから誠に愉快な御奉公でした〉と語つてゐるのであるから、その〈愉快な御奉公〉だつた所以を少し詳しく知りたいとの思ひは湧いてくる。

舊海軍兵學校（現在の姿）

『自傳』でも學校の運營面での當面の課題に苦心の手腕を揮つたことには觸れてゐる。大正七年といへば三年後のワシントン海軍軍縮條約による軍備の抑制は未だ視野に入つて來てゐない。八八艦隊の整備計畫も目標達成を目前にしてゐた時期であるから海軍は擴張期に入つてゐた。兵學校でも大正七年八月入校の第四十九期生が百七十數人であつたのに對し、大正八年の第五十期は約三百人の採用枠に擴大された。すると二年後の大正十年には全校生徒（一號から三號まで、三學年に相當する）を合せて九百人の規模となるので、それだけの生徒を收容できる大きな講堂も必要となる。校舍や宿舍の增築も豫定に入つて來るから、構內の諸種の建築物のために周圍の土地の買收なども進めなくてはならない。かうした經營面での校長の總括責任もあつたであらう。

鈴木の校長在任中に、伏見宮博忠王、久邇宮朝融王が入校し、鈴木の離任後に第五十二期生徒として入校した高松宮宣仁親王も、鈴木の在任中の大正九年四月には兵學校で豫備教育を受けてをられた樣である。

かうした貴重な人材を預る教育者の身となつて鈴木の直面した意外な問題は、生徒達の歷史的教養の缺如だつた。新入學の生徒達は中學校での正規課程を了へてをり、且つ入學試驗の合格者なのだから、一應の普通教育の成績を保證されてゐるはずである。それなのに、日曜日に校長宅に遊びに來る生徒と交す會話を通じて見るに、特に國史の教科での知識の缺落が顯著であり、當時の中學校の歷史教育には何か缺陷があるのではないかと思はれた。或いはこの傾向は、所謂大正教養派の世代に共通であつた普遍主義的教養理念の反映であつたかもしれない。卽ち「普遍」が一つの獨立の價値であると考へられ、ではその普遍の規矩をどこに求めるかとなると、どうしても文明開化時代以來の西歐志向型が表に出てくる。海軍の樣な造艦・機械技術が國の死命を制するといつた思考が最優先の世界ではそれも尤もであるが、まだその樣な專門的思考に入る以前の段階で西歐文明崇拜の思潮に強く影響されれば、とかく國風傳統輕視の偏つた教養理念に支配されてしまふ。

鈴木校長は、この生徒達には特に武士道を中核に据ゑての國民精神の教育が必要だと考へた。一週間に一時間でもよいからさうした講話の授業が欲しいと思ひ、橘親氏といふ文學士に依頼し、日本の歴史に於ける武士道の思想の形成過程を調査し、生徒に訓話してもらふこととした。

一般的な徳育の分野でも、當時廣島高等師範學校長を務めてゐた吉田賢龍といふ哲學者に、週一回兵學校への出講を依頼した。吉田先生の出講時には既に豫備教育の課程に高松宮宣仁親王が在籍してをられたので、宮様の哲學面での教養に何らかの効果はあつたはずだと鈴木は觀察してゐる。

これ等の所謂非常勤講師人事は、人選は專ら鈴木の目配りによるものだつたが、教務上の配慮は實質的には教頭が幹事として任に當つてくれた。鈴木の校長としての在任中、一年目も二年目も幸ひに教頭に人を得、熱心に務めてくれたので校長としてはその點で樂だつたと回想してゐる。

外部への講師依頼の他にも、常勤の教官で甚だ人格の高い、教育上の功勞の大きいと認められる數學の教官がゐたので、鈴木は特に中央（海軍省を指すのであらう）に具申して勅任官としての待遇をとつてもらつたこともある。兵學校ではこの人が最初の勅任教授となつた。

この様に鈴木は兵學校長としても、實は意外なほどに行政的手腕を發揮して、兵學校教育の水準の向上に腐心し、且つ成果を擧げてゐる。そこで彼自身の教育者としての實績はどんなものであつたのだらうか。『自傳』では我々の最も知りたいその部面での敍述が至つて淡泊で、軍人は軍人勅諭のおさとしのままに軍人としての本分に專心するだけでよい、政治問題などに關心を向けるのは邪道である、東郷元帥の精神さへ堅持してゐるならば、自身の階級の昇進などに頭を煩はす必要は無い、と常に生徒に話してゐたのだ、といつた程度で濟ませてゐる。そこが少しく物足りない。幸ひにしてここに少しく不思議な遭遇があつて、右に述べた鈴木評傳中の空白部分を埋め合せてくれる資料がある。

武士道教育の成果の一例

鈴木の兵學校長在任は大正九年の十一月末日まであつたが、その年の八月二十六日付で入校した第五十一期生の中に工藤俊作が居る。工藤は昭和十七年三月二日ジャワ海のスラバヤ沖で、前日の海戰で乘艦を擊沈された結果漂流中のイギリス艦隊の將兵四百二十二名を救助し、オランダ軍病院船に引渡すといふ作業を完遂した驅逐艦「雷《いかづち》」の艦長である。此の事蹟は敗戰後、長い間大東亞戰爭海戰史の行間に埋もれたまゝ忘却の闇に沈んでゐたが、昭和五十四年一月の工藤の死（享年七十八）から八年を過ぎた昭和六十二年になつて、その時「雷」艦に救助された當時のイギリス海軍中尉・現外交官サムエル・フォール卿が米國海軍の或る廣報紙の新年號紙上に Chivalry（騎士道）と題してこの事實を投稿したことで長かつた忘却の淵から浮かび上つた。

實は工藤の死から間もない昭和五十四年の八月にフォール卿は英海軍の連絡士官を通じて、折から遠洋航海で訪英中の海上自衞隊練習艦隊の司令官に工藤俊作中佐の現在の消息を探つてくれる樣に依賴したのだが、その當時の海上自衞隊の史料や情報網を以てしては、海兵五十一期の、しかも停戰前の昭和二十年三月に病氣で待命となつてゐる一中佐のその後の動靜を調査し把握することは無理であつた。

然るに、昭和六十二年の米海軍の機關紙でのフォール卿による舊日本海軍の一士官の示した Chivalry＝武士道への讃頌の一文に注目したのが元海上自衛隊二等海尉惠隆之介氏（防大三十二期）だつた。惠氏は更にフォール卿が一九九六（平成八）年に刊行した自傳 *My Lucky Life* の巻頭に〈元帝國海軍中佐工藤俊作に捧げる〉と銘記して、スラバヤ沖海戰翌日の工藤艦長の義擧への感謝の紙碑を刻んでゐる事を知つた。そしてフォール卿に連絡をとつた。

以下物語の委細は惠隆之介著『敵兵を救助せよ！　英国兵四二二名を救助した駆逐艦「雷」工藤艦長』（平成十八年五月、草思社刊）を讀んで頂ければよいとして、結論だけを記すならば、平成十五年十月十九日にフォール卿は、恩人工藤中佐の墓參、遺族への謝恩の訪問の可能性を期待しつつ初めて日本の土を踏んだ。フォール氏は既に八十四歳の高齢に達してゐた。この機を逸したら工藤中佐への積年の感謝の思ひを行動を以て實現することはできなくなると意を決しての來日であつた。

折からこの年の十月二十六日は海上自衛隊の第二十四回觀艦式が行はれることになつてゐた。そこで、これは曾て海上自衛隊員であつた惠氏の配慮と周旋に發しての海上幕僚監部の如何にも海の男らしいスマートな歡迎法であつたと思ふが、フォール卿は早速この觀艦式に招待を受け、且つ乘艦は觀閲部隊中隨伴隊の二番艦たる第四代の「いかづち」であつた。（因みに觀閲部隊の先導艦は「いかづち」と同型の「むらさめ」、觀閲艦は小泉純一郎總理坐乘の「しらね」、隨伴隊の一番艦は時の最新鋭のイージス艦「きりしま」であつた。）フォール卿には海幕から海將補と士官が世話係として、又外務省からは歐洲局西歐課の課長一人が接待兼通譯として付添ひ、待遇は至つて鄭重であり、且つこの日は快晴に惠まれ、排水量四千四百五十噸のＤＤＨの乘心地は上乘で、六十年ぶりで軍艦での航海を經驗したフォール卿は心から滿足した樣である。

但しこの初の來日の機會に於いては恩人工藤俊作の消息は依然として全く不明であった。工藤の終戰後の生活や墓の在處が判明するのは、フォール卿の來日と親しき面晤とを機縁として、工藤の事蹟の調査に着手した惠隆之介氏の卓拔な探索能力に依つてのことであつた。

惠氏は工藤とその夫人の墓所の所在、遺族と看做してよい縁戚、及び當時の「雷」の乘組員で辛うじて生存してゐた士官二名（そのうちのお一人は元海上自衞隊佐世保地方總監部總監を務めてをられた谷川清澄海將、「雷」航海長であった）と下士官四名を探し出して、スラバヤ沖での英艦乘組員救助作業についての體驗者の證言を記録することに成功した。

この工藤俊作の事蹟調査の一環として、惠氏は海兵第五十一期生である工藤が大正九年八月から十一月末までの三箇月、謂はばその在任期間に辛くも間に合つて、親しく薫陶を受けることの出來た鈴木貫太郎校長の教育者としての風貌と言動を發掘し、前記の著書の中に詳しく記録してくれた。その部分がこの鈴木評傳にとつての思ひがけぬ資料として役立つてくれるわけである。以下、惠氏の著書に借りて兵學校長としての鈴木の教育方針の特色を摘記してみよう。

鈴木の海兵教育の骨髓

鈴木の教育の重點が哲學と歷史に置かれてゐた事は前記の如く本人も『自傳』で語つてゐるが、惠氏によれば、校長は生徒達に先づ自由な發想に立つ行動を要求し、その結果生徒が課業終了後、クラブでピアノを彈いたり、或いは和歌を詠むといつた藝術的なゆとりを樂しむ傾向をも奬勵した樣である。一口に言へば生徒達が自由な空氣の中で洗練された教養を身につけ、先づ個性豊かな紳士として成長することを主眼とした。

昭和期の兵學校には生徒全員が暗誦を命ぜられてゐる五箇條の反省訓があり、「五省」と呼ばれてゐた。それは、昭和七年の軍人勅諭下賜五十周年の記念年に制定されたものでその齊唱が生徒間の傳統となつてゐたことは、岩田豐雄の『海軍』（昭和十七年七月より十二月まで朝日新聞連載、翌年刊）などを通じて世間にもよく知られてゐた。これは現在の海上自衛隊幹部候補生學校にも繼承されてゐる由緒の古い教訓箇條である。然し工藤俊作と同期の第五十一期生であつた大井篤の思ひ出によれば、彼が在校してゐた頃には〈そんなこと〉はやらなかつた、劃一的人間は造らない、といふのが當時の兵學校教育の根本方針だつたからだ、といふ。それならば、その自由主義的方針を定めたのは、或いは鈴木の方寸から出た江田島の教育改革の一環であつたのかもしれない。

その改革の一端として確認できる事項に「鐵拳制裁」の禁止といふことがある。これは大正八年十二月二日付で鈴木校長から「鐵拳制裁禁止」といふ告示が出された、と惠氏が該著書の中で明記してゐる。鈴木のこの校風改革の論據は、ロシア革命の發火點は軍隊内部での叛亂にあり、その叛亂の主因は將校による兵士への毆打といふ暴行の慣習化であつた、一方日本の武士道には鐵拳制裁に類する下級者への暴行が訓育として認められてゐたことはない、といふのであつた。

鈴木は日清戰爭への從軍、日露戰爭前夜に於ける歐洲留學等を通じて諸外國の軍隊・兵士の道德水準の實態をよく見てゐた。それに比べての日本の下士官・兵卒の品行方正、能力の優秀をよく認識してゐた。そしてその水準の高さが、部下に對し嚴しいながらもその人格の尊嚴を認めるが故の慈訓を以て臨む上官の指導によつて育くまれるとの認識を有してゐた。

大正九年十一月一日に明治神宮の竣工に伴なつて御鎭座祭が齋行されてゐるが、この日に鈴木は江田島で「明治天皇の御遺德を偲び奉る」訓話を行ひ、かの日露戰爭の勃發に際しての御製〈よもの海みなはらからと思ふ世になど波風のたちさわぐらむ〉に詠まれてゐる四海同胞の大御心を說き聞かせると同時に、乃木將軍が明治天皇の御諚を帶して、水師營での會見に際し、降伏の敵將ステッセル將軍に帶劍を認めてその名譽を守らしめた故事を語つてゐる。この時鈴木の念頭には大正六年三月八日にロシアの黑海艦隊で水兵の叛亂が發生した際、司令官アレクサンドル・コルチャコフ提督が彼の指揮刀を奪ひ取らうとした叛亂の水兵に向つて、旅順で我が軍を降伏させた日本軍でさへ、指揮官の刀を奪はうとはしなかつたのだ、と激怒し、自らその刀を海中に投じてしまつたといふ逸話があつたのではないか、と惠氏は推測してゐる。

因みにこれより五日後の十一月十六日に、皇太子裕仁親王が兵學校に行啓になつてゐる。親王は折柄九州に於ける陸軍特別大演習を、大正天皇の代理として御視察のため、十一月四日以來西下されて、熊本、大分兩縣にわたつての演習に臨御されてゐたが、演習の終了後、十五日に下關で御召艦「伊吹」に御乘艦になり、十六日午前八時に江田島灣內に御到着、吳鎭守府司令長官村上格一以下幕僚のお出迎へを受け、九時半に表棧橋より江田島に上陸された。

當時兵學校には高松宮宣仁親王、華頂宮博忠王、久邇宮朝融王が生徒として在校中であつたから、裕仁親王は先づ三人の宮樣と御對面になり、續けて鈴木校長から兵學校教育の現狀についての諸種の言上を御聴取の上、學校の設備や教育の現場を巡覽された。宣仁親王と御晝餐を共にされた後、午後には曾つて御幼少時代の侍女であつた鈴木校長夫人たか女に謁を賜つてもゐる。

鈴木校長には翌十七日の朝にも御召艦「伊吹」の艦内で賜謁されてゐる。此度の行啓での兩度の御引見に際して、裕仁親王と鈴木校長との閒で、兵學校に於ける武士道教育の苦心についての話題が出、何がしかの御諚と奏上が交されたのではないか、とは著者の想像に留めてはおくが、有り得る事と言つてよいであらう。

十一月一日の記念講話で鈴木校長が生徒に對して最も强調したかつた訓諭の骨髓は言ふまでもなく「武士道」の範例であつた。國史教育の中核として外部講師に武士道發達の歷史を講じてもらつたことは先に記したが、鈴木が腦裡に思ひ描いてゐた武士道の神髓は、たぶん旅順要塞開城に際して乃木希典が降將ステッセルに對して示したChivalryと重なつて見えてゐた。そしてその教訓を深く心底に刻んで忘れなかつたのが、大正九年の秋わづか三箇月閒鈴木の武士道訓育に接した工藤俊作であり、彼に於いて開花したその鴻敎の具現が昭和十七年三月のスラバヤ沖の義擧であつたと見てよいであらう。

鐵拳制裁の禁止、及び武士道精神の理解を中核とする歷史・哲學教育の重視の他にも擧げておいてよいと思ふ鈴木の改革は、試驗成績の公表といふ慣例を廢止したことで、これは學業への精勵の動機にとかく出世競爭の意識が絡んでくるのを防ぐためであつた。但しこの配慮がその後の江田島の教育に定着したとは考へにくい。校外の世閒でもよく知られてゐる通り、兵學校での卒業席次はハンモックナンバーといふ妙な通稱で、海軍士官には生涯つきまとつて離れない烙印であつた。日本海軍も亦、凡そ大きな組織體の成長と整備に伴なふ成員の官僚化といふ弊害を免れることはできなかつた。

「海軍兵學校校長訓示錄」

その他一般的な文脈での鈴木の教育方針に就いては、惠氏が上記著書の中に「海軍兵學校校長訓示錄」から何箇所か引用してゐる。文語體で筆錄されてゐるその中から若干を普通の文章體に直して引いてみると、大正九年七月に「自主的研究心を必要とす」と題する以下の如き訓話がある。曰く、〈兵學校の教育はとかく外から注入せられる知識に受動的に對處する傾向があり、これが自然に他者への依頼心を生ぜしめることになる。これは大いに警戒すべきことである。我が日本海軍は今やこれだけの大を成したのであるから全てに亙つて獨立獨歩の覺悟がなくてはならない。曾て日露戰爭以前の段階では諸外國が諸種の分野に於て吾々に教示してくれる立場に在つた。然しこの戰爭の後は我が國が大いに國威を發揚し、強大國の一となつた現況が知られるに及んで、彼等列強は忽ち我が國に對し祕密主義を採るに至つた。就中英米兩國の如きはその傾向が顯著である。この現實に鑒み、吾々は英米に對する拜跪の姿勢を脱却して自立獨歩の大覺悟を決めなければならない〉云々。

又「大正教養派」とか「大正デモクラシー」といつた歷史學上の標語が示唆する如き、唯物論の色彩に濃く染まつた近代主義、更にはマルクス主義的階級鬪爭理論の飛沫が兵學校生徒の一部の者の腦裡にはねかかつてゐる現象すら既に看て取れた。鈴木の次の訓示は、さうした風潮を念頭に置いてのものであらう。曰く、〈世間一般の青年の在り樣を見るに、氣概に於いて大いに缺ける所がある。何故に斯様な氣概の缺如を惹起したのか。試に當今の思想界を觀察してみるに、例へば今世に行はれてゐる書物の多くは或る特殊な局部的思想に偏してゐる。新聞紙上の論説等も亦多くは、眞に國家の前途を憂へ、又は國民大衆に示すべき指針に於いて大局的態度を缺いてゐる。根本の大精神を示すことなく、唯一局部を捉へての論議に終始する偏向があるのは、（靑年に大なる氣宇の生じて來ない）この風潮の主因であらう……〉と論じ、又兵學校の生徒採用方法が世界中で他に類例を見ない平等主義に徹してゐるものであると指摘し、イギリスやドイツの兵學校では貴族や富豪の子弟でなければ入學を認めない規定が現に有り、アメリカでは試驗成績に加へて代議士の推選狀を必須とする、と對比してゐるのは、或いは外來の階級鬪爭理論などによる校風の汚染を未然に防ぐための豫防の一端であつたかもしれない。

工藤俊作や大井篤等第五十一期生の入校式（大正九年八月二十六日）での訓示は次の如き主旨であつた。これも敷衍文を以て示すと、稍〻長くなるが、曰く、〈諸君は多年の勉勵の結果、本日めでたく入校なされたこと、國家のため又諸君自身のためにも慶賀に堪へない。入校成りし上は專心勉强して本校に於ける三箇年の教程を修了し、立派な海軍將校として國家のために大いに努力してくれることを望むばかりである。／惟ふに諸君が海軍入りを志願した動機は、或いは生れつき海軍好きであつたとか、或いは海軍士官の風姿の颯爽たるに憧れたとか、或いは家庭の事情によるもの、又は遠洋航海の愉快な體驗を聞いて志願したなど、その動機は種々樣々であつたであらう。／然しながら、その動機の如何に拘らず、既に諸君が一度《ひとたび》海軍に入つた以上は、大なる自覺と堅固なる決心を以て海軍のために盡すを本分とせねばならない。抑ゝ國家を保護《ほうご》し（「軍人勅諭」の語彙）、國民の安寧幸福を確保することこそ國家が軍隊を保持することの目的なのである。／然れば吾々は自らの職責の重要なるを知ると共に自分の責任が如何に重大なるかを自づから了解し得るはずであり、諸君はこの職責に對し大なる決心と努力とを以て事に當る覺悟でなくてはならない。／この私にしても海軍入りを志《こころざ》した當時は海軍の狀況について全く何も知らぬままであつたが、兵學校に入つてみて初めて、其の職責の高尙なると重要なるとに開眼し、強い自覺を懷くに至つたものである。そしてその自覺なるものは、國家の安寧秩序を維持し、以て悠久無邊の我國を保護すべき義務を負つた軍人といふ最も名譽ある自覺であつて、そこから此の重大なる任務を遂行せんがための堅固なる決心も生じて來たのだ。／抑ゝ我が帝國に軍隊の存立する所以は、諸外國に例を見る如き、他國の領土に向けての侵略的野心の故ではない。又國際政治の上で橫暴な力を振はんがためでもない。それは實に千載一遇といふべき世界に唯一の我が國家を護り、國威を發揚し、以て金甌無缺の我が國體を永遠に維持せんとの趣旨以外の何ものでもない。此の事の詳細に就いては他日又述べる機會もあるであらう。／なほ此の機會に諸君に一言しておくべき事がある。それは諸君は秩序を重んずる精神を養ふべしといふ事である。秩序とは宇宙萬物の存續の條件であつて、例へば太陽系の運行の如きものである。一度此の秩序の亂れたる時はこの運行の保たれる由なく或いは太陽と地球の衝突といふ事も起るかもしれぬ。軍隊に於いても亦然りであつて秩序の亂れたる軍隊とは所謂烏合の衆と同じことである。軍隊なるものは秩序を保ち得て初めて、國家に對しての重大なる任務を果し得るもので、肝腎なのは紀律であり軍紀である。今日以後諸君は此の秩序を守り、上長の命令には維れ従ひ、上級者の指導には服さねばならぬ。本校に於いては上級生徒は常に懇切に下級生徒を指導すべき事になつてゐる。故に新入の諸君は能くその指導に従ひ、兄事することを通じて以て其の本分を盡すべく努めんことを望むものである〉

引用が少〻長くなつたし、敷衍文が果して鈴木の口調を再現し得てゐるかについて自信はないが、『自傳』に語り洩らされてゐる教育者としての鈴木の信條と、且つ日本海軍が平時にして最も上げ潮に乘つてゐた時期の精神狀況をよく反映してゐる發言と見られるものなので敢へて字數を費してみた。

この校長の訓示を受けた五十一期の工藤の同期には前記の大井篤の他にも小園安名《こぞのやすな》の名が海軍史上の特異な存在である。

大井は山形縣人といふ點では米澤出身の工藤の同縣人だが出身は鶴岡市、大正十二年に卒業して任官の後、昭和三年から五年にかけて海軍委託派遣學生として東京外國語學校に學び英語科を修了し、その後更に語學留學生として一年半アメリカの大學に留學してゐる。當然國際關係の情報に通じ、昭和十二年の軍令部イギリス擔當主務部員の頃には日獨伊三國同盟の危險性を強く認識してをり、米內光政海軍大臣の求めに應じて意見を具申したこともあつた。日米開戰後は「大和」「武藏」の象徴する大艦巨砲主義に嚴しく反對する立場を取り、作戰參謀として海上護衛戰の重要性について卓拔な先見の明を有してゐたことが評價されてゐる。終戰の大詔を奉戴した際には軍令部員として承詔必謹の立場を嚴守した點で、厚木航空隊司令を務めてゐた同期の小園安名が徹底抗戰を叫び、叛亂部隊と認定され、軍法會議で遂に黨與抗命罪の判決を受け、失官の上收監されたのとは鋭い對照を成してゐる。

大井は戰後も平成六年暮に九十二歳で死去するまで精力的に大東亞戰爭の敗因の研究に努める傍、海上自衛隊として復活した日本海軍の再建に沒頭した中山定義、内田一臣、中村悌次の諸海將と提携して、終戰工作に盡瘁した高木惣吉少將の顯彰事業に民間人の立場から盡力した。工藤俊作とは違つた脈絡で、鈴木校長の薫陶を生かし、忠實なる海軍軍人としての本分を盡した人物と言へよう。

3 北海行

ワシントン會議前夜の日本海軍

大正九年十二月、海軍兵學校長を免ぜられ、第二艦隊司令長官に補せられて再び艦隊勤務に就くこととなつた。この勤務では大正十年秋の日本海での大演習が強く記憶に殘る猛訓練の經驗だつたと『自傳』では語つてゐるが、その演習の少し前の大正十年八月三十一日には歐洲御巡遊から御歸航の皇太子裕仁親王の御奉迎に艦隊を率ゐて出てゐる。卽ち親王の御召艦隊である「香取」「鹿島」の第三艦隊は八月三十一日午前九時頃に九州南端部を通過する豫定だつたので、栃内曾次郎第一艦隊司令長官が「扶桑」に坐乘して率ゐる第一艦隊と共に、鈴木は第二艦隊の旗艦「金剛」に乘り、二番艦「霧島」以下を率ゐて早朝に志布志灣を出航し、第三艦隊と反航する形で奉迎航海を果した。やがてその翌年の七月には第三艦隊司令長官として攝政宮殿下を御召艦「日向」にお迎へし、親しく供奉する機會を得ることになるのだが、この奉迎はその御緣の豫兆の如くでもあつた。

その年の秋十月に日本海で鈴木の記憶に強く残る大演習があつた。どんな意味で記憶に殘つたのかといふと、大正七年九月の五島沖での大演習の際のそれと一寸似てゐて、司令官としての鈴木の戰意が熾烈であつたことから戰鬪開始が少し早過ぎたとの判定を受けたことである。津輕海峽を拔けて南下してくる赤軍（想定敵）艦隊を第一艦隊と第二艦隊が合同して迎擊するとの設想であつた所、赤軍艦隊の出現が豫想より早く、第二艦隊が本隊を追尾して合同を遂げるより前に赤軍が接近して來てしまつた。そこで襲擊を開始したため、第一艦隊の出番が來ないうちに演習は終結を命ぜられた。豫定の行動に入れないうちに時間切れといふことで演習を終了するのは燃料の浪費を防ぐとの要請によるものださうである。

この時の鈴木の指揮について、本隊との合同を遂げないうちに砲門を開いてしまつたのはよくないといふ演習統監山下源太郎軍令部長の講評と、實戰だつたら彼處で砲擊を開始できない指揮官は單なる卑怯者だといふ名和大將の判定とが眞向から對立した。只、兩提督は同じクラスの親友同士なので、互ひに遠慮のない意見をぶつけ合ふことができた由である。夫々の批評が評定を受ける側にとつても有益な教訓となつたらしい。

その年の十一月進級會議の後、加藤友三郎海軍大臣の招待宴があつた。その席上で海相は、現在膨大なものになりつつある海軍經費について說明し、長官級の面々に經費節約の要望を說いた。鈴木は參會者の中では後任に屬する長官であつたが敢へて海相への質問に及んだ。その趣旨は、——艦隊の實力の基礎は猛訓練にある。訓練の觀點から言へば第二艦隊の編制が「金剛」「霧島」の二隻だけといふのは小さすぎる。二隻では海上では二點を構成することができるだけで單縱陣で動くにしても直線と曲線の區別もつかない、編制の擴充が海相の說かれる節約と撞着するならば、いつそのこと第一艦隊に統合しては如何か、と述べた。これはかなり强硬な批判と響いたことであらう。加藤海相は苦い顏をして聞いてゐたが、君の御意見は御尤もである、第二艦隊は第一艦隊に統合しよう、さうなると君は待命になるよ、との答だつた。鈴木は笑ひながら、待命なら兵學校卒業以來の休みなしの勤務から解放されて休息できる、大いに結構です、と答へた。加藤海相の云ふ〈待命〉はもちろん冗談で、鈴木の提言を尤もとする反語である。

事實それから間もない十二月一日の異動で、第二艦隊は一時編制を解かれ、鈴木は第三艦隊司令長官に補せられた。第三艦隊といつても、皇太子殿下御訪歐の際の御召艦隊は夙に解散してをり、新編制の第三艦隊はロシア領沿海州から支那沿岸にかけての警備艦隊であり、戰艦「安藝」（間もなく「日向」に交替）と巡洋艦「春日」及び驅逐艦部隊が一隊といふ編制であつた。

艦隊司令長官は親補職なので親補式がある。その少し前の十一月二十五日に攝政宮に就任せられた皇太子裕仁親王にとつては初めての親補式であり、十一月十三日付で（原敬首相横死の後を受けて）内閣總理大臣となつた高橋是淸にも亦初めての親補式侍立であつた。

鈴木自身もこの親補式は（第二艦隊司令長官就任を入れて二度目であるが）晴れがましい儀式であつたから、禮裝に身を整へて高輪の東宮御所に出向かうとしてゐると新聞記者が來て寫眞を撮つて行つた。この寫眞は如何なる經路を經てか米紙ワシントンポストに載り、二箇月ほど後に掲載紙が鈴木の手許に送られて來たが、そこには〈この人の容貌は平和的ではない〉とのコメントがついてゐる。鈴木はそれを大正七年のサンフランシスコで大成功を收めた時の演説に對する米國新聞界からの一種の應答なのであらうと、餘裕綽々と見て過した。

この親補式の頃には、鈴木の第三艦隊司令長官への補任を發令した加藤友三郎海相はワシントン軍縮會議へ日本全權として出席し、主として米國の要求を相手に惡戰苦鬪を續けてゐた。そして十二月十三日には既に日英同盟の廢棄を意味する日英米佛の四國協約に調印を餘儀なくされてゐる。英國にとつても不本意な日英同盟の停止であり、日英兩國代表の緊張と不快の澁面とは對照的に露骨に北叟笑んだのはアメリカ代表とオブザーヴァーの中華民國使節とであつた。

これは皇太子裕仁親王の御訪英大成功に象徴される日英間の親善關係の最高頂に最初の暗い翳りが投げかけられた瞬間であつた。鈴木にもその不吉は强く感じ取られた。然し鈴木も亦加藤全權の內心の苦衷を深層に於いて共有するものであり、軍縮條約のその決定に當座不滿ではあつても、やがてその處置の妥當であつたことを肯定し、加藤の決斷を尊敬する見地に立つに至つた。

シベリア出兵の最終段階を見る

第三艦隊は大正十一年五月二十四日に舞鶴を出港し、ウラヂオストック方面に向つた。時は大正七年八月に始まつた所謂シベリア出兵の最終段階で、シベリアに展開した陸軍は駐兵地域の縮小に向ひ始めてをり、この段階ではウラヂオストックと沿海州に部隊を後退・集結させてゐた。そこでの鈴木司令長官の觀察は實情をよく把握してゐるのではないかと思はれて面白い。卽ち『自傳』をみると、〈ウラヂオストックに行つてみると、何だかあの時の狀況は戰爭をしてよいのか惡いのか頗る曖昧で、兵隊は倦怠を生じて皆歸りたいといふ氣分であつた。師團長も心配して、かういふ風なら引揚げた方がよいといふ意見を言つて居られた。それは政府の方針が曖昧であり、在野の政黨は頻にアメリカに氣兼ねして撤兵論をいふ（引用者注、アメリカは大正九年一月に「共同出兵」の打ち切りを通告して以後、日本軍の駐留繼續に猜疑心を懷き、不滿を募らせてゐた）。日本の政黨は國家觀念に缺乏してただ現政府のアラを探して取つて代らうとする政權爭奪より外の識見が無い。政府も（引用者注、大正十一年五月頃のこととすれば高橋是清內閣）斷乎たる決意を持つてゐないから、それが方針の一定しない原因で、出先の軍人としてはどうしてよいか判らないで困つて居つた〉といふのである。

第三艦隊はウラヂオストックから北上し、間宮海峽に入り、樺太の北緯五十度線を越えた地に在るアレキサンドロフスク、海峽を距てた對岸のデカストリに寄り、間宮海峽の北の出口に近い黑龍江河口のニコライエフスクに入つた。言ふまでもなくその二年前の五月二十五日ソヴィエトのパルチザンによる日本軍人と民間居留民大虐殺事件（尼港事件）が發生した慘劇の記憶の消えやらぬ町である。だから駐留の日本軍にもウラヂオストックとは違つた緊張があつた。黑龍江を溯つてマリンスクまで行くとそこには海軍の根據地がありその年の冬はそこで過す覺悟の舍營の準備をしてゐた。ところが引返して又ニコライエフスクに下つてくると黑龍江一帶からの撤兵の情報が傳はつて來てゐた（とすればそれは大正十一年六月十二日の加藤友三郎內閣成立の頃であつたらう）。鈴木の見た所では、ニコライエフスクを據點としての北方の一帶はまだ日本軍の秩序維持力を減殺してはならぬと思はれた。そこで又アレキサンドロフスクに駐在してゐる派遣軍の司令官町田經宇中將に會ひ、意見を交換してみると、ウラヂオストック邊りからは撤兵もよいだらうが、樺太の安全のためにも北方の駐留は續けた方がよい、といふことで意見が一致した。そこで鈴木が、東京に歸つたらその樣に總理大臣に意見を具申してみる、町田中將からは、是非賴む、といふことで別れた。

この時鈴木の腦裡には、新首相加藤友三郎ならば虛心に自分の意見に耳を傾けてくれようとの希望があつたと思はれる。そこでその心算で六月下旬に大湊まで戻つてくると、攝政宮殿下の北海道行啓につき、第三艦隊旗艦「日向」が御召艦となり、艦隊が隨伴する、青森で殿下の御乘艦をお迎へせよ、との命令が待つてゐて、鈴木は東京に戻る機を逸した。ともかくも青森に入つて殿下をお迎へし、函館までお送りして北海道御巡視中海上でお待ち申し上げるうちに、これは六月二十四日であつたが加藤友三郎內閣はシベリア派遣軍の撤退を聲明した。鈴木は、間に合はなかつた、と悟つてそれなら電報ででも急の意見具申に及ぶべきであつたと後悔したが遲かつた。アレキサンドロフスクに本據を置く北樺太駐留軍のみはなほ殘つたが、この年の十月末には黑龍江沿岸を含む全シベリア地域からの日本軍の撤兵は完了し、國費の莫大な消費と長期遠征の徒勞感のみを殘して所謂シベリア出兵は終つた。

攝政宮殿下への供奉

鈴木の指揮する御召艦「日向」は小樽港に回航して攝政宮殿下の還啓をお待ち申し上げた。御歸路は津輕海峽を通過して三陸沖を南下し、房總半島を廻つて橫須賀へといふ航路であつた。この航海は三陸沖から常總海岸にかけての間に低氣壓の通過に遭ひ、「日向」の樣な大艦でも十五・六度から二十度くらゐにまで傾いた。攝政宮は歐洲御巡遊の際の長途の航海でも船にお強いことを示してをられたが、この度も船の動揺に格別の御疲労もなく、時折上甲板にお立ちになつて航海をお楽しみになつてゐる御様子だつた。この時鈴木は艦長として、青森から函館までは僅かの時間であつたが、帰路の小樽から横須賀までは数日間、晝夜裕仁親王に近侍申し上げて御接伴に務めた。この事が後年の御親近と、特に鈴木といふ人物への信頼の御厚情の最初の布石となつたかと思はれる。

軍令部長を務めた三年間には、既に即位されて大元帥陛下となられた天皇の大演習御統帥に近侍する栄誉も得、退官後に侍従長を拝命することになる御信任もその時に築かれたのであらうと思はれるが、やはり、陛下とお呼びすべき間柄と、摂政宮＝皇太子としてお世話申し上げる場合とでは少しの違ひは双方にあつたかと推測される。

4　呉鎮守府長官

海軍大臣就任辞退

大正十一年七月、摂政宮殿下の北海道行啓よりの御帰途航海に供奉して無事横須賀に戻つて間もなく、二十七日付で呉鎮守府司令長官に補せられ、夏の暑い盛りに呉に赴任することになつた。新任の長官には鎮守府管轄内の部隊・廳舎・工廠・倉庫等を検閲する任務がある。これが案外の大仕事で二週間くらゐかかつた。初めの二・三日は午前午後通して廻つてゐたが、あまりの暑さに長官も随員も疲労してしまひ、それからは午前と午後に分けて半日づつ實施することにした。律氣な鈴木の事であるから表面的な巡視ではなく、實情をよく把握するための入念な檢閲なので、工廠なども數日を費した、と回想してゐる。實情把握の成果は、鈴木自身は特に觸れてゐないけれども、關東大震災の報に接しての救援物資急送に際しておそらく役立つたことであらう。

明けて大正十二年の春、加藤友三郎內閣では總理が海軍大臣を兼ねてゐたが、忙しすぎるので專任の海相を置く必要を感じ、總理は五月半ばに人事局の長谷川淸大將を介して鈴木に就任を求めた。鈴木には大正三年から六年にかけて恰も第一次歐洲大戰勃發の時期に八代海相、加藤海相を補佐して海軍次官を務め、その時に意外なほどの政治的手腕を發揮していくつかの難題を巧みに切り拔けた記憶があるはずだつた。だがそれは、その時その位置に居れば已むを得ず、との覺悟を決めて果した責務であり、己の政治的意欲から求めてやつた仕事ではなかつた。鈴木は表向きには依然として、自分は戰爭技術者としての軍人の本務に徹して來たのであつて政治の事は嫌ひである、で通して來た。そこで此の時も知己と看做すべき加藤友三郎の折角の要請ではあるが、端的に自分の所思を述べて大臣の口は辭退した。加藤は、鈴木の答は豫期した通りだ、と苦笑して了解し、結局鈴木より一期下の財部彪が加藤內閣の海相に就任し、以後昭和五年ロンドン海軍軍縮會議の時まで歷代內閣で頻りに海相の椅子に坐る事になる。

加藤は激務の上に大腸癌を病んでゐて、とかく公務に支障を生じたが、八月二十四日に總理の現職のまま死去した。取り敢へず內田康哉外相が臨時に首相代理となり、後繼內閣首班としては、加藤の政治的支援の地盤であつた山本權兵衞に大命が降下したのだが、その組閣も濟まぬうちに九月一日の關東大震災が發生する。

關東大震災に際して

關東大震災は、呉から見てゐると午後四時頃に朝日新聞社の支社に情報が入り、靜岡方面に大火災があつて靜岡以東は通信交通一切不通といふのが第一報であつた。夜九時頃になつて鎭守府の無線電信が、橫濱全市が地震と火災で壞滅狀態との救急電報を感受して長官に通報して來た。橫濱の大事なら先づ橫須賀が狀況を把握し、橫須賀から呉への公電となりさうなのに、無線電信を使つてゐるといふのは橫須賀も、東京の海軍省も通信機能が麻痺するほどの被害を受けたのだと推測するより他なかつた。後日判つた所では、呉が感取した第一報は神奈川縣の警察部長が自ら海に飛び込んで碇泊中の船（船籍は不明）に泳ぎつき、その船の無電を借りて打つたものだつた。

鈴木は翌九月二日の朝六時に鎭守府幕僚を召集して東京救援の評議に入つた。鈴木の偉い所は、通信杜絶で中央の指令を待つ餘地がないと判斷した時點で直ちに指揮官としての獨斷專行を決意し、實行に移した事である。鈴木は呉所屬の各艦の艦長を召集して事情を聽取し、可能な限り早急に糧食衣料品等を搭載し、衞生隊員をも乘込ませての出港準備を命令した。一番迅速に準備が出來たのは巡洋艦「平戶」で、九月二日の午後五時に出港した。それに續いて數隻の軍艦が救援態勢を整へて關東に向つた。

本來ならば海軍の倉庫から物資を搬出するのは海軍大臣の許可を要することで、長官の獨斷を經理部ではかなり心配したらしいが、鈴木は、手續不備の責任は長官が取る、とて全ての倉庫を開けさせ、救援物資として有用と思はれるものを軍艦に積んで東京に送つた。戰艦「扶桑」までもが大阪にある陸軍の備蓄米を東京に運ぶ輸送艦の役割を果したさうである。

九月三日の正午近くなつて漸く海軍省との連絡がとれたが、それは千葉縣の船橋送信所が發信し、佐世保鎭守府にある強力な無線電信裝置が捉へてそれを呉に轉送するといふ迂路を取つた。かうして海軍省から呉に向けての救援物資送付の要請が屆いた頃には、眞先に出航した「平戶」は既に土佐灣の沖を東京に向つて全速航行してゐた。

幸ひにして鈴木長官の獨斷は機宜を得た處置として認められ、中央からも法規違反のお咎めならぬ感謝の公報が寄せられて來た。緊急時には複數の選擇肢のある對應手段の中で何が最も大切であるかを心得てゐた鈴木の平常心が極めて有効に作動した、代表的な事例であつた。

鈴木自身と大震災との關係であるが、丁度夏休みの終る寸前であつたから、母親も子息の一《はじめ》（二十二歲）も呉に來てゐたので地震には遭はずに濟んだ。既に嫁いでゐた長女さかえも偶〻房州勝山の海水浴場に行つてゐて、住居の半潰には遭つたが無事だつた。次女のミツ子は十七歲の女學生で東京市內にゐたが、居所の本鄕は火災の被害はなく、地震での怖しい思ひをしただけで濟んだ。震災のために諸學校の新學期開始がおくれたため、鈴木家では呉に家族が集つて久しぶりに一緒に暮すことができた。

氣の毒だつたのは鈴木の衣裳の損害である。八月初めに海軍大將への昇任が發令されたから、鈴木は大將用の大禮服、通常禮服、軍裝一式等を、海軍の慣例通り東京の服屋に注文しておいたのだが、出來上つたばかりで未だ受取らぬうちに火事で皆燒けてしまつた。自身が東京に居て被害を受けたのなら、官から見舞金の形で補償も出たものらしいが、身柄は呉に居て全く安全だつたので數千圓分の損害はまるまる鈴木自身がかぶるより他なかつた。大將になるのがもう少し遲ければこんな損害には遭はずに濟んだのだが――といふのが鈴木のぼやきであつた。

周知の話であるが大震災勃發の當日には、山本權兵衞次期首相は、まだ組閣を濟ませてをらず、總理大臣が不在である。內田康哉外相が臨時首相代理になつてゐた。もちろん愚圖々々してゐられる場合ではないから、山本內閣は大震災發生の翌日九月二日付で成立した。海軍大臣には加藤內閣の財部彪が留任した。これも周知の如く山本內閣はこの年十二月二十七日の虎ノ門事件の責任を取つて暮の二十九日には總辭職した。僅か四箇月足らずの短命內閣だつた。後繼の新內閣は明けて大正十三年一月七日に成立したが、此も同年六月七日に終る短命の淸浦奎吾內閣で、海軍大臣には村上格一が就任した。

排日移民法の成立

この年一月二十六日、大震災で延期になつてゐた攝政宮裕仁親王と久邇宮良子女王との御成婚の式が擧行される。披露の祝宴は五月三十一日であつたが、恰度慶事の準備が進んでゐるその頃、アメリカ合衆國連邦議會では日本人の排斥、土地所有禁止を內容とする新移民法案の審議が進んでゐた。その內容について埴原正直駐米大使が米國務長官ヒユーズに提出した抗議書の中の、かかる法案が成立すれば〈重大なる結果〉を招くであらうとの文言が外交文書としては脅迫がましいといふことで問題化し、却つてこの法案の成立を促進する契機となつてしまつた。日本政府も嚴重な抗議書をアメリカ國務省宛に送付した。その文書を埴原大使が米政府に提出したのが御成婚祝宴當日の五月三十一日（米國東部時間では三十日）である。

後年（昭和二十一年三月）、昭和天皇が『獨白錄』の中で〈黄白の差別感は依然殘存し加州移民拒否の如きは日本國民を憤慨させるに充分なものである〉と慨嘆せられた、アメリカの對日挑發・挑戰の最初の一手である。

日本人の心底に深く蟠つてゐた反米感情は此で決定的となつた。日英同盟の廢棄、所謂ワシントン體制を以てしての日本締め付けの重壓を強く感じ始めてゐた海軍も、アメリカを假想敵國としての軍事作戰を研究課題とする必要があつた。大正十三年にはその設想の下に大演習が計畫されてゐた。

そんな背景があつて、吳鎭守府長官を最後にそろ〳〵後進に道を讓ることを考へてもよいのではないか、と思ひ始めてゐた鈴木の軍人としての力量を、海軍はさう簡單に眼から離すことはできなかつた。十三年一月、これはまだ排日移民法が成立するよりは前の事であるが、對米軍事作戰研究の場としての大演習を念頭に置いて、鈴木は遂に聯合艦隊司令長官の大任を引受けることになつた。

第九章　最高の顯職へ

1　聯合艦隊司令長官

大正十三年一月二十七日付で鈴木は第一艦隊兼聯合艦隊司令長官に補任された。海上勤務としては海軍の最高の地位である。實は鈴木の前任者は竹下勇大將で兵學校では鈴木の一級下であつた。後輩の竹下がその地位に居たのだから年功序列の尺度だけで測れば、鈴木にはもうその地位は巡つて來ないと思はれたのだが、どういふ風の吹き廻しかさうなつた。後で判明したところでは、大正十三年秋に米國を假想敵國としての海軍大演習が豫定されてをり、さうなるとこれは水雷戰術の第一人者としての實戰經驗を積んでゐる鈴木の出番だと目されたものらしかつた。鈴木自身〈この位置こそは海軍軍人としてかねて望んでもかち得られぬ最も光榮ある地位であつた〉と回想してゐるほどである。中佐進級時に後輩の竹下や小栗に先を越されて憤慨した昔のこ

戰艦「長門」坐乘

とは全く忘れてをり、この地位に就けたことを、意外とも思つて喜んだ様である。

發令を受けて三田尻（現、山口縣防府市）沖に碇泊中の聯合艦隊旗艦「長門」に乘艦した。「長門」は大東亞戰爭を停戰まで生き延びた唯一の戰艦であり、開戰とほぼ同時期に竣工した「大和」「武藏」に規模の點では凌駕されたが、大正九年の完成時には明らかに世界一の强力な大戰艦であつた。十六吋砲八門といふ重武裝でありながら最高速力二六・五ノットといふ俊足はイギリス海軍の戰艦中にも此に比肩する艦はなかつた。大正十三年には同型艦の「陸奥」も完成して第一艦隊に屬した。他に二隻の戰艦「山城」「扶桑」が配屬されてあり、又加藤寛治が司令長官を務める第二艦隊には「金剛」「榛名」「霧島」「比叡」の四巡洋戰艦（大東亞戰爭開戰時には戰艦に昇格）が屬してゐた。此等當時世界に誇るに足る優秀な大艦群を麾下に有する聯合艦隊司令長官の地位には、名利の欲には遠い鈴木とても深い滿足の感を禁じ得なかつたであらう。

早速に開始された第一艦隊の訓練は、艦隊訓練に先んじて先づ各個訓練であり、鈴木統率下の艦隊にふさはしく水雷發射の技術に研究を重ねてゐた。戰艦・大型巡洋艦ももちろん魚雷發射管を備へてゐるが、驅逐艦・水雷艇の如く高速で運動しながら水雷を射つ小型艦には又特別の技術・工夫が必要となる。潛水艦は言ふまでもなく魚型水雷が主要武器である。

當時の水雷は構造の上では性能が向上し、到達距離は二・三千米にまで伸びてゐた。何分高價な武器であるから、水雷戰の訓練の際には發射し放しといふわけにはゆかず、目標まで達したら水面に浮び上り、仕掛けてある藥品が空氣にふれて煙を出す樣に出來てゐる。その煙を目當てに、飛行機などで監視しては回收し、再度空氣を充塡して又使用することにしてゐた。

然し當時の水雷はその個々の製品については甚だ出來・不出來があり、途中で沈沒してしまつて回收不可能なものがかなり出る。さうなると、現場の取扱ひが惡いからだ、といつて詰る艦隊幕僚と、實際の發射を擔當する兵員との間での對立も生ずる。元來水雷屋である司令長官の鈴木が注意深く觀察してみると、製造する側では、軍港內の靜かな水面で發射してみてこれで良しと判定するのだが、驅逐艦などが高速で發射する時は、魚雷が水面に落ちた時に受ける衝擊で、進行の安定度に狂ひが生ずる。新造の兵器として採用する際の試驗が不十分であるとの意見が出て、そこで製造する工廠の方でも、使用する艦隊の側でも改良すべき點を硏究し、その結果を合せて製造の際の參考とする體制が成立した。鈴木の樣な實戰經驗の豐かな人物を長官に迎へた効果が早速に現れた形である。

かうしてその二・三年後には日本海軍の水雷はかなり水準が向上するのであるが、それまでの應急處置としては水雷の上部に板を打ち付けて沈沒や轉倒を防いだりしたのが、それでもある程度の効果はあつたさうである。

艦隊司令長官としての鈴木は、實戰の役に立たない樣な水雷などいくら海に沈んでしまつてもかまはない、といつた强氣な態度を取つてゐたらしい。然し他方で軍政側には、高價な水雷がそんなに紛失する樣なら少し訓練の方を控へてもらひたい、との愚癡もあつた。時の海軍大臣は任期の短かつた淸浦奎吾內閣（大正十三年一月―六月）の村上格一大將であつたが、ある機會に鈴木がこの件を話すと、大いに同調して、實際の役に立たない水雷など捨ててしまつてもかまはない、そんなことで訓練を控へる必要はない、との甚だよい返事で、大臣から艦政本部にも厳しい意見を言ひ入れたらしい。當時はワシントン條約體制の束縛が嚴しく、對米六割に制限された不足分を、潜水艦等の補助艦艇で補ふ工夫が凝らされ、この大正十三年には末次信正（當時少將）が司令官となつて潜水戰隊が編制され、猛訓練が開始されてゐた。主力艦隊に參加して共に行動できる様な潛水艦が造艦技術の上でも操艦技術の上でも成功の見込がついたのが當に此の年である。鈴木司令長官と村上海相との協調により、水雷戰術の練成のためには訓練用水雷の紛失などに吝嗇をするな、との氣風が生じたことは海軍全體のためには大いなる貢獻であつた。

青島・廈門周航

春の間は個別訓練で各艦が腕を磨き、それが一通り濟んだところで聯合艦隊は支那大陸沿岸へ巡航に出た。第一艦隊は青島を經て南下し、臺灣海峽の大陸側の海港廈門に行き、臺灣では高雄及び一部は基隆に碇泊した。支那沿岸の寄港先としてありさうな上海には寄らなかつたのか、『自傳』には言及がない。

大正十三年は、前にも記した如く、アメリカでは排日運動の法制化に他ならない新移民法が成立（四月十五日）した年である。この排日氣分は支那大陸に深く根を張つてゐるアメリカの權益組織を通じて支那國民の間にも廣く廣がつてゐる。それに加へて前年の關東大震災によつて日本の國力は大いに減殺され、海軍も全滅に近い損害を受けた、といつた爲にする侮日宣傳が行はれてゐた。日本が友邦として頼るに足りなくなつた、その分だけ、反日と親米の氣分は強く人心を支配することになる。如何にも支那の國民性らしい功利的な判斷である。

そんな情報が傳はつてきてゐた故に、此の時の聯合艦隊の周航には日本海軍の健在を誇示して以て侮日の風潮に抑制を加へるといふ外交的意味もあつた。幸ひにして「長門」「陸奥」といつた世界最大の戰艦に加へて新造の二等巡洋艦も（例へば「多摩」「北上」「球磨」「長良」など）急速に五千噸を越す大型化の傾向を示し、更に中村良三少將を司令官とする水雷戰隊も主力艦隊と行動を共にし得る高性能艦が揃つてゐた（「古鷹」「加古」「青葉」「衣笠」等の重巡洋艦が姿を現すのはこれより僅か後のことである）。

此等の新鋭艦が堂々と隊伍を組んで約二・三十隻、揃つて支那人の眼前に現れた、その効果は甚だよかつた。卽ち日本海軍はまだこんな大艦隊を持つてゐるのか、英米系の情報は要するに虛僞宣傳で支那人を瞞してゐたのだ、といふ證據を見せつけられたわけで、青島でも廈門でも現地人の歡迎は本心からのものであつた。

臺灣での島民の喜びと歡迎ぶりはもちろん更に盛大で、旗艦の入港した高雄では、兵員全部に一箇宛ゆきわたるほどの大量の西瓜を貰つた由である。

艦隊の幕僚部は高雄から汽車で臺北に行き、二・三日總督官邸の客となつた。時の總督內田嘉吉は前年就任し、この年の內に退任する短い任期の人であつたが、元來各種海事法規の制定に貢獻した海運行政專門の遞信官僚であり、海軍には親近感を懷いてゐた故か、士官達までを含めて甚だ丁重な接待をしてくれた。臺北市當局も公私立施設の見學等に種々の歡迎行事を催してくれ、幕僚達は樂しくも忙しい臺北滯在の日を過した。鈴木個人にとつても臺北は懷しい土地であり、臺灣神社には眞先に參拜に出向いた。基隆に碇泊した艦には全兵員を上陸させて參拜を命じたと回想してゐる。鈴木にとつて臺北が懷しいのは明治二十八年夏の測量艦「海門」航海長としてやつて來た二十八歳の時の體驗によつての話である。見物に出た艋舺の街路の臭さに堪へられなくなつて葉卷を吸ふ癖がついてしまつた、その時と比べれば見違へるほどの清潔な都會となつた臺北での數日は鈴木にとつての好き休暇となつた。

臺灣から横須賀を目指しての歸航の途上で、鈴木は所謂不知火《しらぬひ》の現象に遭遇して甚だ珍しい思ひをしたことを回想錄に留めてゐる。聯合艦隊は母港に歸航の途中とあつても、隊列を組み替へて艦隊運動をしたり、二手に分れて對抗運動をしたり、と、謂はば訓練を兼ねた航海をしてゆくのであつたが、この時紀伊半島南端沖を通過して遠州灘にさしかかる邊りで、水雷戰隊による主力部隊への夜間襲擊演習を行つた。水雷戰隊は高速を利用して側面から戰艦群に迫つてくる。戰艦隊はそれに對して、どういふ隊形を組むがよいのか、各艦の間隔はどの位に離せばよいのか、といつた問題を各艦で研究しながら進むのである。

その夜は雲があつたが波は靜かであつた。ところが活潑な艦隊運動によつて彼處此處に航跡が生ずるとその部分の海面が燐光を放つて明るくなる。海面が光るために各艦の進行が遠方からでもよく見える。驅逐艦の襲擊も海面に走る光でそれと見て回避行動を取れるし、襲擊する側も戰艦の位置を海面の光で知る事ができる。多數の船が周邊の海面を掻き廻してゐるわけであるから何となく一帶の海が明るくなつてゐる。遠州灘は何度も通り、夜間航海の經驗も十分積んでゐる鈴木司令長官にしても、こんな現象に遭遇したのは初めてで、夜光蟲の大量發生による事だといふ理窟は知つてゐても、甚だ不思議の思ひをした。

間一髪で大事故に

遠州灘での夜光蟲大量出現は、珍しい現象を見たとの眼福の思ひで過ぎたのだが、この支那大陸と臺灣周航の歸途、三月三十日に、琉球を離れて奄美大島にさしかかる邊りで、鈴木は訓練の上で危く大事故を起しかける經驗をしてゐる。

それは洋上曳船の訓練で、一萬噸級の軍艦同士の間では既にやつてゐて技術的に可能である事は解つてゐたが、「長門」「陸奥」の如き三萬噸を超える巨大艦の間でもそれができるかどうかを試してみた。實驗の命令者は司令長官の鈴木、操艦の責任者は曳船の「長門」が艦長左近司政三大佐、曳かれる「陸奥」が艦長原敢二郎大佐だつた。曳航のためには兩艦をもやひ綱で結ぶ必要があるが、それには二つの艦を縦に竝べる方式と側面を接近させて綱をかける方式とがある。普通は側面で繋ぐのがやり易い。問題はこの時兩艦の接近距離乃至間隔を適度に保つておかないと相互の間に強い吸引力が生じて衝突を起してしまふ、そのことである。

三萬噸を超える大艦の場合、その吸引力がどれ程の強さになるか、卽ちどの程度の間隔を置けば安全に綱の受け渡しができるか、が實驗のポイントとなる。海軍ではこれまで斯様な巨大艦でそれを實驗してみたことはなかつた。

場所は奄美大島曾津高崎の北西八浬の洋上で、「陸奥」が停止し、曳船の「長門」は右舷後方からその側面に竝んで停止する形をとるために微速で進んで行つたが、「陸奥」が「長門」の方に吸ひ寄せられてくる速度が意外に速い。兩艦は見る〳〵うちに艦首がぶつかる形で接近してゆく。前にも明治四十三年、四十三歳の海軍大佐の折「阿蘇」艦長として揚子江上で「千歳」との衝突を寸前で回避し果せた經驗がある。その時の敎訓が物を言つて、司令長官としては左近司艦長の權限に介入する様ではあるが、突差に後進をかけよと示唆したところ艦長も素早く了解してその命令を下した。「陸奥」の方でも後進をかけ、その結果兩艦は艦首が殆どふれ合ふ様な八の字形に開いた形で艦尾の方は離れた。「長門」の艦首の錨が折れて海に落ち、「陸奥」の方では艦首部の端艇吊柱が折れ、小副砲の砲門がへこむ程度の損傷で濟み、艦體に大きな破損は生じなかつた。幸ひ負傷者も出なかつた。衝突が避けられぬと解つた時はそこへ緩衝材としてハンモックを投入する手もある由だが、此の時はそこまではゆかず、接觸した艦首を突き放すのに、大勢が棒を突いたさうである。三萬噸の大艦を人の力で押し返すとは不思議の様だが、此が案外効いて、とにかく兩艦は離れることができたといふ。

幸ひ艦の破損は免れたが實に危い所だつた。「長門」艦長の左近司大佐は責任を感じて嚴重な處罰をと願ひ出たが、鈴木は力學上の研究不十分なままに曳航實驗を命じた司令長官にも責任ありと言つて受付けない。左近司の伺ひ書は海軍省にまで上申された。海軍大臣は淸浦內閣の村上格一が退き、六月半ばからの加藤高明內閣の財部彪に代つてゐたが、次官岡田啓介、人事局長山梨勝之進は鈴木の心中を推測してゐて、兩名の名で、艦長の責任問題は聯合艦隊司令長官に於いて處決されたい、との通達が來た。そこで十一月半ばに至つて鈴木は、左近司に對し、謹愼一日、その閒は艦內にて服務、との處分を申し渡した。

大東亞戰爭の開戰後、海戰によつて破損の被害を受けた艦艇を僚艦が曳航して基地に戻る、といふ事例はいくつか生じてゐる。その際に「長門」が「陸奥」に曳綱をかけようとして失敗したこの實験の教訓は、いろ〳〵な形で活用されることがあつたかと思はれる。

颱風の中を突き抜けた第一艦隊

支那大陸と臺灣の周航から戻つて來た聯合艦隊の各艦は六月中旬に夫々の母港に入つて人員の交代や補充等の業務を濟ませ、今度は九州東岸佐伯灣での夏の演習に參加することとなつた。

第一艦隊は七月十五日に横須賀を出港して館山灣に集合し、そこで隊列を編成して相模灣に出、一路南下して佐伯灣に向ふことになる。ところがその前々日頃に小笠原諸島海域で發達した颱風が次第に勢力を增しながら北上して來る。慣例によつて種々の訓練行動をとりながらの航海であつたが、あの夜光蟲經驗をした遠州灘にさしかかる頃は海が荒れ始めてもう演習どころではない。辛うじて夜になる前に艦隊を集合させて隊列を整へ、紀州の沖にさしかかる頃、艦隊は大暴風雨の唯中を突切つてゆく形になつてゐた。月はある筈だつたが厚い雲に遮られて海上は全くの闇夜になつてゐる。問題は艦隊がもう四國の足摺岬沖まで來てゐると思はれるが、佐伯灣に向けてどこで右方への針路變更を命ずるか、である。變針の命令は燈火信號によるのだが、この暴風雨下の暗夜では全艦にゆき屆かぬおそれがある。命令不徹底のためにそこで隊列が亂れでもしたら艦同士の衝突も起りかねないし、針路變更點の位置確認にも誤差が生じるかもしれない。

そこで鈴木が考へたのは、針路變更の信號を出すことなく、全艦隊が颱風の中を直進することである。變針の信號が出ない限り全艦は隊列を亂すことなく、その針路は大隅半島東岸の志布志灣に向つてゐる（鈴木は『自傳』ではこの灣を常に有明灣と呼んでゐる。たしかに灣の奥には有明と呼ばれる町があり、往時はこの呼稱も通用したものかと思はれる）。日向灘に入り損ねて大隅半島に接近したとて大事はないわけだし、そのうちには暴風雨圈を突き抜けるか、或いは夜が明けて視野も明るくなつて來るだらう、と考へた。そこで航海長が、針路變更點に來てゐると思ひますがどうしますか、と尋ねたのに對し、鈴木は迷ふことなくこのまま直進すると答へた。

果して夜明けの七時頃になると波はやゝ穩かになり、九州の東岸らしい山の姿も見えて來た。そこで漸く安堵して艦隊には豊後水道に向けての針路轉換（右へ舵を切って北上する隊形となる）の信號を出し、佐伯灣に向ふことが出來た。

結果だけを見れば、司令長官の決斷は正しかつた、の評で濟んでしまふが、この間、晝頃に館山灣を出てから夜を徹しての航海を果して翌日の朝が來るまで、鈴木は一睡もせず、自室へ休養に入ることもなく、全身ズブ濡れのまま艦橋に立ち通しである。身體的負擔の點では各艦長も同樣であつたと思はれるが、鈴木の場合は全艦の安全を我手一つに預つてゐるのだとの責任感から來る緊張は大變なものだつたであらう。『自傳』では少しく興味を惹くことであるが、陛下からお預りしてゐる軍艦を一隻でも失つたら――といつた表現ではなく、〈人民の膏血によつて捧げられた軍艦を損じては長官として非常な責任を感じる〉と述べてゐる。建艦競爭が熾烈であつた軍縮條約締結以前の段階で、海軍が如何に莫大な國費を費して八八艦隊の完成に邁進したか、その嚴しさを骨身に沁みて知つてゐた人らしい感想である。

　この暴風雨中の夜間航海での鈴木の毅然たる姿勢は「長門」艦長として同じく一夜艦橋に立ち通した左近司政三を通して、昭和二十年六月の鈴木終戰內閣第八十七臨時議會の大荒れに直面した閣僚達に無言の激勵として作用したらしいのだが、それはなほ二十數年もの後の話である。この時の鈴木の決斷を支へてゐたのはやはり東鄉平八郎元帥の俤である。

　鈴木が東鄉に於いて畏敬してゐたのは、統率の責任者としての狀況把握の綿密さと正確さであつた。日露戰爭の凱旋祝の席で、鈴木は東鄉から直接盃を頂戴しながら親しく言葉を交す機會を得た。その時鈴木が尋ねたのは日淸戰爭開戰の口火を切つた高陞號擊沈事件に際しての東鄉の決斷の根據であつた。東鄉は英國の商船學校留學時代に、船乘りが國際公法に精通してゐることの必要を痛感し、熱心に海洋法を硏究した。故に英國兵と武器を積載した淸國船をどう扱へばよいか、その手續と最終的處置を熟知してをり、それ故に滿腔の自信を以て己の決斷を實行に移した。幸ひにしてその處置は英國の國際法學界から十全の支持を受けた。一の組織に對して命令を發する者の內部には、その樣な斷乎たる處置を講ずるだけの萬全の自信とそれを裏付ける正確な狀況の把握がなくてはならない。日本海海戰劈頭のあの有名な敵前回頭の決行の折にも、その裏には、二直角大轉回の決行が最も有効に活用できる地點・時刻を敵艦隊の動きとの相關關係から割り出す綿密な計算がなくてはならない。幕僚の計算を刻々に聞きながら今がその時との一瞬の判斷を下すのは東鄉である。その一瞬の把握のために東鄉はそれ迄にどれほど深く長く己の內面での硏究を重ねてゐたか、と、鈴木は想像してみたのだつた。そこから〈聯合艦隊司令長官は年を取つては出來ぬ事だ〉といふ、平凡な様で實に現實的且つ自然の感想が湧いてくる。これは暴風雨の一夜を便所に行く暇もなくズブ濡れで艦橋に立ち盡した鈴木ならではの如實の結論だつた。

この颱風突破航海では殘念ながら犧牲者を出さないで濟ますわけにはゆかなかつた。驅逐艦一隻が大波に甲板を洗はれて三人の兵員が波にさらはれた。直ぐに艦を停めて救助作業に入り、二人は救ひ上げることができたが、一人は到頭水沒して行衞不明のままとなつた。司令長官にとつては甚だ殘念な事だつたが、あれだけの冒險航海で犧牲者が一人で濟んだのは幸運とも言へる事だつた。

大正十三年秋の大演習

颱風を潛り抜けた第一艦隊が佐伯灣に入つた所で、聯合艦隊の夏期訓練が始まつた。佐伯灣から豊後水道・日向灘にかけては商船の通航が少いので海軍の演習には好適であり、連日朝から晩まで、實彈射撃や水雷發射の訓練に費した。非常な經費を必要とした大がかりな訓練で、中央からも軍令部を始め、海軍省軍務局、砲術學校、水雷學校、その他各學校から教官團が參加して訓練を見學しつつ戰術上の研究に勵む。

或る日艦隊は伊豫灘に出て水雷發射訓練を行つた。これは實彈での艦砲射撃訓練とは違つて練習用頭部を裝着した魚雷で行ふのだが、實際に軍艦に向けて射つ。魚雷は深度を調節してあり、艦艇を潛り抜けて向う側に出るが、航跡を見れば命中したか否かの判定はつく。この訓練の日の歸航時に再度颱風の襲來に遭遇した。伊豫灘から佐賀關海峽（豊豫海峽、通稱速吸瀨戶）を抜けて佐伯灣に戻る間に海上は大時化となり、各艦は探照燈をつけて互ひに位置を示しながら碇泊地に入つてゆくのだが、大きな軍艦でも風速二十米以上の强風を横から受けると、錨を入れてあつても流されるさうである。さうなると互ひに衝突の危險が生ずるので、前進は危險だから艦に後進をかけて艦首を風下に向けて風の力を躱すより他ない。狹い碇泊地の中では强風下の操艦はなか〱大變である。現にこの日の颱風で別府港外に碇泊してゐた中村良三司令官麾下の水雷戰隊は、錨を下してゐた驅逐艦が風に流されて互ひに衝突し破損を起す例が生じた。海軍にとつては戰時の敵のみならず、平時では海上の惡天候も侮り難い强い敵なのである。

佐伯灣での夏期訓練の後、十月には待望の大演習があつた。鈴木は青軍（味方の軍）の總指揮官として聯合艦隊に徳山灣への集合を命じ、演習海域である小笠原諸島の西南三・四浬の地點に向ふことになつてゐた。

徳山灣に勢揃ひした數十隻の青軍艦隊は隊列の編成を終へると順次出航して佐賀關海峽を通過し、日向灘に出て行つた。ところが此處で又しても颱風に遭遇した。鈴木の率ゐる艦隊としては三度目である。此度も徹夜の航海で大隅半島の南端部に來た頃に天候が回復し夜が明けたが、連絡を取つてみると、驅逐艦は大概無事であつたのに對し、潛水艦は殆ど全部が舵機に損傷を受けてゐた。そこで急遽工廠のある呉か佐世保に引き返し修理をしてくる樣に命じたのだが、艦隊司令長官としては潛水艦群が迅速に修理を了へて、豫定の期日迄に太平洋上の集合地點に來られるかどうかは非常な心配であつた。ところが工廠の側では鋭意修理工事に是勤め、艦の側でも整備に全力を擧げて急ぎ出航し、大演習の開始までには指定の集合地點に到着したのだつたから、司令長官自身が、これは偉いことだ、と感心した。

この大演習では、敵側と想定された赤軍艦隊が横須賀を出港して遠く太平洋を東航し、それから針路を西に轉じて小笠原諸島に向つてくるのを、青軍艦隊が小笠原西南方海上で迎へ撃つといふ形をとつた。此は明らかに日米の主力艦隊同士の決戰といふ想定である。

迎へ撃つ青軍艦隊の作戰の特色としては、青軍艦隊の前衛としての第二艦隊が頻りに偵察用飛行機を飛ばして索敵行を行ひ、赤軍艦隊の所在を合戰豫定の前日に發見し、それに基いて水雷戰隊の夜襲を決行した事、主力艦同士の砲戰の最中に末次少將指揮下の潜水艦が二・三隻戰場に潜入して敵主力艦への襲撃に加はり、成功したと見られる事だつた。その後の度々の大演習でも潜水艦をこの様な際どい形で使ふといふ例は殆ど無く、潜水艦戰術の大家としての末次提督の評判を高めた事例だつた。

索敵偵察の方法の一として青軍の戰艦は繫留氣球を揚げて上空からの敵の所在を探る戰術をも採つてみたが、此は敵の發見に利すると同時に我方の所在を敵に知らしめるといふ不利益をも生むのであつて、〈今日から見ると幼稚なものであつた〉と鈴木は回想してゐる。

この大演習は山下源太郎軍令部長の統監の下に行はれたが、青軍艦隊は敵・米軍と想定された赤軍を全兵力の集中使用の結果、十分に擊破し得たとの判定になつた。東郷元帥も鈴木の乘艦にではないが青軍の艦に乘つて作戰の始終を熟くと觀察し、頗る上機嫌であつたといふ。

年末近く、六月に組閣して總理大臣となつてゐた加藤高明が、海軍進級會議の催された機會に海軍の各部長官を官邸に招待した。その時の御禮の挨拶を最先任格の鈴木が務めることになつたが、この時鈴木は十月の大演習の成果から來る自信に基いて、現在の日本の國力を以てすれば、いつ如何なる國が攻めて來ようとも海軍は決して負けない、安心されたいといふ主旨を述べた。大正十三年の時點では、この矜恃は決して虚勢ではなく、現にその通りの事實であつたと思はれる。

「安藝」撃沈處分と主砲齊射實驗

聯合艦隊司令長官としての事蹟のうちに書き洩すことのできない件がなほ二項ある。ワシントン軍縮條約の結果廢艦除籍となつた舊戰艦「薩摩」「安藝」を標的艦としての射撃試驗による撃沈處分、及び二大戰艦「陸奥」「長門」の主砲齊射試驗とである。

前項については『自傳』では記憶違ひから來る日時や標的艦についての誤記が見られるので、『昭和天皇實錄』と阿川弘之著『軍艦長門の生涯』に基いて訂正を加へた結果を記し、後項については高宮太平執筆の『鈴木貫太郎傳』の記述を借りて略記しておく。

「薩摩」は大正十三年九月二日に三宅島の北東三十浬の沖で、巡洋艦「由良」「名取」の主砲である六吋砲と第五驅逐隊の魚雷攻撃の標的として撃沈された。

四日後の九月六日に「安藝」が伊豆大島の南方海面で「陸奥」「長門」の十六吋主砲によつて撃沈された。この試驗射撃を攝政宮裕仁親王が參觀されることが決り、親王は九月四日朝東宮御所をお出ましになり、横須賀軍港で御召艦「金剛」に坐乘され、五十分ほどの航海で館山港に入港された。鈴木は御挨拶に參艦し、謁を賜り、「金剛」艦内で、海軍大臣、軍令部長、第二艦隊長官等數名と共に御陪食を仰せ付けられてゐる。翌五日は天候不良のため、試驗射撃は延期となり、御召艦は終日館山灣内に碇泊してゐた。

九月六日、御召艦は午前九時に館山灣を出て程なく射撃試驗海面に到着したが、生憎の雨模様で濛氣のため視界不良である。標的艦との距離は二萬米と豫定されてゐたが、なかなかそれだけの視界を有する天候にならない。午後三時頃には再度の延期說も出たが、攝政宮が御臺臨になつてゐるのに聯合艦隊の腕前の晴れの御披露を御覽頂けないのは如何にも殘念である。日沒前には海面が見えてくる事が多いとのこれまでの觀察をたよりに辛抱强く待つてゐると漸く視界が二萬米に及んで來た。そして戰艦「扶桑」に曳航されてゐる標的艦「安藝」（鈴木は『自傳』でこれを「薩摩」と誤記してゐる）の艦影が見えて來た。そこで「陸奥」「長門」の十六吋砲、「比叡」「山城」の十四・五吋砲が一齊に火を噴く。鈴木の回想によれば實によく命中し百發ほど與へられてゐた彈數の半分ほどで足りたといふ。射擊開始が五時十分、五時二十五分には「安藝」は殆ど沈沒に瀕し、五時四十五分には海面下に姿を沒した。

射擊實驗としては成功で、攝政宮の臺臨を仰いでの面目を施すことはできたが、我が艦隊の一員としてその偉容を誇りに思つて來た軍艦を我が手を以て海中に葬るのは如何にも辛い行爲であつた。しかも何千萬圓といふ國費を費しての擊沈試驗である。鈴木の沈痛の述懷に聞くまでもなく、海軍に務める全員にとつて、恨めしかつたのは軍縮條約である。標的艦海沒の瞬間には「長門」では全員が甲板に立つて敬禮を捧げ、哀悼の意を表したといふが、これはどの艦の乘員も同じ事であつたらう。

阿川氏の『軍艦長門の生涯』によれば、御召艦「金剛」で攝政宮に供奉してゐたのは二十九歲の內閣書記官船田中であつた。そして船田は自傳的回想記の中で、この時「陸奥」「長門」の十六吋の

〈大砲八門から一齊に砲彈が飛び出した〉と記してゐる由である。もし船田の觀察と回想が正確なものであるならば、この日に兩戰艦は主砲八門の齊射をしたことになる。

當り前ではないか、との反問が豫想されるが、實は大正八年の進水以來この大正十三年に至るまで、「長門」は主砲八門の同時齊射はしたことがなかつた。姉妹艦「陸奥」も同じ事である。この樣な國寶級とでもいふべき貴重な艦で、八門全部の砲口を開いて一齊射擊をし、もし艦體に損傷を生ずる樣なことになつたら一大事である。そこで四門づつの齊射は試してみたが、八門同時の發砲は歷代の艦長の誰もがまだ敢行したことがなかつた。

「陸奥」艦長の原敢二郎大佐は兼々この事が氣になつてゐた。實際の海戰となつたら、艦體の損傷が氣懸りで主砲齊射に踏み切れない樣では、何のための大艦巨砲主義かわからない。原大佐は有爲果敢の人物であつたから、いつか主砲の一齊射擊を試してみるべきだと考へてゐたから、鈴木の司令長官着任を好機と見て齊射の實驗を申請してみたところ、鈴木は卽座に許可を出した。そこで「陸奥」の主砲八門を以て實射してみたところ、なるほど艦體と乘組員の身體が受ける衝擊は凄まじいもので、半數の四門の射擊時に發生するそれとは格段の相違である。だがとにかく齊射が可能であり、まさか艦が實際に壞れるわけでもない事は證明できたし、發射の際の轟音、動搖、爆風等に對處すべくどの樣な豫めの處置をしておけばよいか、との研究の目途もついた。

そこで鈴木は同じ齊射實驗を「長門」でも行ひ、それに政治家連中を招いてその體驗をして貰ふことを發案した。實戰となつた時の艦隊勤務がどんなに苛酷強烈なものであるか、その一半を體驗させて蒙を啓いてやらうとの發想だつたのであらう。

そこで衆議院貴族院兩院から有志の希望者を募つて一日「長門」に招待した。先づ艦内見學から始めると議員連中は試驗航海時の招待客と同様、この巨艦の施設や備砲の壯觀に感嘆しながらいささか物見遊山氣分であつたが、艦が外海へ出て、左近司艦長から實際に發砲した時の姿勢の取り方などを注意されるうちに次第に緊張して行つた。そして實際に齊射してみた時に彼等の受けた肉體的神經的衝擊は大へんなもので、これから長官室に御案内いたします、粗餐の準備ができてをります、と告げられた時にも、受けた衝擊のために立ち上れない者、食事が咽喉を通らない者が幾人もゐた。政治家達への啓蒙活動としては大成功であつた。

因みにこの政治家達招待の上での「長門」の主砲齊射實驗が何月何日のことであつたか確認する史料がない。只、前記「安藝」の擊沈處理に際しての主砲齊射の事實が正しいとすれば、最初の齊射試驗はそれに先立つての話で、佐伯灣での夏期訓練の前後あたりの事ではなかつたかと思はれる。

2 海軍軍令部長

河田烈との折衝

鈴木の聯合艦隊司令長官在任期間は大正十三年一月末から十一月末迄で、比較的短かつたが、上記の如く大演習統率を始めとして鈴木ならではの事蹟が多く、充實した十箇月であつた。十三年十二月一日付で艦隊を離れ、軍事參議官に補せられた。これは名譽職とでも稱すべき實は閑職で、腕の揮ひ様もなかつたが、翌大正十四年四月十五日付で、山下源太郎大將の後任として海軍軍令部長に補せられ、これは昭和四年一月まで三年八箇月の間務めることになる。そしてこの期間に是亦鈴木の面目躍如たる行政上の業績を殘してゐる。海軍次官の任期中に見せた政治的手腕の再現とも見られ、自ら稱する如き一介の武辨どころではない器の大きさを實證する事蹟であつた。

その次第は以下の如くである。大正十五年一月二十八日に現職の內閣總理大臣加藤高明が急逝し、その後を承けて翌二十九日に若槻禮次郎が憲政會總裁に就任、三十日には加藤內閣の全閣僚が留任する若槻內閣が成立した。この內閣は緊縮豫算の編成を企圖し、海軍豫算にも大幅な減額を求めた。海軍では大正十三年の米國を假想敵とする大演習にも反映してゐる通り、米國の露骨な排日姿勢と軍縮條約の名を借りての日本軍備減殺工作に直面して緊張を高めてゐる。主力艦の保有を制約された日本は巡洋艦、潜水艦等の補助艦艇及び航空機の充實を以て安全保障の萬全を圖るより他の方途を持たない。勢、閣議では大藏大臣片岡直溫《なおはる》と海軍大臣財部彪との海軍豫算をめぐつての對立が激しくなる。海軍では既に前年に、艦齡の老化した艦に替へて新造艦を整備しなくてはならぬ必要不可缺の豫算についてまで、次年度送りを餘儀なくされたばかりである。軍令部長としての鈴木は財部海相を背後から激勵して造艦豫算の成立を期さねばならぬ立場にゐる。財政窮乏を理由として巡洋艦の代艦建造を更に一年引延ばさうとする藏相の强硬な主張に遭つた財部海相は、つい背後の軍令部長からの强い激勵を口外して自說の補强とすることがあつたらしい。そこで大藏省は軍令部長に向けての說得が當面の課題であると氣がつき、主計局長の河田烈《かはだいさを》が鈴木の所へ出向いて來て、目下の國家財政の窮乏狀態を説明し、造艦豫算延引の了解をとりつけようとした。

最後まで靜かに局長の説明を傾聽してゐた鈴木は局長の説明が終つてからやをら反論に轉じた。『自傳』によれば鈴木の反駁の主旨は以下の如くであつた。

——局長はしきりに國家財政の窮乏を言ひ立てられるが、それは國費の浪費による所が大きいのではないか。その浪費を防ぐことによつて海軍の主張する國防豫算くらゐは直ぐにも捻出できるはずである。浪費の實態とはかういふことである。自分は船乘りとして多年本土の沿岸を周航し、各地での港灣の修築事業を觀察してゐる。その工事は最初三年計畫で着手しておきながら、間もなく五年計畫に切替へる。そこで餘裕が生じたのを見て、又他の港灣修築に取り掛る。ところが港灣の修築事業は實は海の波浪の破壞力との不斷の戰ひである。途中で休んだり手を緩めたりすれば必ず波の破壞力によつて既成の部分を壞されて又その部分のやり直しから始めることになる。三年計畫なら豫定通りの三年で仕上げてしまへばその樣な無駄が省けて經費は隨分と節約できる。この樣な作業の徒らなる引延しが起る原因を探つてみると大概は政黨の代議士連中が自分を選出してくれる地元への利益誘導として仕組んでゐることなのだ。彼等には眼中に黨利黨略、私利私益のみあつて、國家財政の冗費を節約しようといつた公共の視點が全く缺けてゐる。今自分が指摘した如き觀點から各地の港灣工事に費されてゐる無駄を省くならば海軍が國防の爲に要求してゐる豫算くらゐは卽座に成立するはずだ——といつたものであつた。

そして、港灣修築工事に於ける浪費の實例を擧げよといふなら幾らでも指摘できる、と少しく凄みを利かせ、これくらゐのことがわからなくて、大藏省の財政窮乏說におめおめと承服する様な海軍大臣ならば、軍令部としては大臣に辭職を勸告しなくてはならない、と、これは相當な啖呵を切つたものである。

相手の河田烈主計局長は、このあと昭和四年の濱口內閣、次いで第二次若槻內閣で大藏次官を務め、昭和十五年の第二次近衞內閣では大藏大臣を務めることになる、なか〳〵の人材である。戰後には昭和二十七年二月に對中華民國との閒の二國閒講和條約の全權として交渉に當つた經歷を持つ。鈴木の話をよく聞いて、辯解も反論もせず辭去したが、次の閣議で海軍の要求は大方承認される結果となつた。

日本造艦界の至寶平賀讓の設計に成る重巡洋艦「古鷹」が竣工したのは正にこの年の四月だつた。當時世界の海軍を驚嘆させた名艦であつたが、此に續く平賀の傑作一萬噸級の重巡「妙高」以下の四隻が竣工するのはこの年の海軍豫算が成立して執行が始まつた昭和二年度から六年にかけての五年間にである。他に驅逐艦十五隻、潛水艦五隻その他の補助艦艇が次々と進水して行つた。これは大正三年の海軍次官在任中、濱口雄幸大藏次官を個人で說得して驅逐艦十隻の急造を認めさせてしまつたのとよく似た政治的業績である。あの時は水雷艇の夜襲とからかはれもしたが、今度は堂々たる正攻法を以て相手を道理に服せしめたわけである。道理に服した河田も立派だつたと言つてよいであらう。

只、鈴木が河田に向つて指摘した、代議士達の私利私益に發する利權漁りが現實に國費の無駄使ひを招いてゐるとの政黨政治の構造は、鈴木の手柄話とは又別の國家的弊害である。かうした事例を種々の現場で目撃してゐる陸海の軍人は次第に政黨政治なるものを憎み嫌ふ様になつてゆく。謂はば軍人達はデモクラシーなる體制の實態も思想も、國防上の見地からすれば障礙であり有害であるとの見方に次第に染まつてゆく。そしてそれが或る程度までは事實その通りであるといふ點に、凡そ近代國家なるものの共通の宿命があり日本も亦それに囚はれてゐたといふより他ないであらう。

大正から昭和へ

たぶん大正十四年の秋、鈴木は沼津の御用邸に御滯在中の大正天皇の許へ天機奉伺に參上したことがあつた。その時天皇は鈴木の拜謁を大層悦ばれて何かとお言葉を賜り、お前は煙草を吸ふかとお尋ねになつた。頂きます、と申し上げると、それでは、と、天皇は卓上にあつた煙草入れから御自分で手に一杯の煙草をおつかみになつて鈴木に手渡された。それが元來氣さくなたちであられた天皇の平生通りの自然なお振舞なのか、やゝ常規を逸せられた故の御行動だつたのか、鈴木には見當がつかなかつた。天皇が拜謁者の誰彼に向つてお手づから葉卷を數本下賜されるのは恆例であつた。御病勢が進むとその葉卷を手から落したり、つかみきれずに終ることなどもあつたが、鈴木が拜謁した時には本當に御體調も御機嫌も良かつたのであらう。從つて鈴木がこの拜謁を、崩御より少し前の〈その秋に〉と回想してゐるのは大正十五年のことではありさうになく、その前年の秋のことであらうと思はれる。

崩御の報を聞いた時には、鈴木は參謀總長の鈴木莊六大將と共に葉山に驅けつけ、陸海の兩鈴木が伺候して永訣の末席にと願ひ出たのだつたが、宮内省では先例がないといふことで許可しなかつた。

そこで二人とも明けて昭和二年二月七日の御大喪の儀に參列して遙かに御遺德を偲ぶにとどめた。

鈴木は大正天皇崩御で御用邸に驅けつけた夜には葉山の旅宿で參謀總長と同宿したりもしてゐるが、これは軍令部長に就任して以來、河合操大將、鈴木莊六大將といふ二代の參謀總長と努めて接觸し、交流の機會を持つことを心がけたことの表れでもある。鈴木は一朝有事の際には陸海軍が連合して作戰計畫を立て、實戰に臨む事が勝利を得るに最も肝要の事と考へ、それには平生から參謀本部と軍令部の間の圓滑なる意志疎通が大事な要件である、との確たる考へがあつてした事であつた。

陸軍と海軍とが戰時には緊密に相協力して行動しなければ作戰が豫定通りに運ぶものではないのは當然で、この協力關係にとかく齟齬が起るのが昭和の動亂期であり、殊に支那事變勃發以後は戰爭遂行上の大きな障礙となり、昭和天皇がこの問題について殊に宸襟を惱ませ給うたことは戰史を繙く者の皆知る所である。鈴木の憂慮も夙に其處に在つた。彼は幸ひにして河合、鈴木（莊六）の二代の參謀總長とは陸大の教官時代からの知己であつた。そこで陸海の統帥部の首腦同士が氣樂に交流し、情報を交換し合ふ場の設定に心を用ゐたりもした。只この交驩の場の設定についての鈴木らしい配慮は、決して待合などを用ゐた密談風の會合とはせず、大相撲本場所の總見物や懇親會の開催といつた明朗で開放的な空氣の中での會合に努めたことである。

第一次山東出兵問題

昭和二年には鈴木軍令部長が外交問題に關して重要な役割を演ずることになつた事件が生ずる。卽ち田中義一內閣での山東出兵問題といふ二回に亙る國外派兵問題の初回の件である。そしてこの事件は當に鈴木が憂慮してゐた陸軍と海軍との戰略上の見解が眞向から對立した顯著な事例であつた。

昭和二年四月十七日に若槻禮次郎內閣が金融恐慌への對策を誤り、樞密院から指彈されて總辭職した後を受け、踐祚されてまだ半年も經てゐないお若い昭和天皇は元老西園寺公望の意向に聽いた上で陸軍大將田中義一立憲政友會總裁に組閣を命ぜられた。田中は外務大臣を兼攝する形で總理の座に就いた。陸軍大臣には白川義則大將、海軍大臣には岡田啓介大將が任命された。

田中は大正十三年六月以來の加藤高明、若槻禮次郎內閣での外相幣原喜重郎の對支軟弱外交に對し、樞密院の伊東巳代治と同樣不滿の念を強く懷いてゐた。そこで組閣後間もない五月二十八日に、蔣介石麾下の國民黨軍が、滿洲を支配してゐる張作霖軍閥征討のため所謂北伐の軍を山東半島に進めつつあるとの報を受け、青島・濟南の邦人居留民保護の爲の出兵が必要との認識を持ち、その旨を拜謁上奏した。

その認識を支へる田中の積極的姿勢はまあ結構なのだが、その實行に必要な手續の粗漏は鈴木の如き正しい國際法感覺の持主を啞然とさせるものであつた。以下に紹介する插話は鈴木の『自傳』と竝んで岡田啓介の『回顧錄』にも、相對應する形で詳しく語られてゐるが、但し双方とも日時の記載がなく、時間的順序關係がどうも判然しない。『昭和天皇實錄』に記錄された大臣高官連の拜謁上奏記事の文脈その他の史料を參考に仰いで再現してみると略以下の如くになる。

昭和二年五月の或る日、陸軍・海軍・外務三省の連絡會議に於いて、陸軍からの提案として、蔣介石北伐軍の北進による紛亂に備へ、北京・天津地方の治安維持のため一個師團を山東半島に上陸させる計畫がある、これは明日の閣議にかけられ、たぶん承認されるであらう、との話が出た。この會議には海軍を代表して軍令部第三班長米内光政少將が出席してゐたが、陸軍の提案には反對を唱へ、この會議は結論を見ないままに散會した。米内少將は軍令部に戻つて鈴木軍令部長に會議の模様を話した。そこで又鈴木獨特の論理的反論による出兵阻止の工作が始まる。鈴木は岡田海相を訪ねて、米内から報告された三省連絡會議の論議を傳へ、翌日の閣議では以下の論據を以て陸軍の提案には反對して頂きたい、と述べた。岡田は鈴木から受けた説明をよく了解し、閣議では聞いた通りの軍令部見解を盾に出兵への反對を唱へた。田中首相は承服し、陸軍と外務省の提議を放棄した。

鈴木が岡田に向つて述べた軍令部見解の主旨は以下の如くである。

——山東半島の治安維持に關しては一九〇一年の北清事變講和最終議定書に定められた國際協約の申し合せがある。即ち北支に駐留軍を置いてゐる各國は、その駐留兵力を增强する必要が生じた時は豫めその理由と兵力量を締約各國に通知しておかなくてはならない。それをせずにいきなり師團を派遣するのはこの協約への違反であるから、英米を始めとする列强から强い抗議や反撥が來ることを覺悟せねばならない。それでもこの出兵が國策として議會で議決された場合、その政治決定には軍令部としても從はないわけにはゆかない。その代りに、その時はこの擧が國際紛爭に發展して武力發動の事態が生じた場合に備へ、然るべき戰鬪準備をしておかなくてはならない。これまでに軍令部が要求してゐた彈藥・水雷等の補充が遷延を續けてゐるのを至急解決してもらふ事が必須の條件である。所要經費は約五千萬圓である。この點を解決してくれるならば軍令部としても出兵の決議に協力することはできる――と。

實に理路整然たる提案で、岡田海相も鈴木の叡知に感心しながら閣議での意見開陳に及んだらしい。殊にこの見解は軍令部として政府の方針に反對してゐるのではなく、文民統制の埒内にふみとどまり乍ら、現政府には到底出來ない豫算措置といふ要點を的確に突いての上の諫止になつてゐる。殊に自ら外相を兼ね、且つ森恪《もりつとむ》といふ有能敢爲の外務次官に過分の信賴を置いて外交を進めようとしてゐた田中首相にとつて、北淸事變講和議定書についての無知を突かれたことは面目失墜もいい所であつたらう。

鈴木は、〈總理が外務大臣を兼務してゐて、かうした諸外國との約束のある事も御承知なかつたが、森恪君や外務當局と陸軍省は知らない筈はないと思ふが、知つてゐて横車を押さうとしたのか、田中さんと同じやうに全く知らなかつたか分らぬが、眞に重要な外交の問題をさういふ筆法で決行して行く事は如何にも危險千萬な事であつた〉と述べてゐるが正にその通りであつた。

岡田啓介は此處の所をざつくばらんにこんな口調で回想してゐる。曰く〈田中首相は兼攝外相だつたが、列國との閒に京津地方への出兵の際の古い約束があつたことなどまつたく知らなかつたらしい。のんきな話だよ。「ああ、そんな約束があるのか、そんならこれはだめだ」といつて、あつさり取り止めということになつた〉といふのである。

岡田は〈取り止めになつた〉で話を切つてゐるが、現實にこの年に山東出兵は行はれてゐる。この喰ひ違ひは『昭和天皇實錄』の昭和二年七月六日の記述から說明がつく樣である。

卽ちこの六日に田中義一首相と鈴木莊六參謀總長が前日七月五日の閣議での山東出兵問題の決議を上奏するため參內した。上奏前に總理と參謀總長とが宮城內で話を交してみると、總理は旅順駐在の關東軍所屬第十師團傘下の第三十三旅團を六月一日に靑島に移動させてあり、その旅團の四個大隊を以て濟南の日本人居留民の保護に當らせる旨を上奏する豫定であつた。これは內地からの增補派兵を意味するものではない。所が一方參謀總長は、第十師團の主力を新たに靑島に增派する計畫を上奏する豫定であることが判明した。兩人の間で上奏の內容に齟齬を生じてゐる。そこで急遽參謀總長による增派の件は上奏內容から省き、總理による第三十三旅團の移動の件のみが上奏される結果となつた。この次第を二日後の『實錄』七月八日の記述は、鈴木莊六參謀總長が第十師團主力の靑島派遣を上奏、と記し、そこに〈今回の派兵は、去る六日に田中總理の意見により一時中止のところ、本日の閣議において承認される〉との割注を入れてゐる。この割注の通りであるとすれば、田中首相の山東增派出兵斷念は七月六日から八日にかけてのわづか足かけ三日の思はくにすぎなかつたことになる。閣議は岡田海相の注意を受け、協定締約國への事前通告等の措置を講じた上で、八日に至つて出兵に踏み切る決議に到達したのであらうか。

八日當日、天皇は上奏書類の御裁可に當り、書類を持參した侍從武官蓮沼蕃《しげる》の面前で暫く沈思默考され、出兵した上での撤兵についての考慮の有無、大正九年の尼港事件の如き事態發生の懸念等について御下問になる。蓮沼は撤兵時期の考慮の件は參謀總長にも御軫念の趣きをよく傳達し置く旨奉答して退出した。

幸ひにしてこの第一次山東出兵に際しては、七月から八月にかけての蔣介石軍と北軍との內戰で蔣軍が敗退し、山東には戰亂が及ばなかつた。山東の現地住民も日本軍の進駐によつて秩序が保たれたとの認識を持ち、これを歡迎したほどであつた。日本軍は狀況を見定めて九月八日に撤退を完了し、翌九日には田中首相が參內して撤退の旨を上奏した。九月十四日には、派遣されてゐた第十師團の師團長長谷川直敏が宮中に參內して山東での狀況と任務の完了につき、奏上申し上げた。當初內政干涉とて反撥してゐた北京の張軍閥、南京の蔣政府、武漢の共產黨政權も迅速な撤退に納得の意を表した。

海軍特別大演習

昭和二年はまだ先帝の諒闇中であり、皇室祭祀令に基く祭祀行事は萬事控へ目であつたが、國防關係の諸行事は諒闇の影響を受けてゐない。十月に豫定されてゐた海軍特別大演習に關して天皇は七月にも九月にも鈴木軍令部長から豫定の計畫內容について詳しい內奏を受けてをり、又七月二十八日から八月十日にかけては御召艦「山城」に乘艦され、小笠原諸島から奄美大島に向つて周航され、途中佐伯灣・豐後水道での艦隊の戰鬪訓練を觀閱されてもゐる。因みにこの訓練には日本海軍の航空母艦第一號たる「鳳翔」、巡洋戰艦の豫定を變更し、航空母艦として完成したばかりの大艦「赤城」も參加し、艦載機の發着訓練や標的艦への爆擊演習も天覽に供してゐる。

十月の大演習は二十日に開始となり、天皇は御召艦「陸奥」（鈴木は記憶違ひで「比叡」と回想してゐるが）に乘艦され、鈴木軍令部長が陛下の御統裁を輔翼申し上げる役を務めた。大演習は二十日の横須賀出港から二十五日の歸航までの六日に亙り、その閒同じ艦內で幕僚長としての鈴木が常に隨伴申し上げてゐるのだから御接觸の密度も濃厚で、鈴木が翌々年に侍從長を拜命することになる御縁はこの時に結ばれたのではないかとの回想を記してゐるのも尤もである。

御召艦「陸奥」には鈴木軍令部長を始め、內大臣牧野伸顯、宮內大臣一木喜德郎、海軍大臣岡田啓介、侍從長珍田捨巳《ちんだすてみ》、參謀總長鈴木莊六、侍從武官長奈良武次等々少からぬ貴顯高官が供奉員として乘艦隨伴してゐた。此等高官達は航海中、甲板から演習狀況を見物してゐることも、艦橋の統監部に入つて部員から狀況の說明を聞くことも認められてゐたのだが、とかく食堂や各自の自室にゐる事が多かつた樣である。天皇お一人だけが、統裁の責任を負うてをられる以上當然ではあらうが、終始大演習の全過程を觀察し通せられた、と鈴木は回想してゐる。自然、天皇と鈴木とは殆ど起居を共にした、と言つてよいほどに密接な位置にあつた。殊に十月二十四日の演習の最終日には、前夜午後九時に前艦橋の作戰室に移られて休憩室で假眠を取られ、未明四時半に御起床、室戸岬南方百浬の海上での大演習の大詰を鈴木の說明を受けつつ統裁遊ばされた。他の隨伴員の姿は見えなかつたといふ。

午前八時に青軍・赤軍の主力艦同士の決戰となり、幕僚長たる鈴木の輔佐によつて陛下が演習中止を命ぜられ、大演習の全過程が終了した。十時に後甲板上で軍令部長としての鈴木が演習終了時の戰況の概要を說明して講評を加へ、全艦隊が歸航の途に就く。御召艦の横須賀入港は翌十月二十五日の午後二時となつた。

特別大演習の公式終結は十月三十日の大演習記念觀艦式の終了を以て、といふことになつてゐた。この日の朝、天皇は横濱港に行幸になり、やはり鈴木軍令部長の御先導によつて艦載水雷艇に乘られ、再び「陸奥」に乗艦された。観艦式指揮官は鈴木の後を継いで就任した聯合艦隊司令長官加藤寛治が務めた。

御召艦による査閲が終了し、正午に後甲板での軍令部長による大演習終結宣言と講評が述べられた後、天皇から勅語が下賜され、軍令部長の鈴木が此を奉戴して式が終るのだが、鈴木の海軍軍人としての經歴の上で、おそらくこれが最後にして最高の晴れの場面だつた事であらう。勅語の文面は以下の通りである。

〈朕始メテ親シク大演習ヲ統裁シ將卒ノ士氣旺盛ニシテ所期ノ目的ヲ達シ得タルヲ認メ又茲ニ朕カ艦隊ヲ親閲シテ軍容ノ整齊ナルヲ覩《み》朕之ヲ懌《よろこぶ》フ
惟《おも》フニ國軍ノ現狀ハ軍紀士氣ノ振張統帥ノ卓越訓練ノ精到諸機關ノ整備ニ須《ま》ツモノ洵ニ多シ汝等軍人益々奮勵上下一致シテ各其ノ本分ヲ完《まつた》ウセムコトヲ期セヨ〉

凶變濟南事件

昭和二年は滿天下の期待を擔つての若き新帝の登場の第一年であつた。鈴木の關與した限りで見ても、第一次山東出兵問題への介入とその順調な目的達成と早期撤兵の實現、秋の海軍大演習と觀艦式での新帝への親近な供奉と御信頼の心證等、結構なことであつたし、私的境遇では次弟の陸軍技術本部長鈴木孝雄が七月に陸軍大將に昇任し、兄弟が揃つて海・陸軍の大將となつたのだから、鈴木家としてはめでたい限りであつた。

ところが明けて昭和三年、その十一月には新帝の卽位の御大典、大嘗祭の齋行といふ國家的祝祭を控へためでたき年になるべきであつたところ、世界政治の中に於ける日本國家の遭遇からみれば非常な凶變の年となり、そこに萌した禍の芽が日本國全體の運命の傾きを豫告する様な凶兆となつたのだつた。

前年の第一次山東出兵の成功により、山東半島の秩序は暫く維持されてゐるかに見えた。蔣介石は十月下旬に日本に來訪し、十一月初め田中首相と（おそらくは友好的な空氣に裡に）會談して歸國した。そして翌昭和三年四月、國民革命軍總司令として北方軍閥の張作霖を討滅することを宣言し、南京を發して北伐の進軍を開始した。不幸は此處に始まる。

蔣自身が國民革命軍の中にとかく共産黨分子が混入して統率が利かなくなつてゐることを知つてゐたらしいが、さうでなくとも蔣軍の兵士達の素質の劣惡にして凶暴且つ殘酷なことは全く話の外であつた。

現地駐屯の日本軍警備隊からの救援要請により、四月十九日、田中首相、鈴木參謀總長は在留邦人の生命財産保護のために第六師團の濟南地方への急派を決定した。第六師團司令部及び先頭部隊は既にして四月二十五日に青島に上陸、濟南に向ひ、居留民の保護・收容に努めた。五月一日蔣軍が濟南に入城し、市内の治安には蔣軍が責任を以て當る故、日本軍の警備を撤去されたいとの要請があり、我が軍が蔣の約束を信じて撤去した直後の五月三日、濟南事件として歴史に記録される蔣軍による日本居留民の虐殺事件が發生した。

第六師團の救援部隊が秩序維持の約束を蹂躙した蔣介石の南軍と交戰し戰死者が出たことは、戰場の常態として致し方ないが、婦女を含む民間人の居留民十數人が南軍兵士によつて殺害された事は日本の朝野の憤激を呼んだ。殊にその殺害の方法が殘虐を極めたもので、九年後に北京東方の通州で發生した日本人居留民二百二十三名（內地人百十七名、半島人百六名）の大量虐殺事件の酸鼻と同工であつた。

昭和三年四月に濟南一帶に迫つて來た危險は、前年のそれとは比較にならぬ深刻なものであることが明らかだつた。四月十九日の閣議での出兵決定について鈴木軍令部長としても、陸軍の過剰反應を批判するどころではなかつた。鈴木は直ちに鈴木莊六參謀總長と協議に入り、海軍としては遼東半島周邊に居る第二遣外艦隊を全部膠州灣に集結せしめ、それに重巡洋艦「古鷹」と特別陸戰隊二百餘名を乘せた巡洋艦「春日」をも靑島に向はしめた。四月二十七日には第十八驅逐戰隊を佐世保から靑島に出航させた。

五月三日の濟南事件は日本側から見れば民間人の同胞が殘酷に殺害されたといふ意味が强烈であるが、支那側から見れば日華兩軍が山東省內部で衝突したとしか映らない。そこで當然北京に限らず、南京・上海地方にも排日運動が起つた。それに備へて海軍は揚子江口から福建省沿岸にも艦隊を增派し、結局この山東省での日支衝突事件での支援のために出動した海軍の艦艇は五十隻近くに上つた。陸軍は第六師團に加へて五月九日には第三師團の山東へ向けての動員を決定した。

この第二次山東出兵では蔣介石麾下の南軍の軍紀紊亂、度重なる協定無視、殘虐性等が現地の外國人新聞記者等の耳目にも頻りに觸れる所であり、對比的に日本軍の紀律は正しかつたから、日本の行動に對して米・英を代表とする諸外國は好意的であつた。事實山東省の秩序は回復に向ひ、五月末には增派された第三師團の一部には旣に復員を命ぜられた部隊もあつた。

ところが、よく知られてゐる樣に、蔣介石軍が北京に迫るに及んで北京を脫出し、奉天への歸還の途に上つた敗軍の將張作霖は、六月四日未明、乘つてゐた特別列車が間もなく奉天に到着といふ地點に來た所で列車の天井部に仕掛けられてあつた爆彈が爆發して重傷を負ひ、急送された奉天の大元帥府內で死去した。張作霖爆死事件の眞相と事件全體の上に被せられた僞裝工作、多年謎とされてゐた僞裝謀略の始終はなか〳〵に興味深い歷史の裏話である。翌昭和四年には田中義一首相の進退問題に絡んで鈴木貫太郞の公人としての事蹟にも關はつてくる怪事件となるのだが、生起した當座はそれほどの大事件とは受取られてゐなかつた。世間では事の眞相が判然とせぬままに、此を「滿洲某重大事件」と呼んであまり穿鑿もしなかつた。いづれ關東軍に何か關係があらう、といふくらゐの推測は多くの人がしたであらうがまあそこまでだつた。

田中義一首相にしてみれば、張作霖が北伐によつて滿洲に追ひ返され、そこで滿洲經營に專念してくれる樣になればむしろ日本にとつて好都合である。彼の橫死は從つて田中にとつては甚だ不本意だつたが、同じ事を後繼者の張學良に期待すればよい、との認識だつたらしい。その期待は大きく裏切られたわけだが、それを以て彼の不明を責めるのも意味のない話である。とにかく第二次山東出兵事件は以後の解決を外交交涉に委ね、翌年四月に漸く一應の諒解がつき、決着はついたことになつた。

第十章　豫備役編入・侍従長時代

1　侍従長の地位・職分

侍従長に就任

昭和天皇がまだ皇太子裕仁親王で在られた大正十年の三月三日の横濱出港から九月三日の御歸京まで、丁度六箇月に亙る歐洲御巡遊行での大成功が一代の國家的盛事であつた事は今更改めて説くまでもない著名の史實である。この長途の御旅行に供奉長として奉仕した樞密顧問官宮内省御用掛珍田捨巳伯爵は誠心誠意惟務めて深く親王の御信任を得た。そこで御歸國後間もなく親王が攝政に御就任になるに當り東宮大夫に起用され、更に攝政宮が先帝の後を繼がれて踐祚されるに及び昭和二年五月侍従長に親任された。珍田は元來駐英大使など外交官として實績を積んだ人であつたが、自らは侍従長に適任ではないと感じ、誰かより適任の人を見つけて交替してもらひたいとの念を懐いてゐた。その時昭和二年秋の海軍特別大演習に侍従長として御召艦「陸奥」に乘艦し、軍令部長の鈴木が陛下の演習御統裁を輔翼申し上げる云爲を現場で目撃し感銘を受けてゐた。鈴木の様な人こそ侍從長として適任なのではないかとの感想が浮かんだ。その內意を伏見宮博恭王に打ち明けると宮は海軍大臣の岡田啓介に相談をかけた。岡田海相は、鈴木は海軍にとつて掛替へのない人材であり、軍令部長に就任して（大正十四年四月）まだ二年半しか過ぎてゐない、到底無理な人事だ、との意見であり、伏見宮も珍田に斷念を申し渡した。然し本人が周圍にかうした折衝を試みた以上は珍田の心機は伏見宮を通して內大臣の牧野伸顯、宮內大臣の一木喜德郎に傳はつてゐたことと思はれる。

珍田は昭和四年一月十六日に腦出血の發作を起して急逝する。後任の侍從長人事に關して、一木宮相と牧野內府は直ちに故人珍田の思はくを思ひ出したであらう。又この兩人とも、かの大演習の折、重要な場面では常に陛下に寄り添ふ樣にして艦橋に立つてゐた鈴木の姿を直接に目覩してゐた。珍田の後任としては鈴木以外には考へられない。侍從武官長が歷代陸軍から出てゐるので、文官に人がゐないとならば海軍から出すといふ順序は不自然ではない。海軍部內には、それなら竹下勇大將を、との意見もあつたらしいが竹下が薩摩出身であるところから薩藩の大物である牧野內府との太い繫りが陛下の御身邊で目立つてしまふ懸念もある、といふのが海軍人事の頂點にゐる岡田海相の見方だつた。それに加へて、一木宮相は陛下の內々の御意向といふところまで仄めかしたのではないかと思はれる。岡田は、それなら鈴木本人への交涉は宮相から直接やつてもらひたいとて下駄を預けた形になつた。

そこで鈴木の『自傳』に依れば、一木宮相はたしかに或る日鈴木軍令部長の自宅に自ら出向いて行き、突如侍從長への就任を懇請したと回想されてゐる。鈴木はもちろん卽答しかね、暫く考へさせてもらひたい、と猶豫を乞うた。そして次弟の鈴木孝雄陸軍大將と官吏として京都に居る三弟の三郎に相談した結果、鈴木が自ら恐れるほどに宮中のお務めに不適任なのか、宮內大臣が切實に推薦する如く適任なのか、實際に務めてみなければわからない、といふ結論になつた。結局數日の思案の後に承引の返事を送ることになるのだが、その決心の際の逡巡の內容が如何にも鈴木らしくて面白い。卽ち海軍軍令部長から侍從長へといふ地位の變化が榮轉を意味するのであれば、この話は斷然おことわりをするところであるが、侍從長となれば軍の現役からは退き、豫備役に編入される。豫備役海軍大將は、宮中席次で言へば現役の將官の下につくのだから、席次は二・三十番低く下ることにならう。もし侍從長の職を辭退したとすれば、席次の低落を厭つてことわつたのだと勘繰られるかもしれない、地位の高下などに本心から恬淡たる自分としてはそんな勘繰りを受けるのは實に不本意である、故におことわりはできない――といふのだつた。

鈴木自身は口にしてゐないことだが、然し彼の內心には、國家の內からも外からも、非常な難問の續發が豫想されるこの難しい時代の關頭に、登極後未だ間もない（昭和三年十一月十日卽位の御大典擧行）お若い陛下（昭和四年一月現在寶算滿二十八）の身近にゐて何かとお力を添へるといふ立場には、一種の尊い使命感を覺えるといふ心機もあつたのではないかと思はれる。昭和四年一月二十二日付で鈴木は軍令部長を退任して豫備役に編入され、翌二十三日付で侍從長に任ぜられた。滿六十二歲であつた。軍令部長の後任には加藤寬治が親補された。

宮中席次の問題については一木宮内大臣も相應の配慮を拂つた。卽ち鈴木を樞密顧問官に任命する様樞密院に交渉して承諾を得た。やはり席次の高下に絡んで樞密院側にも微妙な配慮があり、顧問官の發令は三週間後の二月十四日付になつた。

侍從長に就任し、出仕してみると、この職には祕書もゐなければ副官といふものもない。長年事務上の雜用は副官に任せて處理してきた海軍の將官としての鈴木は初めは少々途惑つたが、要するにそれほど多忙な職務ではないといふことが判つて氣が樂になつた。むしろ處理すべき書類などは滅多に廻つて來ず、無聊に苦しむほどである。

張作霖爆死事件の善後策

侍從長の職位が平時には意外なほどの閑職であつたのはまあ結構なことだつた。事務上の取捌きが必要の時には侍從次長の河井彌八が適當に處理してくれるので、陛下からの御用命がない限り、鈴木は控への間で侍從の土屋正直を相手に雜談などして過す時間が多かつた。鈴木は話題が豐富で且つ人をそらさない穩和な話術を身につけてゐたので、くだけた空氣の席では自づから彼の周圍に人が集まり、その話に一同が耳を傾けるといふ情景が生じた。

而して昭和四年は御治世實質三年目に入つたばかりのお若い天皇にとつて決して安穩な年ではなく、そこに生じた不穩の時局は新任の鈴木侍從長の職務にも自然穩かならぬ暗翳を投げかけてくることにもなる。

この年の年頭早々から政府にとつての難題となつてゐたのは、前年六月四日に發生した張作霖爆殺事件に絡んで日本の陸軍にかかつてきてゐた謀略の疑惑を如何に處理すればよいかといふ方策である。

一月二十日に開會した第五十六帝國議會の會期中、天皇は同じ前年の濟南事件に關はる對支解決交渉の進捗狀況について田中首相兼外相からの上奏を受けられる度に、首相の言上の內容が一定してゐないことに不審の念を抱かれた。天皇はこの御懸念を牧野內府に洩らされ、牧野は三月二日、鈴木侍従長をして田中總理に御軫念の趣を傳達せしめることとし、その旨御前に言上した。鈴木はこの樣にして、禁中の枠を超え、重要な役割の一端をも擔はざるを得ぬ形で國政の大世界に引摺り込まれてゆく。

對支外交の問題についてのみならず、二月十六日には、田中總理が小選擧區制法案の審議の難行の豫想を奏上し、議會の會期延長を奏請する可能性に觸れたことをも天皇は御懸念になり、鈴木侍従長と河井侍従次長を直ちにお召しになつて田中總理の議會運營の是非を御下問になるといふことも生じた。又田中が個人的事情で參內できない時に、鈴木侍従長をして、田中の上奏すべき外交・議會狀勢を代つて言上せしめることもあつた。

やゝ注意を惹くのは三月二十七日、第五十六帝國議會閉會の翌日午前に、これも田中が外相として奏上すべき國民政府相手の濟南事件解決最終案とその後の對應を鈴木侍従長が代奏してゐることである。その同じ日の午後、陸軍大臣白川義則は、張作霖爆殺事件の眞相として、關東軍參謀河本大作の單獨犯行との調査結果を奏上し、天皇はこの件につき種々御下問になつてゐる。

その三日後の三月三十日、田中は天皇に拜謁の上濟南事件解決の顚末を奏上したのだが、そのあと天皇は又鈴木侍従長と河井次長を書齋にお召しになり、田中總理兼外相の奏上內容をお話しになつてゐる。蓋し外交上の重要案件に關して天皇が內閣から得てゐる情報は、そのまま侍従長と侍従次長とにも共有しておいて貰ひたいとの宸慮の致す所であらう。これは卽ち新侍従長鈴木への深い御信倚の表れとも看做し得る御言動である。

張作霖事件をその中核に含んでゐる濟南事變の外交的處理について、天皇が田中首相兼外相のとかく首尾一貫を缺く言動に不信を抱かれてゐたことは『昭和天皇實錄』の行間にも讀みとれるところであるが、六月の末にその破局が來た。それには鈴木侍従長も立ち入つた關係を有する位置に居た。

卽ち、六月二十七日には午後田中首相が拜謁して張作霖事件についての政府の處理方針を奏上する豫定になつてゐた。鈴木は前日の夕方西園寺公望を訪問して老公爵のこの件に關しての意見を拜聽してゐるが、この時の西園寺の發言が、眞相を內外に公表し、犯人は卽座に處罰して帝國の道義的信用の回復に努めよ、とのかねてよりの持論の反復であつたらうことは疑ひの餘地がない。鈴木は老公の意見を携へて二十七日の午前に牧野內府、一木宮相と宮中で協議し、午後の田中總理の上奏を受けられた時の天皇の御對應についての意見をまとめた。それを鈴木が正午直前に天皇の御書齋に參上して說明申し上げてゐる。御說明の內容についての史料は無いが、察するにその主旨は、總理の奏上が天皇の御意に反するものであつたとしてもあまり深くお咎めにはならぬ樣に、といつた伏奏に類するものだつたのではあるまいか。午後一時半に田中は御學問所で天皇に拜謁し、張作霖爆殺事件の犯人は不明である、政府としては當該地域の警備上の不備との事由を以て警備責任者の行政處分のみを實施する、と奏上した。これは、かねて首相が天皇に言上してゐた軍法會議の開廷、暗殺犯人の嚴重處罰、支那側への陳謝といつた約束とは大きく喰ひ違つてゐる。この齟齬は要するに天皇の御面前での田中の食言と映る。天皇のお怒りは激しかつた。

そのお怒りのほどは、寺崎英成が昭和二十一年の三月から四月にかけて筆記し、平成二年に公刊されて有名になつた『昭和天皇獨白録』の冒頭部に、天皇御自身の語調を髣髴とさせる生々しい文體で記録されたことで史實として定着した。

天皇が田中首相の奏上から理解された限りでは、犯人の處罰問題を閣議に付した處、主として鐵道大臣の小川平吉の主張が議論を支配し、處罰は不得策だといふ結論になり、田中は閣議を嚮導して天皇へのお約束通りに軍法會議を開くだけの政治力を失つてしまつた。天皇の御回想のまま引用するならば、〈そこで田中は再び私の處にやつて來て、この問題はうやむやの中に葬りたいと云ふ事であつた。それでは前言と甚だ相違した事になるから、私は田中に對し、それでは前と話が違ふではないか、辭表を出してはどうかと強い語氣で云つた〉といふ次第であつた。なほも辯明に及ばうとした田中に對し、天皇は、その必要は無い、或いは、汝の話はもう聞きたくない、といつた語調で突き放されたらしい。『實録』によればこの奏上に費した拜謁時間は僅か十五分であつたといふ。

このお怒りは、天皇としても大へんな緊張の結果としての發作の如きものであり、天皇はこのあと御心労のため椅子に凭れたまま居眠りをされ、豫定されてゐた午後のゴルフも中止となつた、とは『實録』の記すところである。

翌六月二十八日午前十一時過ぎ、白川陸軍大臣が拜謁して、前日田中首相が上奏した行政處分なるものの內容を具體的に言上した。それは關東軍司令官村岡長太郎の豫備役編入、參謀河本大作大佐の停職、關東軍參謀長と獨立守備隊司令官の重謹愼、といつた人事異動の內奏に過ぎない內容であつた。この內容では慥かに田中總理のかねての約束とは違ひがあり過ぎる。白川の內奏は田中の食言を傍證する如き結果となつてしまつた。

白川の退出した後、天皇は牧野內府と鈴木侍從長を御座所に召されて右の人事內奏を御裁可になつたが、その際侍從長との間に何らかの打合せがあつたらしい。鈴木は田中總理を宮中に招き、『實錄』の文言に依れば、前日に〈總理が拜謁した際の天皇の御眞意につき、改めて傳達する〉と記錄されてゐる。此處に云ふ〈天皇の御眞意〉には說明が無い。然し侍從長が〈改めて傳達〉といふのだから、〈辭表を出してはどうか〉との御言葉の念押しを意味したと考へてよいであらう。

そこで田中は、もう一度拜謁して事情を御說明する機會を頂きたい、との希望を侍從長に表明したのだが、鈴木は取次はしてみるが拜謁のお許しは出まい、と答へた。田中はそこで天皇の御信任を全く喪失したと自覺し、總辭職の覺悟を決めた。鈴木は田中總理が天皇へのお約束と閣議の多數意見との間で板挾みになつた窮境と、根が誠忠なる田中の衷情とに深い同情を覺えはしたけれども、侍從長としては如何ともし難く、謂つてみれば事態を靜觀してゐるより他なかつた。

田中が天皇の御信任を失つたといふ己一個の內心の衝擊により瞬時に內閣總辭職の意を固め、表明したことに對する他の閣僚の不滿と反撥もあつた。天皇御自身が『獨白錄』であれは〈若氣の至りであると今は考へてゐるが〉との感想を語つてをられる如く、まだお若い天皇の過剩な反應に不滿を洩らし、むしろこの際諫言を奉るべきだとの意見もあつたが、田中總理の決心は動かなかつた。

この場合の田中の立場は後世から見れば十分に同情に値する苦しいものである。現在では張作霖暗殺事件の實相については、平成十年代の終り頃に中西輝政氏が逸早く着目された『ミトローヒン文書』『マオ』『GRU帝国』『ヴェノナ文書』等、「五十年ルール」に則つて解禁された曾てのソ連情報部及び米陸軍省の極祕文書の解讀により、スターリンの指令を受けたソ連情報工作員による謀略工作だつたといふ判定が甚だ興味を惹く。然し昭和三年當時にはその様な底の深い歴史の裏面には日本人の情報蒐集力ではとても眼が届かない。それに張の除去は日本にとつて必要だとの先入觀が先づ我方に存した。

この事件の眞相に就いては雜誌「歴史通」の平成二十八年一月號に牧久の論文「滿蒙開拓の父東宮《とうみや》鐵男《かねを》と張作霖爆殺事件の眞相」が「證據寫眞」を添へた形で掲載され、やはり關東軍高級參謀河本大作大佐の指揮下に奉天獨立守備隊中隊長東宮鐵男大尉が實行したものだ、と論證してゐる。二つの主張はなほ暫く嚙み合はぬままであらう。それにしても、滿洲の梟雄張作霖のみならず、田中義一といふ一國の總理大臣の地位と、結局はその生命までをも奪ふ事になつた暗殺事件に關し、九十年に近い歳月が過ぎた後になつて、その不祥事の下手人探しが、まるで眞犯人の探索ならぬ功名爭ひの如き形で話題の尾を曳いてゐるのは一種の奇現象である。

これは張作霖の存在が、滿洲への共產主義勢力浸透を企むコミンテルンにとつても、在地同胞の安全と權益の保安を第一とする關東軍にとつても、その排除が捷徑だとする政治的必要は共通だつた事の反映である。その日本側にとつての政治的必要は解り易い話で、增長した張大元帥の無法な行動に現實に被害を受けてゐた日本人居留民の憤懣とそれを直接に受けとめてゐた現地關東軍の危機感を知つてゐれば、元老西園寺公望の様に直感的に關東軍の仕業と推測した者は日本國內にも多かつた。

岡田啓介が『回顧錄』に記してゐる如く、〈犯行は張の幕下である楊宇霆、常陰槐の陰謀から出たもので、そうでなければ秘密にしていた張の行動を知るはずがない、というものもいたが、ほとんどすべての人が日本がしたことに違いないと信じていた〉のが大勢であつた。事件の直後に日本との共同調査を中國側が拒絶したことから、白川陸軍大臣も張作霖幕下の者の反逆的陰謀と思ひ込んだらしいが、さうでなくとも、といふことは假令關東軍の一參謀單獨の陰謀だつたとしても、との意味だが、白川がいくら眞面目な軍人であつたとしても陸軍大臣としては、陸軍全體を念頭に置いての「組織防衛」の論理に與することになる。昭和天皇の『獨白錄』には小川平吉鐵道大臣の名だけが擧げられてあるが、陸軍としては當然軍法會議の開廷には反對せざるを得ない。そこで田中總理は苦しい板挾み狀態に陷り、陸軍（と小川鐵道相）の强硬な反對意見を抑へきれなかつたために天皇の御信任を失ふことになる。田中以外の誰が總理の座に居たとしても、この場合は彼と同じ窮境に立たざるを得なかつたであらう。鈴木の田中に對する同情もそこに向つてゐた。

田中個人の決心による俄かの總辭職に不滿を抱いた閣僚の中には、六月二十八日の田中總理の參內の際に總理の求めた再度の辯明奏上の機會を侍從長が取次がなかつた件を洩れ聞いて、鈴木の所へ意見を言ひに來る者もあつた。侍從長は總理が天皇の御不興で苦境に立つた樣な場合、兩者の間に立つてその仲を取り成す役割をしてもよいのではないか、との趣旨であつた。鈴木はそれは侍從長の職分ではない、との明快な回答を與へた。侍従長は總理の上奏に侍立するわけではない。總理と天皇との間にどの様な問答が交されたのかを知り得る立場ではない、御前を退出した總理から謂はば私的に感想を洩れ聞くことはあるが、それまでの話であつて、天皇と總理との間に立つて物を言ふ資格があるのは內大臣か或いは所謂元老だけである、と、鈴木の侍従長といふ職分についての認識は判然としてゐた。

田中は辭職してから三箇月もたたぬ九月二十九日に狹心症で急逝した。六十六歳であつた。世間には田中は天皇から嚴しいお叱りを受けたために自殺したのだとの噂が流れたりもした。天皇は田中の後を繼いだ濱口雄幸總理大臣に賜謁の上田中に位階勳等追陞の御沙汰を賜り、十月一日には弔問の勅使を田中邸に御差遣になり、三日の葬儀にも侍従を葬齋場に遣はされて懇ろな弔慰の御沙汰書と祭資・供物・供花を賜つてゐる。

思へば田中は昭和三年十一月の昭和天皇御卽位の大典擧行に當り、內閣總理大臣として聖壽萬歳の音頭を取つた、一代の御盛典の最高責任者であつた。

2　相次ぐ政治・外交上の難題

ロンドン軍縮會議と條約

明けて昭和五年にも不本意ながら侍従長が關與せざるを得ない國政上の難問題が生起する。卽ちロンドン海軍軍縮條約の締結から派生した海軍部內の意見の分裂、帝國議會內の政爭の形をとつた統帥權干犯誹謗事件である。

第二次軍縮會議に參加のためロンドンに派遣された日本の全權委員は若槻禮次郎男爵と財部彪海軍大臣である。鈴木が聯合艦隊司令長官であつた時の旗艦「長門」の艦長であつた左近司政三大佐も海軍中將に昇進して全權委員の隨員として參加してゐた。會議の主題は補助艦艇の保有制限で、昭和五年一月二十一日開會の會議に臨んだ日本全權の主張する保有比率要求は對米英七割の確保であつた。アメリカが主導する兩國の對日要求比率は六割で度重なる激しい折衝の末米國が三月十二日に日本の總括保有比率を對米英六割九分七厘まで認める、といふところまで妥協を見せた。若槻全權はこれは七割も同然と見て、三月十四日に、この線での妥結が精一杯であるとて政府に受諾を請訓して來た。ただ一萬頓級の大型巡洋艦の對米英比率が六割二分と抑へられてゐた事もあり、日本の造艦技術の向上に誇りを抱き、將來この規模の重巡洋艦の充實に期待をかけてゐた軍令部はこの比率での妥結に深い不安と不滿とを表明し、受諾は不可能と反撥した。

當時の軍令部長は鈴木の後任の加藤寛治、軍令部次長は末次信正である。いづれも戰術家としては有爲の逸材であつた。濱口雄幸首相を始めとする內閣の立場は、財政負擔輕減の至上命令を考へれば、軍縮條約には是非加盟調印したい。そのためには軍令部長と次長の同意を取付けることが必要である。首相は軍事參議官岡田啓介の助力を仰いで、强硬な加藤軍令部長の說得に是努めた。

妥結を宜しと認める全權への回訓案が出來上り、首相は四月一日に天皇に拜謁の上、軍縮會議の經過を奏上し、回訓案を內奏して御裁可を受ける豫定になつてゐた。事は豫定通りに運び、回訓は夜に入つてロンドンの全權宛に發信されることになるのだが、ところが前日の三月三十一日に加藤軍令部長が、一日の總理の拜謁に先立つて天皇への上奏のため拜謁を願ひ出るといふ事が起る。これは少し變な事である。加藤軍令部長は三月二十七日に岡田軍事參議官の助力を得ての濱口首相の說得に應じ、日米妥協案に消極的ながらも同意する旨を述べてゐる。さうである以上、軍令部長が總理と競ふ樣な形で上奏を願ひ出るといふ必要など全く無い筈である。

何よりも先づ、軍令部長には統帥輔翼の最高責任者として慥かに天皇に直接拜謁して己の意見を上奏する權利はある。所謂帷幄《ゐあく》上奏權である。だが純粹の軍事に關はることでも緊急有事の際でもないのに、しかも實は帝國憲法第一二條の編制大權〈天皇ハ陸海軍ノ編制及常備兵額ヲ定ム〉、及び第一三條〈天皇ハ戰ヲ宣シ和ヲ講シ及諸般ノ條約ヲ締結ス〉とある、その條約締結の大權に干涉する如き形で帷幄上奏を求めるといふのは、前例の無い事ではないが、憲政の常道に反する異常な行爲である。

鈴木侍從長の許には海軍良識派の最高頭腦の一人山梨勝之進海軍次官から、軍令部長の上奏希望は濱口首相のロンドン條約妥結回訓に對する軍令部としての反對の言上らしい、との注進が飛び込んで來たから鈴木は驚き且つ憂慮した。もし總理大臣の上奏內容に反する樣な意見を軍令部長が直接上奏したらどういふことになるか。それはつい一年前に生じたばかりの、田中總理と白川陸相の上奏が喰ひ違つてゐたために天皇が困惑され、激怒された異常事態の再現ではないか。第一、政府が御裁可を願はうとしてゐる回訓案には軍令部長も既に贊成し承認してゐた筈である。それを軍令部長の單獨上奏によつて覆さうとするのは憲政の大原則を否定する暴擧である。

鈴木侍従長は山梨次官からの急報を得た直後、加藤軍令部長を侍従長官舎に呼んで上奏の意圖を尋ねてみると、果して總理の回訓案への反對を述べるつもりだと言ふ。そこで鈴木は、これは侍従長の職分とは全く別の次元で、海軍の先輩・後輩の間柄といふことでの忠告だが、と前置きした上で、諄々と加藤の不心得を說き諭した。加藤も己の非を悟つて、上奏の公的取扱ひ者である奈良武次侍従武官長の許に出向き、三十一日の上奏は中止する旨を申請した。この中止申請は侍従武官長から見ると、軍令部長が侍従長の諫止によつて上奏を斷念した樣に見える。然し侍従長にはその樣な權限は無い筈だが——、といふのがこの時奈良侍従武官長の覺えた不審の念であり、奈良は鈴木侍従長が職分を越えて政治に介入したのではないかとの疑念を懷いた。

加藤軍令部長は濱口總理に先立つての上奏願は取消したけれども、翌四月一日の政府の回訓發表を待つて改めての拜謁上奏を願ひ出た。鈴木はなほ用心して再度延期を勸告した。結局奈良武官長と鈴木侍従長との間での話し合ひとなり、上意も伺つた上で、翌四月二日午前に加藤軍令部長の拜謁は實現することになつた。この上奏は異例のことであるが武官長ではなく鈴木侍従長が侍立したといふ。

幸ひにして加藤の願ひ出た帷幄上奏の內容は回訓案の批判でも條約締結への反對でもなく、只軍縮條約の締結といふ新事態により大正十二年に策定した帝國國防方針には變更の必要が生じた、と言上するまでのものであつた。その程度のことならば天皇としては唯聞き置くだけでよいのであり、侍従長や武官長が案じた樣な過激な內容ではなかつた。一方、それだけに又、軍令部長がこの微妙な時期に、緊急必要事ではない事項に關して異例の帷幄上奏に固執した動機がわかりにくい。

上奏の內容は極祕扱ひであつたから、例外的に侍立した侍從長も、『自傳』では兵力量の不足についてだつた、內容はよくわからなかつたが――、といふ程度にしか語つてゐない。

この一件は、後に軍縮條約への調印が議會での政治問題として紛糾するに及んで、政府案に從はざるを得なかつた軍令部の側の遺憾が反映した故か、軍令部長の上奏を侍從長が阻止した、といふ噂の形で政界に流れた。統帥部の上奏の扱ひは侍從武官府の權限の內であつて、侍從長に「阻止」の權限があるわけではない。この場合も鈴木は先輩として加藤に憲政の常道の含有する道理を說いて諭したまでであつて、放置しておけば天皇御自身がどんなに困惑されるかを案じての忠告であつた。加藤にもその道理は理解できて納得したのであるから、侍從長の越權としての上奏阻止といふ如き惡意の流言は加藤の方にこそそれを打ち消すべき義理がある。だが彼はその義理を果さなかつた。そこで侍從長がとかく政治的に動いて國政に關與する、といふ樣な誤つた風評は消されずに殘つた。

「統帥權干犯」の妄論

ロンドン軍縮條約は四月二十二日に無事調印の運びとなつたが、翌二十三日に開會された第五十八帝國議會で、三日目の四月二十五日、ロンドン條約についての議會質問の際、野黨である政友會の總裁犬養毅の代表質問の後、同會總務鳩山一郎議員の對政府批判の中に〈統帥權干犯〉といふ聞き慣れぬ言葉が飛び出した。これが所謂〈統帥權干犯誹謗事件〉の端緒である。

この事件はどこまでも國會內での與黨民政黨と野黨政友會との間の政見論爭といふ次元のものであり、鈴木侍從長の經歷とは直接の關係は無い。だがこの論爭に潛む日本の精神傳統の斷絕が露呈したとでも看做すべき現象は、鈴木の公人としての精神の根柢に關はる問題であり、又現代日本の精神史の重要な一項として扱ふべき事項でもあるので敢へて一瞥しておくことにする。

犬養總裁の代表質問の趣意は、軍縮會議で取り決めた補助艦艇の對米保有比率では日本の國防上不安があるといふのが軍令部長の聲明であるのに對し、首相は此で不安はないと言つてゐる、いつたいどちらを信用すればよいのか、國民が安心できる様な説明を聞きたい、との理詰めの糾問であつた。

續いて質問に立つた鳩山代議士の議論は、日本政府を代表して軍縮會議に出た若槻・財部兩全權委員が、統帥輔翼の最高責任者である軍令部長の意見を無視する形で內閣の訓令通りに條約に調印したのは、帝國憲法第一二條に規定されてゐる天皇の編制大權に干渉するものである、卽ち「統帥權干犯」ではないか、との批判であつた。この質問に適切に答へられなかつた濱口內閣の勉強不足が、憲法學的には實は程度の低いものであるこの質問を遂に「事件」に發展せしめてしまつた。

それではこの時政府はどう答へればよかつたのか。法理の上でどの様な答辯を與へれば、この問題を政爭に持ち込んで政府の足を掬はうといふ政友會の下心を然る可く論破することができたのか――。この設問に對する本書の著者の答は、著者の舊著である『國家理性考』(平成二十三年六月、錦正社刊)の終章「統帥權と文民統制原理」に論據を付して詳述してあるが、本書では紙幅の制約上、それを長々と引用することはできない。已むを得ず極力切り詰めた形で結論部だけの摘要で濟ますとすれば以下の如くである。

最大の問題は帝國憲法の第一一條から第一三條にかけての所謂統帥權條項の文言が餘りに簡潔に過

ぎ、此の條文を運用する者に、とかくその本來の主旨から逸脱する様な曲用を許してしまつてゐることである。

その様な曲解や誤用を防ぐために、この憲法の所謂立法者意志を解説した基本的な注解書として『憲法義解』（井上毅執筆、伊藤博文名義で明治二十二年五月公刊）が存在するわけであるが、この『義解』が又必ずしも輓近の法學書の如き詳細で親切な注釋を施してゐるわけではなく、讀者の側に或る程度の歴史的教養が無くては正しく讀み解けない様な文學的敍述になつてゐる。その歴史的教養が、この問題が生じた昭和初年の知識人達には缺落してゐた。それ故に『憲法義解』を正しく讀む讀解力を身につけてゐない、この時代の立法府の議員達は要するに自分達の政治的必要に合せる形で憲法を讀み、理解するだけであつた。そして彼等のその曲用の裏を見抜くことのできない內閣府の大臣達は、その糾問に答へかねて徒らに議論を紛糾させてしまふことになる。

扨てそれでは『義解』に盛り込まれてゐる立法者意圖を讀み解くに必要な歴史的教養とは如何なるものか。種を明かせばどうといふこともない、少年時代の鈴木貫太郎が前橋中學で漢學の先生から教はつて、〈すら〳〵と讀めるので、面白いところは暗誦する位まで節をつけよく朗吟した〉といふ賴山陽の『日本外史』が說いてゐる國家思想の歴史である。鈴木が〈『日本外史』の力は大きい、國體の思想はこれで作られた〉と回想してゐるほどの感銘を受けたことは既に第一章第2節の「山陽の史論に觸れる」で紹介しておいたが、その〈國體の思想〉を幼にして身につけてゐる明治初年生れの世代にしてみれば、帝國憲法の統帥權條項の行間に潛んでゐる立法者意志の示唆を讀み解く事は容易である。といふよりも、抑〻統帥大權と呼ばれてゐる第一一條〈天皇ハ陸海軍ヲ統帥ス〉の〈統帥〉が實際に如何なる形をとるものかといふ事も自明の理として解るのである。〈干犯〉問題での焦點となつた第一二條の編制大權にしても同じ事で、輔弼の臣の上奏に對して天皇の御裁可が下れば卽ちそこに統帥が實現したのであり、干犯などはどこにも生じてはゐない。

濱口雄幸首相からロンドン條約調印の法理について諮問を受けた東京帝大の美濃部達吉にしても、直接諮問を受けてはゐなかつたであらうがほぼ同時期に統帥權について更に明快な學說を出してゐた京都帝大の佐々木惣一にしても、兩人とも濱口內閣の遭遇した難問に對しては立派に學術上の解答を提供してゐる。只、憲法學教授達の與へてくれる解答は、實定法としての現行憲法の法理上の解釋に基くものである。鈴木はこの問題には直接關與しなかつたが、もし意見を請はれたとすれば、憲法の法理より以前の、彼の云ふ國體の思想の次元で、政友會代議士の弄ぶ政治的妄言に斷を下し得たことであらう。彼の眼には議會の紛糾は、政友會の一部策士による倒閣の陰謀に、軍令部が奔弄されてゐる圖だと映つただけである。

軍令部は、樞密院に於ける條約の諮詢の段階で批准を阻止すれば、卽ち軍縮も白紙還元出來ると考へ、なほも政友會に操られる形で抵抗を試みた。批准阻止の動きには海軍大將伏見宮博恭王と東鄉平八郎元帥も加はつて頑迷且つ强硬な態度をとり續けた。樞密院自體も審議開始當初は反對派が優勢であつたが、何といつても天皇御自身と濱口內閣が條約の成立を熱心に望んでゐること、又若槻全權歸朝の際の國民大衆の熱狂的な歡迎ぶりからして、經濟不況に苦しむ國民の輿論が軍縮を支持してゐることが明らかだつた。やがて贊成派が優勢になつて行つた。

昭和五年十月一日、天皇御臨席の樞密院本會議で條約の批准が全會一致で可決され、翌日天皇の御裁可が降りて軍縮條約締結をめぐる五箇月に亙つての政治的紛争にはやつと幕が下りた。

政友會が議會に向けて突きつけた「統帥權干犯」論は所詮は次元の低い野黨代議士の政争挑發の狙ひに發したものであつたが、標語が解り易いものであつた故に、事の實體については何も知らない大衆をも刺激する所があつた。それが五年の十一月十四日に濱口雄幸首相狙撃事件を惹起した。

柳條湖事件の突發

濱口首相の悲運に向けての世間の同情は厚かつたが、この內閣の財政緊縮政策は裏目に出、經濟不況と失業者の增大、農村の窮乏による女子身賣の續出で世相は暗かつた。但し本書は昭和史の一般的記述に紙幅を費すことはなるべく避け、鈴木侍従長の擧措進退にのみ焦點を合せてゆく。恢復の捗々しくなかつた濱口は翌昭和六年の四月十三日に辭職し、若槻禮次郎が二度目の組閣に當つた。閣僚は外務の幣原喜重郎、大藏の井上準之助をはじめ留任が多かつたが、軍縮條約で東鄉等海軍の長老の不興を買つてゐた財部彪は既に海相の座を降り、安保清種に替つてゐた。宇垣一成に代つて陸相の座についた南次郎が陸軍を政治的に動かす如き强氣の姿勢を見せ、且つ政治家としての言動に强《した》かな老獪さがあり、內大臣や侍従武官府に不安を與へてゐた。

天皇は軍部の政治活動强化の傾向に深い御軫念を持たれ、九月十日に海相の安保、十一日に陸相の南を召され、最近の軍部の紀律の維持の狀況を訊くといふ形で軍の內情をお尋ねになつた。海相の安保は思ひがけぬ御下問に驚き、御軫念のほど恐懼に堪へぬといつた反應だつたが、南の方はその御下問は豫想してゐたといはぬばかりの態度で、自分の方から先取りの形で陸軍の軍紀の維持、外交への不介入、中堅將校達に對しては政治には拘らざることへの警しめを嚴にしてゐる等を蕩々とまくし立て、却つて天皇の御疑念を強めた。南の退出後、天皇は直ちに鈴木侍從長をお召しになり、南の奉答があまりに出來過ぎてゐるが故の不信の念を說明された。鈴木も事の次第に驚き、御內意に從つて牧野內府と西園寺公爵を訪ねて南陸相の奉答ぶりを傳へ、そこで、誰か事前に南に御下問の趣旨を內通したものがあるのではないか、との話になつた。西園寺老公は、さうとすれば侍從武官長ではないか、との疑惑を口にした。それは事實老公の推測の通りであつた。

かうした天皇、內府、元老、侍從長達の懸念は結局九月十八日夜の柳條湖事件の突發によつて裏書きされることになる。この事件が上聞に達したのは翌九月十九日の午前九時半奈良武官長の奏上によつてである。奈良は自宅で新聞の號外を見て知つたといふ。奈良の奏上に直ぐ續いて南陸相が參內し、天皇は奉天北大營附近での日支兩軍の衝突、日本軍の北大營占領といつた經過の報告を受けられた。その際南が數日前の軍紀嚴正維持の御下命との關聯に觸れたかどうかは全く傳へられてゐない。只、南は旣に新聞の號外が詳しく報道してゐる滿洲での戰火の擴大の狀況には一言も觸れる事なく、唯事件の突發だけを言上し、今後の狀況は參謀總長をして奏上させる旨を申し上げてそゝくさとして退出してしまつた。天皇が狀況に立ち入つての御下問をなされるのを恐れてゐるかの様な素振りであつた。

越境将軍の軍紀違反

このあと事變は靑史に記されてゐる通りの經過を辿つて進展してゆく。九月二十一日の夕方には、金谷範三參謀總長は參內・拜謁して、朝鮮軍隷下の混成第三十九旅團は朝鮮軍司令官林銑十郎中將が大命を待たざる獨斷の命令を下したのを受けて滿洲領內へ越境し、部隊は奉天に向つて進軍中であるとの狀況を奏上した。これは前日に參謀總長自身が朝鮮軍に對して新義州以南に待機を命じたと奏上した、その命令が守られなかつたとの報告に當る。卽ち軍紀は維持されてゐなかつた事になる。朝鮮軍の越境出擊が、參謀總長を通じての御裁可を請うた上のものでない事は、天皇御自身の御記憶に徵しても明らかである。

越境將軍との綽名を付けられることになつた林朝鮮軍司令官の獨斷專行は樞密院でも問題になつた。九月三十日の樞密院定例會議で本題のエチオピア及びリトアニアとの通商航海條約批准の件が可決され、天皇が入御された後、會議は首相・外相・陸相による滿洲事變に關する報告會の形をとつた。そこでは樞密顧問官石井菊次郎が、朝鮮軍の獨斷出兵は大權干犯ではないかとの疑義を提出した。それに對して南陸相が、作戰計畫に御裁可が下りたのだから大權干犯には當らない、と辯明したが石井は納得しなかつた。

鈴木侍從長からこの質疑應答の次第をお聽きになつた天皇は、奈良武官長をお召しになつて陸相の辯明の是非を問はれた。武官長は、朝鮮軍の越境出兵にはその行動自體についての奉勅命令への御裁可が必要なのだから陸相の辯明は閒違つてゐる、但し大權干犯といふ大事には當らない、との自分の解釋に基く意見を言上した。

鈴木がこの件について自己の所見を天皇に申し上げたか否かは不明であるが、彼は、あれは大權の干犯に當るとの見解を有し、それを侍從の間での座談の折に口外もした。すると侍從武官の中に、それを南陸相に告げ口をした者があり、南がそれについて鈴木の眞意を確めるべく面談を求めて來た。南の口吻は、あれがどうして大權の干犯なのか、と初めから詰問調であつた。鈴木はそこで、勅命を待たずに一旅團といふ兵力を國境を越えて動かしたのだからこれは大權干犯に當る（これはロンドン條約の調印に對して鳩山代議士が用ゐた例に準《なぞ》らへて言へば憲法第一一條に云ふ統帥大權の干犯である）と明言し、その上で、獨斷專行の概念についての解說的見解を述べた。作戰上軍司令官が部下に爾後は獨斷專行で行動せよ、と命令する場合もある。これはもちろん軍紀違反とはならない。然し上の命令權者から獨斷專行の承認を受けてゐない將師が、出でては王命にも從はぬことがあると孫子にも云ふ如き狀況に臨んだ時、大局から判斷して軍紀違反の罪に問はれる事を覺悟の上で自身の責任に於いて文字通りの獨斷專行に踏み切ることもある。その結果が成功と出れば、違反の責任を問はれるよりも行賞にあづかることがあるかもしれない。而してその功罪を判定するのは窮極的には國家である（帝國憲法の文脈で言へば統帥權の保持者である）と、さういつた見解を南に對して述べた。南は諒解して別れた。

南は鈴木の見解に納得した結果、その主旨を朝鮮軍司令官林銑十郎に話してきかせたらしい。林からは自分の責任について陸相宛に進退伺ひを提出して來た。陸相は十月十二日にこの進退伺ひの件を奏上したが、既に若槻內閣は首相の權限を以て朝鮮軍の出兵にかかる經費の支出を承認してしまつてゐる。これは朝鮮軍の行動に對する事後承認をも與へたのと同然である。林中將の伺書を受けての天皇の御意向も、輕度の處分でよいといふことに留まつた。而してこの様な既成事實の追認といふ對處は、つまるところは若槻內閣の政治力不足からくる失政といふより他ないが、これが陸軍大臣と參謀總長の增長を煽る形になつた。

特別大演習からの歸航途上

滿洲事變は十分に計畫を練り準備を進めてゐた關東軍の目論見通りに進展し、周知の如き經過を辿つて翌昭和七年の三月には滿洲國建國宣言に至るのだが、既に勃發後間もない六年十月二十四日には國際聯盟理事會が日本に對する撤兵勸告案を壓倒的多數で可決した。それ以前にも英國を始めとする九箇國條約加盟各國から出された滿洲事變の平和的解決に向けての勸告も到着してをり、天皇は事變に對する此等の國際的反應を重視され、若槻首相と幣原外相も度々參內して御說明に當る機會を持つた。そしてその折に或いは首相の要請により、或いは外相の求めに應じ、大臣達の上奏を鈴木侍從長に陪聽せしめる例が多くあつた。かうして鈴木は自ら求めるにあらずして國政の中樞部に參與し、それに伴なつて天皇からの御信倚のほども厚くなつて行つた様である。

この様に滿洲をめぐつての國際關係の緊迫してゐる時であるが、或いはそれが日本の國際的孤立を現實に招いてゐた危機的狀況であるだけに、昭和六年秋の陸軍特別大演習は十一月八日から十九日にかけて、熊本縣を舞臺として大規模に行はれることになり、天皇は熊本市の偕行社に大本營を置いて演習御統裁のために九州に行幸された。八日に橫須賀で御召艦「榛名」に乘艦され、第八驅逐隊の驅逐艦四隻に供奉された艦隊で十日に佐世保軍港に御到着、十二日から十三日にかけての熊本平野での大演習御統裁を中心に西九州の各地を視察された。この行幸に鈴木侍従長は、牧野內府、一木宮相等と共に終始扈從を仰せ付かつて行動を共にしてゐる。

特筆すべき經驗は、大演習が終了し、十一月十九日の夕方天皇が鹿兒島港で御召艦に御乘艦、一行が橫須賀に向つて歸航の途に就いたその日の日沒後に起つた。「榛名」は日沒時に錨を揚げ、錦江灣を南下して大隅海峽へ出てゆくわけであるが、この航路をゆくに當つて、右舷に見る薩摩半島、左舷に見る大隅半島の海岸沿ひに、沿岸の住民達が御召艦隊の通過を豫想して盛んに篝火を焚いて御奉送の意を表してゐる光景が遠望出來た。

御召艦隊では初めのうち乘員の誰一人としてこの篝火による沿岸からの御奉送に氣がつかなかつた。唯天皇だけがお氣に入りの後甲板にお出ましになつてゐて海岸線に沿つて見える篝火の列をお認めになり、闇の中で繰返し擧手の禮を返してをられた。

供奉員の中に昭和四年まで侍從を務め、六年には宮內省大臣官房總務課長として行幸事務を主管してゐた木下道雄が加はつてゐた。木下は偶〻早く士官室での夕食を濟ませたので一人後甲板に出て見た。そこで半島の海岸線一帶に光の紐となつて續いてゐる住民達の提燈や焚火の火を以てする奉送の御挨拶と、闇の中からそれに肅然たる擧手の禮を返してをられる天皇、といふ君民相和の實に美しい構圖の出現に氣が付いた。幸ひにして木下には「榛名」艦長園田實大佐に事の次第を告げて、艦としての答禮の意を表す樣に注進する機轉が働いた。艦長も木下の急報に感激し、「榛名」備付の六基の探照燈の全部を直ちに點火し、六條の强力な光茫を以て灣の兩岸を隈なく照射することを命じ、以て住民の奉送の誠に應へることができた。

この話は後に昭和十四年の天長節當日、宮内省帝室會計審査局長官の職にあつた木下が自由學園の天長節奉祝式典に招かれての講演で紹介し、それが同學園の雜誌「婦人之友」六月號に掲載されたことで當夜の目撃者以外にも知られることになつた。鈴木も昭和十五年に文部省教學局の委囑によつて講述した『今上陛下御日常の一端』といふ册子の冒頭部で「婦人之友」掲載の木下の講演録「軍艦榛名後甲板上に拜す聖なる一瞬の光景」から、その他の日本の皇室と國民とを結ぶ誠忠の紐帶を語る插話と共にその全文を引用してゐる。

これが一般への紹介の早い例であつたが、木下自身も後に昭和四十三年の著書『宮中見聞録』及び四十四年の『皇室と國民』にこの話を採錄し、木下の死後にも、平成二年文藝春秋刊の『側近日誌』に再錄されて廣く後世の知る所となつた。

「榛名」は九月二十一日の午後一時過ぎに横須賀に入港した。天皇の還幸と共に隨伴の鈴木も歸京したわけだが、天皇はその日の夕刻には御座所に出て參謀總長からは滿洲の狀況について、幣原外相からは國際聯盟の動きをめぐる外交の近狀についての上奏を聽受されるといふ多忙さであつた。

犬養毅內閣への御期待

昭和六年の暮も近い十二月十一日に若槻首相は閣僚の安達謙藏內相が奇妙に固執する政友會との協力連立內閣の實現といふ主張を抑へかね、閣內意見不統一を理由に總辭職した。表向きの理由はその通りであるが、若槻はそれ以前に滿洲事變勃發以來、政府の統制に服することなく滿洲で獨走を續ける陸軍を抑へるだけの政治力を失つたことを自覺してゐた。要するに輔弼の重責を果し得ないとの自信喪失が主因であつた。

後繼內閣首班の推薦を求められた元老西園寺公爵は若槻內閣が現在の外交關係の危機を切り拔けるだけの力はないと洞察し、若槻の再任を避けて政友會總裁犬養毅を首班とする政友會單獨の內閣を奏請した。これに伴なつて鈴木侍從長は宮中と西園寺公との間の連絡役となり、七十七歳の老犬養が組閣して、閣僚の顏ぶれを全部入れ替へる政權交代の結果、軍部に對する統制能力が果して强化できるかどうか、宮中と老公の期待や憂慮を交々に傳へる役目に奔走した。

その年の歳末迄の半月餘りの間に、時局の緊張を反映して新首相犬養の拜謁上奏の度數はかなり頻繁である。大晦日には犬養が滿洲の狀況についての上奏を終へて退下した後、天皇は鈴木に向ひ、犬養が政友會總裁として野黨の立場に在つた時とは異なり、首相の印綬を佩びた現在の外交姿勢は幣原外交の線を大凡踏襲してゐる樣に見える、との滿足の意を表された。

凶變度重なる昭和七年

ところが、明けて昭和七年はその犬養個人にとつては言ふまでもなく、日本帝國自體にとつての大へんな凶事多き年になつてしまふ。卽ち五・一五事件の發生であり、それに先立つての上海での天長節式典における爆彈事件である。いや、更にそれに先立つて一月三日に關東軍第二十師團が錦州に入城し、此を無血占領したとの報知が入るのだが、この軍事的成功に對しアメリカの國務長官H・スティムソンが、合衆國は滿洲に於ける新事態を承認せず、との所謂スティムソン・ドクトリンを米國時間で一月七日に公表し、これが對日通牒として米國臨時代理大使より犬養首相兼外相に手交されたのが日本時間の一月八日の午後のことである。

ところが何とこの一月八日の午前には、天皇が代々木練兵場での陸軍始《りくぐんはじめ》観兵式から還幸の途次、警視廳々舍前で一朝鮮人から手投彈を投げつけられるといふ所謂櫻田門事件が發生してゐる。爆彈自體は手製の安物の粗悪品で實害は無かつたが、これを天皇暗殺未遂事件と見れば大正十二年暮の虎ノ門事件と同じ重大事である。

虎ノ門事件の際の山本權兵衞首相の前例に倣つて犬養は恐懼の餘り卽日內閣總辭職を決意し、午後五時には全閣僚の辭表を奉呈した。前年末十二月十三日の組閣以來まだ二十六日しか經つてゐない。辭表が受理されれば史上異例の短命內閣となる所であつた。

天皇は辭表を却下し、內閣を留任せしめる御內意で牧野內府に御下問になつたが、牧野は一應西園寺公の意見を聽く要ありと奉答した。そこで鈴木侍從長がその夜の中に興津の西園寺邸に急行し、翌朝八時半には歸京復命するといふ慌しさであつた。西園寺老公の意見も留任を是とする、といふものであつた。

何しろ天皇と宮中の期待に應へられなかつた若槻內閣の退陣の後、政治家としてなか〳〵に剛直の一面を持つことを示してゐる犬養の、幣原外交の線を枉げない姿勢に、天皇が滿足の意を表されたばかりの時機である。櫻田門事件が動機に於いて如何に不敬なものであつたとしても、それは成立してまだ日の淺い內閣の國政に對する責任に關はる問題とは思はれない。警視總監を代表とする警備陣の氣の緩みに乘じた不祥事と見ておくのが相當であることは衆目の一致する所だつた。第一、このお粗末な不敬事件の責任問題に內閣がいつまでも拘泥《こだは》つてはゐられないほどに、この年の春は內政外交の両面に異變が續發した。卽ち一月十八日に上海での日蓮宗僧侶五人への支那人による暴行傷害事件に端を發し、排日・侮日運動は急速に凶暴化して十日後の二十八日には遂に日支兩軍の戰闘開始となつた。所謂第一次上海事變である。

そして國內では二月九日に濱口內閣と第二次若槻內閣で大藏大臣を務めた井上準之助が血盟團を名告る民間右翼のテロリストによつて暗殺され、次いで三月五日には三井財閥の三井合名理事長團琢磨が同じ結社の一員によつて殺害された。この殺害事件に用ゐられた凶器はいづれも拳銃で、出所を同じくするものではないかとの疑ひがあり、民間右翼の背後には國家革新運動の迷夢に驅られた青年將校達一味の策謀が推測された。

第一次上海事變

上海事變については二月十九日に天皇が首相の犬養より、上海への增兵の意志は無いとの奉答を受けたばかりであつたのに、二十二日には上海派遣第三艦隊司令長官野村吉三郎と特命全權公使重光葵より、緊急に大兵力增員派遣を要するとの電報が入り、直ちに閣議が開かれ、第十一、第十四の兩師團の增援動員が決つた。

動員は避けられない危急の事態になつてゐること明らかだつたが、天皇は三月三日にジュネーブで國際聯盟總會が開かれ、上海事變の取扱ひが議題となるはずである事を強く意識してをられた。その三月三日までに事變が鎭壓され、日本軍の撤退が可能な狀態になつてゐる事が望ましい。國際社會での日本帝國の信用と名譽が常に念頭を離れる事のない天皇としては洵に尤もの御軫念である。

二月二十五日に、第十一、第十四師團を主力とする上海派遣軍の司令官白川義則大將他幕僚達が親補式のため參內した時、現地にての皇軍の心得おくべき事として、國際條約の尊重、列國との協調、事變の早急なる解決を强調されたのは謂はば當然であるが、鈴木の回想によると、どうもこの時に、天皇は白川大將への御內意として、戰亂を收拾し得たならばそこで戰鬪行動を停止し、逃げる敵を深追ひしてはならない、との思召しを傳へられたらしい。

この第一次上海事變では白川麾下の增援軍到着以前にも、二月二十二日廟巷鎭での戰鬪で混成第二十四旅團の工兵三名が我身の爆死を覺悟の上で敵陣の前線構築物を爆破し、突擊路を開いたといふ所謂爆彈三勇士の武功談が生れたりした。卽ち日本軍の士氣は十分に高かつた。白川將軍の作戰指揮は見事であり、三月二日に中華民國の第十九路軍は上海から潰走した。白川は天皇の御內意を確乎と胸に受止めてをり、三月三日には派遣軍各部隊に上海への集結を命じ、周圍からの更なる前進要求には耳を藉す事なく停戰聲明を布告した。

この聲明は日本軍の追加出兵が戰亂の收拾のみを意圖しての增援派兵であり、日本軍はこの機に乘じての支那本土への領土的野心を有するものではない、との暗默の意思表示に相當するものであつたから、列强への評判は甚だ宜かつた。天皇の御念願通り、三月三日當日の國際聯盟總會では懸念されてゐた日本の增兵作戰への非難は出ること無しに終つた。

これ以後上海をめぐつての國際外交の鍵は上海停戰會議の進捗狀況如何にかかつてくるわけであるが、天皇は鈴木侍從長を通じて芳澤謙吉外相に政府の方針を御下問になり、停戰交涉の早い妥結を望む御意向を示されてゐる。

ところが四月二十九日、上海での天長節祝賀會場に於ける朝鮮人獨立黨の一員による水筒爆彈投擲事件が發生する。櫻田門事件の粗末さに學んでか、朝鮮人テロリストの手製の爆彈の質は精巧な仕掛のものに向上してゐた。その殺傷力は强力で、既に周知の史實であるが、重光公使は全身に傷を負ひ、結局右脚を切斷して隻脚の身となり、野村吉三郎中將は右顏面の爆傷から右眼を失ひ、植田謙吉中將は左足を碎かれ、そして河端貞次居留民團行政委員長が胸部重傷で死亡し、白川大將も全身に破片を受け一箇月後の五月二十六日に死去する。

話は少々先に移るが、翌昭和八年三月三日は、白川による上海事變停戰聲明より一周年の記念の日に當る。天皇は聖慮に對し忠實無比に應へてくれた白川の武功を回想され、改めて彼の死を悼み、一首の御製を詠じられた。卽ち、

をとめらのひなまつる日にいくさをばとゞめしいさをおもひ出《いで》てにけり

といふものである。これを能書の入江相政《すけまさ》侍從に色紙に揮毫させ、鈴木を使として白川將軍の遺族に傳達せしめた。その日取りは鈴木の回想には記してないが、天皇はこれを四月二十七日に靖國神社例大祭に行幸された時の詠懷として詠まれ、その翌日鈴木に示されたのを、更にその翌々日四月三十日に鈴木が白川の遺族を訪ねて色紙をお渡ししたのであつた。

所で、侍從武官長として鈴木侍從長と共に長くその地位にあり、天皇の御親任を得てゐた奈良武次

大將は昭和八年四月に滿六十五歳の現役停年の期限に達したため後備役に編入されて武官長の職を退く事になつた。後任には荒木貞夫陸相の推薦で荒木と同期の前關東軍司令官本庄繁中將が候補に擧げられてゐた。そこで參謀總長閑院宮載仁親王に對し、天皇は本庄が滿洲事變勃發時の關東軍司令官であつたことから祕かに忌避の念を抱かれてゐた。そこで參謀總長閑院宮載仁親王に對し、天皇は本庄の人物についての不信の念を洩らされ、又、荒木が滿洲事變での本庄の「功績」を武官長への推薦の理由とする發想には同意できないとのお考へを奈良武官長にも判然と仰せ出だされた。その御軫念は參謀總長にも陸軍大臣にも傳達されたはずであるが、やはり内閣と統帥部双方の輔弼の最高責任者が決めた人事を覆へすことはできず、結局四月十三日を以て奈良と交替した本庄が新たに武官長として奉仕することになつた。

從つて四月三十日に侍從長としての鈴木が白川家に御製の色紙を届けに行つた時にこれに關はつた武官長は新たにその任に就いたばかりの本庄繁中將である。その本庄が、これは天皇の御懸念が的中した通りの言動とでも言ふべきか、鈴木に對し、〈いくさをばととめしいさを〉といふ叡感を詠まれた御製の公表は、士氣に關はる、滿洲方面の現地部隊や陸軍部内にも不滿を生ずるかもしれない、この御製下賜の事は今後十年間祕密にしておいてくれ、と言ひ入れて來た。同じ祕匿の要請は武官長から白川大將未亡人にも發せられてゐた。鈴木はもちろん祕密を守る旨の約束はしたが、何ともわりきれない思ひであつた。『自傳』では〈何か狂人の世界に入つたやうな氣がして〉との激しい表現で、軍紀紊亂の現狀を直感した旨語つてゐる。『自傳』でこの部分を口述してゐるのは昭和十九年の夏頃の事であらうから、祕密を保つと約束した十年は過ぎてゐる、とて、安んじてこの祕話を打ち明けたものである。約束した相手の本庄武官長はこの昭和八年の中に大将となり、昭和十一年に二・二六事件の責任の一半から豫備役に退き、昭和二十年十一月に敗戰の責任を取つて自裁してゐる。軍人としては政治的野心のない人格者として概して好評であつた。

五月十五日の凶事

話は昭和七年の春に戻る。現職の首相の暗殺事件といふ國史上前代未聞の凶事に就いて、鈴木との關聯から一言觸れておかなくてはならない。本事件の發生に至つた經過、原因、凶事の後遺症等については一般史の枠の中の話であるから、この評傳の文脈でそれを回顧する要はないと考へておく。唯鈴木が『自傳』で語つてゐる、珍しくも怒りに滿ちた以下の言葉は直接引いておくべきかと思ふ。

〈私共のその時の感想からいへば、如何なる理由があるにしても、あの暴徒を愛國者と認め、しかも一國の宰相を暗殺した者に對して、減刑の處分をして、一人も死刑に處せらるゝ者がなかつたといふ事は、如何にも國家の綱紀から見て許すべからざる失態であつたと思ふ。その爲に政治の大綱が斷ち切られたやうな氣持ちがした。もしあの場合に眞實に政治に明るい者があつたなら、もつと嚴格に處分しなければならなかつただらう。それが緩やかであつた爲につひに二・二六事件を惹起した。二・二六の起る溫床は五・一五の跡始末の不結果に由るところが大なりと思ふ。眞に遺憾に堪へない次第である〉

實際、天皇の統帥權の下に服してゐるはずの陸海軍の現役軍人が、白晝自國の總理大臣といふ天皇の輔弼の最高責任者をその公務の場に於いて、しかも官給の銃器を用ゐて殺害するといふのは、その動機の如何を問はず、極めて惡質な犯罪以外の何ものでもない。

此處で又少年時代の鈴木に武人としての教養の根幹を叩き込んだとされる『日本外史』が說く國體の思想の本義を顧みて見よう。

山陽はかう說いてゐる。（岩波文庫版書下し文）

〈蓋し我が朝の初め國を建つるや、政體簡易、文武一途、海内を擧げて皆兵にして、天子これが元帥となり、大臣大連これが偏裨となる。未だ嘗て別に將帥を置かざるなり。豈に復た所謂る武門武士なる者あらんや。故に天下事なければ則ち已む。事あれば則ち天子必ず征伐の勞を親《みづか》らす。否《しから》ざれば、則ち皇子皇后これに代り、敢てこれを臣下に委ねざるなり〉

即ち、もし國内に誅伐すべき叛臣賊子が發生したとすれば、それを征伐するか否かの判斷は獨り天子にのみ存する。實際に征伐の勞を取るのも上古は天子自身であり、皇子皇后が代つて軍を率ゐることはあつたが、その軍を臣下に委ねることはなかつた。つまり國内に於いて討つべき敵の判定は天子のみが此を決することができる。天子以外に賊子誅伐の權能を有するものは無い。故に武器は全て官の嚴重な管理下にあつた。

〈凡その器仗は兵庫に藏し、出納《すいたふ》時を以てし、皆これを兵部に管せしむ。中朝兵を制《つかさど》ること大略かくの如し。上世の旨に及ばずと雖も、其の亂を防ぎ、禍を慮ること密なりと謂ふべし〉

犬養首相を襲つたテロリスト達は、あらうことか、官給の武器を己が黨利黨略といふ私用に供した。命ぜられた訓練・演習以外の場で官給の武器を用ゐるのは、それだけで既に軍紀への重大な違反であり叛逆に等しい行爲である。（餘談になるが大東亞戰爭で熱帶の島に駐屯した軍隊に於いてさへ、軍人精神に徹した指揮官は部下が狩獵に御紋章入りの銃器を用ゐることを許さなかつた。野獸を撃ちたいなら、現地住民から獵銃を借りて來て使へと命じた。）

然しテロリスト達本人にはもとより山陽が述べてゐる樣な軍紀違反の感覺はなく、犯人達が軍法會議にかけられてゐる閒に擔當の法務官の机上には犯人達の減刑を嘆願する民閒人からの手紙が山の樣に積まれたことが知られてゐる。その手紙の發信人達も亦、抑〻官給の武器を私鬪に凶器として用ゐること自體が重大な犯罪であるとの認識を有してゐなかつた。そしてその樣な民衆の意志表示が一箇の社會現象として實現してゐたところまでは、ともかくも我が國に根付いてゐた近代デモクラシーの成果であつた。軍法會議はこのデモクラシーの要望に肯定的に應へた。そこでこの凶惡な犯罪の下手人達に下された判決は驚くほど輕いものだつた。しかも恩赦といふ方便を用ゐて、犯人達の多くは刑期滿了以前に釋放されて行つた。それは恰も國家自身がこの國家叛逆と斷ずべき犯罪を閒接的に容認する暗示を與へてゐるかの樣に見えた。そしてこの國家叛逆に對して寛容な空氣が、因果の車の思はぬ回轉によつてその刃先の向きを變へ、デモクラシーを壓殺する凶器としての力を身に具へるに至つたのだつた。

3　遭難

事件の豫兆と見られる蠢動

鈴木が『自傳』の中で回想してゐる通り、五・一五事件の如き明白な犯罪行爲に對する處罰が、その凶惡さに對して餘りにも輕かつたことが、四年後に發生した二・二六事件の温床となつた。二・二六事件自體はその遠因にも近因にも複雑な要素が絡み合つてゐて、誤解を招かない樣に簡單な説明を組み立てる事は難しい。既に厖大な分量の蓄積を見てゐる史料集や專門的な研究文獻に然る可き參照をお願ひするとして本書では敢へてその摘要を試みたりはしない。

中核となつた青年將校達が遂に蹶起に奔つた根本の動機については、安易な分析説明を敢へてするのは避けるとしても、只、彼等をして叛亂の實行に踏み切らしめた心理的條件として一つ明白に指摘しておくべきことがある。卽ち五・一五事件の處分が輕すぎた事である。

前節の末尾に記した事の反復になるが、元來、彌が上にも嚴重な管理下に置かれてあるべき國軍の兵器を勝手に持ち出し、それを私闘に用ゐるといふ事自體が既に重大な犯罪である。その嚴しい認識が軍の上層部に無かつたから、中堅層から出てゐたのであらう軍の法務官達にそれは缺けてをり、まして青年將校と呼ばれる階層部にはこの認識は全く敎へられてもゐなかつたのであらう。職業軍人のみならず、社會全體が「目的は手段を正當化する」との風潮に毒されてゐた。この不吉な呪文は元はと言へば共產主義革命を企む黨派の標語だつたのだが、大衆といふものは、左からであれ右からであれ、現狀の革新を呼號する呼び聲には靡き易い。その革新が「正義」の假面をつけてゐたりすれば猶更である。

二・二六事件の主體となつた青年將校達は大衆社會が見せてゐるその甘さに賴れると思ひ込んだ。正義を唱へることによつて大衆の支持が得られるならば、その支持によつて自分達の犯罪は「義擧」に昇格し、謂はば法を越える法によつて認められ許されると信じてゐたのであらう。

叛亂軍の中核を成してゐた一人で、當の鈴木への襲擊を指揮した安藤輝三大尉は、實は事件の二年前に鈴木に面會を求め、二人の友人(蹶起の同志であったか否かは不明)を同道して鈴木を訪ねて來たことがあつた。初めの約束では面會時間三十分といふことであつたが、安藤青年の熱心さに鈴木も應へてやる氣持が強くなり、晝食まで共にしながら三時間も相手になつて遣つた。

安藤が鈴木に訴へ、且つ意見を請うた話題は、鈴木が『自傳』の中で斯く答へて遣つたと回想してゐるのを讀めば大凡見當がつくわけであるが、それは以下に摘要してみる三項目の時局問題であつた。安藤は先づ第一に陸軍の一部の青年將校が盛んに唱へてゐる國家革新政策の理念とその實現方法について鈴木に說明を試み、意見を求めたものであつたらしい。それに對する鈴木の評と答は次の樣な趣旨のものであつた。

鈴木は、先づ軍人が國の政治に口出しをし、それを自分達の思ふ方向に引摺らうとする意圖を抱くことを強く警しめてゐる。それは第一に明治天皇の示された軍人勅諭の第一條、軍人は政治に關はること勿れ（勅諭原文の用字は政治に拘らず）とのお諭しに叛くものである。元來一國の軍備は外敵に對する國家の防衛を本義とし、國民の血税を基盤として整備されてあるものであつて、國内の政治を動かすための力として使つてよいものではない。政治の上に武力を必要とする場合は警察が動けば卽ち足りるのであつて、軍人がそこへ出てくるのは間違ひである。軍人が自らの發意で政治を動かすのは亡國の徴だ。兵を動かし得るのは天皇のみである。凡そ政治については萬人が夫々に違つた意見を持つものであつて、それを各々論議を盡して中庸の道に落着くのが政治の要道なのだ。然るにその論議の途上で武力を背景にして己の意見を通さうとするものが現れたならば、國政は元龜天正の戰國時代と同じ様な亂脈に陥るだらう。さうなれば、それは我國の攪亂を狙ふ外敵にとつての思ふ壺である。軍人が、明治天皇の勅諭に叛いて政治に介入するといふこと自體が既に非常な罪悪なのだ。愼しんでもらはなくてはならぬ――と、鈴木は戒めた。

第二に、安藤は目下の國防・内政兩面での非常事態を打開し得る實力者として荒木貞夫の名を擧げ、荒木内閣の實現を切望するの論を說いた。荒木は犬養内閣で陸軍大臣を務め、「皇軍」といふ呼稱の創唱者であつたとされる皇道主義的精神主義者であり、所謂皇道派系の青年將校達の間に壓倒的な人氣があつた。彼はその能辯の才を以て、たぶんこの昭和七・八年の陸相時代邊りがその聲望の絶頂期であつたらう。安藤輝三が國政革新運動の指導者としての荒木に望を囑してゐたのはよくわかる話である。

之に對して鈴木は、總理大臣の名を唯一人に絞つて公然と唱へるといふのは、天皇の大權に拘束を加へることになる不敬の擧である、と諭した。數人の名を擧げてこの中からの撰擇を希望するといふのなら、最終的決定を天皇にお願ひするといふ形でまだ理解できるが、最初から一人に限定して大命の降下を仰ぐといふのは（重臣の最長老ならいざ知らず）、國民の一人としてその分際を越えた天皇大權への介入である、と嚴しく指摘し、戒めた。

第三の論點たる農村問題は、此は安藤のみならず、中隊長・小隊長として日常直接に農村出身の下級兵士達に接觸してゐる青年將校達に廣く共通する憂慮の種であつた。即ち昭和五年の大豐作による米價暴落といふ「豐作飢饉」の後、六年の凶作、八年の地震・津浪、九年の大凶作と續く不幸に東北六縣の農村地帶の疲弊は筆舌に盡し難いものであつた。純眞な青年將校達は部下の農村出身の兵士達から直接にその慘状を聞いて、その窮乏に對し有効な救濟手段を講ずる術を有たぬ政黨政治家や財界人に向けての憤怨を募らせてゐた。

安藤の場合、彼はその憂憤を以下の如き形で鈴木に訴へた。卽ち、陸軍の兵士は多く農村から出てゐるが、農村が現に見る如き疲弊した狀況では、兵達は皆後顧の憂ひに捉はれてゐる。それが卽ち軍隊の弱體化を招いてゐる。故に軍隊の手で農村改革を實現して外敵の侵冦に堪へ得る强い軍隊を作りたい、といふのであつた。

これは一應は尤もな考へ方と思はれたが、然し侍從長といふ職位に在る鈴木としては、農村の改革などと言はれても、是とも否とも助言の爲様がない難事業である。鈴木の答は次の様な趣旨のものになつた。貴君はフランスの革命史を讀んだことがあるか、との反問に安藤の答は否であつたから、フランス國民軍の話をして聞かせた。フランスで王制が倒され、共和政治が始まつた時、境を接する西歐の諸王國は革命思想の波及を恐れて、フランスの內政に干渉する軍隊を差向けて來た。フランス國民は、政治體制がどうあらうと、自分達はフランスの國土を守らなくてはならぬとの覺悟の下に、常備兵はもとよりの事、一般民衆までもが義勇軍に參加して國境の警備に赴き、列國の侵入軍に勇敢に對抗した。國民の一人々々について考へてみると、親兄弟が革命の暴動に捲き込まれて命を失つた者もあり、革命の引金でもあつた凶作のために妻子が飢餓に瀕してゐる者もあつた。革命から來る諸々の禍は全國民に降りかかつてゐたが、國民は祖國防衞の意氣に燃え、國を擧げて侵入軍に對する熱烈な抵抗を續けてゐた。そのうちにナポレオンの如き英傑が出現して遂にフランス國土の防衞を全うし、それ以上の霸業に祖國の名聲を轟かせた。

日本民族も、外敵の侵寇に對し、後顧の憂ひを有するが故に戰ひに身が入らないといふ如き惰弱な民族であるはずがない。フランス人には出來た事が日本人には出來ない、などといふ事は有り得まい。日清・日露の戰役の際とても、日本の兵士達は生活の餘裕があつたから强かつたといふわけではない。昔から日本の庶民は至つて貧しかつた。皆後顧の憂ひを深く持ちながらも意を決して戰場に赴き、そしてあの强大國に對して實によく戰つたが故に、祖國に勝利の榮冠を齎し得たのだ。此の歷史を熟とよく考へてみるがよい、と、その樣な趣旨を語つて安藤を叱り且つ激勵してやつたのだつた。

この時の安藤は本心から鈴木の說く理に服した樣であつた。今日は洵に有難いお話を伺つて胸がさつぱりとした、お話の趣きはよく解つたので、これから歸つて友人達にも說き聞かせます、また他日敎へを乞ひに參上したい、との挨拶を殘して辭去し、數日後には、座右の銘にしたいから一筆書いて頂きたいとて所望して來たので、鈴木は（たぶん色紙であらう）何か書いて渡してやつたといふ。

鈴木と對面した上でその話を聞けば、安藤の様な眞面目な青年の胸には深く應へる念も生じたであらうが、然しその思ひを從來行動を共にして來た同志の者に傳へて同じく翻念を促すのは至難の業である。鈴木が推測してゐる通り、安藤は却つて同志の者からその動搖を責められ、實行を決斷すべく拔差ならぬ立場に追ひ詰められてしまつたのであらう。

「天皇機關說」事件の波紋

『自傳』の回想によると昭和十年十一月九日から十九日にかけての陸軍大演習とそれにかけての鹿兒島・宮崎兩縣への行幸（天皇は十一月六日御召艦「比叡」で横須賀御出港、二十一日還幸）に鈴木も侍從長として供奉を仰せ付かつたが、この旅行の途上で侍從長他何人かが暗殺された、との流言が流れたことがあつた由である。一時の噂として傳はつたまでであるから、此の時狙はれたのが他に誰彼であつたか、詳細は判つてゐない。

明けて昭和十一年が、改元から敗戰までの昭和の動亂二十年の謂はば折返し地點とでも云ふべき轉回點である。その新年氣分のまだ拔け切らない一月十日のこと、第一師團歩兵第一聯隊第七中隊長の山口一太郎大尉が初年兵の入營式當日に見送りに來た父兄を前にして、現政府の姿勢を攻撃し、國體明徵の徹底を要求する過激な演說をし、その內容を印刷したプリントを配布した、といふ事件があり、事は翌日の東京日日新聞に報ぜられた。

〈國體明徵の徹底〉といふ標語は、改めて說くまでもない著名な史實たる天皇機關說問題に絡んで、その延長線上に生じたつまらぬ話柄である。問題の發端は昭和十年二月十八日、第六十七議會の貴族院で退役陸軍中將の菊池武夫議員が、憲法學者美濃部達吉東京帝大敎授の〈君主の國法上の地位〉に就いての憲法學說を〈不敬の學說〉と呼んで攻擊したことにある。

國家は法人にして天皇はその最高機關であると定義した美濃部の所謂天皇機關說は、既に明治三十六年にその原型が定まり、爾來上杉愼吉の神權論的天皇主權說との間に學說上の對立は生じたが、それはどこまでも學說の相異であつて政治問題ではなく、殊に大正の政黨內閣の發足以來歷代政府が依據して來たのはこの美濃部の學說であり、謂はば國政上の正統性を保持して來たものである。

その正統的學說に對し、この期に及んで不敬呼ばはりを敢へてするのは、何も自分の頭で憲法學を研究してみて生じた疑念などではなく、天皇といふ至高の御身位を「機關」とはけしからぬ、といつた程度の低俗な言語感覺に基いての言ひがかりにすぎないものだつた。その彈劾演說の下心と言へば、美濃部博士を當面の攻擊目標として、その背後に居る內大臣牧野伸顯、樞密院議長一木喜德郎、法制局長官金森德次郎といつた宮中の奧深くに存在する自由主義勢力を國政の中樞から排除しようとの陰謀に他ならない。鈴木も『自傳』の回想のその部分に〈今日になつて見ると機關說を〈不敬と〉鼓吹したのが一つの陰謀であつたことが判る〉と自ら注をつけてゐるが、實際つまらぬ次元の政爭的插話にすぎなかつた。

それでもこの言ひがかりを受けたが故に、美濃部達吉は貴族院議員を辭職する破目となつた上に叛亂勃發の五日前には暴漢の襲撃を受けて負傷するに至つてゐる。岡田內閣は昭和十年のうちに二度に亙る國體明徵に關する聲明を發表せざるを得なくなつた。昭和十年は二月から十月にかけて國政がこの謀略宣傳に攪亂されて多大の時間と精力とを狼費させられたわけである。

鈴木はこの事件に直接關はりを持つ事はなかつたが、侍從の職位に在つただけに、天皇との間には當然この話題が出た。天皇は、機關說問題は將來にも尾を曳くであらう厄介な問題なのだとの認識をお洩らしになつた。鈴木は宗教改革期に於ける西歐の王權をめぐつての天皇の深い御洞察を拜聽し、〈その時はそのまま承つて居たが、後になつてもう一度その當時の世界史を讀み返して見てなる程と御先見に感激し、陛下は餘程歷史に明るくあらせらるゝと思つた〉と回想してゐる。卽ち天皇機關說に就いての鈴木の所見は昭和天皇の御見解をそのまま奉じたものであつたと見てよいであらう。天皇から鈴木が拜聽した御見解は昭和史の史料として著名な原田熊雄の日記の中に、鈴木からの傳聞として直接話法での引用がある。それによつて見ても、又『岡田啓介回顧錄』、いや『獨白錄』に記された天皇御自身の所見の直接表明に徵して見ても、御親らが機關說の立場を取つてをられ、且つ憲法學者としての美濃部には人格識見共に深い信賴を置いてをられたことは明らかである。そのお考へを本庄武官長を通じて、皇道派の頭目であつた眞崎甚三郎教育總監に特に傳へせしめたことがある、といふ御回想は、天皇が陸軍內部の思想的對立問題にも正確に通じてをられた事を物語るものとして注目に値する。眞崎がこの聖慮をどう受けとめたものかは傳はつてゐない。

ところで鈴木は如何なる理由で暴徒達の襲擊目標となつたのであらうか。

無殘な最期を遂げることになつた內大臣齋藤實、大藏大臣高橋是清、九歳の幼い令嬢の面前で全身に機關銃彈を受けて斃れた教育總監渡邊錠太郎、危く難を逃れた總理大臣岡田啓介、內大臣牧野伸顯、そして重傷を負ひながら辛くも一命を取りとめた鈴木貫太郎に共通して叛亂將校達の標的となつた事由は何であつたか。概して言へば彼等皇道派青年將校達の唱へる國家改造・昭和維新の運動の障礙になつてゐると看做されたのはこの人々の自由主義的心性である。就中內大臣、侍從長といつた存在は天皇の清明を覆ひ、國民の熱望が天皇に直接屆くのを妨げる所謂「君側の奸」であるとして「芟除《さんぢよ》」の對象となつた。當時の唯一の元老と見られてゐた西園寺公望公爵が目標から外されてゐたのは、蹶起成功後の叛亂側にとつての「利用價値」を量られてゐたからだとの見方がある。教育總監の渡邊錠太郎大將が襲はれた理由は國軍の教育方針として天皇機關說を正統の學說とする立場に立つてゐた故であるとされるが、殺害の動機としては如何にも薄弱である。「維新」の實現よりも殺意の方が先行してゐたのではないかとの印象が強い。

鈴木が「君側の奸」視された理由としては幾つかの誤解に基く不運な因子があつた。前にも觸れた事だが、田中義一總理が天皇の嚴しい叱責に直面した時、天皇と首相との間を取成す役割を果すべきだつたのにそれをしなかつた（それは勿論侍従長の權限から外れた差出口である）と誤解された事、加藤寬治軍令部長の帷幄上奏を阻止した、とこれもあらぬ誤解を受けた事、滿洲事變勃發時に、林銑十郎中將の獨斷專行を統帥權干犯であるとの見解を持してゐた事が、南陸相が納得し諒解したにも拘らず陸軍部內に洩れ傳はつてゐた事等である。只斯樣な具體的事例が、青年將校達の知識の中に記憶されてゐて負の影響を與へてゐたとも考へにくい。結局は、安藤輝三大尉が、襲撃直後に、たか夫人に語つたといふ言葉、〈吾々は閣下に對して何も恨みはありません。ただ吾々の考へてゐる躍進日本の將來に對して閣下と意見を異にするが爲にやむを得ずかういふ事にたち至つたのであります〉との辯明が、案外に實情を暗示してゐるであらう。如何に世間知らずの彼等青年將校と雖も、天皇の侍從長に國政を積極的に推進したり或いは消極的に抑制したりの權限がないことくらゐは知識としてあるはずである。とすれば、やはり「君側の奸」を除くといつた通俗の情念に支配されての行動としか評價できない。

遭難の現場

昭和十一年は雪の多い年だつた。東京では二月四日の立春の日の午頃から降り出した雪が翌日には約三十二糎の深さに積もつて五十四年ぶりの大雪と發表された。二月二十四日には再び降雪となり、約三十五糎に達して二十日前の積雪記錄を更新した。その大雪の夜が明けた二月二十五日には、夜、駐日アメリカ大使ジョセフ・グルーが、齋藤實夫妻、鈴木貫太郎夫妻、松田道一元大使、榎本重治海軍參事官等の親しい日本人知友を大使官邸の晩餐會に招いてゐた。

食事が終るとグルー大使夫妻はハリウッド映畫を上映して客人達をもてなした。映畫は「お轉婆娘マリエッタ」といふ、古風で優雅な背景音樂を流し乍らの可憐な物語であつたといふ。常々十時には社交の場から引揚げる習慣の齋藤子爵夫妻は、この夜は例外的に十一時半頃までの長居を樂しんで機嫌宜く大使の官邸を辭去した。此が此の世での齋藤の姿の見納めとなつた。鈴木も客一同と樂しみを共にして夜遲く歸宅したのだが、大使官邸での大變な歡待にも拘らず、どうした豫感のはづみでもあつたのか、〈電燈の所爲か何となく暗く陰氣に感じたのです〉と回想してゐる。

　そして日付が變つて曉暗の四時頃、麴町區三番町二番地の侍從長官邸にも蹶起部隊は襲つて來た。熟睡してゐた鈴木を女中が起しに來て、兵隊が塀を乘り越えて侵入して來ましたと急報した。鈴木は直ちに、愈〻蹶起を實行したな、と直感し、取り敢へず身邊にあるはずの武器を探して納戸に入つてみたが、役に立ちさうな物は見當らない。納戸の中で殺されるのは恥辱だ、と思ひ直して、既に大勢が闖入して來た氣配のある八疊の閒に入つて電燈を點けた。すると周圍から二・三十人の兵士が銃劍を突き付ける形で鈴木を取り圍んだ。

時事新報
號外
昭和十一年二月二十六日（水曜日）
青年將校團蹶起し
重臣、大官を襲擊す
岡田首相、齋藤內府等即死
高橋藏相、鈴木侍從長重傷
一 二月二十六日午後八時十五分陸軍省發表 本日午前五時頃一部靑年將校等は左記箇所を襲擊せり
首相官邸 岡田首相即死
齋藤內大臣私邸 內大臣即死
渡邊敎育總監私邸 敎育總監即死
牧野前內大臣宿舍（湯河原伊藤屋旅館） 牧野伯爵不明

二・二六事件を傳へる號外

　襲つて來たのは歩兵第三聯隊第六中隊の中隊長安藤輝三大尉指揮下の下士官・兵約二百名で、士官としては安藤の他に第一中隊の坂井直中尉、第十中隊の鈴木金次郎少尉、第三中隊の淸原康平少尉が引率格だつた。

　その中の一人が進み出て、閣下ですか、と一言問うた。口調は丁寧なものであつたらしい。この問ひをかけた者の名は判つてゐない。

　以下鈴木が兵士等の銃擊を受けて倒れた瞬閒の場面は『自傳』に記された洵に冷靜な記述を引いておくのがよいであら

う。高宮氏執筆の『鈴木貫太郎傳』も遭難の夜の事は『自傳』からの長文（約六頁に亙る）の引用を以てし、注釋といふほどの文字は加へてゐない。

〈そこで私は雙手を擴げて、まあ靜かになさいとまづさう言ふと、皆私の顏を注視した。そこで、何かかういふ事があるについては、理由があるだらうから、どういふ事かその理由を聞かせて貰ひたいと言つた。けれども誰もただ私の顏を見てゐるばかりで、返事する者が一人もない。重ねてまた、何か理由があるだらうそれを話して貰ひたいと言つたが、それでも皆默つてゐる。それから三度目に理由のない筈はないからその理由を聞かして貰ひたい、と言ふと、その中の下士官らしいのが帶劍でピストルをさげ、もう時間がありませんから撃ちますと、かう言ふから、そこで甚だ不審な話で、理由を聞いても言はない、撃つといふのだから、そこにゐるものは理由が明瞭でなくただ上官の旨を受けて行動するだけの者だと考へられたから、それなら已むを得ません、お撃ちなさいと言うて、一間ばかり隔つた距離に直立不動で立つた。その背後の欄間には兩親の額が丁度私の頭の上に掲つてゐた〉

そこで鈴木にピストルを向けてゐた二人の下士官が同時に最初の一發を放つたが、やはり心が動搖してゐたと見えて初發は當らず、二發目が股の部分に、三發目が胸に當つて鈴木は倒れた。倒れる瞬間に頭と肩に又一發づつ當つた。都合四發の彈丸を受けたことになる。胸を撃たれたのだから疊の上に倒れた鈴木の身體は既に流れ出る血に浸つて慘澹たる狀を呈してゐたであらう。そこで兵の中からトドメを刺せといふ聲が上つた。たか夫人も鈴木の身體から一間も離れてゐない位置で銃劍とピストルを突きつけられてゐたが、そこで聲を上げて、とどめだけはやめて下さい、と制した。丁度その場に入つて來たのが、かねて鈴木を訪ねてその度量に敬服したものである叛亂の首魁格安藤輝三だつた。安藤が指揮官でありながら、既に鈴木が倒れて後に現場に姿を現すといふ順序を取つた理由はよくわからない。或いは自らが鈴木に手を下すといふ行爲を憚るところがあつたのだらうか。安藤は鈴木にとどめを刺さうとして喉元に銃をあてがつてゐる下士官に、それはやめろ、と制止し、閣下に對し敬令、といふ號令を下した。兵士達は折敷き跪いて捧銃の禮をした。安藤は、起て、引揚げ、と命じて兵士達を室から出させ、そこでたか夫人に向つてさきに引いた通りの辯明とも詫びとも取れる言葉を述べ、安藤輝三、と我名をはつきりと名告つて、兵士達を集合させて邸を出て行つた。女中部屋の前を通過する時、閣下を殺した以上、自分は自決する、と口に出してゐた事を女中が聞きつけてゐた。

首都での叛亂を指揮した將校の中で警視廳を襲擊した野中四郎大尉は自決し、安藤も自決を試みたが失敗し、軍法會議の判決によつて七月十二日に至り死刑に處せられた。鈴木を襲擊した坂井直中尉も死刑となつたが、鈴木金次郎、清原康平の兩少尉は死刑の求刑を受けたものの判決は無期禁錮といふことになつた。もう一人、門脇某といふ下士官が、戰後になつて、緣故を傳つて鈴木未亡人の前に現れ、閣下を最初に擊つたのは自分である、さあ擊て、といつて直立不動で立たれた閣下の豪毅さに壓倒されて眼を瞑つて擊つたのです、とたか夫人に叩頭百拜して罪を詫びた由である。叛亂軍の兵士の中で上等兵以下の兵卒は原則として全員無罪とされ、直接殺害の下手人三名だけが執行猶豫付の刑を受けた。下士官も極刑ではないが將校に準じて有罪とされる例は多くあつた。上記の門脇某も下士官であり、直接の下手人でもあつた故、禁錮刑を受けた組ではないかと思はれるが委細は不詳である。門脇某の話は『鈴木貫太郎傳』の「餘生篇」に簡單に觸れられてゐる。

奏功した救命活動

襲擊隊が引揚げると同時に、重傷を負つて倒れてゐる鈴木の救命活動が開始された。主な傷は胸と頭であつたが、たか夫人が傷を手で押へて血止めに努めた。又侍從職に電話して鈴木の負傷を告げた所、電話に出た當直の黑田子爵が知り合ひの鹽田重廣醫博に電話で急を告げ、鹽田が鈴木の命を救ふ主役を果すことになる。

鈴木の遭難を聞いて眞先に見舞に駈けつけたのは宮內大臣の湯淺倉平であつた。この湯淺は、昭和八年二月に宮相の一木喜德郎が樞密院議長に移つた際、その後を承けて會計檢査院長から宮相になつた人だが、その時湯淺が頑なまでに固辭するのを根氣よく說得して遂に承知せしめたのが鈴木侍從長だつた。鈴木はその時、一木喜德郎から自分を侍從長に推選するといふ件で、いくら自分を不適任だと仰有つても、人間何でもやつてみなければわかりませんよ、といふ論法で說得された事を思ひ出し、それと同じ筆法で湯淺を口說き落して宮相就任の決心をしてもらつたものだ、と回想してゐる。湯淺は謹直清廉な人柄で、天皇の厚い御信任を得、この事件の發生に際會しては、一木樞相、本庄武官長、廣幡侍從次長等と共に、この日から三月八日までの十日餘り宮中に宿泊したままで天皇の側近に侍し、事件の解決に向けて天皇を輔佐申し上げた。そして殺害された齋藤實內府の後を受けて事件解決後は內大臣として務める事になる。

湯淺の顏を見た鈴木は、氣丈にも、私は大丈夫だから陛下にどうか御安心下さいと申し上げてくれとの傳言を口にするほどであつたが、激しい出血は止まらず、やがて體が冷えてくる。たか夫人はなほ懸命に血を押へながら、もう口をきいてはいけませんと忠告する。湯淺宮相に續けて廣幡忠隆侍従次長が見舞に來た時は鈴木も默つて目禮するだけであつた。

鹽田博士は日本醫科大學に應急手當の用意を言ひつけて、自分は取るものも取り敢へず唯身一つで侍従長邸に駈けつけた。私が來たからにはもう大丈夫です、と、たか夫人を勵まし、とにかく繃帶が必要だとて白羽二重の反物を切らせてそれで傷口を縛る緊急の手當を施した。鹽田は室に入つた途端一面に流れる血に足を滑らせて轉んだといふ。

多量の血を失つた鈴木は寒い〳〵と言つたさうであるが、やがて意識が無くなり、脈も止まつた。鹽田は日本醫大に走り、二名の助手と、輸血等の用意を萬端整へて鈴木邸に戻り、そこで本格的な手當が始まつた。幸ひ輸血が著實な効果を擧げ、脈が再び打ち始めて意識も戻つた。

夜に入つて症狀の安定が確認できたので、床の下にX線の乾板を入れて撮影し、彈丸の在處を調べた。倒れる瞬間に頭部に當つた彈はこめかみから耳の後に抜けてゐたが、胸部の彈は心臟を通過したのかその脇を擦り抜けたのか確認できないがとにかくまだ體內にある。彈丸は心臟の裏の背部に留つて生涯摘出せぬままになつた。

鈴木が襲擊を受けて重傷を負ひ乍ら、辛くも生命を取り留めた、との報知は、午前七時半頃には天聴に達したので、天皇は爾後の鈴木の容態には深厚の御軫念を寄せられ、侍醫八代豊雄を見舞に御差遣になり、天皇・皇后兩陛下からのお見舞品（スープ）の下賜が三月十日に至るまで連日續いた。侍從長官邸からも連日缺かすことなく容態書を以てしての治療の經過報告が宮中に屆けられ、奏上された。

鈴木はその後順調に恢復し、遭難の四十日後の四月六日には事件後初めて參內して療養中の懇篤な御叡慮に御禮を言上することができた。四月十三日からは侍從長としての出仕も負傷前と變らぬ狀態に戻つた。

恢復と敍爵

夏が來ると七月には天皇が二・二六事件について宮中三殿、神宮、神武天皇陵、皇祟二代の山陵に御奉告になるに當つての御諮問に與り、又七月十八日の戒嚴令解除の御祝詞を言上することもあつた。夏を過ぎると體はすつかり恢復し、九月末から十月上旬にかけての北海道での陸軍大演習、十月下旬の海軍特別大演習・海軍兵學校への行幸にも侍從長として供奉することが出來た。

而して此等の行事が終了して十一月に、かねてより齡七十になつたら奉仕を御辭退申し上げると決めてゐたので、嚴密には滿で六十九歲であつたが、十一月二十日付で侍從長の職を辭したいと願ひ出、御裁可を得た。爾後公職としては樞密顧問官專任といふ形になつた。又この日を以て多年の勳功により男爵に敍せられた。侍從長の後任には引續いて海軍から百武三郎大將が任ぜられた。

十一月二十日の爵位親授式では天皇御手づから記念品の硯箱を下賜され、更に又掛軸、畫帖の下賜もあり、鈴木にとつては多難でもあり、殊に最後には危く生命を失ふところでもあつた御奉公の終幕を飾る晴れの場となつた。

この晴れの場には後奏が付く。十一月二十六日に、新たに侍從長に就任した百武三郎、及び叛亂事件に女壻が關係してゐたため三月二十三日付で侍從武官長を退いて豫備役に入つた本庄繁大將、本庄に代つて新たに武官長を拜命した宇佐美興屋陸軍中將、及び內大臣湯淺倉平、新宮內大臣松平恆雄等と共に兩陛下の夕餐御陪食を仰せ付けられたのは宮中行事の一環にすぎない事であつたかもしれないが、十一月三十日には、天皇は特にたか夫人同道で參內した鈴木夫妻に皇后と御同座で謁を賜つてゐる。拜謁の趣きは、侍從長退職に當つての數々の賜物についての御禮言上といふことであつたが、兩陛下お揃ひで、且つ鈴木の方も天皇の幼童時代の侍女であつたたか夫人同道といふ形で大奥の間で御挨拶申し上げる機會を賜つたといふ處に、單なる主君と臣下の間柄を上廻る御親近の情を示されたものと見ることができよう。

八年に亙る侍從長の職を拜辭して後の鈴木は、樞密顧問官として引續き天皇の最高諮問機關に列なり、國政に直接關與する立場ではないが、謂はば日本國の立憲君主制を守護する至高の役割に携はる職位に在つた。且つ昭和十五年六月には樞密院副議長となり、戰爭末期には、十九年の八月に、開戰時の樞密院議長原嘉道の死去の後を承けて樞密院議長に任ぜられてゐた。從つて、二十年四月に內閣總理大臣として終戰工作の大任を引受ける事になつた時は、海軍軍人としては豫備役ではあつたが決して在野の身といふわけではなく、樞密院議長といふ至高の顯職に在つたわけである。

侍従長を退いてからの鈴木は、二・二六事件で非命に斃れた齋藤實、高橋是清、渡邊錠太郎三氏の祥月命日の墓參を連年缺かす事無く續けてゐた。昭和十六年十二月に、アメリカからの執拗な挑戰を受けて已むを得ず開戰に踏み切つた當時の日本帝國の政情について、特に己の心境を綴つた手記や語錄は遺されてゐない。

第十一章　終戰工作の大業

1　大命降下

戰争の末期的様相

昭和二十年四月初めに小磯・米内連立内閣の政權としての命脈は盡きてゐた。前年昭和十九年十一月に、小磯國昭首相が大東亞戰爭の最終的戰局を左右するといふ意味で「天王山」の戰ひと呼んだレイテ島での決戰に敗北したことは、大本營の發表がないにも拘らず、國民の誰もが漠然と氣付いてゐた。戰況についての好き報道がないからである。二十年の正月元旦に首相はラヂオで全國民に向けての談話を放送し、その中で〈……今や比島全域が天王山である〉といつた表現を使つたりした。人々は此でフィリピンでの決戰も結局敗退で終るのだらうとの見當がついた。

二月に入ると、これは一般の庶民の全く知らない、雲の上の出來事と呼ぶべき事案であつたが、時局に對する天皇の切實な御軫念に應へて、七人の重臣、卽ち平沼騏一郎、廣田弘毅、近衛文麿、若槻禮次郎、牧野伸顯、岡田啓介、東條英機が數日の間隔を置いて順次參內し、戰局の見通し及びその對策について腹藏なく意見を奏上するといふ計畫が內大臣木戸幸一の立案によつて進行した。然し重臣達には何か救國の名案があるわけではなかつた。一同が等しく共有してゐる戰爭の將來についての暗い豫想を、陰に陽に希望的觀測の衣を被せて言上する以上の事はできなかつた。東條大將のみが一人、戰ひの狀況は五分五分であるとの强氣の觀測を述べたが、確かな根據を擧げての論ではなかつたから却つて空疎に響き、天皇への慰めにはならなかつた。廣田弘毅はソ聯との外交を積極的に押し進めて和平への手がかりを求めるとの具體方策を述べて天皇に一縷の希望の光を垣間見せる力があつた。

七人の中では近衞が十分に準備をし、一篇の文書を起草してその內容を言上したものが近衞上奏文として歷史に名を殘すことになつた。これは或る意味でこの重臣が最後に天皇に奉呈し得た忠誠の念の貴重な證蹟である。近衞は旣に敗戰を必至の運命と見てゐた。そして敗戰に伴なつて生ずる國土と民生の荒廢・破壞より更に恐しいのはこの機會を狙つてゐる共產主義者達による革命である、と豫想し、切言してゐた。そして皇國に共產革命の思想が隱微な形で浸透してくる、その禍を未然に防ぎ止めることができなかつたのは、爲政者としての自己の不明と不覺の致す所であると心から天皇に詫びてゐた。

三月に入ると、十日の陸軍記念日を翌日に控へての深夜に、東京の下町が大半燒野原と化し、一夜にして十二萬人の死傷者と百十五萬人の罹災者、全燒家屋二十五萬棟の損害を出す大空襲があつた。これはおよそ戰爭の國際法的な定義を完全に蹂躙した、非戰鬪員たる一般市民の計畫的無差別大殺戮であつた。アメリカ人の行ふ戰爭の殘酷さを日本人は骨身に沁みて體驗させられた。東京の下町の慘狀は新聞紙面や口頭の傳聞の形で廣く全國に語り傳へられ、人々は皆それを決して他人事ではなく、明日の我身の上と思ふ事に慣れて行つた。

二月から三月にかけての太平洋の島嶼をめぐる米軍の攻勢の中で最も熾烈を極め、日本國民の不安と關心とを引付けてゐたのは硫黃島の攻防戰だつた。二月十九日に米軍が上陸を開始し、島の形が變るほどの激しい火砲戰が五週間續き、三月十七日に守備隊指揮官の栗林忠道兵團長が大本營宛てに悲愴なる全員玉碎の訣別電報を發した後、更に二十二日頃迄殘存將兵のゲリラ戰的抵抗は續いた。精强を誇る米海兵隊が五日間の戰鬪で占領できると踏んでゐたこの東西約八粁南北約四粁の小島の奪取に、米軍の目算の七倍の日數を費さしめ、全滅した守備隊二萬三千名を上廻る三萬三千名の人的損失を强ひた迄に日本軍の抵抗は凄じいものだつた。

パラオ諸島中のペリリュー島に於ける日本軍守備隊の抵抗の激烈さもまさに米軍の心膽を寒からしめるものであつたが、硫黃島を守る栗林中將の戰鬪指揮はその用意周到と冷靜沈着な計畫性に於いて、米軍に眞の「畏怖」を覺えさせる體のものだつた。この島での苦戰が、米軍に日本の本土進攻戰がどれほど多くの損害を彼等に强ひることになるかを恐れさせる最强の材料となつた。然し、日本人が硫黃島攻防戰で見せた栗林中將の戰法の「効果」を知ることになるのは、戰後の戰史研究が十分に深化してから後の事である。昭和二十年三月下旬の時點では、硫黃島の失陷はB29による本土の空襲が益々彼等に有利になるといふ悲觀的材料を日本人につきつけただけの、敗戰への一里塚を意味したまでであつた。

三月十八日、天皇は今猶燒死者達の死臭が漂つてゐる下町の被災地の巡視に赴かれた。天皇は攝政時代に大正十二年九月の關東大震災の災害地を視察された體驗をお持ちであつた。その時と比べて、この度の空襲被害が如何に無殘なものであるかを御自身の眼で確かめることができた。深川八幡宮の附近を徒歩で視察されてゐるお姿が新聞に出た。そこで國民は陛下がこの慘狀を御親《みづか》ら確認され、意識に深く刻んで居られるのだといふ事實を認識することが出來た。それは天皇が決して國民を見捨てられてゐるわけではない、といふ一縷の救濟への光明として人々の念裡に微かに點《とも》つてゐた。天皇が隅田川東岸を主としての被災地巡視に出られた日、還幸の後、侍從長藤田尙德に對し、

戰《たたかひ》のわざはひうけし國民《くにたみ》をおもふこころにいでたちてきぬ

なる御製を一首示されてゐる。かかる御詠のあつたことを國民が知るのは停戰成立後の話であるが、陛下はかうした微妙な形で國民の衷情に祕かに了解の信號を出してをられたわけである。

小磯內閣の不樣な退場

同じ三月十八日に南京政府考試院副院長との肩書を持つ繆斌《みようひん》といふ人物が政府に接觸を求めて來た。繆は南京の汪兆銘政府の一員でありながら蔣介石の重慶政府との間に何應欽《かおうきん》國防部長を通じて連絡筋を有し、對重慶和平工作を斡旋するといふ觸れ込みであつた。小磯が昭和十五年に米內光政內閣の拓務相であつた時に南京で繆と面會した事があつたので、小磯が內閣

總理の座にある現在、自分に出番が廻つて來たと思ひ、小磯の招きに應じてかなりの抱負を抱いて日本の陸軍機で來日したのだつた。

然し繆といふ人物の如何がはしさは、その素性からしても言動からしても外相の重光葵や陸相の杉山元、海相の米内等のよく知る所であつた。昭和天皇がこの人物に下した御明察は洵に明晰で簡明なものだつた。天皇は戰後の例の『獨白錄』第二卷「小磯內閣」の㈤繆斌問題の節で以下の如くに回想されてゐる。

〈彼は最初は汪（兆銘）と行動を共にしたが、後では汪を見捨てた不信の男である。當時日本は危機で、所謂溺れる者は藁をも把む時ではあつたが、苟《いやし》くも一國の首相ともあるものが、繆斌如き者の力によつて、日支全面的に和平を圖らうと考へた事は頗る見識のない事である。

（中略）

彼は蔣介石の親書を持つて居らぬ。元來重慶工作は南京政府に一任してあるのだから日本が直接この工作に乘り出す事は第一不信の行爲である。まして親書を持たぬ一介の男に對して、一國の首相が謀略を行ふ事は、たとへ成功しても國際信義を失ふし、不成功の場合は物笑ひとなる事である〉

天皇のこの工作についての御判斷の基準が一に懸つて「信義」に在る事に注意を惹かれる。この樣に天皇の御姿勢は鮮明であつたが、御回想のお言葉通り藁をも摑みたい思ひの小磯は案外に繆斌の話に執着し、三月二十一日の第五十四回最高戰爭指導會議で繆を通じての對重慶和平工作を提案するに至つてゐる。

ところが重光外相が先づ反對し、天皇が何故杉山は繆を陸軍機で日本に運ぶ事を許したのかと訝られた當の杉山陸相も、更に米内海相、梅津美治郎參謀總長、木戸内大臣も反對に廻り、小磯は孤立し、面目を失ふ經驗をした。たぶんこの狀況を踏まへてであらう、小磯は三月二十四日、天皇に拜謁した際、一般政務に就いての奏上の中で、『實錄』に依れば〈内閣の進退〉といふ語を出してゐる。それは同『實錄』二十六日の追記に依つて見ると、小磯は内閣總辭職を〈理由を擧げて說明〉（たぶん繆斌工作で閣内の贊成を毫も得られなかつた事を理由としたのであらう。この邊り『實錄』編纂に際しての記述不備が目立つ）しながら、一方では同じ口の下で内閣改造にも言及し、且つ後繼内閣の首班は現役將官たるを要すると論據も薄弱のままに述べる等、天皇も小磯の奏上の眞意を解しかねるほどの支離滅裂なものであつたらしい。

三月二十六日第八十六帝國議會閉院式後の小磯首相への賜謁の際には更に面妖な事態が生じた。小磯が前々日の政務奏上の際に說明申し上げた内閣總辭職の可能性につき、『實錄』によれば天皇は〈首相より、思召しにより内閣の進退を決したき旨の奏上を受けられる〉ことになつたといふのだが、内閣の去就を天皇に決めて頂きたい（御聖斷を仰ぐ、といふ表現に相當する）との上奏は、輔弼の大任の拋棄に等しく、曾て前例のない異常事態である。天皇としては昭和四年の田中義一首相への辭表要求の件で懲りて居られる事案であり、是とも否ともお答の仕様のない當惑そのものである。

これだけでも小磯の國政擔當能力の全面的喪失が客觀的に立證されたに等しいのだが、小磯は更に四月二日夕刻に拜謁を願ひ出、繆斌工作を推進し、それによつて支那の本土で浮く事になる兵力を本土防衛に振り向けるといふ案を上奏した。天皇はほと〳〵呆れられたのではないかと拜察する。この時は〈繆斌工作には深入りしないよう諭される〉（『實錄』）ことで終つたが、翌三日、神武天皇祭の御拜禮を濟まされた後、木戸內府、陸相、海相、外相を順次お召しになつて繆斌工作の可否を御下問になり、全員から反對の奉答を受けられたのだつた。この奉答は天皇のこの事案に對する當初からの疑惑と不信の念を支持するものであつた。天皇もここで最終的斷案を得られた形で、翌四月四日、小磯首相をお召しになつて、繆斌を速やかに本國に歸國せしめよとの指示を與へられ、二週間餘に亙つた繆斌工作事件は結着がついたわけである。

この結着は、小磯が天皇と主要閣僚との双方から不信任を突きつけられたに等しい意味を有した。同時に、小磯はかねてから、戰爭指導體制强化のために自ら現役に復歸し、陸軍大臣を兼攝したいとの希望を表明してゐたが、四月三日夜、陸軍大臣、參謀總長、敎育總監の陸軍三長官から、その方針には反對であるとの連名の文書回答を受取つてゐた。首相の陸相兼攝は東條內閣で實驗濟であり、それには既に否定的回答が出てゐたからである。これで小磯は天皇、閣僚、そして身內の陸軍からも信任を失ひ見離された形になつた。對應は總辭職以外になく、辭表は四月五日に提出され、直ちに受理され、御裁可を得た。

重臣達鈴木に望を囑す

後繼內閣の首班を銓衡する重臣達の會同は一刻の遲滯も許されぬ非常時の折から、四月五日の夕刻に開かれた。昭和十五年十二月に元老西園寺公望が死去して以後、後繼首班の推薦に就いて決定的な意見を述べられる重臣は居なくなり、自然、過去の首相經驗者達を主とする通稱重臣連の合議によつて新首相を銓衡するといふ形になつた。

木戶內大臣の招請によつて午後五時に宮中の表《おもて》拜謁《はいえつ》の間に參集した在京の重臣は近衞文麿、平沼騏一郎、廣田弘毅、若槻禮次郎、岡田啓介、東條英機といふ六人の元首相と樞密院議長としての鈴木貫太郎の七人であり、木戶も人選について意見を述べる者として參劃した。會議は午後八時半近くまでの長時間に亙つたが、その實景は『木戶幸一日記（下巻）』の當日の項に詳細綿密な筆錄があるのを筆頭に、少からざる史料集や硏究文獻に摘要抄錄が見られるので、それ等を更に再錄する事は控へる。その要目だけを記しておくならば、近衞、若槻、岡田、平沼と、それに議事まとめ役の木戶との閒に、後任として鈴木樞府議長を推すといふ內々の合意が成立してゐたらしい。東條が畑俊六元帥といふ個人の名を擧げ、廣田がやはり現役の軍人をとの意見を出した外は、平沼が鈴木の名を出した所でかねての打合せに合意した面々が皆贊成を唱へ、鈴木が後を引受けざるを得ない空氣が立ち所に成立した。

かくて午後八時五十分近く、木戶は天皇に拜謁し、重臣會議での協議の結果、鈴木樞密院議長に組閣を御下命ありたき旨を奉答した。そこで、夜も更けた十時近く、天皇は鈴木を御學問所にお召しになつて組閣を命じられるに至つた。

鈴木は重臣會議の席上でも、明治天皇の軍人勅諭から〈軍人は政治に關はらず〉の金句を引き、ローマのカエサル、ドイツ帝國のカイザー、ロマノフ王朝ツアールの末路等皆軍人が政治の采配を振つた結果の亡國であるとの持論を展開して首相への推薦を固辭した。天皇の御前に出た時にも、なほ自分は政治には何の經驗もない一介の武辨であり、明治天皇のお諭しにも背くことであるからとて拜辭のお許しを願ふのだつた。

ここで敢へて著者の些少の注釋を插む。軍人は政治に干與すべからずの格率と、自分は武辨にして政治には全くの素人である、との卑下は慥かに鈴木が度々口に出してゐた持說である。ところが鈴木が海軍次官に任ぜられて官僚の世界に一歩足を踏み入れた直後に、海軍補充費の豫算を獲得するために時の政權大隈內閣の政敵に當る野黨政友會の代議士に直接折衝して豫算案の成立を贏ち取つてしまつた早業。又第一次歐洲大戰の勃發に際しては、夙に聯合國側への參戰要請が來るであらう事を豫想し、直屬上司たる八代海軍大臣にさへ無斷で大藏次官の濱口雄幸に接觸して新鋭驅逐艦十隻の急造豫算を認めさせてしまつた所謂根廻しの巧みさ。一方八代の片腕としてシーメンス事件といふ海軍始まつて以來の難題を、誠心誠意の英斷を以て無事に解決してしまつた剛直ぶり。この事件で自ら大臣の座を降りた八代中將を、加藤高明、大隈重信といつた高官に働きかけて第二艦隊司令長官への返り咲きを實現せしめた、人事面での周旋能力。そして吳鎭守府司令長官として關東大震災に遭遇し、完全に正しい意味での獨斷專行の救助活動の先鞭を着け、見事な成功を收めた事蹟。又軍令部長時代、大藏省の河田烈主計局長に「理」を說いて建艦豫算の減額を撤回させた說得力等々、むしろ鈴木の如く行政面での業績にも功業を重ねた實戰派の軍人は珍しいと見るべきである。そして練習艦隊司令官としてアメリカ合衆國西海岸で示し得た外交的成功は、やがてこの終戰工作内閣の總理大臣としての遠大な政略の一つの布石であつたことが實證されることになる。

自身が如何に政治には不向き、と言ひ立てようと、重臣の中でも同じ海軍出身の岡田、或いは侍從長としての鈴木の言動を見てゐた滿洲事變勃發時の總理であつた若槻などには、鈴木の政治的見識と手腕とに、むしろ深く期待するところさへあつたのではないかと思はれる。表向きは、これまでの戰爭指導に行き懸り的な關聯を持たぬ人、との條件に適ふとの名目で合議が成立し、鈴木は首相候補として天皇の御前に進み出はしたが、なほも持說を盾に取り、且つ老齡で耳がよく聞えぬとの理由も擧げて、大命拜辭の姿勢を取り續けた。

鈴木が遂に天皇の御意に抗しかねて大命を拜受するに至つた、その瞬間の情景は唯一人の第三者として拜謁の場に侍立してゐた藤田尙德侍從長の回想を通じて、此も廣く知られてゐる話であらう。

藤田によれば、從來組閣の大命を仰せ出だされる場合に、天皇は總理候補者に對して、憲法の條規を遵守する事、外交の上で無理押しをせぬ事、國内の經濟施策上急激な變動を起さぬ樣にする事、といふ三項の注意事項を付加へて仰せられるのが慣例となつてゐた。藤田は職責上宮內省の記錄文書を檢してこの前例をよく知つてゐた。

ところが鈴木への組閣の御下命に際して、天皇は「卿に內閣の組閣を命ずる」といふ一言以外に一切何も仰せられなかつた。藤田はこれを「無條件」の組閣命令であると直感した由である。といふことは、汝の內閣は、必要とあらば超憲法的措置をとることが起らうとも豫めそれを承認する、外交上でも何らかの冒険的施策を試みることになつてもよい、との含みを持たせた上での御下命だといふ意味である。當事者の鈴木に咄嗟にそこまでの御含意が讀み取れたわけではないであらうが、とにかく天皇が鈴木に全幅の信頼を置いた上での組閣命令であることは直ちに判る。

といふよりも、藤田によれば、天皇は重ねての鈴木の拜辭言上に對し、「……もう他に人はゐない。頼むから、どうか、まげて承知してもらひたい」との表現を以て、命令といふより萬感を籠めての御依賴をなされたかの如くなのだつた。

目下の國家的危急を切り拔け得るだけの力量を具へた人物が他に居ない、といふ天皇のお言葉は、鈴木も先刻の重臣會議の席上で確認せざるを得なかつた嚴然たる事實である。自分が遣るより他はない、との思ひは鈴木の心底に、この時の陛下のお言葉「たのむ」の一語によつて點火されたのではなかつたか。

「篤と考へさせて頂きます」との奉答を以て御前を退出した時に、旣に鈴木は決心をつけてゐたと想像される。五日の深夜に歸宅した鈴木は令息の鈴木一に沈痛の面持で大命降下の驚きを語つた。一はこの時天皇陛下と御同庚で働き盛りの四十五歲、老父の肩に懸つてきた國家的使命の重大さを直感し、父と共に國難に殉ずる覺悟を決めて大任の受託を激勵した。

一夜明けて四月六日の朝には父子の決心は固まつてゐた。一はこの時農林省山林局長といふ肩書の高級官僚であつたが、直ちに勅任官の現職を辭し、官等では格下になる總理大臣祕書官として耳の遠い老父の補聴器役と併せて身邊防護の役を務める事を申し出た。同時に甥の鈴木武も祕書官として父子に密着して協力することになつた。

　そこで六日の朝には既に鈴木父子は心を決めて組閣工作に取掛つた。と言つても鈴木の述懐の通り、彼は現時政界の動向に明るいわけでもなく、政界に人脈があるわけでもない。或る意味で素朴な、理解できる發想であるが、鈴木は重臣連の協力を取付けることが重要だと考へ、早朝眞先に岡田啓介に電話をかけ、軍需大臣になつてくれないかと申込んだ由である。岡田はこれで鈴木がほんたうに現實の政界事情には暗い事に驚き、ともかくもと組閣本部となつてゐる小石川丸山町の鈴木の私邸を訪ねた。この時岡田の念裡にあつたのは、彼自身の內閣に於いて內閣書記官長を務め、二・二六事件の際に首相官邸に在つて叛亂將兵の銃擊を經驗してゐる女壻の迫水久常を鈴木內閣の書記官長に登用せしめ、行政事務に不馴れな鈴木の片腕として彼を支へて活動させるといふ構想だつた。そこで迫水も鈴木邸に呼び寄せられ、總理に次いで二番目に閣僚候補名簿に記載されるめぐり合せとなつた。

自邸における鈴木貫太郎一家
（昭和20年４月組閣直後）
（前列左から）　たか，貫太郎，長男一《はじめ》。
（後列左から）　布美（一妻），哲太郎（一長男）。

迫水久常は當時大藏省銀行局長で、偶〻鈴木一とは大學同期の知友であつた。紛う方なき秀才型の官僚であり、當時の所謂革新官僚の型に屬し、統制經濟體制推進の中心的存在でもあつたから、重臣の中でも近衛や平沼の眼から見れば赤色分子として好ましい人選ではなかつたかもしれない。だがとにかく嶽父の岡田からは、この內閣の使命は一に懸つて戰爭の收拾、卽ち對聯合國和平工作である事を、たぶん暗默の裡に腦裡に叩き込まれてゐたであらう。その目的に向つて總理を補佐するとなれば、一種の知惠袋としての行政上の見識も文章の敎養も十分に有る人材には違ひなかつた。それに加へて、二・二六事件の際に不思議の幸運によつて弑逆を免かれ、官邸の女中部屋の押入れに潛んでゐた岡田を救出する工作に福田耕《つとむ》祕書官と共に肝膽を碎き、見事にその難事を成し遂げるといふ手腕があつた。そこで岡田の眼には、非常の事態に遭遇して沈着冷靜、而も果斷を以て處理に當れる器量の持主といふ評價が定まつてゐたのかもしれない。

鈴木の組閣は岡田の當初の心配とは裏腹に極めて順調に進んだ。岡田は、自分に軍需大臣就任を求める樣では――と呆れたのだつたが、この危急の際に所謂重臣達を起用するのは當然、といふのが鈴木の本音であり、親密な岡田には電話で用を足したが、その他の重臣、近衞、若槻、廣田、平沼を鈴木は夫々の自邸に歷訪して入閣を要請した。結果として入閣を承引した重臣は居なかつたが、斯樣にして禮を盡した事は、重臣達の閣外からの無形の協力を獲得するといふ點で少からざる効果を生んだ。侍從長時代に一木喜德郎宮內大臣が職を辭したあとの後任に、頑として固辭し續ける湯淺倉平を何とか口說き落して就任してもらつた際の交涉で、鈴木は、結局は誠心誠意が人を動かし得るのだとの自信を得たと回想してゐるのを我々は見てゐる。これが實は鈴木の政治力の本質だつたと定義してもよい。その政治力を十全に發揮して、難關と思はれた陸軍からは、曾て侍從武官として親交のあつた阿《あ》南《なみ》惟幾《これちか》を獲得することに成功した。この人事が後になつて顧みれば鈴木の終戰工作が辛うじて成功する鍵となつたのが不思議である。もう一つの大きな鍵は海軍大臣に米內光政の留任を得た事である。大藏大臣には此も前に觸れた、舊知の勝田主計を懇請したが、老齢の故を以て辭退され、代りに推薦して來た勝田の女壻廣瀬豐作を異議無く受容れた。

その他の閣僚諸公の人選と決定について詳論の必要はないと思はれるが、問題は陸海兩相と共に戰爭指導の舵取り役になる外務大臣である。

鈴木は重臣起用方針の延長線上で廣田の就任を懇請したが、廣田は自分の代りに東條開戰內閣での外相東鄉茂德を強く推薦した。もしこの時廣田の再登場が實現してゐたら、內閣の終戰工作がどの樣な進展を見せたか、想像の興味を唆るところであるが、それは成らなかつた。組閣工作當日の四月六日に東鄉は疎開して輕井澤に滯在中で直接の交渉は出來なかつた。そこで四月七日、鈴木が外相兼任といふ形をとつてともかく鈴木內閣は發足し、午後九時半に大方の閣僚の親任式が終つた。

この日の午後零時三十分から三時頃にかけて、鹿兒島縣坊ノ岬の南方八十浬の沖で沖繩本島への「特別攻撃」に出撃した戰艦「大和」、巡洋艦「矢矧」、他驅逐艦八隻が米軍航空部隊三百機と二時間餘の死鬪の果てに大半が沈沒した。これで日本海軍の海上戰闘能力は略〻零《ゼロ》になつた。海軍が全ての力を使ひ果し、殘る戰力は航空と水中からの「特別攻擊」のみとなつた、その謂はば葬送の日に鈴木終戰內閣は發足したわけである。

東鄕外務大臣の就任が遲れて四月九日の日付になつた（他に運輸大臣小日山直登、阿南陸相の推薦になる國務大臣安井藤治が四月十一日付と少し遲れてゐる）事情については東鄕の戰後獄中での回想記『時代の一面』に鈴木總理との間の微妙な遣り取りの記述がある。

東鄕が鈴木からの縣知事經由の電話連絡に接して輕井澤から急遽上京し、鈴木と面談したのは內閣の親任式が終了した後の四月七日夜十時半過ぎである。東鄕は勿論この戰爭を一日でも早く終らさねばならぬと思ひ詰めてゐる立場の人である。豫想される終戰工作への協力としてならば、當然入閣を承諾すべきところであるが、諾否を言ふ前に、先づ鈴木總理のこの戰爭の前途に對する見通しは如何、と問うてみた。すると意外にも、あと二・三年は戰ひ得るものと思ふ、との答である。東鄕は驚いた。斯樣な認識でどうして戰爭收拾のための政權を擔當する氣になれるのか、と、これは東鄕といふ知性銳敏の人には至極當然の理詰めの不審である。

鈴木にしてみれば、阿南陸相の入閣を杉山前陸相に請うて應諾を得た際に、陸軍側で出して來た條件、卽ち戰爭の完遂、陸海軍の一體化（事實上陸軍が海軍を麾下に收める）、本土決戰のための陸軍の諸施策の實行、といふ三項目を卽座に呑んでしまつてゐる。その約束の手前、東鄕に對して、年內に終戰に漕ぎつけたいといふ樣な內心を打ち明けるわけにはゆかない。東鄕にはその邊りの察しがつかなかつた。これでは總理との意見一致の上での協力ができない、とて入閣を承引しない。

東鄕は翌四月八日に岡田啓介を訪ね、前夜鈴木との問答で打突かつた不審の念を質してみた。岡田

米機來襲のさなか，待避途中のスナップ
（昭和20年４月組閣當日）

とて、鈴木の本心は斷〻であらうがそれを表向きには口に出來ないでゐるのだ、とまでの說明をしてしまふわけにはゆかない。鈴木の有してゐる戰爭の見通しはまだ確定してゐるわけではあるまい、むしろ汝東郷が入閣して身近の位置から鈴木を啓發してやつてもらひたい、とまでしか言ふことはできない。次いで東郷が訪ねた外務省の先輩たる松平恆雄宮內大臣も、廣田元總理も、外相としてこの難局の收拾に當り得るのは東郷以外にないとの懇切な激勵に努めるのだつた。

午後迫水書記官長が東郷を訪れて前夜の鈴木と東郷との面談に於ける鈴木の胸の裡についての釋明を試みた。これはたぶん鈴木の意を受けての訪問ではなく、東郷の態度が不決斷であるのを傳へ聞いた迫水の秀才官僚らしい氣配りの行動だつたのであらう。迫水は、終戰工作への取組みを言明するわけにはゆかない鈴木の胸中を推し測つてやつて欲しい、との說明を試みたのだが、東郷はそれに對して、外相就任豫定の自分に對してすら本心を打ち明けない鈴木の〈水臭い〉對應に疑念を抱き、やはり入閣の承諾を保留した。

翌四月九日に木戸內府の祕書官長松平康昌が東郷を訪ね、鈴木の戰爭の前途への見通しといふのは決して確たるものではなく、天皇の終戰への御軫念も鈴木が知らないはずはないのだ、と傳へ、更に迫水が來訪して鈴木との再會談を希求する。鈴木は、戰爭の見通しについては貴殿のお考へ通りでよく、外交に關しては一切を全的にお任せするから、と說いて漸く東鄕の外相就任を承諾させる事が出來た。

以上の經緯は、結局、鈴木が天皇からの暗默の御用命であつた戰爭收拾の工作への挺身とそれへ向けての自らの覺悟を如何に用心深く祕め匿したままで內閣を引受けたかといふ、その深謀遠慮の證跡である。組閣工作の途上に於いては東鄕すらもその用心の對象であつたことは至つて當然であるし、又東鄕がそのあまりの用心深さに或る違和感を覺えたであらうこともよく判る話である。兩者の性格の相異でもあり、立場の不同から生ずる喰ひ違ひでもあつたが、やがて兩人に共通の目標の高大と至難とがその微妙なずれを止揚してしまふ。

鈴木登場への國際的好感

鈴木は組閣後皇太后陛下への御機嫌奉伺のため大宮御所に參內してゐる。皇太后は鈴木に特に椅子を賜ひ、侍從としての御奉仕以來天皇の大御心を最も良く知る側近としての鈴木に、衷心からの打ち明け話の口調で昨今の天皇の日夜の御軫念のほどを語り聞かせた。そして〈親代りになつて〉との表現までお使ひの上、戰爭收拾に向けての輔弼の大任を全うして欲しいと淚ながらに仰せられた由である。女丈夫型の皇太后にしてみれば、これは決して單に母子の情からの御發言ではなく、國民を現在の塗炭の苦しみから救ふことがとりも直さず陛下の御軫念を拂拭する途なのだ、との關聯を確乎と心に刻んで居られた。鈴木は皇太后のこの貴いお氣持に應へるためにも、終戰の政治工作は實に緊急必須の課題であることを固く心に決めて退出した。

然し乍ら、皇太后の懿旨は表向きには政治家の口にすべからざる祕事である（事實鈴木は皇太后への御機嫌奉伺と受けた御沙汰の事は戰後故鄕への隱棲を果すまでは全く口外しなかつた）。組閣が終つた四月七日夜の恆例の內閣總理大臣談話なども、迫水が腹心の木原通雄に起草させ、自分が少し手を加へたものを、少し調子が高すぎるのではないかと思ひながらそのまま鈴木に手渡したのだが、鈴木は何ら變更を加へず、ラヂオ放送でもそのまま讀み上げてゐる。

その中に、國民が捨身の覺悟を以てあくまで戰ひ拔くならば、必ずやそこに勝利の機會を得て敵を打倒することが出來ると確信する、といつた件りがあるのは、この戰爭はあくまで戰ひ拔く（和平工作はしない）との陸軍の出した條件をそのまま取り入れたものである。尤も、首相談話には新聞にもラヂオにも、〈國民諸君は私の屍を踏みこえて〉國運の打開に邁進されたい、との表現が見えてゐる。これは鈴木の戰後の述懷によれば、和平工作を强行すれば自分はきつと殺されるだらう、だが首尾よく和平が成りさへすればその後にきつと國運打開の途は開ける、との決意を述べたつもりであつたといふ。事實、終戰といふ起死回生の手術が成術した八月十五日の朝、鈴木はほんたうに殺されかけた。一命を拾つたのは偶然の僥倖によつての事である。

內閣の發足に當つての首相談話の內容といふ公的・國內的な建前の表明はともかく、鈴木內閣の登場は國際的には（と言つても單に聯合國側にとつてといふことになるが）意外にも好評であつた。本書の著者の舊著『宰相　鈴木貫太郎』（昭和五十七年、文藝春秋刊）の第一章「登場」で、ニューヨークタイムズ、ワシントンポスト、クリスチャンサイエンスモニターといふ三種のアメリカ合衆國の新聞から原文の十分な引用を以て既に紹介した事であるが、鈴木は概して中庸（moderate）で自由主義的（liberal）な思想の持主であると書かれてゐる。そして二・二六事件で叛亂軍の暗殺目標の一人となり重傷を負つて引退した後は樞密顧問官なる文官として憲法政治を守る立場にあつたとの經歴も紹介されてゐる。

米國人の二・二六事件についての理解に最も有益な貢獻をしたのは元駐日大使であつたジョセフ・グルーが一九四四（昭和十九）年一月に公刊した回想記『滯日十年』（*Ten Years in Japan*）である。これは昭和七年五月に日本に着任し、十七年六月に交換船で歸國するまでの丁度十年間の駐日大使時代の經驗を綿密に書き綴つた日記の體裁を有し、公刊時の米國との交戰相手國である日本と日本人を合衆國國民により精しく、深く理解させんがために敢へて意圖的にこの戰爭末期を選んで出版させた實錄《ノンフィクション》ものである。

二・二六事件の當夜、齋藤實夫妻、鈴木貫太郎夫妻共にグルー大使公邸の小宴の客となつてゐたことは第十章の「遭難」の節に記しておいたが、グルーの眼には（客觀的にも然りであるが）鈴木も齋藤も狂信的な軍國主義者達の憎惡と憤懣の的になつてゐた。その鈴木が老齢の身を驅つて組閣に立ち上つたといふことは、現に日本國を引摺つて奈落の淵に陥し入れようとしてゐる好戰的な軍部（主として陸軍）を抑へて平和攻勢に出る兆候だ、とアメリカの知識人達にも讀み取れた、といふ次第なのだつた。

迫水久常の回想にも、彼の親しい舊友である米國人のマックスウェル・クライマンが終戰後に軍人として來日し、迫水に向つて、昭和二十年の新内閣成立の報道を聞き、鈴木が總理で迫水が書記官長ならばこの戰爭は必ず半年以内に終る、と元駐日大使館參事官だつたユージン・ドウーマンに斷言した、といふ話が出てくる。これはアメリカ國内の所謂知日派知識人の中には相當に日本の政界事情に通じた人物もゐたといふ證左である。然し勿論知日派の反對派といふべき勢力も頗る强かつたのであるから、日本の終戰工作は、日本國内の政爭であつたのみならず、相手側の米國内でもやはり政治的對立の一爭點であつた事をやがて見るに至るであらう。

米國大統領への追悼の談話

鈴木の登場を歡迎する空氣だつた一部のアメリカ知識人階層の反應には一種の「おまけ」の様な一寸よい話がつく。此も著者の舊著『宰相 鈴木貫太郎』の第二章「哀悼の辭」の中にアメリカとスイスの新聞の原文を引いて述べておいた事なのだが、紙幅の均衡上その要點だけを摘記すれば以下の如くである。

合衆國大統領F・D・ルーズヴェルトは四月十二日の午後三時半に腦溢血の發作で急死した。その報道は日本では東京時間四月十三日の午後三時のラヂオのニュースで人々の知るところとなつた。『實錄』によれば昭和天皇は十三日午前十一時半頃には松平恆雄宮相の奏上によりルーズヴェルトの死去を御承知になつてゐる。これは外電か米國放送による情報であらうか。この報知を受けて、これはかうした場合によくある通例の事であるが、新聞社や通信社が識者から感想の談話を取るものである。この時同盟通信社が新内閣の總理大臣たる鈴木の所見を聞き取りに來たのは自然であり、これはたぶんその日の夕方の事であらう。

鈴木は同盟通信記者の取材を受けた時、至つて淡泊に、ルーズヴェルトが國政の上で大きな成功を収め、そのお蔭で今日のアメリカの高い國際的地位がある事實を承認し、それ故に彼の死がアメリカ國民にとつての大きな損失であることはよく理解できる、といふ意味のコメントを述べ、〈私の深い哀悼の意をアメリカ國民に向けて送る〉と結んでゐる。

四月十三日は深夜には空襲警報が發令され、十四日未明にかけてのB29による爆撃の被害は三月十日のそれに匹敵する大きなものだつた。宮城の一部、皇太后の御座所である大宮御所にも被害が出、又明治神宮の本殿・拜殿が燒失するといふ大災厄の一夜であつた。然し鈴木への同盟通信の記者の取材がこの大被害の判明の後であつたとしても、それが鈴木の談話の口調に何らかの影響を及ぼすといふことはなかつたであらう。空襲の被害と大統領の死とでは、事の脈絡はやはり違つたものだからである。

同盟通信はこの談話を電波に乗せて流した。それは海外で受信され、UP通信及びAP通信經由で歐米の有力諸新聞に配信された。そこでアメリカではワシントンポスト及びニューヨークタイムズ等が、ルーズヴェルトの死亡記事に續けて〈日本國總理大臣「弔意」を表明〉といつた類の見出しを付けて鈴木の談話を、四月十五日以降多くは直接話法の符號で括つて報道した。これが歐洲ではスイスの「バーゼル報知」紙のエリー主筆をはじめとして各紙とも至つて好意的な扱ひとなり、鈴木といふ政治家の紳士的な禮儀正しさを、右のエリー主筆の表現を借りるならば日本の武士道（＝騎士道）精神の發露として賞贊を博したのだつた。

ところで少々不思議なのは、このルーズヴェルトへの弔意表明の談話について、鈴木自身は『終戦の表情』その他の回想記の類の中で一言もこれに觸れてゐないことである。自身のみならず、最も身近にゐた內閣書記官長の迫水にせよ、鈴木一、武の兩祕書官にせよ、又當時同盟通信社の海外局長だつた長谷川才次には回想記の著述があるがその長谷川にせよこの逸話に觸れた發言を遺してゐない。

日本人はこの鈴木の追悼談話については殆ど全ての人が海外の報道言論機關からの反應を通じて知つたのであつて、だから日本人にして直接この話を知つてゐたのは、管見に入つた限り、當時スイス在住のジャーナリストで、前記「バーゼル報知」のエリー主筆と交際のあつた笹本駿二くらゐのものである。その笹本が、鈴木の追悼談話は、日本國の和平意志を米國に向けて示唆したジェステュアだといふ觀測がヨーロッパで出てゐたらしいことを記してゐるのには一寸注意を引かれる。しかし、もしさうならば、その一種の暗號發信を、鈴木の身近なる祕書官達や內閣書記官長邊りがその意味に氣付いてゐないはずはないと思はれる。

結論として言へば、あの追悼談話は、同盟通信の記者の取材を受けて、鈴木がその所謂平常心のままに、淡泊に感懷を述べただけの謂はば彼の人柄の地金がそのままに發露した結果だつたのであらう。そして彼自身はアメリカと中立國スイスの一部知識人が彼のコメントを感慨深く受けとめた事、ましてやアメリカで亡命生活を送つてゐる作家のトーマス・マンが、殊に沒落寸前のヒトラーが故人に浴せかけた呪咀の罵詈雜言と對照させて、東方の國にはなほ健在の騎士道精神を稱揚した逸話については知らず、少くとも意識に上せることのないままに過した。であるが故に、自分が敵國の國家元首の死去に際して禮儀正しい弔慰の言葉を述べたことの外交的効果を周圍に向つて口外もしなかつた。他人には彼がその事を本當に忘れてしまつてゐたかの様に見えてゐたのであらう。

2　和平への暗號發信

陸海軍統合問題の無期延期　鈴木は同氣相惹く思ひの阿南を陸相として迎へ得た時に陸軍側から付けられた三項の條件を、言葉の上ではあつさりと呑んでおいたが、やはり拘泥るところがあつた。特に第二項として要求された陸海軍の一體化の實現といふ、直接自分の內閣に托されたとも考ふべき案件の取扱ひが當面の政治的課題として差し迫つて來る。この件を海陸双方の得心を得られる形に解決しておけば爾後の終戰工作に際して軍の信頼を繫ぎ留める事が出來ようし、目下現實の戰爭指導にも慥かに益する所はあらう。但し外交工作に案件の山積してゐる現在、そんな難問に精力を費すのは、緊急度が違ふのではないかとも考へられる。そこで鈴木の打つた手は實に巧妙であつて、此も亦彼の政治家としての感覺が如何に鋭利であつたかの證跡と言へる。

鈴木は四月二十七日の午後、首相官邸に阿南、米內兩大臣と柴山兼四郎（陸）と井上成美（海）の兩次官、梅津美治郎、豊田副武の統帥部兩總長と河邊虎四郎（陸）と小澤治三郎（海）の兩次長、陸海の軍務局長といふ計十人の軍首腦部に參集してもらひ、內閣からは司會として迫水書記官長、及び秋永月三綜合計畫局長官の陪席を求めて會議を開いた。ここで謂はば陸軍に對して約束した件の義理を果すとの姿勢を示し、その上で實はあの件は實行は不可能であると暗示する。その手法は、鈴木には十分に自信のある明治建軍以來の陸海軍相互關係の長い歴史に就いての豊富な知識を披露する事である。

その錯綜した歴史的經緯を長々と聞かされる方としては、目下至急の案件とはいふが、此の問題にはその様な長い前史があるのか、それは知らなかつた、との思ひに捉はれたであらう。

話が一區切りついた所で司會の迫水が質問乃至御意見は、と參會者の發言を促したが、鈴木の博識ぶりに對應する様な的確な質問を發し得る者は一人も居ない。そこで鈴木は謂はば餘裕を得て、悠々と陸海軍一體化問題に就いての己の意見を開陳する。卽ち陸海軍の一體化乃至陸海兩省の統合といつた問題は、實現すれば有効ではあらうが、又それと反對の意見にも長い前歴がある、現在の情勢では今日の戰爭の急場には間に合ひかねる懸案であると思はれる、と、さう言つて置いてから、その一日も早い實現のためにどうぞ御自由に具體策の御提案を頂きたい、とやつたのであるから誰も皆氣を呑まれて押し默つたままである。司會の迫水も困つて軍令部の小澤次長に指名までして發言を求めたが、別に意見なし、といつたにべもない返事だつた由である。そこでともかくも（質素なものであつたらうが）參會者一同に夕食を供して首相官邸での陸海軍首脳部と關係閣僚十餘名の壯觀なる會議は散會した。

この會も、簡單に言つてしまへば鈴木の才覺が然らしめた彼の政治的勝利であつた。これ以後陸海軍の制度上の統合について政府に難題を吹掛ける如き動きは出なくなつたといふ。尤も、今更そんな問題に精力を費してゐられる時ではない、との戰局上の危機意識も正に差し迫つて來たからである。

ドイツの無條件降伏・前車の轍

四月三十日、ソ聯軍地上部隊によつて破壊し盡されたベルリン市の中心部なる總統官邸の地下室でヒトラーは自殺し、五月二日七萬のベルリン防衞軍はソ聯軍に投降した。ヒトラーから後繼の總統に指名された海軍のカール・デーニッツは五月七日にデンマーク國境に近い北方のフレンスブルク基地から全ドイツ軍に降伏を命令し、ドイツ軍の抵抗は全く終つた。デーニッツは米英佛三國と停戰協定を結んでソ聯軍によるドイツの破壊を防止したい肚ではあつたが、その餘裕は全く無く、只全軍の聯合軍及びソ聯軍への降伏が戰鬪の停止を實現し得た迄であつた。

この様な、相手國軍隊による全國土の制壓・占領を以て戰鬪行爲が終了し、この間に休戰を議する外交交渉を插む餘地を持たなかつた敗北が國際法上の學術語が定義する所の無條件降伏＝debellatioであり、ドイツには正にその事が生じたのである。

F・D・ルーズヴェルトがカイロ宣言に、日本の打倒も亦無條件降伏（英語で unconditional surrender）方式による事とする、と記者會見で勝手に發表し、英首相チャーチルは慌ててそれに強い疑念を呈したのだが、前任者のその言葉だけを覺えてゐた急場凌ぎの臨時昇格大統領トルーマンはドイツ降伏後の五月十三日に、ラヂオ放送を通じて〈西方に於いて收めた勝利は東方に於いても收めねばならない〉との旨を宣言する。此は卽ち日本との戰爭の終結の形式は無條件降伏の形をとるとの意志表明である。

もし現實にその様な形で日本が敗北したらどういふ事になるか。現に英米佛蘇四箇國に全國を分割占領されてしまつたドイツがそのよき先例である。さうなつたら皇室の安泰は危殆に瀕し、端的に日本の國體は崩潰する。

他方ドイツといふ國家の消滅は卽ち日獨同盟の失効を意味する。日獨伊三國同盟條約にあつた、單獨講和を許さない、との束縛も消えたわけであり、和平交涉に着手するとしても同盟國への氣兼ねは不要となつた。この事も戰爭指導に轉機を圖る事の一要因ではある。

國力の現狀調査と戰局

鈴木は組閣直後に迫水書記官長に命じて、目下の日本の繼戰能力が現實にどの程度のものであるのかを調査させた。迫水は最高戰爭指導會議の幹事役としての職權を以て、秋永綜合計畫局長官と協議し、各省廳や統帥部に依賴し「國力の現狀」の調査結果を報告書として提出して貰つた。結果は五月中旬には現狀の査定として十分に信賴に値するものとの率直性を帶びて提出されて來た。人的國力、輸送力と通信網、物資供給能力等の細目に亙る資料的調査結果で、且つ冒頭に「民心の動向」といふ項目があるのがなか〳〵に心憎い。

この「民心の動向」に於いて〈局面の轉回を冀求するの氣分あり〉、〈國民道義は頹廢の兆あり〉と指摘し、更にそれが〈庶民層〉には〈諦觀自棄的風潮〉あり、〈指導的知識層〉には〈焦燥和平冀求氣分底流しつつあり〉と分析されてゐるのには、當時よくそこまで言ひ切つたものと感心する。

食糧事情については有能な石黑忠篤農商大臣の情報に基いてであらう、〈局地的に饑餓狀態を現出するの虞あり。治安上も樂觀を許さず〉と迄警告してゐる。

要するに日本の國力は現在あらゆる面で枯渇に瀕してゐる、到底戰爭など續けてゐられる狀況にはない、との悲鳴を擧げてゐる如き報告書である。

この報告に添へて主として外務省による調査として「世界情勢の推移判斷」といふ、主敵たる米英及び重慶政府、歐洲での戰爭を完遂して餘力を生じたソ聯、及び太平洋、支那大陸、南方、大東亞諸邦と、地域を分けての情勢の觀測と豫想を述べ、中に米英對ソ聯の反目が次第に表面化してくるといふ豫想を述べてゐるのは當然としても、それが我が國に有利に働くわけではないと付加へるだけの冷静さを見せてゐる。

この「國力の現狀」と「世界情勢の推移判斷」といふ二篇の報告書を討議資料として、鈴木は六月六日午前九時に最高戰爭指導會議を開催した。會議は午後六時まで續いた甚だ眞劍なものだつた。この會議を以て、「今後採るべき戰爭指導の基本大綱」を採決し、以後の戰爭指導の方針とする目的が設定されてあつたからである。

この六日の作戰指導會議には、正規の構成員たる首相、外相、陸海兩相、統帥部の兩總長（梅津參謀總長は支那總軍の軍備點検のため滿洲に出張中で河邊參謀次長が代理出席）の他に、豐田貞次郎軍需大臣と石黑農商大臣が迫水書記官長の要請で特に臨時に出席した。國力の現狀調査の結果についての立ち入つた質疑が呈される場合に備へてである。

この會議の模様は、翌々六月八日に略〻同じ筋書きを天皇の御前で再現して御覽（聽）頂く「御前會議」の「經過」として『終戰史錄』に主要構成員（首相、外相、軍需大臣、參謀總長、軍令部總長等）の發言要旨が再錄されてゐるので、その大概を知ることができる。

その結果を一言で要約してみると、この討議資料に基いて一體どうしてこの様な前提と結論とが全く矛盾してゐる戰爭指導の方針を採決できるのか、と、呆れるばかりの論理破綻の文書が作成されてしまつてゐる。これは內閣側の、もはや戰爭を續けるだけの力が國民にはない、との判定に對し、それでも戰爭を遂行して勝ち拔かねばならぬ、といふ軍部、主として陸軍の「覺悟」だけが全體を引摺つた、といふ印象である。內閣側も已むを得ず、希望されてゐる生產力增强が需要に追ひ付くならば軍の主張する戰爭繼續は可能であらう、との條件付き贊成といつた態度で應じた。只その條件が滿たされないであらうことは誰の眼にも明白だつたはずである。

翌六月七日の閣議では、鈴木は前日の最高戰爭指導會議で採決された「戰爭指導の基本大綱」を閣議に付して決定事項とし、その際秋永綜合計畫局長官が起草して總理に手渡して置いた「基本大綱の閣議決定に對する總理の所見」と稱する文書を讀み上げて閣僚に時局の嚴しさに就いての認識を促しもした。その所見はガリ版に刷つて當日の缺席者をも含む閣僚に配付されたが、その中の或る「不穩」な一節について後日少々面白い問題が起る。

それは原案起草者の高姿勢の度が過ぎると思はれる部分を、鈴木は敏感に氣がついて大きく省略して讀んだ。そこで閣議に出席して總理の「所見」を耳で聞いた人と、缺席したためガリ版だけを讀んだ人との間に、總理の姿勢についての批評に大きな差が生じたといふ話である。

その閣議の又翌日六月八日には六日採決の最高戰爭指導會議での「基本大綱」を天皇の臨御を仰いでの御前會議にかけ、天皇の御裁可を得た形に昇格させる、謂はば儀式がある。前々日の會議では採決までに九時間の討議を費して成つた案件であり、實質的な檢討は濟んでゐるのだから、この御前會議は豫め決つてゐる筋書通りに約一時間五十分で濟む形式的なものであり、天皇の御下問もない。

この會議は前記の通り六日の最高戰爭指導會議の再現に當るものであるから、前提と出て來た結論とが眞向から矛盾してゐる、洵に不思議な思考構造の產物なのだが、その異樣さに率直に不審の念を表明されたのは他ならぬ天皇である。洵に解り易い御指摘なので、『獨白錄』第二巻から「六月八日の御前會議とX《エックス》項」の一部を引用してみると、

〈六月の臨時議会前の御前会議は実に変なものであつた。当時、梅津は満洲に出張中で、参謀総長の代りに次長が出席した。

政府側の報告に依れば、各般の事情を綜合して戦争はもう出来ぬと判断されてゐるにも不拘、豊田軍令部総長と参謀次長とが勝利疑なしとして戦争継続を主張した。

この勝利疑なしとする論拠は政府側の報告と非常に矛盾してゐるが、結局会議の決定は戦争継続と云ふ事になつた〉

天皇がこの會議を實に變なものと仰せられてゐるのは、前提と結論とが矛盾したままに議決が成立してゐるといふ非論理的な經緯の他に、結論が戰爭繼續と決つたのに、首相、外相、海相等が祕かに（廣田重臣が東鄕外相の意を受けてマリク・ソ聯邦外相に和平の仲介を依賴する交涉を六月五日に開始してゐるといふ）和平工作の意圖を心中に抱きながら、表向き統帥部の强氣に同調してゐる、といつた空氣を暗

に察知せられたからである。その和平工作への首相・外相の暗默の了解の存在が『獨白錄』の節の見出しにあるX項である。X項の存在を、天皇は會議終了後の米內海相の打ち明け話から御承知になつたらしい。

御前會議の當日大連の關東軍司令部に行つてゐて不在だつた梅津參謀總長は翌日歸京して在支日本軍兵力の實情を天皇に報告申し上げたが、それによると關東軍及び支那派遣軍の攻勢を以て大陸で一勝を擧げ、その成果を踏まへて和平交渉にかかるといふ如き段取は全く考へられず、この方策は到底望み無し、といふことだつた。天皇に對して〈梅津がこんな弱音を吐くことは初めてであつた〉だけに、天皇にもこの八方塞がりの狀況は衝擊的であつた。

天皇は御前會議が終るとその日の午後早く、その結論部分を木戶內大臣にお示しになり、一言「かういふことが決つたよ」とだけ仰せられた。それ以上の注釋は何も口にされなかつたが、これが、大變な事になつた、といふ「言外の言」としての驚愕のお氣持の表れであることは木戶には直ちに察せられた。「御前會議決定第一號」と題された「基本大綱」の「方針」は戰爭の完遂、國體の護持、皇土の保衞、征戰目的の達成、といつた抽象的な謳ひ文句だからまあよいとして、その「要領」の(一)では冒頭に〈速かに皇土戰場態勢を强化し皇軍の主戰力を之に集中す〉と謳ひ、(三)では更に〈擧國一致皇土決戰に卽應し得る如く國民戰爭の本質に徹する諸般の態勢を整備す　就中國民義勇隊の組織を中軸とし……〉云々と、所謂本土決戰の方策が決定し、國民は法制上の非戰闘員と雖も義勇隊なる組織に編入され、謂ふ所の〈國民戰爭〉に挺身する事が決定された如くであつた。

折からその前日の六月七日未明、沖繩方面根據地隊司令官大田實海軍少將より訣別電報が入り、以後通信途絶の狀態となつた。大田司令官の訣別電報は、縣民は青少年の全員が、女學生を初めとする若い婦人達までもが、事實上の戰鬪員として軍に協力して働いた狀況を詳しく記述し、〈沖繩縣民斯ク戰ヘリ、縣民ニ對シ後世特別ノ御高配ヲ賜ランコトヲ〉と結ばれる、正に永久に語り傳へらるべき悲愴な名文である。（沖繩本島守備の第三十二軍司令官牛島滿中將からの最終電報は此より遲く六月二十日の入電であり、大本營は六月二十三日の摩文仁洞窟に於ける牛島司令官とその幕僚の自決を以て沖繩戰は終了と判定した。）

木戸は御前會議で決定された「基本要綱」の內容は松平祕書官長から內々入手して知つてゐた。（松平は高木惣吉少將から受けたと記憶してゐるので、流出源はたぶん米內海相であらう）故に、逸早くこの危險な狀況（本土決戰の方針決定）に對する對策を講ずる必要を悟つた。そこで直ちに自ら筆を執つて「時局收拾對策」と呼ぶことになる對案を起草した。そして天皇の深い憂慮の御表情に接したその翌日の六月九日の午後には天皇に拜謁して自分の試案を奏上することになる。只この日は第八十七臨時帝國議會の開院式であり、以後十、十一、十二日と會期延長の議會のため總理は多忙となり、木戸がこの試案について鈴木と面談するのは十三日の閉院式の後となつた。

暗號發信の祕策を肚裡に

六月八日付で召集された第八十七臨時帝國議會の主要議案は戰局の逼迫に際して政府が一々議會の承認を得なくとも、總理大臣が獨自の判斷で非常措置を講ずる權限を包括的に委任しておく、といふ戰時緊急措置法案の審議であつた。

この法案は、これが可決されること自體が議會の自殺行爲であるとする眞向からの反對意見、又大日本帝國憲法の「臣民權利義務」の第三一條〈本章ニ掲ケタル條規ハ戰時又ハ國家事變ノ場合ニ於テ天皇大權ノ施行ヲ妨クルコトナシ〉を運用し、天皇大權の發動といふ形を以てその用に充てるならば法案として立法する必要なし、といふ不要說もあつた。又五月二十五日の空襲に際しては爆擊で炎上した霞ヶ關官廳街からの飛火によつて畏れ多くも宮城正殿が出火、燒失し、大宮御所、東宮假御所、青山御殿が全燒、皇宮警衞の任に就いてゐた守衞、消防士にも多くの殉職者を出すといふ被害に遭つてゐる。議員達の生命の保證も覺束ないこの非常の時に議會を開會する緊急必要性はない、との見方もあつた。

然し鈴木は、政治嫌ひとの元來の自分の建前に反し、周圍を督勵して議會開催に踏み切つた。その動機の深層を成してゐるのは是亦彼の建前とは裏腹なる、極めて政治性の強い遠謀深慮である。

彼の眼は此の時、太平洋を越えての地球の裏側、合衆國の首都ワシントンに向けられてゐる。五月中旬の祕密會議で決定した和平のための對ソ工作は、實は東鄉外相自身がもはや手遲れであると見て決して望を囑してゐるわけではなかつた。東鄉は寧ろ米英との直接交涉の手がかりはないか、と模索の苦衷をめぐらしてゐる樣子だつたが（迫水久常の觀察）、ロシアやドイツを外交上の活動領域として來た東鄉には思ひ當る手がかりは全くなかつた。鈴木はその樣な東鄉の苦衷を知つてのことか知らずの上でか、彼自身が直接アメリカに働きかけてみるといふ不思議な着想に到達した。

その着想が、この激しい米空軍の空襲下の東京で堂々と帝國議會を開催し、日本がナチス・ドイツとは全く性格を異にする、戰時下でも十分に言論の自由を尊重することを知るデモクラシーの體制を具へた國であると訴へかけることである。さうして先づ米國の國政擔當者達の注意を惹いておき、さてその帝國議會の冒頭での總理大臣の施政方針演説の中で、米國內の知日派知識人に向けての直接の和平提案を發信する。但しそれは國內の戰爭繼續派に讀み取られたりすれば忽ち効果を失ふ、といふよりも寧ろ首相自身の生命の危險に直接繫る。據つて國內の繼戰派には解讀出來ないが米國の知日派には解讀出來る樣な微妙な暗號文を以てそのメッセージを發信しなくてはならない。

鈴木にはその暗號文の組み方については一つの自信があつた。曾て大正七年に練習艦隊司令官として米國の西海岸に遠航した時の、サンフランシスコで大成功を収めたあのスピーチを持ち出すことである。幸ひに現在のところ、議會での首相の施政方針演説ならば、活潑に海外向けの情報發信に携つてゐる同盟通信が直ちに英語に譯して發信するであらう。AP乃至UPといつた海外の通信社がそれを受け、それをニューヨークタイムズなりワシントンポストなりの有力新聞が掲載して廣報の役目を果してくれるであらう、といつた豫測は十分にできる。それが卽ち日本から主敵國たる米國に向けての、內閣總理大臣その人の口から出た和平交渉開始の提案になる。

鈴木がこの假面を被せた和平交渉提案の受取り手として期待してゐたのは、當然ながら、昭和十七年六月までの十年間を駐日大使として東京で過し、多くの日本人を友人として有してゐたジョセフ・グルーである。

鈴木自身は前記した如く以下の諸事を自らは全く口外せず、周圍の人に內心の祕事を嗅ぎつけられた痕跡さへ一切遺してゐないが、現代史研究家鳥居民氏はその勞作『昭和二十年』の第一部第12巻「木戸幸一の選択」の中で次の様な一連の推測を判然と述べてゐる。

即ち、昭和十九年の秋にグルーの回想記 *Ten Years in Japan* が刊行された時、陸軍省の規制を潜り抜けて辛うじてそれを入手した外務省高官から、樞密院議長としての鈴木の手許に届けられた原書か或いはその梗概を記した文書を彼は讀んでゐる、といふのである。さうであれば二・二六事件前夜の招宴での懷しい記憶を刻みつけてゐるグルーが、彼の側でも鈴木の名を、好戰派の陸軍軍人達の對極に位置する人物として認識してゐるであらう事、そのグルーが現在合衆國の國務次官（長官代行）といふ外交面での最重要の職に在る事について確たる認識を鈴木は有してゐるはずである。又彼が大命を奉じて内閣を引き受けた時の米國側の好感表明をも中立國からの外電を通じて鈴木は自ら把握してゐた。更に彼がルーズヴェルト死去の報に接して同盟通信の記者に虛心に語つた米國民向けの弔慰の談話が國際的に注目された事も、スイス駐在公使館からの電報で讀み、承知してゐた、といふのが鳥居氏の推測である。

この推測が當つてゐるかどうか、本書の著者は判定を控へておくが、とにかく鈴木は六月の帝國議會での自分の施政方針演說が、電波と活字と双方の媒體を通じて、グルーを筆頭とする米國內の知日派知識人達の耳目に觸れ、そこで我國に有利な反應を惹起し得る可能性について相當な期待をかけてゐたと考へてよい。

事實米國側にその可能性は十分に有つた。昭和二十年五月から六月にかけての米國側での對日和平工作の動向については近年日本人の側での研究も感嘆に値するほどに深化し、精密化した。上記鳥居民氏の昭和二十年研究連作とは獨立に著された『原爆を投下するまで日本を降伏させるな――トルーマンとバーンズの陰謀』（草思社、平成十七年）や、それに先立つ仲晃氏の『黙殺――ポツダム宣言の真実と日本の運命』（NHKブックス、平成十二年）等がその最も顯著な業績である。兩者ともこの時期のグルー、グルーと親交のあつた陸軍長官スティムソン、及び知日派・親日派ではなくても普遍的な理性に基いて世界情勢の判斷を下す力を具へてゐた人々の對日和平への努力に公正な評價を下してゐるが、同時にこの良心的な勢力に對する反對派の策動にも明快な分析を施してゐる。

惟ふに、鈴木總理の暗號通信による和平外交の試みが、本人の期待したほどの効果を擧げ得なかつたのは、策の拙劣だつた故ではなく、世界歴史を裏から動かしてゐる、何か名の付け様もない苛烈な、酷薄な時勢といふものにはさすがに力が及ばなかつたといふことなのだらう。

扨、總理の施政方針演說の草案は慣例に從つて迫水書記官長が執筆した。鈴木は事前に迫水から、何か特に仰有つておきたいことはありませんか、と問はれ、特に無いよ、極く普通の調子でいいよ、と答へながら、ふと思ひ出した樣に、大正七年の遠洋航海の際、サンフランシスコでの歡迎會の席上のスピーチが大いに好評で土地の新聞の一面を埋め盡した長文の論評が出た思ひ出話をする。既に總理とは阿吽の呼吸が通じ合ふ腹心となつてゐた迫水は、ははあこの事を入れておけといふお心算りだな、と悟つて巧みな演說調でその懷古談を取り入れて草案とした。

その演說には幾つかの眼目となる焦點があつて、先づその一は昭和天皇の世界平和と人類の福祉に對する御軫念が平生から如何に熱烈なものであるか、その御意志を忠實に奉じて日本國民も亦元來が根柢からの平和愛好の國民性を有する事、そして自分の曾てのサンフランシスコでの演說の思ひ出に觸れ、〈太平洋は名の如く平和の海にして、日米交易の爲に天の與へたる恩惠なり。若し之を軍隊輸送の爲に用ふるが如きことあらば、必ずや兩國共に天罰を受くべしと警告したのであります〉といふ、さはりの文句を入れ、米國がこの眞意を諒解せずして不幸にも兩國が戰ひを交へるに至つたことは洵に遺憾である、しかも彼は我に對して無條件降伏の形を以て戰爭終結を强ふるやに揚言してゐる、それは我が國體の破壞を意味するものである、さうなれば我々としては本土決戰をも辭する事なく、最後まで戰ひ拔くばかりである、といふ風に續けてゆく。

改めてこの演說に含まれてゐる字眼の含意を摘錄してみると、昭和天皇の全人類的見地に立つての平和御冀求の御軫念を說く事で和平への模索が天皇の聖慮に發するものである事を暗示し、兩國共に天罰を受くべしの一句で日本側にも日米開戰に至つた歷史には悔恨と反省のある事を言ひ、無條件降伏方式の揚言に對する反撥で五月十三日のラヂオ放送でのトルーマンの聲明に對しては再考を要求し、本土決戰をも辭せずとの決意を述べる事で現に沖繩で米軍の蒙りつつある人的損害の甚大さを示唆して所謂弱者の捨身の脅迫に及んでゐる。

要するにこの議會演說の主要部分は國內の繼戰派の眼を昏ませる巧妙な修辭を驅使した形での對聯合國和平への手探りなのである。

この暗號通信が鈴木の意中の相手であるグルー國務長官代行のアンテナに首尾よく受信されたかどうかを檢する前に、國內の對米强硬派＝徹底繼戰派の監視の眼をうまく逃れ得たかどうかを先づ見ておかう。

暗號發信の現場の狀況

施政方針演說の原案が出來上ると、開院式に先立つて六月七日の閣議でそれが披露された。するとやはり〈兩國共に天罰を受くべし〉の一句は、現實に日米戰爭の最中に在る現在、日本國も亦天罰を受けつつある、との意味に解されるのではないか、といふことに何人かの者が氣付いた。それは國會での演說としては少しく不穩當であらう、との意見が出、そこで左近司政三國務大臣、下村宏情報局總裁、太田耕造文部大臣、秋永綜合計畫局長官、迫水書記官長の五人が閣議の後に居殘つて字句の改訂について討議し、問題とされた部分は〈太平洋は日米交易の爲に天の與へたる大道なり。もしこれを軍隊輸送の爲に用ふるが如き事あらば、天譴必ずや至るべしと警告した〉と改め、天譴を受けるのは米國だけであると聞える樣な表現とした。

鈴木はそれを聞いて、それでは自分の言はんとした眞意が表れてゐない、とて如何にも不滿さうであつた。迫水は、原案の方がよろしければ元に戻しませうか、と應ずる。それでよければさうしてくれ、といつた簡單な遣り取りがあり、瑣細な字句の事であるから迫水は、あの訂正案には總理が又少し手を加へられましたよ、といふ程度に左近司以下の閣僚には言つておく。訂正案を議した他の四人も、さほど氣にとめる事なく聞き流した。そこで施政方針演說の本番では訂正を受ける前の字句のままに、鈴木は〈……必ずや兩國共に天罰を受くべしと警告したのであります〉と草稿を讀み上げた。

訂正案を議した四人の閣僚の誰かは、おやあの文案が又元に戻つてゐる、と氣付いたかもしれないが、勿論口に出すべき事ではない。その場はそれで無事に過ぎた。

ところが戰時緊急措置法案は前記の如く議會否定の法とも言へる、なか〳〵に厄介な法案である。審議は簡單には終らず國會の會期は二度の延長手續を經て六月十一・十二の兩日に縺れ込んだ。

會期が延長されての六月十一日に、陸軍の息が強くかかつてゐる護國同志會なる會派の代議士小山亮から豫定にない奇襲的な質問が出た。小山は各議員に配付された總理の施政方針演說を印刷した速記錄册子を讀み、その中の〈兩國共に天罰を受くべし〉なる表現を捉へ、これは開戰の詔勅冒頭にある〈天佑ヲ保有シ萬世一系ノ皇祚ヲ踐メル大日本帝國天皇ハ〉との御名告りを打消す如き不敬の文句ではないか、と首相の所思を質した。文章の讀みに長けた、頭の良い人物だつたらしい。

この質問に對する鈴木の答辯が、〈……天佑を保有するといふ御言葉の意味につきましては、學者の間にも非常な御議論のあることでありまして……〉云々といつた、訥々たる口調の上に論理もまあ拙劣なものだつたので、議場にはその不敬を詰る罵聲と怒號の渦巻が生じて議事錄にも筆錄不可能な大騷ぎとなつた。議事は中斷され、閣僚達は總理の思はぬ失態に意氣消沈の體で議員控室に退散して來た。

ところがこの混亂を惹起した總理本人は、閣僚達の落膽を一向意に介する樣子も見せず、平素の休憩時間と少しも變りなく悠然と葉巻をくゆらせつつ新聞をひろげてゐる。それはどう見ても鈍感から來る無關心とは全く別の、肚の坐つた豪膽さの表れとしか見えなかつた。そこでこの答辯の不手際が惹起した議場の混亂事件は、却つて總理の國政統率力の不動の重みに對する閣僚一同の信頼を厚くする契機となつた。

更に之に加へて、これは感動的な逸事であるが、鋭い質問によつて意氣の揚つた護國同志會一派の戰時緊急措置法案への反感が、殆ど倒閣運動にまで加熱しさうな勢であつた所、それを取り鎭めたのが阿南陸軍大臣だつたといふ一事である。この事によつて、閣僚達は、鈴木が默々として肝膽を砕いてゐる和平工作にとつての最大の障壁が陸軍だと見えてゐたのに、阿南陸相がその尖鋭分子を統制して、實は深層の基盤に於いては鈴木の政略を支持し、祕かに協力してゐるのだとの機微を讀み取ることができたのだつた。

暗號通信の受信者側

暗號を以てしての鈴木の和平意圖對米發信の冒險は、かうして國內の見えない障壁を何とか乘り越え、海外に向けて發信することは出來たのだつたが、肝腎のその宛先には無事に着信してゐたのであらうか。

結論を先取りして言へば、鈴木の意圖を細部まで讀み解く樣な十分な形に於いてではないが、とにかくそれが一應の用は足りる程度の形で意中の人たるグルーに屆いてゐる。そしてグルーに對してはその〈一應の用〉だけで十分だつた。

アメリカの知識人一般にとつてどうであつたか、といふ設問に對しては最近面白い史料が現れてゐる。F・D・ルーズヴェルトの前任者たる第三十一代の合衆國大統領ハーバート・フーバーに『裏切られた自由』（*Freedom Betrayed*）といふその題名だけが夙に知られてゐた大部の回想録があり、それが二〇一一年にフーバー研究所から刊行されたのだが、なにぶん九百頁を超える大著であるためと、他にも日本國內の敗戰利得權者達の既得利權にとつての脅威となりさうな觀測からして邦譯の出現までには未だ時日がかかりさうである。だがその大著の中の日本に關係する部分については『日米戰爭を起したのは誰か――ルーズベルトの罪狀・フーバー大統領回顧錄を論ず』（藤井嚴喜・稻松公望・茂木弘道共著、平成二十八年一月、勉誠出版）といふ原文引用を多く含む摘要・抄錄の書が刊行され、日米關係研究者達の渴望を滿たしてくれる有難い狀況が實現した。

該書での抄錄によると、フーバーは、ルーズヴェルト（及びその後繼者をも含めて）が冒した計十九の政治家としての道に外れた過ちの一つとして、〈一九四五年の五月、六月、七月と、日本は白旗を揭げて和平を求めてゐた。然しトルーマンはこれを拒否した。トルーマンにはルーズヴェルトの揭げてゐた日本の無條件降伏要求といふ愚かな政略を踏襲する義理はなかつたにも拘らず、である。ヨーロッパに於ける米國の軍事指導者達は無條件降伏に拘泥《こだは》る事には反對してゐた。日本との和平はただ一つの讓步で達成できた。それは天皇の地位の保全である〉との興味深い指摘をしてゐる。

この〈白旗を揭げての和平〉（the Japanese white flags）といふ修辭は、日本側からの和平打診が日本の「降伏」といふ形をとる事は覺悟した上での停戰交涉であると米國側も理解してゐた事を示す表現である。

只、五月、六月、七月の三回に亙るといふ日本からの和平打診の試みのうち、五月のそれは日本國內の史料からは確認できない。鳥居民氏は、前揭『昭和二十年』（第一部・12）の中で、〈五月十八日から十九日にかけて、日本がアメリカに和平を申し入れたというくつもの情報が世界中を飛び回った。ベルン、ストックホルム駐在の公使が東京の外務省にその記事を報告してきたし、同盟通信、日本放送協会からも同じニュースが届いた〉と記してゐる。然し外務省も陸海軍省もその出所に不審を抱きつつもこれを僞情報として無視して濟ませたらしい。この情報は、或いは五月十六日に外務省が、ドイツの崩潰により、日獨伊三國條約に關聯する特殊協約を含めての諸條約は失効したものと看做す〈故に單獨不講和の協定といふ束縛は解消した〉といふ談話を發表したことが、和平への希望的觀測を懷く向によつて擴大解釋された結果だつたかもしれない。フーバーもこの誤情報を記憶してゐたといふまでの話であらうか。

だが、フーバーの記憶する六月の和平提案といふのは、明らかに鈴木の議會での施政方針演説を指すものであり、そこに〈兩國共に天罰を受くべし〉との反省の色彩が表れてゐようとなからうと、とにかくこれは日本國が白旗を掲げての停戰の意志表示である事はアメリカ側に通じてゐた。

因みに、七月に日本が掲げた白旗とは、言ふまでもなくソ聯への和平工作仲介の依頼を指す。廣田からマリクへの交渉を足場とし、佐藤尚武駐ソ大使を通じて、特使としての近衛文麿の派遣を申し入れた本式の外交交渉である。これは天皇御親らの發案になる、特使に親書を携帶させて派遣し、ソ聯に對し率直に和平の仲介を依賴してみよとの御提案である。七月十二日には侍立者を缺いての單獨の賜謁といふ形で特に近衛一人をお召しになりソ聯行を御下命になつてゐる。この件は外務省が極祕電報を以てモスクワの佐藤大使にソ聯首腦への特使受入れ交渉を命じたのだつたが、日本の外交電報の暗號解讀は夙に自家藥籠中のものとしてゐる米國には謂はば筒拔の情報だつた。近衞特使派遣をめぐつて、外務省から佐藤大使へ向けての頻繁な訓電、佐藤から東鄕外相へ宛てての請訓と、ソ連首腦の二人（スターリンとモロトフ）が日本の要請に應ずる可能性は到底無し、との悲痛な報告を含む數々の往復電報はアメリカ國務省が悠々とその全貌を把握してゐた。

鈴木の暗號發信と、その五日後に當る六月十八日にホワイトハウスで開かれた對日戰爭最終作戰會議の討議內容との因果關係は端的に論證不可能といふより他ないが、後者が恰も前者の呼びかけに應じて開催されたかの如き外觀と內容を有してゐるところが妙である。この會議の詳細は前記の仲晃氏『默殺』第三章に精密な追跡記錄が載せてある。實に貴重な調査である。それによると、これは正に日本の最高戰爭指導會議に相當する樣な大統領臨席の「御前會議」であるが、但し日本の外相に相應すべき國務長官（當時はグルー國務次官＝國務長官代理）の出席は無く、大統領以外は殆ど全員が現役乃至豫備役の軍人である。卽ち統合參謀本部議長のウィリアム・リーヒ海軍元帥、參謀總長のジョージ・マーシャル陸軍元帥、グルーと多年の親交を有し彼とは近い對日戰略觀を持つ樣になつてゐたヘンリー・スティムソン陸軍長官、スティムソンが絕大の信賴を置いてゐた腹心の部下ジョン・マックロイ陸軍次官補（彼だけは文官か）、フォレスタル海軍長官、他三名の高級軍人であつた。

會議の主要議題は現時の戰況判斷と、三段階に分けて立案されてゐた日本本土進攻作戰に際しての米軍の人的損害の見積りであつた。マーシャル參謀總長は比較的樂觀的な數値を擧げて實行に意欲を示した。

この主要議題は、結局本土決戰の悲劇を回避し得た我々日本人としては最早歴史的興味の對象ではない。面白いのはこの會議では第二次的議題にすぎなかつた（「作戰會議」である以上當然であるが）戰爭の早期終結を圖るための「別の手段」についての討議がやはり爲されてゐたことである。

それはグルー國務次官の日本觀から影響を受けてゐたスティムソン陸軍長官から出た。スティムソンの名は日本人にとつては滿洲事變以後の大陸に於ける領土變更等の不承認政策を表明したスティムソン・ドクトリンの策定者として記憶に刻まれてをり、必ずしも快い響きを有つてゐない。然し、あの原則は、スティムソンにとつて、昭和時代の日本の對外積極的な戰略上の姿勢は國內の軍國主義的勢力によるものであり、日本にはその一方に穩健な自由主義的勢力も亦存するのだとの認識を妨げるものではなかつた樣である。その認識も或いはグルーとの親交が齎した日本理解の一端であつたかもしれない。そこでこの最終作戰會議でもスティムソンは全く以てグルーの代辯者の役を務めてゐる如くである。卽ち日本には現在の戰爭を支持せず、早く戰爭を終結させたいと考へてゐる水面下の勢力がある、この勢力を表に誘ひ出してその影響力を行使せしめるといふ政治的考慮が、今討議した軍事的考慮に先立つべきではないか、といふ意味の見解を述べてゐる。そのあとマックロイ陸軍次官補が直屬上司たるスティムソンの見解を支持し、その潛在的和平勢力の動きを表に引き出すのは現在が絕好の機會である、と述べてゐる。

更に興味を惹くのはリーヒ統合參謀本部議長の發言である。リーヒ元帥はルーズヴェルトの要請で「大統領付參謀長」といふ前例の無い肩書で大統領の軍事顧問になつてゐたが、トルーマンの登場に當つても請はれて留任してゐた。リーヒはトルーマンの面前で、この新大統領が前任者から受繼いで自己の固定觀念として抱へ込んでゐた「無條件降伏」方式での日本打倒を、最早聯合國の勝利が明白となつたこの段階では完全に意味を失つてゐると憚ることなく直言した。

リーヒの發言は、アメリカが日本の無條件降伏に固執することは日本國民を絶望的抵抗に驅り立て、それは米軍の人的損害を夥しいものにする結果を生むであらう、といふ見解に發してゐた。これはリーヒのみならず、ヨーロッパの戰爭でドイツの debellatio を獲得する迄にどれほどの厖大な人的犧牲を拂はねばならなかつたか、又國家體制の徹底的破壞の結果として、ドイツの戰後處理が戰勝四箇國にとつてどれほど大きな負擔となつたかを體驗的に知つてゐる軍事指導者達の實感であつた。そしてそれが、ニューヨークタイムズ所載の鈴木首相の施政方針演說の眼目、〈聞くところによると、敵は我が日本の無條件降伏（unconditional surrender）を要求すると高言してゐるといふ。無條件降伏は我が國體と民族の潰滅を意味する。かかる傲慢の言に對して我々がとらざるを得ぬ方策は唯一つ、あくまでも戰ひ拔くといふことである〉との宣言に對しての軍事專門家としての冷靜な回答になつてゐる。

軍人としての冷靜で理智的な判斷を働かせるならば、「無條件降伏」の呼號が敵側にどの樣な反應を惹起することになるか、といふ深刻な疑惑に對する好箇の回答的證言として、我々はアルバート・ウェデマイヤー將軍の回顧錄『第二次大戰に勝者なし』（*Wedemeyer Reports!* 妹尾作太男譯、講談社學術文庫、平成九年）から以下の如き見解を引用することができる。卽ち、一九四三年一月のカサブランカで持たれたアメリカ軍の統合幕僚長會議でこの〈極めて無分別な終戰方式〉が話題に出た時、ウェデマイヤーは〈無条件降伏（要求）はドイツ国民を、最後の一兵まで戰わせる〉べく國民を結束させ、從つて戰爭の終結を遲らせ、その閒にソ聯の勢力を增大させて全體としての悲慘な結果を招くだけだ、との意見を持して居り、それをマーシャル將軍に向つて言明してゐた。然しそれがマーシャルを通じてルーズヴェルトの耳にまで達したかどうか、達したとしてもルーズヴェルトがこの意見をどう處理したかについてはウェデマイヤーは何も知らされなかつた。對日戰爭の終末については、ウェデマイヤーは更に次の様に判然と回想してゐる。（妹尾作太男譯該書　下巻三六八頁）

〈われわれは暗号解読によって、日本の天皇がモスクワ駐在の日本大使に対し、停戦を実現するためアメリカとの間の調停者となるよう、ソ連に要請する訓令を出したことを知っていた。それは、日本が八月に実際に降伏する一ヵ月以上も前のことであった。戦争の全期間、われわれは日本の暗号を解読することによって、日本が在外外交官たちに発した訓令の内容を知ることができた。アメリカは一九四五年の初め、連合国が無条件降伏を主張しないならば、日本には終戦の用意のあることを実際に知っていた〉

では、その對日作戰最終會議でスティムソンとマックロイの陸軍省コンビが暗示し、リーヒ統合參謀本部議長が直言した對日無條件降伏要求は保留し、外交交渉の着手に轉換すべしといふ戰爭終結案に對し、トルーマンの反應はどうであつたか。

トルーマンの取つた對應は日米開戰時にルーズヴェルトが自らの謀略貫徹のために示した議會對策の姿勢とは對照的であつた。彼は自分の如き（新參で弱體の）大統領の發言が、對日憎惡と打倒の情念に充滿した議會に影響を與へ得るとは到底思へなかつた。故にその意志をも全く持たなかつた。つまりこの理智的な三人の軍人の意見を全く無視して顧みなかつた。

この時のトルーマンの位置は或る意味で昭和十三年一月十五日時點での近衛文麿のそれと似てゐた。トラウトマン工作による日支和平の調停案への蔣介石からの肯定的回答をじつと辛抱強く待つ事を主張したのは參謀次長多田駿《はやを》中將を中心に結束してゐた參謀本部だつた。此に對し、蔣の國民政府は元來紛爭解決の誠意を有してゐないといふのが外務省の判斷である、參謀次長は外務大臣を信用しないのか、とて事變の擴大を回避したいといふ統帥部の悲願を壓服したのが、國民の輿論の沸騰を背景とした、首相と外相の主導する內閣側の高姿勢であり、此が翌日の「國民政府を對手とせず」との事變の收拾にとつて致命的な障礙となる近衛聲明を用意してしまふ。文民統制が徹底してゐて、政治的見解が軍人達の現實的判斷より上位にある體制ではこの樣な逆說的事態は優に起り得る事である。一九四五年六月の合衆國政府部內のかうした意見の對立は、やがてポツダム宣言の鵺的な性格に露骨に反映することになる。

この六月十八日の對日最終作戰會議では、もう一つ重大な話題が不意に提起されてゐる。

それは元來陸軍長官の隨員としての資格で出席したのであるが實は政府と議會との双方から厚い信賴を得てゐたマックロイ陸軍次官補から出されたものである。これも亦スティムソンが諒解濟の實は重大な軍事機密の曝露だつた。卽ち彼は立憲君主制の存續を承認するといふ條件の下に日本に降伏を呼び掛け、もしそれで日本が妥協しない場合、アメリカは、恐るべき破壞力を有する新型の兵器を日本に向けて使用するとの警告を與へるのがよい、といふ提案をこの會議の場で出したのだつた。現に開發が進み、間もなく實驗の擧行も豫定されてゐる原子爆彈の祕密は、それを公の席で口外する事自體嚴しい禁忌だつた。その禁忌が不意に破られ、而も武器としての使用の可否から實際に使用するとしてその警告の要不要までが一氣に話題となつたのである。勿論この會議の席上で結論が出る樣な話題ではなく、アメリカが原爆を保有してゐる、それを實戰に使用する用意があるとの警告はそれとして聲明されることのないままに八月六日を迎へることになつた。

3　ポツダム宣言受信

無責任體制の實情

前節に記した如く、アメリカ側は一九四五年六月十八日に對日戰爭を終結させるための最終作戰會議を開き、そこで日本本土上陸作戰の遂行を以て日本帝國を屈服させる方針を策定した。そこでは副次的話題として（副次的とするには餘りにも重大な問題なのだが）、對日戰爭終結方式として無條件降伏に固執する事の是非、又原子爆彈の實戰使用に當つて日本に事前の警告をなすべきか否かといふ問題まで議論されたのだが、意見の統一を見ず、最高首腦部相互間の意見の對立を解消せぬ曖昧な體勢のままでアメリカ大統領は七月六日にはワシントンを離れ十七日開會のポツダムでの聯合國首腦會談に臨んでしまふことになる。

全世界に及ぶ運命の安危が懸つてゐるこの様な重大な時機に、これらの大世界を動かす力を具へた者達の擧措進退に看て取れる杜撰と放慢とに、我々は或る種の深い陰欝の念を覺えざるを得ない。だが統率者集團の意志統一の弛緩といふ點ではその危機の度合が遙かに深刻だつた日本の側でも似た様なものであつた。

六月八日の御前會議で御裁可を得た戰爭指導の基本大綱に見られる前提と結論との矛盾、亂心狀態の露呈としか見えぬ支離滅裂の論理に天皇は內心深い衝擊を受けられ、木戸內府に事態の打開を圖るべき試案の作成を示唆される。實はこの危險な精神狀況は、鈴木總理はもとより、東鄕外相、米內海相も皆內心に等しく痛感してゐた事なのだが、各自互ひに相手の心底が讀めないために、唯、困つた事になつた、と思ふだけでその打開策を進んで口にすることができず、誰かが言ひ出してくれぬかと所謂腹の探り合ひをするだけで數日が過ぎてしまつてゐる。議會の閉院式があつた六月十三日になつて漸く、天皇への拜謁の時間を插んで鈴木と木戸とは、この危機的事態の收拾方針について、憂慮を同じうしてゐることを互ひに了解し、打開の方向については意見が一致したことを相互に確め合ふことができた。

天皇は六月の上旬から中旬にかけて、第一線の軍の裝備狀況を視察して廻つた參謀總長梅津美治郎、海軍戰力査閲使長谷川清の双方から、兵器の生產が間に合はぬため、敵の上陸が豫想される海岸等の軍備の現況は極めて悲觀的である旨の報告を受けてゐた。軍令部總長の戰況上奏からも、又六月二十日の沖縄守備隊からの玉砕を告げる最終電報に徵しても、敗戰の大勢が最早挽回すべくもない段階に來てゐる事を痛切に認識されてゐた。今や一日でも早くこの戰爭を終結し、國民の生命のこれ以上の損失を可能な限り未然に防ぐ事が至上命令になつてゐると思はれた。そこで內大臣、總理大臣、そして天皇が謂はば祕かに打合せた上でかなり重大な事態打開のための會議開催を企てた。

この企ての目指す所は六月八日の御前會議で採擇された「戰爭指導の基本大綱」の原則が謳つてゐる、本土決戰を中軸としての戰爭完遂といふその「方針」を轉換し、今は專ら戰爭の終結を急ぐといふ點にある。もちろんその終結の客觀的な形が「降伏」となるのは覺悟の上である。只その敗北＝降伏がなるべく有利な條件で、最低限國體の護持を保證させる事が出來さへすれば、それでこの戰爭の自存自衛といふ目的は達せられたとする、征戰目的に就いての發想の轉換が眼目である。

會議の列席者は最高戰爭指導會議の構成員である首相、外相、陸海兩相、統帥部の兩總長の六人で、他に陪席者はゐない。司會進行役としての書記官長も參席してゐない異例の會議で、自然總理大臣が司會を務めたのであらう。會議の性格も何らかの政策決定を議するものではなく、天皇の思召しによつて招請された懇談會といふ形を取つてゐる。故に、これも異例の事ながら、冒頭に懇談の口火を切られたのは天皇御自身である。『木戶日記』の記する所によれば、會議は約三十五分といふ比較的短いもので、その大要は以下の如きものだつた。

〈先づ陛下より「戰爭の指導に就ては曩《さき》に御前會議に於て決定を見たるところ、他面戰爭の終結に就きても此際從來の觀念に囚《とら》はるゝことなく、速に具體的研究を遂げ、之が實現に努力せむことを望む」との意味の御言葉あり。右につき首相の意見如何との御尋ねあり、首相は仰せの通りにて其實現を圖らざるべからずと奉答す。（後略）〉

他の史料に徵してみても、天皇のお言葉はほぼこの通りだつたと見てよく、その眼目は〈從來の觀念に囚はるゝことなく〉の一句にある。〈從來の觀念〉とは、溯れば開戰の詔勅に宣べられた聖旨とも取れるものだが、狹く限れば六月八日の基本大綱に謳はれた「方針」を指すといふことが參席の六人には了解できたであらう。つまりこの戰爭を「勝ち拔く」といふ觀念から離れよ、本土決戰への固執を捨てよ、との聖慮の間接的な表現である。これは用心深く懇談會の席上での御諚といふ形をとつてはゐるが、これを勅命として受取るとすれば、大臣の輔弼に基く統治權の行使といふ立憲君主制の枠を超えた如き重大な詔命である。

この事の立憲政治上に有する意味の重大さと、この勅諚について聞知した木戶をはじめ、近衞文麿、細川護貞等の天皇に極く近い位置に居た朝臣達の內心の反應については著者の舊著『宰相　鈴木貫太郎』の五「方針轉換」の章に記したのでその反復は避ける。

只その要約のみを記しておくならば、天皇直々のお言葉による戰爭指導方針の轉換に就いて、元來その叡慮を內心に固く奉持してゐた首相、外相、海相の三人は當然の事、本心は戰爭完遂派である統帥部の兩總長も事の重大さに關はる祕密をよく守つた。兩總長よりも更に內心苦しかつたのは、本心では戰爭終結の聖旨を深く奉じながら、陸軍といふ大組織の統制を保つ必要上、强硬な繼戰派の姿勢を明示せざるを得なかつた阿南陸相であつたらう。阿南は結局八月十五日未明の自刃に至るまで遂に徹底抗戰派の假面を被り續けることになる。

洞窟の壁に面してゐた人々

扨、和平工作への方針轉換の御諚を拜してより以降、六人の最高戰爭指導會議構成員は暗默の協定の下に戰爭終結工作に挺身することになるのだが、工作といつても此の時は最早ソ聯に對聯合國和平の仲介を依賴するといふ、この手一つしか殘つてゐない。それは外務省から在モスクワの佐藤大使を督勵して、天皇の特使としての近衞文麿の派遣受入れを交渉する、それ以上の事はできない。六月の首相の議會演說を通じての和平打診の暗號通信は確かに相手に屆いてはゐたが、それについての反應は、國務省の下部機關で對日心理戰略を擔當し、短波放送を用ゐて執拗に降伏勸告を繰返してゐた當時著名であつたE・M・ザカリアスの宣傳放送に讀み取れた程度の、通り一遍の論評でしかなかつた。

さうした次第で、日本國民としては、鈴木內閣の戰爭收拾工作の苦心について沖繩戰終結の時點では何も知らされてゐない。さうである以上、國民は內閣發足時の首相談話の〈驕敵を擊攘し〉、〈私の屍を踏越えて起つの勇猛心〉といつた調子の高い語句の記憶や、殊に六月の御前會議の「基本大綱」の妄語に等しき呪文に思考を束縛されたままである。

その結果として、國民の一部の、心底に〈和平冀求氣分底流シツツアル〉層から見れば、敗戰の兆候明白なる前線で、又大量虐殺の强行としか見えない連日の激しい空襲下で、徒らに人命の損失を招くだけの決戰を呼號し續ける軍部・大本營への怒りと怨みも募つてくる。端的に言へば、何故早くこの戰爭を止めてくれないのか、といふ怒りが、政府の無能としか映らない戰爭指導の膠着に向けて打突けられる。

さうした怒りの聲の記錄の代表的存在が、高木惣吉海軍少將の『私觀太平洋戰爭』『終戰覺書』等の終戰過程の批判的硏究の數々である。高木の諸著作に共通してみられる特徵の一つに、彼が鈴木の心底にあつた終戰實現への權謀術策の意圖を見拔くことができなかつたため、突如として實現した停戰の事態に遭遇して、己の努力の徒勞だつた事を知り、自分は瞞されてゐた、といふ恨みの情念がある。

高木とは反對に、鈴木內閣こそは征戰完遂の目標を最後まで誠實に守る者と確信してゐたのに、突然の降伏といふ形での停戰の報に接し、怒り心頭に發したのが德富蘇峰である。蘇峰は停戰直後の昭和二十年八月十八日に口述の稿を起した『頑蘇夢物語』の中で「敗戰の原因」と題する十一項目の考察を述べてゐるが、その中でポツダム宣言の受諾による停戰が「無條件降伏」であるといふ誤解に發する痛憤を執拗に論じてをり、以て國際法に就いての自らの無知を露呈してゐるが〈高名な禪學者鈴木大拙博士にも同じ國際法への無知を露呈した政府彈劾論文がある〉、より興味を惹くのは、鈴木の組閣は當初から和平の意圖を心中に祕めての決意であつたといふ眞相を聞いて、自分は〈鈴木老人より全く一杯喰はされた感がある〉、〈莫迦を見たのは、心から鈴木內閣を支持したる、殊に鈴木首相を支持したる我等である〉と述べてゐる件りである。

鈴木の登場に遭遇しただけで、この戰爭にも和平の希望が見えた、と判斷した知識人とは對極的な位置に蘇峰は居たわけである。他にも程度の低い諸種の問題點があり、『頑蘇夢物語』全五巻の述作は『近世日本國民史』全百巻の著者たる大歴史家・ジャーナリスト蘇峰にしては無殘にもその晩節を穢したと見るべき恥多き著作である。只、本書の文脈から見れば、鈴木がその祕密に細心の注意を拂つて進めてゐた終戰工作が、如何に見事に世間の眼を昏ましてあの難業を成就したかといふ事のよき證言ではある。

首腦會談に向ふアメリカ代表團の面々

在モスクワ佐藤大使の懸命な接觸努力を冷酷にはぐらかしながら、スターリンとモロトフはポツダムでの英米ソ三國首腦會談に出席するため七月十四日午後汽車でモスクワを離れた。

トルーマンは巡洋艦「オーガスタ」號に坐乘して大西洋を渡るといふ旅程の都合上、ソ聯首腦より早く七月六日にワシントンを離れ、ベルギーのアントワープ港に向つての航海に出た。ドイツとの戰ひは既に終つてゐたから何の警戒態勢も必要としない遊覽旅行の様な船旅だつた。以下ポツダム首腦會談の日程・進展等の詳細は全て仲晃『黙殺』の敍述に據つて記す。

ところがこの船旅で大統領トルーマンに次ぐ地位の高等船客だつたのは七月はじめに國務長官に起用されたばかりのジェームス・バーンズだつた。前任の長官ステティニアスは實業家出身の溫厚な人物で、外交交渉といつた重要な國務にはあまり關心を持たなかつた。さればこそ國務次官のグルーが國務長官代理として對日降伏要求の條件設定に、無類の知日家として意見を具申する機會を持てた。

然し新任のバーンズ國務長官は大統領トルーマンより五歳年長で、その政治的經歴の重みからしてトルーマンを見下す樣な傲慢さがあり、且つ野心家であつた。この二人の相互信賴關係は五箇月少々といふ短い期間で破綻するのだが、このポツダム會談前夜の船旅ではトルーマンとしては先輩であるバーンズの政治上の發言には重きを置かないわけにはゆかない。そして我が日本にとつて不運な事に、バーンズは、對日終戰工作に於ける强硬派の代表的存在であつた。つまり無條件降伏による日本打倒を主張する硬直した姿勢の持主だつた。そしてポツダム會談で主役を演じたいといふ政治的野心から、對日柔軟派としてグルーの代辯者の如き役割を務めてゐたスティムソン陸軍長官を、ポツダム首腦會談の米國代表團から外す樣にトルーマンを說得した。更にこの船旅とポツダム滯在の間に、トルーマンが携へてゐた米英華共同宣言の草案から、グルーの苦心の焦點であつた日本の立憲君主制の存續を容認するといふ條件の明示を削除し、アメリカ合衆國政府の柔軟性を消して對日姿勢の强硬性を出す方向に改刪を施した。その文言「改惡」の効果が、確實に日本の共同宣言受諾の躊躇となつて表れたことはやがて多くの史家の檢證した通りである。

ポツダムでの三國首腦會談の本來の目的は敗戰國ドイツの戰後處理について協議し、戰勝國側の合意による協定を作ることであつた。戰後の日本の運命を大きく支配することになる所謂ポツダム宣言の發出は主要議題ではなかつた。それはこの歷史的な小都市に顏を合せた首腦といふのが米英ソの三國の代表であり、日本向けの宣言に名を連ねてゐる中華民國重慶政府の代表が、抑〻この會議には招請されてゐなかつたことからも明らかである。

「共同」の性格は稀薄なポ宣言

日本に向けての米國政府の聲明書といふに近い性格を持つ三國共同宣言は、首腦會談の場ではないトルーマンの宿舍で七月二十六日午後九時二十分（日本時間では二十七日午前四時二十分）に發表された。米・英・重慶政府三國の首腦の名による共同聲明であることは確かであるが、蔣介石はポツダムには來てゐないし、英首相チャーチルは本國での總選擧の結果を見るために一時歸國してゐてその場にゐない。故にこの宣言に自ら署名してゐるのは米國大統領としてのトルーマンだけであり、あとの二人の首腦の署名欄はいづれもトルーマンの代筆による官職名があるのみである。蔣介石には電報の往復を以て共同宣言加入の諒承を得た。

この樣に共同宣言の成立經緯には何となく粗末な急拵への印象が強いが、言葉を換へて言へば元來「共同」の性格が稀薄で、專らアメリカ合衆國政府から出た對日降伏要求の最後通告なのである。宣言文の草案から最終文案までの成立過程を見ても當然さうした觀察になる。何故かこの宣言の出し方を日本の史料では多く「發出」と呼んでゐる。その發出の方法も、何しろ大統領本人がポツダムに滯在中なのだから、本國の國務省乃至ホワイトハウスからの發表といふ形ではなく、日本向けの電波が確實に屆くであらう米國領土内の諸所の放送設備を總動員してその宣言文を發信する、といふ何か變則めいた形をとつてゐる。

それでも宣言文の内容が日本政府の眼に入れば、外交手段としての用は足りるわけであつて、事實日本時間七月二十七日午前六時以降、日本の各電波受信施設は反復放送されるこの宣言文を一齊に捉へ始めた。

外務省は軍や同盟通信社と同様獨自の放送電波受信設備を有してゐた。大臣をはじめ、次官、局長級の幹部達は受信と同時に文字に起され、且つ翻譯されてゆくこの宣言の本文の檢討に直ちに取掛つた。そしてこの宣言の趣旨がそれほど苛酷なものではないことに先づ微かな安堵を覺え、これは終戰の機會を摑むきつかけになり得ると直感した。何よりも注目すべきは十三箇條の箇條書きになつてゐる本文の第五條が、そこだけは箇條の內容が無く、〈吾等ノ條件ハ左ノ如シ……右ニ代ル條件存在セズ……〉として（吾等三國は）〈今次ノ戰爭ヲ終結スルノ機會ヲ與フルコトニ意見一致セリ〉といふその條件を第六から第一三までの八箇條に分けて列記してゐるのであるから、これは條件付き停戰協定の提案であつて、所謂無條件降伏の要求ではないからである。

〈無條件降伏〉といふ表現は、最後の第一三條に〈吾等ハ日本國政府ガ直ニ全日本國軍隊ノ無條件降伏ヲ宣言シ且右行動ニ於ケル同政府ノ誠意ニ付適當且充分ナル保障ヲ提供センコトヲ同政府ニ對シ要求ス〉といふ文脈に於いてのみ出て來る。而してこれは政府ならぬ全日本國軍隊の無條件降伏を言つてゐるのであるから、むしろ全軍の降伏を命令するといふ重大な權限を現に相手國政府に認めてゐる先方の姿勢の表現である。そして彼等は〈日本國政府〉を名指ししてはゐるが、彼等とて全日本國軍隊を統帥してゐるのが大元帥陛下たる天皇であることを知らないはずはないのであるから、この文言は天皇が全軍隊の降伏を命令せよ、と要求してゐることになり、卽ち、天皇がその至高の權限を行使して全軍の抵抗停止を命令されよ、と言つてゐることになる。これは日本といふ國家の unconditional surrender を意味するわけではない、といふ解釋になる。第一、宣言文は第一條で、日本に

〈今次ノ戰爭ヲ終結スルノ機會ヲ與フル〉、卽ち我國が待ち望んでゐた〈終戰〉の機會を與へる、と言つてゐるのであり surrender の機會と言つてゐるのではない。

ポツダム宣言の本文の邦譯は諸種の終戰工作關係の史料的研究や文獻集が收錄するところである。その代表的存在である外務省編『終戰史錄』には原文も勿論收錄してある。今更本書に引用するのも餘計な配慮の様に思はれるかもしれないが、この非常の秋に日本政府の受けた衝擊とそれへの對應を深切に理解して頂くための一要件として、やはり以下に全文を引いて參考に供する事とする。

○　米、英、支三國宣言（一九四五年七月二六日「ポツダム」に於て）

一、吾等合衆國大統領、中華民國政府主席及「グレート・ブリテン」國總理大臣は吾等の數億の國民を代表し協議の上日本國に對し今次の戰爭を終結するの機會を與ふることに意見一致せり

二、合衆國、英帝國及中華民國の巨大なる陸、海、空軍は西方より自國の陸軍及空軍に依る數倍の增强を受け日本國に對し最後的打擊を加ふるの態勢を整へたり右軍事力は日本國が抵抗を終止するに至る迄同國に對し戰爭を遂行するの一切の連合國の決意に依り支持せられ且鼓舞せられ居るものなり

三、蹶起せる世界の自由なる人民の力に對する「ドイツ」國の無益且無意義なる抵抗の結果は日本國國民に對する先例を極めて明白に示すものなり現在日本國に對し集結しつつある力は抵抗する「ナチス」に對し適用せられたる場合に於て全「ドイツ」國人民の土地、產業及生活樣式を必然

的に荒廢に歸せしめたる力に比し測り知れざる程更に強大なるものなり吾等の決意に支持せらるゝ吾等の軍事力の最高度の使用は日本國軍隊の不可避且完全なる壞滅を意味すべく又同様必然的に日本國本土の完全なる破壞を意味すべし

四、無分別なる打算に依り日本帝國を滅亡の淵に陷れたる我儘なる軍國主義的助言者に依り日本國が引續き統御せらるべきか又は理性の經路を日本國が履むべきかを日本國が決定すべき時期は到來せり

五、吾等の條件は左の如し

吾等は右條件より離脱することなかるべし右に代る條件存在せず吾等は遲延を認むるを得ず

六、吾等は無責任なる軍國主義が世界より驅逐せらるるに至る迄は平和、安全及正義の新秩序が生じ得ざることを主張するものなるを以て日本國國民を欺瞞し之をして世界征服の擧に出づるの過誤を犯さしめたる者の權力及勢力は永久に除去せられざるべからず

七、右の如き新秩序が建設せられ且日本國の戰爭遂行能力が破碎せられたることの確認あるに至るまでは連合國の指定すべき日本國領域內の諸地點は吾等の茲に指示する基本的目的の達成を確保するため占領せらるべし

八、「カイロ」宣言の條項は履行せらるべく又日本國の主權は本州、北海道、九州及四國竝に吾等の決定する諸小島に局限せらるべし

九、日本國軍隊は完全に武裝を解除せられたる後各自の家庭に復歸し平和的且生產的の生活を營む

の機會を得しめらるべし
十、吾等は日本人を民族として奴隷化せんとし又は國民として滅亡せしめんとするの意圖を有するものに非ざるも吾等の俘虜を虐待せる者を含む一切の戰爭犯罪人に對しては嚴重なる處罰を加へらるべし日本國政府は日本國國民の間に於ける民主主義的傾向の復活强化に對する一切の障礙を除去すべし言論、宗教及思想の自由竝に基本的人權の尊重は確立せらるべし
十一、日本國は其の經濟を支持し且公正なる實物賠償の取立を可能ならしむるが如き產業を維持することを許さるべし但し日本國をして戰爭の爲再軍備を爲すことを得しむるが如き產業は此の限に在らず右目的の爲原料の入手（其の支配とは之を區別す）を許可さるべし日本國は將來世界貿易關係への參加を許さるべし
十二、前記諸目的が達成せられ且日本國國民の自由に表明せる意思に從ひ平和的傾向を有し且責任ある政府が樹立せらるゝに於ては連合國の占領軍は直に日本國より撤收せらるべし
十三、吾等は日本國政府が直に全日本國軍隊の無條件降伏を宣言し且右行動に於ける同政府の誠意に付適當且充分なる保障を提供せんことを同政府に對し要求す右以外の日本國の選擇は迅速且完全なる壞滅あるのみとす

宣言內容の檢討

共同宣言の內容が明らかになつた七月二十七日、午前中に外相は取り敢へず參內して天皇にこの事を奏上し、午後早くに開かれた閣議の席上で、東鄕は、この宣

言が我に終戰への手がかりを與へてくれる重要な文書であることを説明した上で、この宣言にソ聯は參加してゐないのであるから、我が國が正規の外交回路を通じてソ聯に和平の仲介を依頼してゐる、その回答を待つてからこの宣言の扱ひ方を決めたい、との所見を述べた。この趣旨は午前中に參內して天皇に奏上した所と同じである。

新聞には翌二十八日にチューリッヒ發の同盟通信の情報として、情報局の諒解と指示の上で宣言の一部を削除した部分的紹介が報道された。情報局の指示によつて削除されたのは第三條の、現在聯合國はドイツ崩潰に使用されたものとはとても比較にならぬ强大な軍事力を以て日本國軍隊と日本の國土を完全に潰滅させる用意がある、といふ件で、此はあまりに脅迫的であり、徹底抗戰派を無用に刺激する恐れがあるといふ事で省略された。この部分は實は原子爆彈の日本への投下が作戰上の決定を見た事の反映なのだが、日本としては原子爆彈の實用化は全く想像の外の事であり、通常の攻擊力の更なる激化を以ての威嚇としか考へられなかつたのは致し方ない。此に對して第九條に謂ふ、武裝解除後の軍隊の平和な生活への復歸を約束してゐる部分は、兵士達に向けての誘惑的な謀略であると看做してこれも取り上げなかつた。

朝日新聞の勇み足「默殺」

今七月二十八日付の朝日新聞を例にとつて見ると、〈米英重慶、日本降伏の／最後條件を聲明／三國共同の謀略放送〉との見出しをつけて宣言文から八箇條を選び出してその要旨を紹介してゐる。この見出しはつまり日本を降伏に誘ひ寄せる謀略だと見てゐるわけである。情報局からは、政府としては格別の所見表明はしない方針なので、この宣言の事は唯報道記事としてならば載せてよい、との承認を出したのだつたが、朝日新聞は要旨紹介の次に〈政府は默殺〉との二段拔きの見出しを付けて〈帝國政府としては米、英、重慶三國の共同聲明に關しては何ら重大な價値あるものには非ずとしてこれを默殺すると共に、斷乎戰爭完遂に邁進するとの決意を固めてゐる〉とのリードの文に續けて〈多分に宣傳と對日威嚇〉といふ中見出しが示す樣なかなり詳しい解說記事を載せてゐる。

ところで朝日新聞が見出しに使つた〈政府は默殺〉といふ表現であるが、政府としてはその樣な態度表明は公式にも非公式にも全くしてゐない。昭和四十年代、終戰當時を含む現代史研究が著しく精密化し、當時を實際に體驗した要路の人々の「證言」も廣範圍に亙つて蒐集整理された段階に至つた所で、あの日の朝日新聞に〈政府は默殺〉といふ刺激的な見出しを付けて記事を作つたのは誰だつたか、といふ穿鑿も生じた。そしてそれが朝日新聞內部の官邸詰記者による、多分は强硬繼戰論者への迎合に發した勇み足の所產だつたといふ事までが判明した。東京12チャンネル（現、テレビ東京）の企畫編集に成る『証言私の昭和史』といふ全六卷の證言シリーズの5「終戰前夜」の中で聞き手である三國一朗は〈ポツダム宣言の発表に対して、最初、黙殺という新聞記事が出たんですが、これは柴田さんがお書きになったんですか〉との質問を呈し、それに對して朝日新聞の記者だつた柴田敏夫は〈今そういわれてみれば書いた憶えがありますね〉と正直に答へてゐる。インタヴィウアーの三國は、これがあとでたいへんな問題になりましたね、と、言ふだけで別に柴田の勇み足を追及してゐるわけではない紳士的な對應で通してゐるが、更に念押しの形で〈政府は默殺〉といふ見出しで解說を書いたのが柴田記者であつた事を本人に確認させてゐる。

この〈默殺〉といふ表現が、鈴木總理本人の發言であつたかの如くに誤解され、それがやがて〈たいへんな問題〉になつた事は三國に言はれるまでもなく日本中が知つてゐる。簡單に言へば朝日新聞の記事に發する誤傳が、日本中どころか國境を越えて世界に擴散してゆき、トルーマンには原爆投下の、スターリンには火事場泥坊そのままの對日侵略戰開始の絶好の口實として利用されることになる。

實際には鈴木は、既に問題の新聞記事が出た後の七月二十八日午後四時の定例の新聞記者會見でポツダム宣言に對する何らかの（といふよりも豫め斷乎拒否的な）態度表明を迫られてゐた。

政府としては特使派遣申し入れに對するソ聯からの回答待ちと、ポ宣言をいづれ受諾するにしても國內の繼戰派を徐々に說得して受諾の空氣釀成を圖るといふ必要に迫られてゐるから、今のところは早急に諾否を表明せず、謂はば靜觀の態度を持する、といふのが客觀的に必要な對應である。然し一方統帥部からは、特に軍令部總長からは、宣言拒否の〈大號令〉を發せよとの要求が强硬である。首相としては情報局總裁とよく打合せた上、特別の意思表示は差し控へるといふことでせめてもの妥協點として記者會見に臨んだ。

鈴木の胸中には、たぶんこの際〈ノー・コメント〉が最も適切だとの判斷があつたであらう。この表現ならば、宣言を發した側も、日本は回答準備のための內部討議に入つてゐる、といふ程の理解は持つてくれるであらうと思はれた。然しその趣旨を英語を使はずに國語で表現するとなると、實際の鈴木の記者團の質問への應答がさうであつた如く、〈この宣言は重視する要なきものと思ふ〉といふ程度のものとならざるを得ない。

鈴木は翌昭和二十一年の夏に公けにした終戰工作の回顧錄『終戰の表情』の中で、〈この一言は後々に至る迄、余の誠に遺憾と思ふ點であり、この一言を余に無理强ひに答辯させた所に、當時の軍部の極端な處の抗戰意識が、如何に冷靜なる判斷を缺いて居たかゞ判るのである〉と、珍しくも一種の怨恨の情（それは具體的には豐田軍令部總長を指しての事になる）を添へての痛切な悔恨を述べてゐる。つまり自分も慥かに〈默殺〉といふ語を用ゐたかの樣に周圍から思ひ込まされてゐたわけである。

それを〈誠に遺憾〉といふのは、この一言は、七月二十八日の朝日新聞の見出しが示した文脈の延長上に增幅されて七月三十日付の新聞の首相談話にも用ゐられ、卽ち日本の首相はポツダム宣言を〈默殺〉なる語を以て拒絕（reject）した、との文脈が成立してしまつたからである。これは政府が實は最も避けたいと思つてゐた、心底と全く相反する脈絡を構成して聯合國の情報網に受取られてしまつた形である。鈴木の後悔は實はそこに懸つてゐるのであるから、この場合彼が全世界から受けた誤解は全く以て朝日の柴田記者の責任に歸せられるべき事である。

この〈默殺〉の一語が、現實に日本國總理大臣が口にした語であるかの樣に判定され、更にそれが無視（ignore）、拒絕（reject）の意味に訛傳された揚句に、結局アメリカの原爆投下と、ソ聯の日本侵冦の口實に繫つたと見るのは歷史の眞相を見ざる事甚しい謬說である。その樣な因果關係は存在しない。原爆投下もソ聯の侵冦も、ポツダム宣言の拒絕との因果關係を全く有たない、彼等の「豫定の行動」以外のものではなかつた。この事は、前にも擧げた仲晃『黙殺——ポツダム宣言の真実と日本の運命』が委曲を盡して論證した所であり、又特に原爆攻擊との關聯では鳥居民『原爆を投下するまで日本を降伏させるな——トルーマンとバーンズの陰謀』が、ポツダム宣言は正式の外交文書ではなく、〈宣傳文書でしかない〉、故に日本がこれを謀略放送と見、諾否の回答を急がなかつた（實は大いに急いで受諾の空氣作りに努めてはゐたが）のは當然の事、との劃期的な歷史解釋に基いて、副題に揭げたトルーマン・バーンズ兩人の謀略を斷罪してゐる。

原爆投下までの失はれた十日間

七月二十八日の記者會見に於ける鈴木の談話とそれが七月三十日付の新聞に載つた事を以て、三國共同宣言に對する日本政府の對應の「外見」は定まつた。重要視せず、それ故の回答の遷延である。宣言自體が回答要求の期限を指定してゐないのであるから、この遷延が卽ち拒否を意味するわけではない。政府部內で受諾の可否を討議中なのだらうと映る。

宣言を受信したことを國內でも確認した七月二十七日から廣島に原子爆彈が投下されて彼等の言ふ〈軍事力の最高度の使用〉といふ威嚇の實體が明らかになつた八月六日まで約十日間である。この十日の日限が盡きるより前に日本が宣言の受諾＝降伏の意思表示をしてゐれば廣島市潰滅の悲劇は避ける事が出來、又當然八月九日のソ聯の對日戰爭開始（モスクワ時間八日午後八時佐藤大使に對し宣戰布告書を手交）も未然に防げたはずであるとは誰しもが考へたい歷史上の「もしも」である。謂はばこの失はれた十日間、鈴木內閣の焦慮の下で日本帝國はどの樣な日々を送つてゐたのだつたらうか。

米軍の空襲は相變らず熾烈であつた。B29によるサイパン基地からの長途の空襲のみならず、西日本の各地には沖繩から發進した爆擊機・戰鬪機が頻りに低空からの攻擊を加へ、日本近海での制海權を完全に掌握した米艦隊は濱松、清水、三陸の釜石、北海道の苫小牧等の工場のある都市に艦砲射擊を加へ、航空母艦から發進する小型の艦載機が沿岸中小都市の上空を自由に跳梁して、きめ細かな機銃攻擊を行ふ樣になつた。個人的にも忘れ難いのは、八月七日のことであるがB29百二十機が豊川海軍工廠に白晝大爆擊を加へ、勤労動員を受けて作業中の女學生・小學生を含む二千五百名近くの青少年生徒が瞬時に爆死した事件である。同地には戰後長い閒少年少女の幽靈が出るといふ噂が絶えなかつた。因みに付加へるならば、秋田縣土崎への空襲で八十名以上の死者が出たのは八月十四日の午後十時半過ぎといふ時刻である。

政府は外務大臣を中心に、依然として、特使派遣の申し入れに對するソ聯政府の色よい返事を一日千秋の思ひで待ち續けた。

佐藤大使は、ソ聯が近衛特使の受入れについて諾か否かに拘《かかは》らず、日本は三國共同宣言を受諾して降伏を決意すべきだと切言する一方で、ロゾフスキー外務次官に懸命の催促を續けるのだが、ロゾフスキーはスターリンとモロトフは共にまだベルリンに居るので會見の約束はできないと突放すばかりである。七日になつて漸くモロトフのモスクワ歸還を知つた佐藤は直ちにロゾフスキーにモロトフとの會見を申し込み、八日午後五時に會見可能との返事を得るが、それがソ聯の對日宣戰布告を讀み聞かされる場面となる。

この閒宮中では、『昭和天皇實錄』に徴して見る限り、或る意味で感嘆すべき「平常心」を以て日々の内廷行事が着實に行はれ、高位の將官の親補式が相次ぎ、學士院賞受賞者への賜謁があり、西田幾多郎（六月十二日）、高楠順次郎（七月十六日）といつた學界の功勞者の死去に際しての祭粢料竝びに幣帛の下賜が配慮される、といつた工合であり、來日した友交國たるフィリピン大統領ホセ・Ｐ・ラウレルとその隨員團との接見も六月二十八日に整然と行はれてゐる。

終戰の儀容に關はる事で言へば、少し溯つて七月九日に元外相有田八郎が內大臣の木戶を通じ、重慶・ソ聯を通じての外交工作には望みなく、本土決戰に入る前に天皇御自身の御決斷を以て英米への講和申し入れといふ形で終戰の御下命あるべき旨の上奏書を提出するのだが、天皇はこの上奏書を御覽になり、天皇御自身の決斷を以てといふ發想に眼を留められた樣子である。これも後に頻用される樣になつた用語で言へば聖斷方式を以てしての終戰といふ着想にならうが、それは元來鈴木の心底深くに、そして木戶內府の肚裡にも夙に底流してゐた思想である。

七月二十五日午前に、天皇は木戶からも陸軍の本土決戰論に對する不信と講和の緊急要務なる旨の奏上を受けてゐる。この言上の趣旨は木戶日記の當日の項に本人の記す所であるが、此の時木戶は三種の神器の護持についての策にまで言及してゐる。この事を受けてであらう、七月三十一日には天皇の方から神器守護のための方策の檢討の御下命があり、次いで八月二日、五日には神器奉遷のための外箱の調製や避難先豫定地岐阜縣大野郡宮村の水無神社の實地視察も行はれる。本土決戰は避けるとの君臣間の合意はありながらも、萬が一の場合を考へて此等の具體策の檢討は爲されざるを得なかつた。

七月三十日の明治天皇の例祭日にも朝六時の空襲警報發令のため天皇御自身の賢所木階下での御拜

禮は取り止めとなり、十時過ぎの警報解除後に侍従の御代拜奉仕を以て替へざるを得なかつた。かうした不安な日々にあつても、此の年は官幣大社宇佐神宮、同香椎宮が十年に一度の勅使參向年次に當つてゐるため、勅使を務める清水谷掌典は、空襲による東海道線の度々の運轉停止といふ困難な狀況の中を敢へて出發し、七月三十日に宇佐、八月二日香椎宮に參向、國家非常の災禍の祓除を祈念する御祭文を奉告してゐる。然しその八月二日には八王子・淺川地區への空襲があり、大正天皇陵の陵域內にも約千發の燒夷彈が落ち、宮內省圖書寮の分室が燒失、疎開してあつた宮內省圖書寮所藏の貴重な皇室資料を含む圖書千六百册餘が灰燼に歸するといふ被害が出た。かうした戰爭の末期的症狀に加へられたとどめの一擊の如く、八月六日朝八時十五分に廣島市上空でウラン型原子爆彈「リトルボーイ」が爆發した。この時刻、世紀の大虐殺の下令責任者トルーマンはまだポツダム會談からの歸航途上、カナダのニューファウンドランド沖を南行する巡洋艦「オーガスタ」の艦上に居り、そこで原爆投下成功の至急電報を受取つた。

4　聖斷奉戴

原子爆彈二發の衝擊

八月六日朝の廣島の大慘害は、當初通信機能の全面杜絶のため實態が判明せず、わづかに午後七時頃吳鎭守府から海軍省への電話で被害甚大との情報が傳はつて來た。日付が替つて七日の午前一時半に、廣島に落されたのが原子爆彈であるとの米國大統領の聲明を同盟通信社が傍受した。その聲明は既に七月三十日にスティムソン陸軍長官が起草しておいた草案をトルーマンが短波放送に乘せたものである。

七日午後三時半になつて大本營は廣島に少數機による空襲があり、それで〈相當の被害〉が生じた事を發表したが、未だ原子爆彈とは呼ばず、〈新型爆彈〉との表現を用ゐてゐる。

然しこれを原子爆彈ではないかと直感した知識人は少からずゐた。河邊虎四郎參謀次長もその推測を立てた一人で、彼は理化學研究所の仁科芳雄博士から原子の核分裂を應用した爆彈があり得るといふ知識を得てゐた。そこで參謀本部情報部長有末精三中將を廣島の現地視察に派遣するに際し仁科博士に八日現地着の陸軍機に搭乘同行して貰つたが、仁科の所見も、これは原子爆彈であつたに違ひないとの結論になつた。

七日のうちは首相も外相も、眞相を調査中との大本營の發表を聞くばかりで何らかの行動を起す事は出來ずにゐたが、八日の午後から情報局總裁、外務大臣が天皇に拜謁し、かくなる上はポ宣言の受諾といふ形での終戰を圖るより他ない旨を奏上、天皇も原子爆彈の出現に遭遇した以上戰爭の繼續は最早不可能との決然たる判斷を述べられ、その手續開始を首相に傳へよ、との御沙汰を下された。

その手續を、鈴木は八月九日午前十時半に開始した。始動すれば鈴木內閣といふ車の回轉は速い。具體的に言へば最高戰爭指導會議を構成する六人の成員を招集しての、ポツダム宣言受諾を以て降狀を表明すること、又その際に我が國から付けるべき條件の檢討である。この會議の開始時刻には既にソ聯からの宣戰通告は屆いてをり、實際に東部シベリアに滿を持して待機してゐたソ聯軍はソ滿國境を越え、烈しい勢で滿洲國中央部へ向けての侵入を開始してゐた。ソ聯の宣戰にはポツダム宣言への加入通告も伴なつてゐたので、この會議で受諾を討議されたポツダム宣言は米英支蘇四箇國の共同宣言といふことに性格が變つてゐる。

日本から付けたい宣言受諾の條件は、第一に天皇の國法上の地位に變更なきを保證する事、次に第七條に言ふ日本國本土內諸地點の保障占領は避けて貰ふ、第九條に擧げてゐる日本軍の武裝解除は日本側が自主的に行ふ、第一三條が要求する戰爭犯罪人の處罰も日本側で行ふ、と、以上四項目の受諾條件を付けるといふのが、この九日午前の會議での檢討課題となつた。上記の中、戰爭犯罪人の處罰といふのはポ宣言が〈吾等の俘虜を虐待せる者を含む〉といふ添記を付けてゐる所から推して戰時國際法に規定された俘虜條項への違反者の處罰を指すものであり、そこに〈一切の〉といふ語句が付いてはゐるにしても、まさかやがての極東國際軍事裁判所條令に實際に謳はれてゐた〈平和に對する罪〉といふ如き國際法上前代未聞の罪名が出て來ようとは豫想の出來ない事だつた。卽ち軍紀違反を裁く軍法會議からの類推で考へれば、日本側の處置でも聯合國の要求に應へ得るものと考へられた。

この會議では、東鄉外相と米內海相が、日本側から付ける條件は天皇の地位の安泰の保證といふ一件に絞り、とにかく受諾による停戰を急ぐべきだと主張したのに對し、陸相と統帥部の兩總長は他の三條件の付加を主張して讓らなかつた。故にこの會議では結論が出ぬままに、議題は午後二時半開催の臨時內閣閣議に持ち越された。

閣議が始まつて間もなく、阿南陸相がこの日の午前十一時半に長崎に二發目の原子爆彈が投下されたことを報告する。その衝撃の下で、閣議は五時半まで續いて一旦夕食の休憩に入り、六時半に再開されて午後十時過ぎ迄續く。その樣に長時間に亙つたのは、鈴木が午前の構成員會議で外相・海相の一條件のみを付けての卽時受諾論と陸相・兩總長の四條件付加論の對立狀況が生じてゐる事を詳しく說明し、各閣僚にこの對立に關して存分に意見を述べる樣にと促したからである。これは後で、閣僚の誰彼が、あの時自分の意見は斯くだつたのだが、それを開陳する機會を與へて貰へなかつたのだ、などとは言はせないための、司會者としての深い配慮であり、且つこの非常の秋にあつて、多勢の者の活潑な討議は實際に各自のブレインストーミングとして有効であるとの見解を有してゐたからである。この閣議での議論の詳細は下村情報局總裁の『終戰記』に綿密な筆錄があり、それが『終戰史錄』に再錄されてゐる。代表的史料集であるから、ここに抄出はしない。

午後十時を過ぎた所で鈴木は一旦の休憩を宣する。散會ではない。閣僚一同を首相官邸の閣議の場に待たせておき、その間に宮中で御前會議を開いてポ宣言の受諾を決め、又官邸に戻つて來てその夜の中に終戰の閣議決定まで取り付けてしまふ、といふ强行軍の肚心算が出來てゐる。そして事態は鈴木の思ふ通りに運んだ。

聖旨拜承の瞬間

御前會議は形式を言へば最高戰爭指導會議である。既に度々記したが、構成員は首相、外相、陸海兩相、統帥部の兩總長、發言權を持たぬ陪席者として內閣書記官長、內閣綜合計畫局長官（この時は秋永から代つて池田純久）、陸海兩省の軍務局長、それにこの夜の場合は特別に樞密院議長の出席が必要と考へられたので急遽平沼樞相の私邸へ、平沼系政治家の太田れた。

文相（平沼內閣の書記官長だつた）が迎への車を走らせ、深夜十二時近くに平沼樞相を宮中に招じ入

この會議でポツダム宣言の受諾が決り、それが閣議決定を經て日本帝國政府の國家意志の表明として米國に通告されるとなれば、日本はポ宣言に列記された降狀條件を承認したといふ事になる。その事は卽ちその條件の下での休戰條約の締結を意味する。國際條約の締結となれば、それは樞密院による審議と承認を必要とする。だが國家意志の決定に一刻を爭ふこの危急の際に樞密院會議を招集して審議をしてゐる餘裕は全くない。そこでせめて樞密院議長の出席と意見表明を求め、豫想される決議が樞密院の了解を得てゐるとの體裁を取り繕ろふための緊急措置であつた。

とかく軍部への迎合的言動を取る事が多い平沼の出席を求める事に、海相の米內は若干の危惧を覺えもしたのだが、法制上の手續としては平沼の出席はまともな筋道に沿つてゐる。そこで米內は迎へ役の太田耕造に、天皇と總理の望む結論は斷ゝであると豫め平沼に耳語しておく樣にと指示したらしい。米內のこの祕かな配慮の話は戰後の鈴木の沒後一周忌の際に明かされた左近司の思ひ出話の中にのみ出てくる。

御前會議は午夜に近い時刻に宮中の地下防空壕である御文庫附屬室で開かれた。『昭和天皇實錄』によれば天皇の臨御は日付が十日に替つての午前零時三分となつてゐる。天皇の臨御に伴なつて蓮沼蕃侍從武官長も陪席する。御前で再現される議事は勿論外相の原案たる、天皇の國法上の地位の保證のみを條件としての卽時受諾案と、陸相と統帥部の主張する四條件付加案との對立である。論點は誰

の眼にも明白である。

　そこに至るまでの從來の審議經過の委細を知らされてゐなかつた平沼は、米內の恐れてゐた通り、對立する兩意見への自らの贊否は言はず何となく態度曖昧のまま、列席の各員に向けて二時間に近い執拗な質問を繰返す。この間の問答は陪席の保科善四郎海軍省軍務局長の手控へ覺書に忠實に筆録されてあり、『終戰史錄』で讀む事が出來る。結果として長廣舌の後の平沼の意見表明は、とにかく外相の原案をとる外ない、とし（最後まで不分明だつたと見る史料もある）、唯天皇の國法上の地位の保證要求の部分は〈天皇の國家統治の大權に變更を加ふる如き要求は之を包含し居らず〉と了解してゐるとの文言に書き變へろと强硬に言ひ張つた。更に結びとして、皇室の御安泰は國民全部が戰死しても之を守らざるべからず、と、稍〻空想的な觀念論を述べ、その後に〈聖斷によつて決せらる可きものと認む〉と付加へてゐるのが注意を惹く。國の去就の最終決議を「聖斷」によつて決める、といふ着想は、斯樣に複數の朝臣の胸裡に底流してゐた事の、此も一つの例であつた。

　平沼の發言を最後として列席者の意見表明は終り、そこで既によく知られてゐる聖斷奉戴の場面が來る。鈴木は席を立つて天皇の前に進み出、深々と「鞠躬如」たる禮を爲したる後に、會議の現狀は御覽の通り三對三の對立（總理自身の意見は入れてゐない）のままになつてゐる、此の上は聖斷を仰ぎ、それを以てこの會議の結論とするより外無い、畏れ多き極みではあるが御判斷をお下し頂きたい、と奏上する。

　そこで天皇は、自分は外務大臣案に贊成である、と付言される。卽ち國體維持の保證要求以外の三條件の付加を止め、簡明な受諾通告のみでよいとの御意見である。付加へて、天皇が此迄に得た報告の限りでは、本土決戰を以て少しく有利な位置に立ち得るといふ望みは全く無い、ここは明治天皇が三國干渉に直面された時の御心境に傚ひ、忍び難きを忍んで國民を破局より救ひ、世界人類の安寧のために現在の戰爭を停止するより外は無いとの趣旨を、諄々として理を說くといつた口調で冷靜にお述べになつたのだつた。

鈴木は用心深く、天皇の御諚であるが故に、といつた理由を付言することはせず、只今の聖旨を以てこの（最高戰爭指導）會議の結論と致します、と宣言して閉會を告げた。そこで內閣の閣僚は直ちに首相官邸に取つて返し、他の閣僚達を休憩として待たせてあつた閣議を再開した。時に八月十日午前三時である。

この閣議で必要な事は、直前の最高戰爭指導會議が下した判斷を、閣議決定といふ形で採決し、全閣僚が署名するといふ手續である。それが濟んだのは午前四時近く、斯くてポツダム宣言の殆ど無條件に近い受諾が國家意志となる。

受諾を相手方に通告する返答の電文は既に九日のうちに用意されてあつた。その文案に平沼の強い主張を容れて、〈天皇の國家統治の大權に變更を加ふるが如き要求は之を包含し居らずとの了解の下に〉といふ一部變更を加へたのだが、その部分の英文表現は〈with the understanding that the said Declaration does not comprise any demand which prejudices the prerogatives of His Majesty as a sovereign ruler.〉といふ形になつた。改刪前の表現を示す史料が無いのだが、いづれ

〈天皇の國法上の地位〉云々と此とでは、英文にしてみればその効果に大して違ひはないのではないかと思はれる。

外務大臣はなほ、日本側の受諾條件としてではなく、希望條項として、陸相と統帥部の固執した付加三項目を添へる事を考へてゐたが、此は松本俊一外務次官の賢明な強い反對が通つて記載を避けることになつた。

斯くてポツダム宣言の受諾通告の電報は八月十日午前六時四十五分から七時十五分にかけて發信されたのだが、その在り様を具體的に言ふと、先づスイスの加瀬俊一《しゅんいち》公使には、この本文を米國政府と重慶政府に傳達することをスイス政府に依頼せよ、と、在スウェーデンの岡本季正公使には同様にイギリス政府とソ聯政府への傳達を依頼せよとの訓電が行き、三十分後に政府の通告本文が打電される、といふ順序になる。訓電には相手方の〈速答〉を得たい旨然るべく任國政府の斡旋を請へ、との指示がついてゐる。受諾通告本文は松本外務次官の判斷により同盟通信の電波に乘つて頻りに海外に發信される。

受諾文發信の後

八月九日の朝八時に首相が行動を起してから十日の午前七時に中立國駐在公使宛の電報發信に至るまで、鈴木を筆頭に約二十三時間、不眠の徹夜會議を續けて來た閣僚達は十日の夜が明けた頃に漸く休息を取る事が出來た。然しこの日も朝七時半に東京に空襲警報が出、B29による燒夷彈投下と艦載機による銃撃が午近くまで續き、天皇は結局一日の大部分を皇后と共に地下の御文庫で過された。時局切迫に當つての大臣、重臣達への賜謁・接見もそこで行はれた。

十日の午後早々に首相官邸に若槻、岡田、平沼、近衛、廣田、東條、小磯といった總理經驗者（＝重臣）が集められ、首相と外相とから、當日未明の御前會議の結果としてのポツダム宣言受諾決定の說明を受けた。この重臣達は引續き宮中に召されて、地下の御文庫で木戶內府の司會の下にこの事態に對する意見具申を求められた。一方重臣達が宮中へ參內した後の首相官邸では閣議が開かれ、降伏決定といふ新局面をどの樣な形で國民に周知せしめたらよいか、その方法が検討議題となつた。どの人物を通じてかは判らないが、御前會議と閣議決定の結果は早くも噂として陸軍部內に流れ始めてゐた。當然この「降伏」に反對する不穩な聲も耳に入つて來る。國民一般への廣報は入念に衝擊的表現を避け、然し急がなくてはならない。閣議では、結局情報局總裁談話として、遠廻しに終戰の間近なることを暗示的に述べ、國民の間に徐々に敗戰への納得の空氣を釀成してゆくといふ方針が決り、その談話は十日夜のラヂオ放送の電波に乘り、翌十一日の新聞の紙面に載つた。

ところがこの新聞には、前日陸軍省軍務課が起草し、陸軍大臣名義で部內に交付する豫定だつた〈……斷乎神州護持の聖戰を戰ひ抜かんのみ……〉といつた繼戰宣言そのものである訓示が陸相の承認を得ないままに、情報局總裁談話と同時に載せられてゐる。これは或る意味で、當時の政府內部での和平派と繼戰派の意見の分裂といふ實態がありのままに反映してゐる、面白い證據文獻になつてゐるとの見方も出來る。

國民としては、情報局總裁談話の暗示の奥を讀むべきか、陸相布告をそのままに受取るべきか、迷ひを覺えると言ひたい所であるが、知識人層の間では下村總裁の談話の方に、政府の本音が隱されてあると讀み拔く向が多かつた樣である。何しろ此以上の戰爭繼續はどう見ても不可能、といふ破局的事態が國民の誰の眼にも隱し切れない現實として映つてゐたからである。

この八月十一日といふ日は不思議に空襲警報の發令がなく、比較的靜かであつた。前日の閣議で、降伏＝停戰の國民への周知はやはり詔勅の渙發に依つて、といふ方針が決つたので、迫水書記官長はこの日を利用し、漢學者川田瑞穗に內閣官房總務課が依賴して起草して貰つた詔勅の素案に基いて本文の作成に取掛る。木戶內府は、その詔勅をラヂオで天皇に直々に放送して頂くといふ着想につき、石渡莊太郞宮內大臣と相談の上、天皇にこの案を言上する。天皇は確と御嘉納になり、斯くてかの「玉音放送」實現の下地は整へられる。

バーンズ回答の到着

奇妙に事の無かつた八月十一日が過ぎると、十二日の午前零時十二分に空襲警報が出、それがB29單機の飛來と見られたため、却つて「新型爆彈」搭載機ではないかとの臆測があり、天皇は深更に皇后と共に地下の御文庫に御動座になるといふ嚴戒態勢を取つた。警報はやがて解除され、それから間もなく、外務省のラヂオ室と同盟通信外信部とはサンフランシスコ放送が日本國のポ宣言受諾通告に對する米國の回答文を電波に乘せ始めたのを傍受する。これが米國務長官の名を以てする所謂バーンズ回答であるが、傍受した放送の文字起しとその國語への翻譯は大至急で進められ、午前三時にはその全貌が明らかになり、外務省は直ちに檢討に取掛つた。正式の回答文はスイス國政府を經由して午後六時四十分に外務省に到着したが、その本文は放送の傍受から文章に起しておいたものと同一であつた。朝に始まつた檢討の結果は政府部内にも直ぐに鋭い反應を喚び起した。

關心の焦點は、當然ながら日本側の考へてゐる意味での「國體の護持」を相手が承認してゐるかどうか、といふ點である。

問題となつたのは回答文の第一項、〈天皇及日本國政府ノ國家統治ノ權限ハ、(中略) 聯合軍最高司令官ノ制限ノ下ニ置カル、モノトス〉(the authority of the Emperor and the Japanese government to rule the state shall be subject to Supreme Commander of the Allied Powers.) といふ一節、それと第四項、〈日本國政府ノ確定的形態ハ「ポツダム」宣言ニ遵ヒ、日本國國民ノ自由ニ表明スル意志ニ依リ決定セラルベキモノトス〉(The ultimate form of the Government of Japan shall, in accordance with the Potsdam declaration, be established by the freely expressed will of the Japanese people.) の二點だつた。

有名な話題であるが、前者の〈制限ノ下ニ置カル〉といふ句の原文は shall be subject to なのだから、忌憚なく譯せば〈從屬する〉のである。事實同盟通信社の長谷川海外局長はこれを〈從屬する〉と譯して外務省や軍令部に渡した。この譯語で考へると、平沼樞相の強い主張で決定した日本側の受諾文、〈天皇ノ國家統治ノ大權ヲ變更スルノ要求ヲ包含シ居ラザルコトノ了解〉が認められてゐない様に見える。これでは、國體護持といふ絶對讓れぬ最後の一線さへ押切られてゐるではないか、との反論が軍部から出るおそれがある。そこで外務省作製の公文では〈制限ノ下ニ置カル〉といふ苦しい譯になつた。ただしこれは讀み換へれば、まさに天皇制の存續を前提としてこそ意味を生ずる表現なのだから、天皇の地位には直接手をつけない、といふ意思表示と解することはできる。

次の點、第四項は、革命が起つて天皇制が崩れても知らぬぞと言はんばかりの表現であるが、これも元來、聯合國側としては干渉しない、といつてゐるに等しいのだからそれでよいことになる。もちろん大日本帝國憲法の下では、國民の自由意志が政體を決定する、といふこと自體が考へられない危險思想なのだが、これもまさに「政體」であつて「國體」ではないと考へればそれでよい、日本人の特殊な天皇觀に就いて關り知らぬ聯合國側からすれば自然な、中立的な表現だといふことになる。

東郷を始めとする外務省幹部、そして官邸側の首相も書記官長も此でよい、終戰は此で行ける、といふ判斷だつた。外相が午前十一時に參內してバーンズ回答の趣旨を奏上したところ、天皇もこの回答を應諾してよい、首相にもその旨傳へよ、との御諚であつた。

ところがここに思ひもかけぬ障礙が生じた。卽ち平沼樞相を震源とする、國體護持の保證再照會論であり、統帥部兩總長の受諾反對論である。

參謀總長と軍令部總長に至つては午前八時四十分に首相にも所管大臣にも諒承を得る事なく、勝手に參內してバーンズ回答の趣旨を根據としてポ宣言受諾を拒絕すべき旨奏上する。此は所謂帷幄上奏權なる權限を行使しての僭上の沙汰なのだが、正に濫用の極みである。これを知つた米內海相は十一時半頃豊田軍令部總長と、ついでに大西瀧治郎軍令部次長とを大臣室に呼びつけ、この紀律違反を凄まじい權幕で叱りつけたといふ。此の事は兩人を大臣の命令で呼びに行つた保科軍務局長の現場目擊證言としてその回想談の中で語られてゐる。因みに大西瀧治郎は大正七年秋の大演習に飛行將校として參加、悪天候に遭遇して洋上に不時着してゐたところを鈴木艦長の「淺間」に發見されて救助された、さうした奇緣のある間柄だつた事は既に記した。言ふまでもなく「特攻の思想」の實踐者であり、特攻隊の英靈への熱誠なる感謝の遺書を殘して八月十五日朝に割腹自決した荒武者である。その大西もこの時ばかりは米内の前代未聞の激怒に接して素直に項垂れてゐたらしい。海軍の方はそれで濟んだが、參謀總長の輕率な帷幄上奏を陸相が然る可く叱責したかどうかについては史料がない。

二人の統帥の最高責任者にせよ、平沼樞相にせよ、この期に及んでの帝國政府の應諾逡巡が對米關係の上で如何に重大な過誤になるか、そこに氣がつかなかつたのであらうか。これは政治上の現實感覺の缺如、乃至想像力の甚しい鈍磨の故と評するより他ない、重大な失錯である。考へてもみるがよい。米軍は今や本土上陸作戰に及ぶ必要すらないほどに、我が本土を完全に封鎖し我が領海と領空とに十全なる制海權・制空權を把握してしまつてゐる。數日の停戰の遲延が邦家の何萬何千の人命を代償とすることになるか、此の人達はそんな簡單な數量的計算の能力すら失つてしまつてゐたのであらうか。

幸ひにして天皇は兩總長の僭越な上奏によつて動搖を來す樣な方ではなかつた。却つて、正式回答は未だ到着してゐない、未確認の情報によつて輕々しく判斷を下してはならぬ、と兩人を嚴しくたしなめられたらしい。

鈴木も亦午後一時頃平沼の訪問を受けて再照會の必要を力說されたが應じなかつた。

ところが此の時の鈴木の平沼への對應が、內心の辟易を押し殺して默して答へず、といふ態度であつたため、平沼の姿勢の强硬さに眩惑された外務省の高官達、東鄕外相、松本次官、加瀨俊一《としかず》北米課長等は、鈴木は平沼に說伏されて同調したと思ひ込み恐慌を來した。その騷ぎが外相から木戶に傳はり、松本次官から近衞と細川護貞に傳はり、鈴木の動搖乃至平沼左袒說はかなり廣く擴がり、各種史料にその痕跡を留める事になつた。『昭和天皇實錄』にすら、八月十二日の項に、〈本日午後三時より開催の閣僚懇談会において、バーンズ回答をめぐつて受諾論と再照会論が対立した際、首相は再照会論を表明する〉としてゐるのは、外務省から擴がつた誤解の痕跡の著しき例である。特に〈表明〉は甚しい誤認である。

木戶自身は當日六時半の東鄕との面談から九時半の鈴木との面談によつて誤解が解けるまでの三時間だけ鈴木の變節を〈頗る心配〉した事を日記に記してゐる。その記述で一時的誤解の經緯は明瞭である。その『木戶日記』に基く東京裁判法廷提出の『木戶口供書』の一本を鈴木も己の所藏としてをり、木戶が、首相は平沼男の意見に贊成したる樣子なので大いに驚いた、の件りには、〈之ハ玄默ヲ守リ平沼樞相ノ意見ニ反對ヲ表セザリシ故ニ誤解シタルナラン翌日ノ閣員懇談會ニテ初メテ意見ヲ發表セリ〉との欄外書入れを施してゐる。

鈴木は平沼の國體論が執拗頑强なるばかりで內容の空虛なることを旣によく見てゐる。そこで面と向かつて再照會論を否定するならば激しい反撥を受けてどの樣な騷ぎになるかは豫想がつく。さればといつて肯定的な返答を與へるならば、それが平沼のみならずその背後にゐて事實平沼邸に屯してゐたといふ繼戰派が勢づいて是亦どんな厄介な事態になるかわからない。そこで要するに嚴として口を閉ぢてゐた。卽ち「玄默」を守つた。

この「玄默」こそ鈴木の終戰工作に終始一貫底流してゐた戰略であり、その極意を象徴する字眼であると見てよい。この語の出典としては『漢書』に〈老子玄默、孔子所師〉（老子の玄默は孔子の師とする所）、〈人君以玄默爲神、澹泊爲德〉（人君は玄默を以て神と爲し、澹泊を德と爲す）とあるのが諸橋の辭典でよく知られてゐるが、鈴木は平生愛讀の兵書『六韜』の「軍勢」章にある〈事莫大於必克／用莫大於玄默〉（事とするに必克より大なるは莫《な》く、用うるに玄默より大なるは莫《な》し）の二句目を記憶し服膺してゐた樣である。要するに決して肚の裡を明かさず、手の內を見せないのが治政の要訣だといふことである。

この玄默といふ政治運用の手法故に、鈴木はその同志からも對立陣營からも度々誤解を受けた。然し誤解もそこから生じる謂れなき謗言も所詮自分一個の名にのみ關はることであるから彼は意に介しなかつた。己の名利を超えた大目的、卽ち一日でも早くこの戰爭を終結して一人でも多くの國民の生命を救ひ、以て天皇の宸襟を安んじ奉るといふ大義のためには、自分の名聞の瑕にも、同憂の士を一時的に欺く心苦しさにも彼は眼を瞑つて通した。

再度の聖斷

バーンズ回答の正式の公電は十二日の夜六時以降に在スイス公使、在スウェーデン公使を經由して到着したが、外務省では十二日に再照會說・拒絕說が惹起した緊張を緩和するために直ちに公示する事を控へ、公電は十三日朝の到着といふ事にして關係の各部局に提示された。九時前に又最高戰爭指導會議構成員六人の協議會が開かれて公電文の檢討に入り、其席には特に村瀬直養《なほかひ》法制局長官が臨時に參加して、米國側回答文の條件で日本が先方の申入れを受諾して支障無き旨を說明した。だがなほ依然として卽時受諾說と再照會說とが三對三の對立のまま結論が出ずに終つた。四時に閣議に入つたが、ここでも十五名の閣僚中十二名の卽時受諾說に對し、陸相と安倍源基內相、松阪廣政法相の三名が頑强に再照會說を主張して結論が出なかつた。鈴木はここでも多數決を以て反對論を押し切る事の危險を感じ、七時に散會を宣した。この十三日の閣議に於ける各閣僚の發言は海南下村宏の『終戰記』に刻明に筆錄され、それが『終戰史錄』に再錄されてゐる。それで本書への抄出も控へる事とするが、此を讀んでみると、この最後の重大な時機に當つて閣議の結論を導き出せなかつた總理としての鈴木の指導力不足を責めるよりも、再照會論に固執して結果として採決を阻止した形になる陸相とそれを支持した二人の閣僚の憂慮への同情が湧いてくる。この三人が政府の決斷を一日遲らせた事は後から見れば慥かに政治的失策だつた。然し、國體護持について米國側の保證に果して信賴が置けるのか、その事にこれほどまでに疑惑を持ち續けた閣僚の居た事の意味も亦小さくはない。筆錄者の下村はこの閣議での異見の提議者にかなり激しい怒りを覺えた口調であるが、全員の意見が一致したとすればその方が寧ろ異常であらう。

鈴木はこの狀況を見てその場で旣に、最後は聖斷を仰いで決するより外はないと宣言してゐる。それをどの樣な方式に據つて實現するか。鈴木は此の時、四月に組閣の御下命を拜した時に、天皇が定例の「憲法を遵守せよ」とのお言葉さへ口にされる事無く、唯無條件で「汝に賴む」と仰せられた事の意味を思ひ出してゐたかもしれない。今こそその時が來たとの勘が働いたのであらうか。鈴木は十四日の朝午前八時半に參內してその日の「手筈」について奏上した。『實錄』が十四日朝に前例のない內大臣の列立拝謁を許すといふ形で〈首相より本朝までの経過につき奏上を受けられる。さらに首相より、お召しによる御前会議の開催につき奏請を受けられ、これを御聴許になり、十時三十分よりの開催を仰せ出される〉とあるのがその手筈である。これは奇策とも評せるし、輔弼の大任の一部放棄といふ意味での憲法違反でもある。藤田尙德侍従長の回想に錄されてゐる天皇のお言葉〈この事は、私と肝膽相照した鈴木であったからこそ、この事が出來たのだと思っている〉といふ御述懐は正にこの機微を簡明に言ひ表してゐる。

その手筈といふのは慥かに一種の奇策であつた。卽ち十四日午前十時に豫定されてゐた閣議と最高戰爭指導會議のために首相官邸に集まつてゐたその全員を、天皇陛下からの直々の御召しである、服裝も緊急の際につき特に改めるに及ばず、として不意に宮城の地下、御文庫附屬室に參集させてしまつた。參席したのは幹事役の內閣書記官長を含めて總勢二十四名の閣僚、統帥部幕僚と樞密院議長である。

午前十一時二分に天皇が侍従武官長を伴なつて臨御される。鈴木はそこでポツダム宣言受諾を以ての戰爭終結方針に對し、反對意見の持主は三名である、只今からその三人に意見を奏上させる、その上で天皇の御判斷をお聞かせ願ひたい、といふ形でこの異例の御前會議の開會を宣言する。反對の三人として擧げたのは陸相と統帥部の兩總長だけで、文民の閣僚の中にもゐた二人の名は省略した。これは兩人の官歷に此處で瑕疵がつくのを避けようとした配慮だつたかと思はれる。
此處で天皇は御卽位以來初めて、國政の場での御親らの見解を公式に述べられる機會を持たれたわけである。そしてポツダム宣言の卽時受諾といふ形での戰爭終結をお命じになり、軍の統制には多大の困難があらうから自分がラヂオを通じて國民に直接呼びかけるつもりである、そのための詔書渙發の準備に取掛るべしとの決意を御披瀝になる。入御は十一時五十五分と記錄されてゐるから、正味五十三分の歷史的御前會議だつた。

御下命のあつた詔書の起草は夙に豫想されてゐた事であるから旣に粗方出來てゐた。それは書記官長の迫水が責任者となり、十三日の深夜に初案起草者の川田瑞穗、內閣顧問安岡正篤兩名の極祕裡の校閱を仰いで略〻完成した。更に十四日午後の戰爭終結の國政方針を議する閣議の席上で閣僚一同に草案の寫しが配付され、細部の補訂が加へられた。その結果の訂正稿が淨書されて總理大臣の手から天皇に奉呈されたのが午後八時半、天皇の御名御璽の宸署を得、それが閣議の席に戾つて來て閣僚一同の副署を添へ、それを官報號外として公布する手續が終つたのは十四日の午後十一時だつた。卽ち詔書の渙發は正確にはこの日のこの時刻であるが、國內向けの公布は、翌八月十五日の正午と豫定された玉音放送で、といふ事になつた。

その放送のための天皇の詔書朗讀の錄音は十一時二十五分から內廷廳舍御政務室で行はれ、やり直しを含めての二回の御朗讀の錄音が終つたのは日付が變つて十五日の午前零時五分であつた。二回分各六枚の錄音盤は侍從德川義寬が侍從職事務室の輕金庫に收納して保管責任者となり、十五日の午前十一時に加藤進宮內省總務局長が放送會館に運ぶことにして所謂玉音放送の準備を整へた。

ところがこの錄音盤を奪取して天皇の詔勅御放送を阻止し、以て日本國降伏の實現を遷延せしめようと謀る一部の陸軍將校が宮城內に亂入して錄音盤を搜し廻るといふ事件が起る。これは陸軍省軍務課員を中心とする繼戰派の軍人達の「叛亂」の擧であつた。彼等は十五日午前一時頃近衞師團長森《もり》赳《たけし》中將に面會を强要して蹶起への同意を强要した。然し中將が「承詔必謹」の立場を嚴然と守つて動じないので師團長と偶〻その場に居合せた中將の義弟たる第二總軍參謀白石通敬中佐の兩名を拳銃と軍刀を以て殺害し、近衞步兵第一聯隊と第二聯隊に日本放送協會の占據、放送の封止策を命ずる僞の師團長命令を傳達した。

これで八月十五日未明の陸軍繼戰派の停戰命令への叛逆事件が始まりかけるのだが、急を知つて、午前四時半頃に宮城に駈けつけた東部軍管區司令官田中靜壹大將の機敏な行動により午前七時前には鎭壓された。折から彼等の微かな希望の燈《あかし》であつた阿南陸軍大臣が午前五時半に割腹自決したとの報が傳はり、絕望した將校達は自分達も次々と自決して行つた。

この一朝の夢の如き近衞師團將校達の最後の抵抗の試みは、少からぬ犧牲者の發生をも伴なつた、かなり緊迫した悲劇であつたが、事件の詳細な經緯は各種の現代史に旣に記述を見る所であるから本書での再說は差控へる。

阿南の自決に就いても同樣で、彼の生涯とその苦衷の淸算についても一卷の深切な評傳が存する程である。彼は終戰の政治的手續の一切が完了した八月十四日の午後十一時過ぎに官邸に鈴木を訪ねて祕かな訣別の辭を述べた。彼は最後まで徹底抗戰派の期待に應へる如き姿勢を取り續けて陰に彼等の暴發を抑制し、以て鈴木の終戰の大業を陰で強力に支へてゐた功勞者なのだが、陽には常に强硬派として鈴木の反對者の役割を務め續けてゐたので、その外形上の非禮を詫びるために一人靜かに鈴木を訪れて來たのだつた。然し鈴木には阿南の內心の苦衷はよく解つてゐた。又彼の深夜の訪問が離別の挨拶のためである事も察してゐた。そこで心からなる慰撫と感謝の言葉を贈つて彼との別れを告げた。

八月十五日當日の事　阿南との慇ろな訣別の後、鈴木は深更に小石川丸山の私邸に戻つてゐた。午前四時頃に橫濱警備第三旅團の佐々木某なる大尉が麾下の兵士と橫濱高工の生徒から成る約百名の暴徒を率ゐて首相官邸を襲擊した。總理は居るか、との怒聲を聞いて內閣官房總務課長の佐藤朝生は鈴木の身の危險を直感し、官邸から總理の私邸に直通してゐる電話で急を告げ卽座に避難をと要請した。

深更に歸宅して漸く寢に就いたばかりの鈴木と家人一同も跳び起きて避難準備にかかつた。偶〻前夜歸宅した時の自動車が平生と異なり私邸の前に表道路に向けず裏道向けに駐車してあつた。向きを變へる暇もなきままに馬力の弱い古自動車はそのまま一家全員を乘せて裏通りに向つて發車したが、此が幸ひして、表通りから乘込んで來た暴徒共のトラックと鉢合せする危險を免れ、本鄉西片町の鈴木の實妹の家に避難する事が出來た。鈴木の車をどうやら無事に送り出した私邸警護の警官達が戻つて來た時に暴徒が到着し、鈴木本人が旣に立退いた事を知ると邸に火を放つて燒いてしまつた。暴徒達は無抵抗の降伏といふ救國の偉業を達成した鈴木を要するに國を賣つた叛逆者と誤解して誅殺しよう圖つたのだつた。正に危機一髮の僥倖で鈴木は難を免れたわけである。

祕書の子息か甥かが私邸に電話をした時、踏み込んでゐた暴徒の一人に電話器をとられてしまつたために、本郷に避難した事を覺られた危險があり、鈴木は更に芝白金なる弟の鈴木孝雄邸に避難し、そこで朝食を攝り、漸く束の間寛ぐ事を得た。そしてこの邸で子息の鈴木一祕書官が鈴木の辭表を草した。既に政治向の萬事に就いて父子の呼吸がぴつたり合つてゐた故か、辭表の文藻は一字の訂正の必要もないほどに鈴木の意に滿つる出來榮えであり、鈴木は喜んだ。

この日の公務の最重要なるものは、午前十一時に宮中での樞密院本會議に出席し、天皇の親臨を仰いで、平沼議長以下十四人の樞密顧問官に終戰手續の經過を報告し、事後承認を得る事だつた。政府からは首相、外相、法制局長官の三人が出席して説明に當つた。會議中に丁度正午にかかつたので一同は議事を中斷し、廊下に整列して玉音放送を拜聽した。現在ではCDへの覆刻までなされてをり、誰でも耳にすることができる樣になつた歴史的放送であるが、戰後五十年に至る頃までは、その錄音の再生を聽く機會も極く稀にしか得られなかつたものである。

文字文獻としては凡そ昭和史に關心を抱く讀書人の誰しもが、何度でも反復熟讀したであらう重要文書であるが、眼で行を辿つてゆく場合よりも今改めて耳で聞いてゐる時の方が強く引懸つてしまふ箇所が一つある。それは〈……然れども朕は時運の趨く所堪へ難きを堪へ忍び難きを忍び以て萬世の爲に太平を開かむと欲す〉といふ部分の〈時運の趨く所〉の一句が與へる違和感である。〈萬世の爲に太平を開かむと欲す〉は宋の張横渠の文集を原出典とする語句で、朱熹の『近思錄』に引かれてある所から我が國でも同書が昭和十五年に岩波文庫に入つて普及し始めて以後、〈爲萬世開太平〉の原句は多くの讀書人の眼に觸れてゐたであらう。これは前記した安岡正篤の詔書文案校閲の際に安岡の腦裡の語彙から出て此に嵌入されたものであり、正にこの詔書全體の字眼を爲す金言である。そしてこれはやはり安岡が同じ張橫渠の『正蒙』に〈義命合一、存乎理〉とあるのを更にその原出典『春秋左氏傳』の〈信以行義、義以成命〉に溯つて取義し、想を練つた結果、〈……朕は義命の存する所……萬世の爲に太平を開かむと欲す〉と續く宣言の體を成した。この事により、一體此が政府に向けて敵國への降伏を命じ給ふ敗戰國元首の詔勅であるか、と讀む者の心を震憾させるに足る高邁な格調を感得させる文脈になつたのだつた。

それが現行の如く〈時運の趨く所〉といふ、時の運びでさうなつてしまつたからには爲方無く、といふ意味に取れる平俗な語句に替へられてしまつたのは起草係の大失敗であつた。改變の動機は、最後の聖斷を宣せられた天皇のお言葉の中にこの語句があつた（鈴木の『終戰の表情』がそれを記してゐる）のを迫水が耳に留めてゐて、それをここに嵌入したことも考へられるが、要するに義命なる單語は辭書に載つてゐない難しい語だとの意見が閣議出席者の誰彼から出た、といふ單純な理由であつた。詔書が渙發されてから、自分の苦心の修辭が無殘な改竄を受けた事を知つた安岡は、學問の無い人にはかなひません、と長嘆息し、詔勅文案の淨書稿を作つた最終責任者の迫水書記官長を後日嚴しくたしなめる事になるのだが、文字通り後の祭だつた。

碩學の眼から見れば永遠の痛恨事と稱すべき瑕疵を帶びてしまつた終戰の詔勅であるが、とにかくこの詔《みことのり》の全文は、國民が初めて耳にする天皇御自身の玉音に乘つて昭和二十年八月十五日の正午に全國民の耳に屆いた。そして國民は全て、天皇の御身位と國家元首としての地位は御安泰である、つまり國體の護持は貫徹された上での降伏なのだ、と納得し、安堵の胸を撫でおろしたのだつた。

玉音放送の拜聽で一時中斷した樞密院會議は午後一時半閉會、その後直ちに招集した內閣閣議で阿南陸相の自刃が報告され、又大本營から全陸軍、全海軍に戰鬪行爲の停止命令が出され、卽ち停戰が

玉音放送を聴く人々

軍令の上では成立した事が報告された。最後に總理大臣から內閣總辭職の提案があり、一人も異議を唱へる者なく、全閣僚の辭表を取りまとめた鈴木は午後三時五十分頃參內して天皇に辭表を奉呈した。

天皇は「よくやつてくれたね」との懇篤なお言葉を繰返して老宰相をねぎらひ、「何分の命あるまでそのまま職務を執る樣に」との仰せだつたが、やがて木戸內大臣と平沼樞密院議長とが協議の結果、東久邇宮稔彥王を後繼內閣の首班に奏請申し上げたのを直ちに御聽許になり、鈴木はその日のうちに大任から解放された。

最後の閣議の結びとして慣例により貴族院勅選議員を推薦するといふ銓衡の議事があつた。擧げられてゐた候補者の五人の名簿の中から、鈴木は嚴しい表情で某實業家の名を自ら抹消し、代りにこの內閣で文字通りに自分の片腕となつて終戰工作に盡瘁してくれた書

記官長迫水久常の名をそこに書き加へた。

此は、鈴木がこの未曾有の國家存亡の危機に直面し、憲政史上全く異例の聖斷奉戴といふ措置を斷行しながら、他方では內閣首班としての公務を、彼の格率である平常心のままに肅々として勵行して來たことの一端でもあつた。その平常心を少しも動搖させなかつた彼の執務姿勢を何か鈍感の所爲であるかの如くに評する向もあつたが、それは見損なひといふものである。

八月十五日の夜、鈴木は前日付で、詔勅の聖慮の內容に沿ふ形で發せられてゐた「內閣告諭」を更に穩やかな言葉で敷衍した懇ろな首相談話をラヂオで放送した。「內閣告諭」は諸種の現代史の史料に採錄する所であり、首相談話の全文は『鈴木貫太郎傳』に載せられてゐる。このラヂオ放送を以て、內閣總理大臣としての鈴木の公的活動は全て終了した。家を燒かれた上に更に生命まで狙はれてゐたこの老人は都內の諸所の假住居を轉々とするといふ落着かない月日を、泰然として堪へて過してゐた。

第十二章　晩年と終焉

1　最後の御奉公

再び樞密院議長に

首相の座を降りてからの鈴木は丸山町の邸を暴徒に燒かれてしまつたために、暫くは窮屈な間借り生活を續けてゐた。しかも萬一の危險を慮つて、一箇所への長逗留を避ける様に、との警視廳からの要請にも至つて素直に應じたため、轉々と居を移し、三箇月の閒に七回の轉居を餘儀なくされた。救國の大業を見事に成し了へた功臣にはふさはしからざる境遇だつたが、彼自身は泰然とそれに堪へてゐた。

そんな鈴木の窮境を知つた故鄕の千葉縣關宿の町の人々は、長年町長として人望を集めてゐた鈴木の父の由哲への恩誼を忘れてはゐなかつたから、不便な東京に居るよりも、關宿の閑靜な田園の居に歸つて暮す様にと度々使を立てて懇請して來た。昭和二十年の秋といへば、東京は住宅難であるのみならず、食糧事情も極めて悪く、餓死者の續出が心配される程であつた。昭和天皇が九月二十七日に御親らGHQを訪問され、占領軍の總司令官たるD・マッカーサー將軍に向ひ、國民を飢餓から救ふために、米軍の手を通じての食糧援助を賴みたいと發言された事もよく知られてゐる。東京都内の食糧配給事情の惡化はそれ程に差し迫つた問題であつた。鈴木としても劣惡な住宅事情に嘖まれながら東京に居續ける義理も必要もなかつた。

鈴木は二十年の十一月二十五日に亡父の故地である關宿に歸住した。詳しく言へば千葉縣東葛飾郡關宿町大字關宿七百三十七番地である。古い家屋はまだ殘つてゐた。周圍の人々は温く彼を迎へ、彼も亦激動の大世界での四箇月餘とその後の逃避行の如き三箇月餘の疲れを休めるには好適な閑居の場を得た事を心から喜んだ。

ところが鈴木がこの閑適の境地を樂しむ餘裕を得たのはほんの束の閒の事だつた。歸鄕してわづか十日ほどを經たばかりの十二月初旬の或る日、外務大臣の吉田茂が關宿の隱棲の閑居に鈴木を訪ねて來た。令孃の麻生和子を伴なつて如何にも私事の訪問であるかの風を裝つてゐたが、實は幣原喜重郎首相に委託された官命を帶びての來訪であつた。用向は樞密院議長への就任、鈴木の經歷から言へば再任の懇請である。當時の樞密院議長平沼騏一郎には十二月二日付で戰爭犯罪容疑者としてGHQによる逮捕命令が出てゐた。當然この公職に留まる事は出來ない。代つてこの顯職に就き得る樣な人材を考へてみるに、近衞文麿も木戸幸一もGHQの思はくを內々に探つてみたところいづれも戰犯としての出頭命令を受ける危險性があるといふことで望みがない。現にこの兩人あての逮捕令狀が出たのは十二月六日で、出頭期限は十六日だつた。その十六日未明に近衛が犯罪人扱ひを受けるの屈辱を潔しとせず、自宅で服毒自殺を遂げたのは周知の通りである。

その様な陰欝な時期の事であるから、鈴木は折角恵まれたこの安住の地を捨てて、日本帝國の憲政の面目を守るため、つまりは天皇のおん爲に再度の出廬を決意した。吉田の嶽父牧野伸顯との交誼を通じて吉田茂本人とも懇意の間柄であつた。東久邇内閣の後半（九月十七日）から幣原内閣にかけての外相として吉田が鈴木から國政に就いての教を乞ふべく、その假寓先をよく訪ねてもゐた事で、鈴木に一目置かれ、說得に成功したのかもしれない。

樞密院議長の親任式は十二月十五日で、鈴木は八月二十二日の終戰内閣閣僚への賜謁以來四箇月ぶりで又龍顏を拜することになる。此の日はかのGHQによる神道指令發令の當日であり、近衛が屈辱と絕望の極、祕かに死を決意したその日でもあつた。

樞密院は政黨内閣の時代には屢〻内閣と意見が對立し、それだけにその存在の政治的意味も小さくなかつたが、戰時體制に入つてからは謂はば國政に餘裕が無くなり、議事が難澁する事も無くて目立たない存在となつてゐた。然し天皇の統治權行使上の最高顧問機關として、實際の施政には干與せず、責任もないとされながらも「憲法の番人」との通稱が示す通り、憲法と皇室に關する事項では極めて重要な任務を帶びてゐた。仍てGHQが占領政策の實施に際して大日本帝國憲法に改正が必要なる事を示唆し、それに伴なつて十月早々に内大臣府御用掛としての近衛文麿が、同じく御用掛を拜命した佐々木惣一京都帝大教授を顧問として憲法改正案の檢討に着手し、それに續いて政府が松本烝治國務相を委員長として憲法問題調査委員會を設置するに及んで、憲法と皇室典範との絡みで樞密院の役割が再び重要になる事が豫想された。幣原總理が鈴木の再登場を願つたのも尤もだつた。

十一月に入るや周知の如くGHQは近衞の足元の梯子を外す如き無情な絶縁聲明を發し、近衞と佐々木の苦心になる憲法改正要綱案は烏有に歸した。内大臣府も廢止され、憲法改正問題は松本國務相の檢討に一本化された。松本は十二月上旬に衆議院で憲法改正四原則の樹立を報告して眞摯な努力を繼續中なることを示したが、斯うして作成された松本試案は翌昭和二十一年二月にGHQに提出されたものの、そのまま放置され、二月十三日の政府とGHQとの會見の席上であつさりと採用を拒否され、そのまま闇に葬られてしまつた。此も現代史を繙く者にとつての苦い記憶である。

そして松本試案の拒絶と同時に二月十三日にGHQが日本政府に手交したのが、二月三日から十日にかけてGHQ民政局の素人達が六日六晩の突貫作業で編み上げたといふ、占領政策基本法としての意圖を露骨に振翳した所謂一九四六年憲法の英文原案だつた。

日本國憲法成立過程に就いての諸家の各種の研究により既に詳細に判明してゐる（故に紹介を省略するが）如き經過を辿り、二月二十二日には日本國政府としてマッカーサー原案を受入れ、此に基いて日本側の憲法改正草案を作成することを閣議決定する。その改正草案要綱を政府が發表したのが三月六日、この要綱公表を以て日本の憲法學界は、東京大學法學部憲法第一講座擔當の宮澤俊義を筆頭として一齊に新憲法支持に向けての學說の鞍替へを行なつた。變節の例外は次に述べる如く寥々たるものだつた。

樞密院の新憲法案審議

三月六日に新憲法の要綱が發表された時、この要綱は憲法の番人たる樞密院の審議を未だ經てゐなかつた。それは聯合國側の極東委員會の內部でソ聯・濠洲・オランダを中心として對日敵意と警戒の勢力がとみに強くなつたため、日本駐留のＧＨＱとしても日本國「民主化」の實績が着實に進んでゐる事を示す必要があり、それでマッカーサー原案に基く憲法改正案の提示を强硬に急がせてゐたからであつた。そこで幣原首相も、樞密院に諮詢する暇もなく、鈴木樞相に事情を告げて了承を得、急の要綱案の發表に踏み切つたのだつた。

三月二十日の樞密院本會議には幣原が出席して右の事情を釋明し、改めてこの改正憲法要綱の樞密院への諮詢を申し入れた。この申し入れを受けて樞密院が憲法改正草案の審査委員會第一回を開催したのは四月二十二日で幣原內閣總辭職の當日だつた。幣原はそこで二月十三日にＧＨＱから突きつけられたマッカーサー原案は、もし此を呑まなければ天皇の御身位の安泰も保證できないといふ脅迫つきの提案だつたことを說明した。

鈴木議長にはその邊りの裏面の事情は大凡察しがついてゐた。故に幣原の苦衷の說明もよく理解出來たし、結果として此處に諮詢に付されてゐる改正憲法要綱も此にて宜しと首肯せざるを得ないものだつた。彼があの樣な苦心慘膽の結果達成し得た終戰の條件は一に懸つて天皇の國法上の地位の安泰にあつた。今この要綱を見るに第一條は明らかに天皇の地位を保證したものである。卽ち國體の護持といふ約束は守られてゐる。それならば今後皇統をどの樣に守り、盛り立ててゆくかは國民の意志次第である。ＧＨＱの强引な日本改造計畫をこの程度で抑へてくれた幣原首相の對應を多とすべきであり、敬意を表する——。

樞密顧問官の中には美濃部達吉の様な眞摯な學究も居た。彼は純粋な憲法學者として、鈴木の如き大所高所に立つての寛大な見解を取るわけにはゆかない。この改正案は帝國憲法第七三條に規定する〈勅命ヲ以テ議案ヲ帝國議會ノ議ニ付〉したものではない。しかも憲法の條項を改正するの必要に出たものどころか、これはどう見ても全面的改正、といふより改廢であり、その改廢を第七三條に則つて行ふといふのは法理上不可能であり、虚僞である、との意見を頑として曲げない。法理的には正にその通りであり、これは學者として實に立派な態度である。

樞密院では幣原內閣退陣の後、代つて組閣した吉田茂の內閣から改めて憲法改正案の審査につき諮詢を受けるといふ形をとり、五月二十七日に十二人から成る審査委員を指定して審議に入つた。審査委員會には吉田首相が參席して新憲法草案に就いての丁寧で詳細な説明に當り、一週間ほどの審査を經た後潮恵之輔審査委員長から鈴木議長に宛てて吉田首相の説明を略〻踏襲した內容の審査報告書が提出された。

この報告書は、憲法草案の〈條規のあるものについては、未だ疑問の餘地なしとしない〉としながらも、憲法改正は〈緊迫せる內外の情勢上〉その速やかな實現が實に已むを得ない必要事である故に〈本案大體の趣旨は、これを是認する外ないものと思料する〉と、かなり正直な見解を述べてゐる。議長の鈴木もこれに同意するより外無く、報告書の末尾の欄外に若干の鉛筆での書入れ文字を遺してゐる由であるが、批判といふよりは一種の希望の表明であると讀める。

六月三日に報告書の提出があり、六月八日の本會議では天皇の臨御の下、諮詢案の採決を下す事になつた。鈴木が起立を以て採決の可否を求めた所、十數人の委員の中で美濃部一人は膝に手を置いて項垂れたまま遂に起立しなかつた。天皇機關說事件の時と同様、自分の學問的信條を貫き徹したのである。議長の鈴木は已むを得ず、贊成多數を以て可決しました、と宣言したが、美濃部の心境は深く諒としてゐたであらう。

なほ此の日の樞密院の會議に、親王として出席資格を有する高松宮宣仁親王は、議案である新憲法草案に主權在民の原理が判然出すぎてゐて贊成しかねるとの理由で豫め缺席を申し出てをられ、三笠宮崇仁親王は皇室財政及び皇室典範改正・增補への皇族の參與の件につき再考を願ふ旨の意見を表明され、採決には棄權して退席された。皇族御二方の暗默の反對は外に洩れ聞える事無く、美濃部の不同意だけが史錄に遺る事となつた。

斯くてＧＨＱ急造の原案に基く新憲法草案は僅か五箇月後には樞密院の承認する所となり、六月二十日には國會での審議に入つた。衆議院がこの草案の採擇を可決したのは八月二十日、貴族院では十月九日の事である。樞密院本會議を通過したのは十月二十九日で、十一月三日に公布といふ運びとなつた。

この時の樞密院には鈴木はもちろん最早席を有してゐない。彼は六月十三日付で願に依り樞密院議長の職を免ぜられ、今度こそ一介の野人の境遇に立ち戻る事を許され、關宿の草廬で老を養ふ身となる事を得た。

後任の樞密院議長には大正四年に宮內省御用掛となつて以來度々憲法學の御進講を務めた副議長の清水澄《とほる》が就任し、昭和二十二年五月二日、日本國憲法發効の前日を以て樞密院が廢止されるまでその任に在つた。つまり最後の樞密院議長となつた。なほ清水は樞密院が廢止され、日本國憲法が施行された年の九月二十五日に熱海の錦ヶ浦の斷崖から投身し、入水自殺を遂げた。議長の大任を務める身として、まさかに樞密院での憲法の審議と可決を妨げるわけにはゆかなかつた。憲法を否定する代りに我身の存在を否定し、謂はば大日本帝國憲法の運命に殉死を遂げた。鈴木とほぼ同庚の八十歳であつた。天皇・皇后・皇太后から祭粢料と生花の下賜があつた。

2　極東國際軍事裁判への關與

清瀬一郎の來訪

二十一年六月十三日付の樞密院議長からの退任を以て鈴木は漸く完全に一民間人の境遇に戻れたわけだが、樞密院在籍中も、この職は普通の政治家の如く多忙なわけではないので、公務で上京する時以外は關宿での隱棲に安んじてゐることは出來た。只、何分にもその前年の春以來大世界の激動の直中に身を置いて、國家の安危を双肩に擔ふ働きをしてゐた人であるから、隱退後にも何かと話を聞きに來る訪問者が少からずあつた。

その中で一つ特記しておくべきは、二十一年五月三日に開廷した極東國際軍事裁判所から二人の辯護人が來訪し、法廷での證言を求めて來た事である。但し本人が出廷する必要は無く、所謂宣誓供述書といふ文書を自宅で作成してそれを法廷に提出すればよいのだつた。

關宿に來訪したのは、この裁判所、通稱東京裁判の辯護團の副團長清瀬一郎辯護士と米國人辯護人のアリスティド・ラザラス海軍中尉だつた。用向の主要な件は、鈴木が內閣總理大臣として一九四五年七月二十六日にポツダム宣言の發出に接してその降伏條件の內容を檢討した時、その宣言の第十條に云ふ「戰爭犯罪人」とは如何なる意味と考へてこの宣言の受諾を決したのか、といふ質問であつた。

兩辯護人が關宿に來たのは五月十二日である。東京裁判法廷が開廷したのは五月三日午前十一時二十分、その日と翌四日を費して起訴狀の朗讀があり、一日の休廷（日曜日）を插んで五月六日に清瀬一郎辯護人の裁判官忌避申立が却下された後、全被告の起訴事實認否の申立があり、勿論全員が無罪を申立てる。その次の第四回目の公判が五月十三日で、この日に清瀬辯護人から檢察團には手痛い裁判所の管轄權に對する異議申立があり、裁判長はこの動議に就いては答へる力がなく、後日返答を與へるとてその場を回避したまま遂に最後まで答をはぐらかした形で頰被りを通してしまふ。

清瀬が關宿に鈴木を訪ねたのは五月十二日の日曜日で、つまり法曹家としての清瀬の名を高からしめた裁判所の管轄權動議提出の前日である。新聞報道を通じ、又清瀬の直話に接して、鈴木にはこの時に清瀬が求めてゐる證言（宣誓供述書）が裁判に於いて有つ意味の重大さがよく理解できたであらう。進んで供述に及んだ模樣である。

的確無比の證言

計五項目に亙る辯護團の質問中の最も重要な「戰爭犯罪人」の定義乃至日本政府の理解に就いて、鈴木の簡潔にして且つ的確な回答を該宣誓供述書の直接の引用

を以て檢討してみよう。卽ち、

〈右宣言第十條ノ戰爭犯罪トハ國際法上既成ノ概念トシテ何人モ疑念ヲ持タザリシ爲メ閣議ニ於テモ別ニ議論ハ爲サズ卽チ戰爭犯罪トハ戰爭ニ關スル條規慣例ニ違反シタル罪ヲ謂フモノト考へ居リタリ〉

といつたもので、短いながらこれで必要にして十分に意を盡した證言となつてゐる。つまりこの裁判の檢察團が起訴狀に述べてゐる所の三箇條、その基となる「極東國際軍事裁判所條例」に謂ふ所の（A）平和に對する罪、（B）通例の戰爭犯罪、（C）人道に對する罪、の中（A）項と（C）項に就いて、その樣な罪名を設けて裁判が行はれようとは全く考へてもゐなかつた、といふ意外さの過不足なき證言になつてゐる。

同樣の質問が鈴木內閣の文部大臣であつた太田耕造にも發せられてゐて、太田も同樣に裁判所宛の宣誓供述書を提出してゐるが、これも鈴木證言を裏付ける形で次の如き明晰判明な供述をしてゐる。曰く、

〈鈴木內閣ノ「ポツダム」宣言受諾セル時私ハ右「ポツダム」宣言ニ於ケル戰爭犯罪人トハ從來ノ國際法ニ於ケル通例ノ戰爭犯罪人ヲ意味スルモノデアリ國民ノ指導者ヤ右通常ノ戰爭犯罪ト關係ナ

キ國家ノ要路者ハ之ヲ含マザルモノト理解シテ居リマシタ〉

と言ふのだが、太田の言ふ通り、通例の戰爭犯罪とは無關係の地位に居たはずの東條英機の逮捕を始めとして、例へば梨本宮守正王までが戰犯として指名されるに及んで當時の日本人は國際法規違反といふ事例の理解を完全に混亂させられてしまつた。その後遺症は現今でも「戰犯」といふ單語の俗語としての濫用に色濃く殘つてゐる。

鈴木に呈せられた質問のもう一つに、大東亞戰爭以前に終了した戰爭又は事變に於ける戰爭犯罪の犯人も亦ポツダム宣言の言ふ所の戰犯に含まれるとの理解はあつたのか、との問がある。此の問に對する鈴木の答も、日本の戰爭責任の追及を昭和三年のパリ不戰條約にまで溯らせて裁かうとしてゐる裁判所の姿勢への靜かな批判になつてゐる。それを地名注は省いた形で鈴木の宣誓供述書から引いておく。

〈今度ノ降伏ハ大東亞戰爭ニ關スルモノナルヲ以テ大東亞戰爭以前ニ終了シタル張鼓峰事件「ノモンハン」事件滿洲事變ニ關スル戰爭犯罪ノ裁判ト云フコトハ念頭ニナカリキ尙此點ニ付テモ閣議ニ於テ議論ヲ爲サズ〉

閣議に於いても議論の對象としなかつた、といふのは、穩和な表現ではあるが、思ひもかけぬ亂暴な言ひがかりだ、との內心の驚きを押し隱しての異議申立である。これも東京裁判の姿勢の根本的誤謬に對する鋭い批判になつてゐる。

鈴木のこの適切な證言は、約十箇月の後、昭和二十二年二月二十四日に開始された東京裁判辯護側反駁立證の段階に至つた時、清瀨一郎の「辯護側反證冒頭陳述・總論A」の中に立派に活用されてゐる。

清瀨は先づ、ポツダム宣言が降伏條件の提示であつたのだから、それを受諾したといふ事は日本の降伏が無條件降伏ではなかつた事の證明であるといふ命題を再度强調した一節の後で以下の如くに述べる。但しこの部分は法廷では朗讀を禁止された二箇所の中の一に入る。

〈而して本件に於ては同宣言第十條に於て使用せられた「戰爭犯罪」といふ文字の意味が重要な問題となつて居ります。そこで辯護人は日本側、換言すればポツダム宣言を受諾するに決定した時の日本の責任者が宣言受諾の時此の問題たる字句を如何なる意味に解したかを證明するでありませう。又一九四五年の七月末又は八月初に於て日本竝に世界の文明國に於て此文字を一般に如何に解して居つたかといふことを立證する證據も提出せられます。これに依り國際法に於て用ひ《ママ》られる右語句は「平和に對する罪」及「人道に對する罪」を包含しない事が明かとなります。以上は當裁判所が之を設定したる基礎たる憲章中の第五條のA及Cの犯罪につき管轄を有せずとの主張を支持するが爲に必要であります。

ポツダム宣言受諾に依り日本は當時現に戰はれつゝあつた太平洋戰爭に降服《ママ》したのであります。降服のときに滿洲事件、張鼓峰事件、ノモンハン事件について降服する考へはなかつたのでありま す。これを證するため滿洲事變が昭和十年迄の間には一段落となつたといふ書證、ノモンハン、張鼓峰事件については各々其の當時妥協が成立したといふ證據、ソ聯と日本との間には一九四一年四月に中立條約が成立したといふ事實を證する書證が提出せられます。中立條約附屬の宣言書は最も重要であります。これには其の一部に於て「ソビエット聯邦は滿洲國の領土的保全及び不可侵を尊重し」なる字句があります。

ポツダム宣言の解釋及適用につきなほ之に附加した證據を提出致します〉

清瀬が述べてゐる〈日本の責任者が……此の問題たる字句を如何なる意味に解したか〉といふ事、及び日本は大東亞戰爭に降伏したのであつて、その時滿洲事變、張鼓峰事件、ノモンハン事件について溯つてポツダム宣言第十條が適用されるとは考へてもゐなかつた、といふ書證、及びポツダム宣言の解釋とその適用について附加すべき證據とは、正しくこの鈴木と太田耕造の宣誓供述書を指すものである。

他に『戰時國際法講義』なる四卷五千頁になる大册の著作によつて學士院賞恩賜賞を授與されてゐる國際法學者信夫淳平による長文の戰爭犯罪に就いての論文と呼ぶべき宣誓供述書も辯護團の掌中に用意されてあつた。清瀬が冒頭陳述の中で提出すると述べてゐる書證の中、直接戰爭犯罪の定義に關する主要なものは此等である。

事實、信夫、鈴木、太田による宣誓供述書三篇は、他の諸篇と合せて清瀬冒頭陳述の二日後、二十二年二月二十六日に裁判所に提出する豫定になつてゐた。ところが——、清瀬冒頭陳述の戰争犯罪といふ文字の解釋と適用範圍に就いて述べたその部分は、二十一年五月十三日に清瀬が法廷で論じ、却下處分を受けた管轄權に關する動議の再論に過ぎない、つまり旣に却下された動議の反復に當るといふ理由で裁判所から削除を命ぜられてしまふ。さうなると、信夫、鈴木、太田の宣誓供述書も、同じく管轄權に對する異議申立と看做されて却下の扱ひになる事は明らかである。

さうした次第で、二十一年五月十二日に清瀬一郎とA・ラザラス兩名が千葉縣關宿の鈴木の隱居地まで訪ねて行つて作成してもらつた、極めて正確な國際法認識に基いての宣誓供述書は東京裁判の法廷審理には何等の寄與を果す事がないままに埋れてしまつた。そんな文書もあつたのか、といふ形で鈴木の證言がやつと陽の眼を見たのは、平成七年二月刊行の『東京裁判却下未提出辯護側資料』の第一巻に於いての事である。

3　静穏な永眠

對ソ和平仲介交渉の思ひ出

東京裁判法廷に提出した證言は、被告達の名譽と安危に關はる重大な責任を伴なふ發言であつたが、それとは別に政權擔當時の事件で今や歷史的意味を終了してしまつた過去に就いての質問を受ける事もあつた。これは『鈴木貫太郎傳』のみに載つてゐる話で日時がはつきりしないのだが、ＵＰ通信社の記者が關宿まで取材に來た事があつた。アメリカのジャーナリズムが知りたかつたのは、ポツダム會談前夜にソ聯に和平仲介を依賴せんとして頻りに働きかけてゐたが、それがどの樣な條件を提示した上での外交交渉だつたか、といふ事だつた。

モスクワ駐在佐藤尙武大使を通じての東鄉外相の懸命な努力がクレムリンによつてどの樣に冷酷にあしらはれたかに就いては既に述べた。米國は日本の外交電報の暗號解讀によつて一切を知悉してゐた。只ソ聯にどの樣な見返りを提供する事でその勞を取つて貰はうとしたのか、その事までは外交電報では觸れてゐない。アメリカが知りたかつたのはその邊の內情であるらしかつた。

日ソ交渉の最高の責任者だつた東鄉茂德は今巢鴨の獄中に在り、民間の通信社には接觸ができない。そこでＵＰの記者は鈴木を訪ねて來たのだつた。近衞文麿に天皇の直接の代理としての大きな權限を持たせてソ聯に派遣しようとて、モスクワからの返事を空しく待ち續けた時の焦燥は日本外交にとつての實に苦い記憶である。その苦澁を直接に最も深く嘗めたのは東鄉であつたが、鈴木も勿論逐一報

自邸にて（左はたか夫人）
（昭和21年春）

告を受けてゐた。今は語つても詮の無い憤懣の思ひ出話であるが、隠す必要もない過去の事であるから鈴木は記憶してゐる限りを包まず話して遣つた。アメリカ人には興味を唆る歴史の裏面であつたらしく、UPが聴取した鈴木の談話は米國の新聞には大きく報道された由である。

長閑な晩年の日々

そんな事もありはしたが、樞密院を退いてから以後の鈴木の關宿隠棲は概して長閑であつた。東京に出る機會がある時は地元の有力者が貸してくれた自動車で、道路事情は未だ戰時中のままの田舎道傳ひであるが、まあ樂であつた。昭和二十二年の新年には一月八日にたか夫人同伴で宮中へ天皇の御機嫌奉伺に參上したし、續けて十三日には元宮相の石渡莊太郎、現宮相松平慶民、侍從長大金益次郎と共に皇居内の花陰亭で御夕餐の御相伴を仰せ付けられる事があつた。單獨での拜謁の機會は五月にもあつた。

この年の十二月には曾て內閣に列つて大臣を務め、前官禮遇を受けてゐる高位の人々、若槻禮次郎、岡田啓介、米內光政、財部彪、幣原喜重郎等計十二名と共に午餐の御陪食に與り、そのあと高松宮宣仁親王も加はつて茶會の席に參じたが、此が天皇から拜謁を賜つた最後の機會となつた。

上京の必要がない時は、郷里の風光を愛でて近隣の散歩を樂しむのを日課とする閑日月であつたが、昭和二十一年の或る日、モンペ姿で杖を突きながら近隣の寺の境内を散歩してゐる時、偶〻彫刻家の宮本重良がその姿を見かけて、人品骨柄只ならぬ人物と見た。寺の住職に話してみると、あゝそれは鈴木貫太郎閣下でせう、との話だつたので、宮本はその足で鈴木邸を訪れ、閣下の像を自分に彫らせて欲しいと頼みこんだ。鈴木は快く承諾し、宮本は暫く鈴木邸に通つて様々の姿勢の素描を試みた揚句、邊幅を飾らぬ鈴木にふさはしいモンペ姿の立像を木彫とすることにした。像材には楠の良木を選び、高さ三尺五寸、臺を入れて四尺の像が彫られて行つた。鈴木を敬愛する地元の人々もこの像の計畫を大いに喜び、醵金して宮本の制作を支援した。

本人もたか夫人もその風姿をよく寫し得た像の出來榮えには大いに滿足した。像の背後には、鈴木の愛讀書たる『老子』道德經の最終節である「信言は美ならず、美言は信ならず」から結びの一句〈天之道利而不害聖人之道爲而不爭〉（天の道は利して害せず、聖人の道は爲して爭はず）を彫りつけた。あの終戰工作の激動の日々に此も老子の言である〈大國を治むるは小鮮を烹るか如し〉を座右の銘とし、焦らず慌てず常に泰然として難局に處して來た鈴木には如何にもふさはしい像銘であつた。

散歩途上の鈴木の風格が彫刻家の制作欲に靈感を吹き込んだわけだが、その事は彼が漫然と低佪を樂しんでゐたわけではなかつたからである。彼の眼に映る田園の風景は、彼にとつてはこの窮乏の時代に於ける經綸の對象であつた。彼は利根川と江戸川との分流點に挾まれた關宿の地形が有する堤防の廣さに着目した。あの堤防の內側に擴がる約三百町歩の廣い遊休地を放置しておくのは勿體ないと考へた。彼は知人に北海道大學農學部出身の者が居たのを幸ひにその人に時々關宿の地に來て貰ひ、あの廣い堤防の裾地に牧草の種を蒔き、そこで牛羊を飼育するといふ着想を實現するための農事實驗とそのための農民の指導を依頼した。專ら水田耕作に執着する保守的な農民に新たに酪農の經營を教へ込むのはなか〳〵の難事であり、鈴木のこの遠大な計畫は彼の在世中には實現を見なかつたが、關宿の酪農業は後世次第に發展し、彼の死後になつて地元の人々は救國の宰相が農事に關しても有してゐた意外な先見の明に感謝する事となつた。

鈴木の催した農事の研究に贊意を表して福島縣から彼の許に來てゐた或る人が、自分の土地をも視察に來て貰ひたいと懇請してゐたので、昭和二十二年に鈴木は猪苗代湖を中心に會津地方に夫人同伴の小旅行をした。戰爭による疲弊はこの地方にも及んでゐて、何かと不自由の多い旅行ではあつたが、行く先々に舊軍時代の部下や鈴木の功績をよく理解した人々が訪ねて來て話がはづみ、夫妻は至つて愉快に一週間程の旅を樂しむことが出來た。これが鈴木にとつて最後の遠出となつた。

發病・自撰の法名

この年の夏に鈴木は首筋に腫物が出來、上京して東大病院で治療を受けた。それで腫物の方はどうやら治癒したが、とみに身心の疲勞を覺える様になつた。年末の二十二日には上記の如く前官禮遇を受けた舊大臣達と同席して天皇に最後の天機奉伺の榮を得る事が出來たのだが、明けて昭和二十三年になると彼の老憊は顯著になつて來た。屋外の散歩も億劫になり籠居の日が多くなつた。氣分の好い時には色紙に「洗心」の二字を揮毫して來訪の青年達に頒けてやる樂しみは續けてゐて、その數は五十枚を超えると言はれてゐるが、その機會も少くなつた。

衰弱の原因は肝臓に出來た癌であつた。鈴木は父の由哲が胃癌で死んでゐたので、自分も癌で倒れるのだらうとの豫感があつた。然し現在と違つて、然も邊鄙の地の事であり、肝臓の癌は檢診が難しく、本人はその事には氣が付かず、只衰弱の自覺から死期の近いのを豫感しただけであつた。

二月に入るとその豫感は濃厚となり、鈴木は自ら法名を作つておく事を考へた。一族の中でも飛び抜けて讀書家であり藏書家であつた弟の孝雄大將からの寄贈本も合せるとこの文庫の藏書量は一時大へんなものであつたといふ事だが、何といつても難しい書物が多く、利用者の數は寥々たるものであつたらしい。然しともかくも、鈴木はその由哲文庫から經書を借り出して來させ、あれこれと好字を探してゐたが、やがて「大勇院盡忠日貫居士」なる法名を自撰した。「貫」の一字は己の俗名を嵌入したので法名にはよくある樣式である。ついでにたか夫人の法名も作つておいてやらうとて、やはり「孝」の一字を入れて「貞烈院賢德日孝大姉」と撰した。「日」の字を共通にした所に夫婦の絆を記念する意圖が愼しく出てゐる。

父の由哲の藏書を基にして作つた併設の圖書室「由哲文庫」があつた。

この法名は實際に用ゐられるに當つては菩提寺である實相寺の住職が更に字數を加へて夫々「大勇院殿盡忠孝德日貫大居士」「貞烈院殿妙聞賢德日孝大姉」とされた。鈴木は自分の墓碑は父由哲のそれよりは大きくしてはならぬと固く遺言した人であるが、法名に於いて院殿・大居士號を名告るのは謂はば天下の認める所であつたであらう。

三月に入ると衰弱は更に激しくなり、たか夫人は東京から二・二六事件での重傷以來懇意になつてゐた鹽田博士の來診を求める事にした。博士は他ならぬ鈴木の事ならと、快く闕宿まで出向いて來て入念に診察してくれた。その結果、胃癌ではありません、と斷言したが、それは胃ではないが他の臟器が侵されてゐるとの含みである事は、現れてゐる病狀から明らかであり、又博士が敢へて開腹の診斷手術を言ひ出さなかつたことからも、手遲れで治癒の望みはない、との宣告である事も了解できた。

四月に入り望みをかけてゐた春の溫暖な日和が訪れても病狀に良い影響を與へてはくれなかつた。四月十一日に醫師が太鼓の如く腫れ上つた腹部から注射器で腹水を取ると洗面器一杯ほどの量になつた。その頃から少しづつ意識が混濁し始め、見舞客への應答も滞りがちとなつた。

鈴木の病が篤いとの報が諸方に傳はり、天皇・皇后・皇太后の三陛下が四月十四日に病氣お尋ねのため侍從の入江相政と侍醫の塚原伊勢松を鈴木邸に御差遣になり、お見舞の葡萄酒を賜つた。畏きあたりよりのお見舞の趣きを夫人が病人の耳元に口を寄せて告げたが、本人は病床から身を起さうとしても最早それだけの力はなく、頰を感激の涙で濡らしながら、唯天恩への感謝の念を言上する様侍從によく傳へてくれ、と夫人に言ふのがやつとの事だつた。

危篤の報が傳はつて親類縁者はもとより地元の崇拜者達が見舞に駈けつけ、十六日には客は家に入り切れず、庭に立つたまま深夜まで病人の看取りを續けてゐた。四月十七日の未明、夫人が觀音經を唱へ、大勢の人がそれに唱和する中で鈴木は今は苦痛の色もなく安らかに息を引取つた。

訃報は直ちに傳はり、その日のうちに天皇・皇后兩陛下よりの弔問使として鈴木菊男侍従が關宿の鈴木邸に差遣されて來た。二十日には、この時侍従次長に任ぜられてゐた貫太郎の長男一に喪中御尋として三陛下より菓子料の下賜があり、又同じ名儀で元東宮侍女であつた夫人のたかには果實罐詰が下賜された。

葬儀は四月二十三日に小石川の護國寺で齋行された。侍従の徳川義寛が兩陛下の御代拝に差遣され、又慣例通りに畏き邊りよりの祭粢料・供物・花等の下賜にも手厚いお心遣ひが示されてゐた。弔辭を讀んだのは當日葬儀委員長を務めた、海軍兵學校での一期後輩だつた岡田啓介元總理である。岡田の弔辭は、〈……顧みて故人なかりせば、祖國の命運果して如何なるものであつたらうかと思へば、今更の如く君が君國にとつて一大柱石であつたことを痛感せずには居られません〉との感懷で結ばれてゐるが、これは當日の會葬者一同の齊しく共感し痛切な哀悼の念を共に懷いたところであつたであらう。

鈴木の歿後、元來關宿の地に縁を有してゐたわけではなく、住んでからの歳月も淺いたか夫人は多少去就に迷ふ思ひもあつた。すると村人達がやつて來て、奥さんがずつと此處にお住みになるのでしたら、奥さんの食料くらゐは私共が生涯作つてさし上げます、と言ふのであつた。鈴木の家の前には多少の持地があつたが、さう申し出てくれた村人達は、それからは皆只働きで其處に野菜を作つてくれることになつた。小作契約をするでもなく、賃料を拂ふでもなく、夫人は必要な時にただそこへ野菜を穫りにゆけばよいのだつた。たかは嬉し涙にくれる思ひだつたが、地元の人々の厚意がいかにも有難く、甘んじてその恩に着ることにした。これも全て夫貫太郎の遺徳のなせる業であつた。さうして夫の墓を守りつつ、たかも靜かな晩年を關宿の地に過した。

主要參考文獻

一　本人の口述に基く筆錄類

鈴木一編『鈴木貫太郎自傳』（青木常磐筆錄）櫻菊會出版部刊　昭和二十四年十月（最重要の史料であるが、本文校訂の上でかなりの難がある。その點では次項も同様）

鈴木一編『鈴木貫太郎自伝』（筆錄者同前）時事通信社刊　昭和四十三年四月

小堀桂一郎校訂『鈴木貫太郎自伝』（原筆錄者同前）中央公論新社　中公クラシックス　平成二十五年七月（櫻菊會版を底本とし、本文校訂の上若干の付注を加へる）

鈴木貫太郎謹述『今上陛下御日常の一端』日本文化協會發行　昭和十五年十二月

鈴木貫太郎述『終戰の表情』勞働文化社刊　昭和二十一年八月「勞働文化」別册（前掲時事通信社版『自伝』に併錄）

二　單行の傳記

『鈴木貫太郎傳』鈴木貫太郎傳記編纂委員会編（高宮太平執筆）昭和三十五年八月

『鈴木貫太郎一周忌追悼錄』私家版速記錄　昭和二十四年四月

三　同時代人の回想記・關聯人物の傳記等

宮内庁編纂『昭和天皇実録』全十八巻・索引一巻　東京書籍　平成二十七年三月以降年二回二冊づつ刊行豫定、（大正十年から昭和二十三年までの間、直接の拜謁のみならず、昭和天皇と鈴木との接觸の全てに言及がある）

寺崎英成編著『昭和天皇独白録』文藝春秋　平成三年三月（參考に便利なのは平成七年七月刊同題の文春文庫版、寺崎の戰後日記は省略してある）

黒田勝弘・畑好秀編『昭和天皇語録』講談社学術文庫　平成十六年一月（同書の原本は昭和四十九年刊の單行本『天皇語録』）

伊藤正徳『大海軍を憶う』光人社　昭和五十六年十二月（現行光人社NF文庫　平成十四年四月）

池田　清『日本の海軍』上・下　朝日ソノラマ　昭和六十二年四月

野村　實『海戦史に学ぶ』文藝春秋　昭和六十年（文春文庫　平成六年）

鳥巣建之助『日本海軍失敗の研究』文藝春秋　平成二年（文春文庫　平成五年）

平間洋一『日英同盟』ＰＨＰ　平成十二年（角川ソフィア文庫　平成二十七年）

山上正太郎『第一次世界大戦』社会思想社　昭和六十年（講談社学術文庫　平成二十二年一月）

岡田貞寛編『岡田啓介回顧録』毎日新聞社　昭和五十二年十二月

石川泰志『佐藤鐵太郎海軍中将伝』原書房　平成十二年七月

惠隆之介『敵兵を救助せよ！』草思社　平成十八年七月（海軍兵學校長時代の鈴木の訓育についての類例寡少の好文獻）

木下道雄『側近日誌』文藝春秋　平成二年六月

木下道雄『宮中見聞録』日本教文社　平成十年一月

児島　襄『天皇』Ⅰ～Ⅴ　文春文庫　昭和五十六年四月～八月（二・二六事件前後についての文獻は夥しいが、本書では主として此に依據する。細部については次項）
迫水久常『機関銃下の首相官邸』恒文社　昭和三十九年八月（終戰工作段階に關しても必須の文獻）
同台経済懇話会編『近代日本戦争史』第1～4編　紀伊国屋書店発売　平成七年四月
伊藤隆編『高木惣吉　日記と情報』上・下　みすず書房　平成十二年七月
濱口雄幸『日記・随感録』みすず書房　平成三年三月
ジョゼフ・C・グルー、細入藤太郎譯『東京報告』日本橋書店　昭和二十一年一月
ジョゼフ・C・グルー、石川欣一譯『滞日十年』上・下　毎日新聞社　昭和二十三年十一月
阿川弘之『軍艦長門の生涯』新潮社　昭和五十二年十二月（新潮文庫　昭和五十七年）
高木惣吉『聯合艦隊始末期』文藝春秋社　昭和二十四年十月
高木惣吉『自伝的日本海軍始末記』光人社　昭和五十四年七月
伊藤正徳『帝国陸軍の最後』一～五巻　角川文庫　昭和四十八年（昭和三十五・六年初版）

四　特に、鈴木內閣の終戰工作關係資料

外務省編纂『終戰史録』新聞月鑑社　昭和二十七年五月（他社の版本もあるが、大冊ながら全一冊にまとめられた本版が参照に便利である）
『木戸幸一日記』上・下　東京大学出版会　昭和四十四年四月
木戸日記研究会編『木戸幸一関係文書』東京大学出版会　昭和四十年十一月
東郷茂徳『時代の一面』改造社　昭和二十七年七月（昭和六十年五月、東郷茂徳記念会編、原書房刊『外相東郷茂徳』に再録）

若槻禮次郎『古風庵回顧録』讀賣新聞社　昭和二十五年三月
重光　葵『昭和の動亂』中央公論社　昭和二十七年三月（中公文庫　平成十三年十月）
下村海南『終戰記』鎌倉文庫　昭和二十三年十月
下村海南『終戰祕史』講談社学術文庫　昭和六十年八月
保科善四郎『大東亞戰争秘史』原書房　昭和五十年八月
種村佐孝『大本営機密日誌』ダイヤモンド社　昭和二十七年三月
笹本駿二『第二次大戰下のヨーロッパ』岩波書店　昭和四十五年三月
五百旗頭真『日米戦争と戦後日本』講談社学術文庫　平成十七年五月
仲　晃『黙殺──ポツダム宣言の真実と日本の運命』上・下　日本放送出版協会　平成十二年七月（仲晃氏は長く共同通信の在外支局長を務めた人、第二次大戰の收拾工作の實相を究明した本書の貢獻については、堤堯氏が『昭和の三傑』の中で絕讚の辭を呈してゐる。本評傳の著者も、米英ソ三國の對日戰最終處理方式をめぐる狡獪な驅引、權謀術數の苛烈さの實態を剔抉する仲氏の筆力に感嘆した）
竹内修司『幻の終戦工作　ピース・フィーラーズ　１９４５夏』文春新書　平成十七年七月
Ch・A・ビーアド、開米潤監訳『ルーズベルトの責任』上・下　藤原書店　平成二十四年一月
藤井厳喜・稲村公望・茂木弘道『日米戦争を起こしたのは誰か　ルーズベルトの罪状・フーバー大統領回顧録を論ず』勉誠出版　平成二十八年一月
永野　護『敗戦真相記』自由國民社　昭和二十一年二月（平成十四年七月　バジリコ株式会社復刊）
鳥居　民『昭和二十年　第一部12木戸幸一の選択』草思社　平成二十年十二月
鳥居　民『原爆を投下するまで日本を降伏させるな　トルーマンとバーンズの陰謀』草思社　平成十七年六月
（本書はその題名が示す通り、原子爆彈を日本人に對して使用することを敢へて決定した二人の米國人の道

徳的責任を徹底的に追及したもので、歴史修正の試みとして劃期的な論策である。日本國民必讀の名著として推したい）
堤　堯『昭和の三傑』集英社インターナショナル　平成十六年四月
（著者の堤氏が「三傑」の第一に擧げてゐるのが鈴木貫太郎であり、此書の作因は專ら、鈴木の所謂「默殺發言」が原爆投下の悲劇を招いたとする巷間の謬説に向けての氏の義憤である。俗説打倒の氏の目的は、該書を以て完全に達成されてゐる。本評傳も此書に督勵されて成つた面がある）
讀賣新聞社編『昭和史の天皇』（一、二、三、七、三十卷）讀賣新聞社、昭和四十二～五十一年
東京12チャンネル報道部『証言・私の昭和史』一～五　旺文社文庫　昭和五十九年十一月～六十年一月
ロバート・ビュートウ、大井篤訳『終戦外史』時事通信社　昭和三十三年八月
エリス・ザカリアス、新岡武訳『日本との秘密戦』日刊勞働通信社　昭和三十三年十月
ジョン・エマーソン、宮地健次郎訳『嵐の中の外交官』朝日新聞社　昭和五十四年八月
アルバート・C・ウェデマイヤー、妹尾作太男訳『第二次大戦に勝者なし』上・下　講談社学術文庫　平成九年六月（ウェデマイヤー將軍が、アメリカの對中政策、對日政策を含めての國家的〈大戰略〉の上で犯した重大な失策として嚴しく批判してゐる諸點は、一九五一年五月三日米國上院軍事外交合同委員會に於けるマッカーサー證言と根柢に於いて共通である。アメリカの反省として實に興味深い）
高木惣吉『終戦覚書』弘文堂アテネ文庫　昭和二十三年三月
高木惣吉『私観太平洋戰争』文藝春秋　昭和四十四年五月
江藤　淳『もう一つの戦後史』講談社　昭和五十三年四月
保科善四郎・大井篤・末國正雄『太平洋戰争秘史』財団法人日本国防協会　昭和六十二年六月
（本書は終戰工作記録として極めて重要な「保科メモ」全文の淨書版を含んでゐる。保科自身は大東亞戰爭

の呼称で通したが、書名はこの表記となつた）

五　極東國際軍事裁判との關係で

東京裁判資料刊行會編『東京裁判却下未提出辯護側資料』第一巻　国書刊行会　平成七年四月（本巻Ⅱ「辯護側反證・一般段階」の部）

小堀桂一郎編『東京裁判　幻の弁護側資料』ちくま学芸文庫　平成二十三年八月（講談社学術文庫で初版を出した『東京裁判　日本の弁明』の新装再版であるが、この文庫での増補部分にウェデマイヤー将軍回顧録の項に記した、マッカーサー元帥の上院證言に見られる〈アメリカの反省〉の英語原文を新たに収録した）

あとがき

本書の刊行が成るについては、同じ「ミネルヴァ日本評伝選」に入つてゐる著者の前著『小堀鞆音――歴史画は故実に拠るべし』（平成二十六年九月）と、偶然ながらよく似た經緯を辿つてゐる。鞆音の評傳は、昭和五十七年春に宇都宮市の栃木縣立美術館で開催された鞆音の歿後五十年を記念する回顧展の圖錄に載せて貰つた長い解說文（昭和五十六年秋執筆）を、それから三十二年を經た後に緣あつて本評傳選中の一冊として、十分の增補を施した上で出版したものである。この鈴木貫太郎の評傳も、やはり昭和五十六年の秋、文藝春秋刊のオピニオン誌『諸君！』の編集長堤堯氏の慫慂により同誌の十一月號と十二月號に分載した歷史考證的エッセイがその原型である。この連載は翌昭和五十七年八月に文藝春秋から『宰相 鈴木貫太郎』との題で單行本として出版され、五年後の昭和六十二年八月には文春文庫の一冊となつて比較的よく普及したやうである。餘談ながらこの文庫本化に當り、畏友江藤淳氏が寔に懇篤な跋文を寄せて下さつた事が、同氏の早逝に對する痛惜の情と共に、忘れ難く懷しい思ひ出である。

さういふわけで、昭和五十七年に上梓した鈴木貫太郎の事蹟についての一書は、いつかは、同書で限定的に扱つた鈴木の終戰工作の考證といふ枠を超えて、生涯の評傳といふ形に擴大增補したいとの念願は夙にあつた。只、當時現役の國立大學教官の身分にあつた著者は、教育研究職としての公務に忙殺されるに加へて、學術論文を執筆する場合にも、どうしても己の專攻領域（比較文化論・日本思想史）からの要請を優先させるといふ必要に迫られ、近代日本海軍史といふ廣大な歷史世界への深入りを豫想させる鈴木貫太郎評傳の起稿にはなか〳〵踏み出すことが出來ぬままに荏苒と歲月が經過するだけであつた。

ところが、此が又然るべき御緣といふものであらうか。平成二十五年の春、著者は中央公論新社の舊知の編集係氏から思ひがけぬ委囑を頂戴した。卽ち本書の「はしがき」で言及してゐる昭和二十四年櫻菊會出版部刊『鈴木貫太郎自傳』を「中央クラシックス」叢書の一册として復刊するに當つてのその解說の執筆である。

輕い氣持で喜んでお引受けしてみると、これが實は容易ならぬ仕事であつた。櫻菊會刊の初版本は、これが鈴木の口述原文に最も近い、正統的な版本である事だけは間違ひないが、要するに本文校訂といふ作業を施した形跡の全く無い、未完成の稿本をそのまま印刷に付したといふだけの物であつた。その稿本の形のままではとても現今の書物の市場に市販本として提供するわけにはゆかない。そこで、直ちに解說文を草するどころではなく、先づ入念な本文校訂の作業が必須の要請である、と肚を決めて取掛つたのだが、これが卽ち本評傳の基礎工事に當る仕事なのだと氣がついたのは校訂に着手して間もない頃の事だつた。

全篇の一字一句についての校訂の勞などはこの稿で喋々すべきことではないが、中に素人にとつては難解乃至不可解の専門的海事用語や軍政・兵術に關はる語彙が少からず、その扱ひは疎かにはできない、文脈理解の鍵の如きものだつた。そんな時には辱知の第二十六代海上幕僚長古庄幸一元海將にお尋ねして正解を得、更には古庄提督の御紹介を通じて谷川清澄元佐世保地方總監部總監の御教示を得る事が出來たのは望外の幸せだつた。谷川海將は著者が質問票をお送りした平成二十五年に既に九十七歳の御高齢であつたが、その頭腦の明晰にして御教示の的確である事に著者は實に感嘆に堪へなかつた。因みに同海將は本書の第八章第2節で觸れてゐる、昭和十七年三月スラバヤ沖での驅逐艦「雷」による英海軍漂流將兵大量救出の義擧の際、工藤俊作艦長を補佐する航海長を務めてをられ、又悲劇のミッドウエー海戰には驅逐艦「嵐」水雷長として參加された歴戰の勇士である。

この様な專門家からの高度の御教示を忝うしての鈴木自傳の解讀と、文字に表現するところまでは要求されてゐなかつた潛在的な注釋の作業を無事果してみると、著者はこの事を通じてかねて念頭に去來してゐた鈴木評傳の執筆に大きな督勵を與へられた様な奮發を覺えた。

海軍軍人としての鈴木の經歴の敍述についてはこれで粗方の目途はついたのだが、結果として最も長い章をそれに充てる事になつた、終戰内閣の總理大臣としての鈴木の大事業に關しては、舊著との重複を避けるために、相當の注意が必要であらうとの豫想は夙にあつた。ところが實際にその章に筆を進めてみると、此は主要參考文獻の部で特に注釋を付けておいた四點の書を始めとして、著者の休筆の間に第二次世界大戰終戰史の研究は著しい深化と展開を成し遂げてをり、舊著の再録などでは現在では到底讀書界に通用しない、との研究史の現狀が眼に映る樣になつてゐた。

これは著者を困惑させるどころか、むしろ嬉しい刺激であつた。此等の新出の文獻を出來る限り渉獵するうちに著者は舊著の補訂の域を遙かに超えた、又新たなる文獻調べに沒頭を餘儀なくされ、別の新しい主題に取組むのに等しい程の新鮮な興味を懷くことが出來た。

注釋を付した四點の他にも、例へば『昭和天皇實錄』一つを取つてみただけでも、この實錄は、凡そ昭和天皇と鈴木貫太郎との何らかの接觸については、細大洩らさずとにかく書留めてあると思はれるのであるから、その記錄に拘泥《こだは》つてゐたら、鈴木評傳の分量がどこまで膨んでしまふか、示しがつかなくなる恐れがある。この場合、此度の試みはどこまでも評傳であつて、研究成果の提示なのではない、との格率を自分に課す事によつて比較的容易にけぢめをつける事は出來た。又この格率を課す事によつて、本來ならば捨て去るのは惜しい樣な傳記的な細部に亙る逸事・插話の類を思ひ切つて切り捨て、敍述の緊縮を圖る事も可能になつたと思はれる。

それにしても、結局全體としては御覽の通りの頁數を取つてしまつた。こんな鈍重な書物の公刊が果して讀書人達の歡迎を受け得るのかどうか、著者自身が危惧を覺える所であつたが、幸ひにして日本評傳選の中に森鷗外、小堀鞆音と、二卷の執筆を認めて下さつてゐるミネルヴァ書房が又しても鈴木評傳の企畫推進を快諾される運びとなつた。況して、鞆音評傳に續いて本書を擔當して下さる堀川健太郎氏の御配慮により、この三作目も、著者の平生の持論のままに全篇を正統表記の印刷で通す方針を認めて頂けた事は洵に有難い次第である。茲に特記して衷心からの御禮を申し上げる。

昭和五十七年の、鈴木の終戰工作に關する舊著の刊行以來、算へてみれば是亦三十四年といふ短からぬ歲月を經てゐる。かうして今ともかくも素志を果す事ができたのも不思議なめぐり合せである。これを可能にしてくれた不可視の恩寵に對しては、唯感謝の念を籠めて「お蔭樣で」とでも言ふより他ないのであらう。

平成二十八年九月吉日

著者

鈴木貫太郎略年譜

和暦	西暦	齢	本人事蹟	關聯事項
慶應三	一八六七		12・24和泉國大鳥郡久世村伏尾（現、大阪府堺市中區）の久世家陣屋にて鈴木由哲（通稱爲之助）、母きよの長男として出生。	
四	一八六七			1・3鳥羽伏見の戰。3・14五箇條御誓文。
明治元	一八六八	1		9・8明治と改元。
二	一八六九	2	夏の初め頃、泉州を去り東京に上る。小石川關口町久世山に寓居。	3・28東京奠都。6・17版籍奉還。
三	一八七〇	3	次弟孝雄出生。父由哲關宿藩少屬に任ぜられる。	
四	一八七一	4		7・14廢藩置縣。
五	一八七二	5	2月父の郷里關宿に歸る。3月關宿久世小學校入學。	12・3太陽暦採用。
六	一八七三	6	父由哲印旛縣十五等出仕。	9・13遣歐使節岩倉具視歸國。
七	一八七四	7		2・1佐賀の亂起る。
八	一八七五	8		11・1三菱商船學校開設。

九	一八七六	9		10・24神風連の亂。10・28萩の亂。
一〇	一八七七	10	由哲熊谷縣廳十四等出仕、一家前橋に移る。桃井小學校に轉校。	2・15西南戰爭起る。9・24西郷隆盛自刃。
一一	一八七八	11		8・23竹橋暴動事件。
一二	一八七九	12	前橋市曲輪町第十七番利根中學校（前橋中學校）に入學。	8・31明宮嘉仁親王誕生。
一三	一八八〇	13		7・5初の國產軍艦「磐城」竣工。
一四	一八八一	14		10・12明治二三年に國會開設の詔書。
一五	一八八二	15	新聞により海軍兵學校の生徒募集を知る。	1・4軍人勅諭下賜。
一六	一八八三	16	11月前橋中學を退學し上京、近藤眞琴の塾に入る。	11月所謂鹿鳴館時代始まる。
一七	一八八四	17	9・4海軍兵學校第十四期生として入學。	2月―11月高木兼寛「筑波」で兵食實驗航海を實施し、成功。12・15横須賀鎭守府開設。
一八	一八八五	18	兵學校在學。	
一九	一八八六	19	兵學校在學。	
二〇	一八八七	20	7・5海軍兵學校卒業。9・24少尉候補生として練習艦「筑波」で遠洋航海に出る。北米西海岸、タヒ	

			チ、ハワイを歴訪。	
二一	一八八八	21	8・1練習艦「天龍」乗組を命ぜられ、兵學校生徒の教育に當る。	8月海軍兵學校が築地から江田島に移轉。
二二	一八八九	22	5・15巡洋艦「高千穗」乗組を命ぜらる。6・22海軍少尉、砲艦「天城」分隊士。9・30巡洋艦「高雄」分隊士、艦長山本權兵衞大佐の知遇を得る。	2・11大日本帝國憲法制定公布。7・1呉、佐世保鎮守府開設。
二三	一八九〇	23	「高雄」乗組員として朝鮮國仁川に廻航、漢城での外交紛爭解決のため山本大佐に扈從する。12・15水雷術練習生として「迅鯨」乗組を命ぜられる。	1月朝鮮首都で「撤棧事件」生ず。11・29第一帝國議會。
二四	一八九一	24	7・7水雷術練習教程終了、7・23巡洋艦「金剛」分隊士。8・6「鳥海」分隊長として朝鮮沿岸警備に當る。閑暇多く、兵學書を耽讀す。	5・11大津事件、來日中のロシア皇太子ニコライ負傷。
二五	一八九二	25	8月「鳥海」分隊長として濟州島で日本人漁民の保護・救恤に當る。11・21任海軍大尉。	
二六	一八九三	26	7・25朝鮮沿岸警備の任を了へ佐世保歸着。11・8横須賀水雷隊攻擊部第一號艇艇長。	2・10官吏の俸給一割を建艦費に納付。
二七	一八九四	27	7・21對馬水雷隊攻擊部第六號艇艇長、横須賀を出て佐世保に廻航、對馬海峽警備に當る。10・2常備艦隊第三水雷艇隊に編入され、漸く實戰の場に臨む機會を得る。11・8旅順港攻擊に出動。	7・25豐島沖で清國と事實上開戰。8・1對清國宣戰の詔勅。9・17黃海海戰。11・21旅順陷落。

二八	一八九五	28	1・20威海衛に進出、30日港口防材破壊活動。2・4港內進入、水雷攻擊。3・14上崎上等兵曹自刃。3・23測量艦「海門」航海長。7・12臺灣に向け出航。澎湖島に基地を置き沿岸測量に從事。	3・20下關で日清講和會議。4・17下關條約調印。4・23三國干涉。5・10遼東半島還付の詔勅。6・7臺北占領。
二九	一八九六	29	3・8任務終了、佐世保に歸港。4・6練習艦「比叡」航海長。12・11「金剛」航海長。	3・31臺灣に總督府設置。10・1川崎造船所設立。
三〇	一八九七	30	3・30海軍大學校學生仰せ付けられる。4・6大沼とよと結婚。	5・21海軍造兵廠條令成立、9・24公布。
三一	一八九八	31	5・2海軍大學校將校科卒業。6・28任海軍少佐。12・8長女さかえ出生。12・19海軍大學校甲種教程卒業、軍令部第一局局員兼海軍省軍務局軍事課勤務。	6・30大隈・板垣內閣成立。11・8第二次山縣內閣成立。4・24米西戰爭起る、12月フィリピンはアメリカ領となる。
三二	一八九九	32	2・1海軍省軍務局軍事課僚專任となる、在任中マカロフ理論による長距離用水雷戰法の採用に反對し、責任課僚としての捺印を拒否し通す。5・25海軍大學校官に補せられ、陸軍大學校兵學教官、學習院教授囑託と併せ多忙を極む。	9・6アメリカ國務長官ヘイの中國門戶開放提議。9月前年來の義和團暴動が北支にまで擴大する。
三三	一九〇〇	33	3・16海軍大演習審判官陪從を仰せ付けられる。5・25海軍教育本部副官。10・15常備艦隊特命檢閲使を仰せ付けられる。	5・10皇太子嘉仁親王御成婚。5・19陸軍省・海軍省の官制改更、軍部大臣を現役武官に限る

				との制度規定が生ずる。6・2桂太郎内閣成立。
三四	一九〇一	34	7・29ドイツ國駐在武官を仰せ付けられ、9・7丹波丸にて横濱を出航、アントワープで下船、10・30ベルリン着、ドイツ語學習に專念する。11・27長男一《はじめ》出生。	9・7北清事變講和最終議定書に調印。
三五	一九〇二	35	6・11大使館付武官瀧川具和大佐に扈従し、ライン地方を經て21日ロンドン着、プリマスに向ひ、碇泊中の巡洋艦「高砂」に乗る。エドワード七世戴冠記念觀艦式は新帝の病氣で中止となり、ロンドンからスコットランドにかけての英國港灣・工業施設を視察する。7・13ロンドンを離れブリュッセル經由、エッセンのクルップ工場を訪れる。クルップの當主に歡迎され、7・18ベルリンに戻る。8・16中溝大佐と同道、ベルリンを發し、ヴィーン、ブダペスト、ザグレブ經由フィウメ、プーラ軍港に行く。以後はヴェネチア、ローマ、ナポリ、ポンペイと觀光旅行、ミラノ、チューリッヒを經て9・1ベルリンに歸る。	1・30日英同盟協約ロンドンにて調印。1月シベリア鐵道開通。5・30イギリスがボーア戦争を終了しトランスバール、オレンジ両國を併合する。10・28海軍擴張案閣議決定。
三六	一九〇三	36	3・1ハノーファーに移り語學研修に專念。5・10ヴィルヘルムスハーフェン軍港、ハンブルク視察旅	4・21山縣、伊藤、桂、小村の對ロシア策協議。5・23帝大教

			行、26日ベルリンに戻る。5・29キール軍港に行き、詳しい視察報告書を日本に送る。諜報工作的性格はない。8月から9月にかけ、デンマーク經由ロシアのクロンスタット軍港に行き鎮守府長官マカロフに會ふ。ベルリンに戻つて後、9月26日付で海軍中佐に進級の通知を受ける。序列につき深い不満を覚え、退官まで考へるも父の激勵書簡に接して翻意。12・28海軍大臣の至急電報によりイタリアのジェノヴァに急行する事となる。	授等七博士の對ロシア强硬策提言。7・26近衞篤麿、頭山滿等の對露同志會結成、强硬策主張。10・6小村壽太郎、ローゼン外相と日露交渉開始。10・12「萬朝報」が社説を主戰論に轉換。
三七	一九〇四	37	ジェノヴァにてアルゼンチン政府より購入した「春日」の回航委員として、僚艦「日進」と共に1・8出航、2・16横須賀に歸着、明治天皇の謁を賜る。同月「春日」副長に補せらる。4・4「春日」は第三艦隊に編入され、8・10黄海海戰に參加。9・12第五驅逐隊司令に任ぜらる。	2・6帝國政府、ロシアに交渉斷絶を通告。2・8仁川沖及旅順口でロシア艦を攻撃。2・10對ロシア宣戰布告。8・10黄海海戰。9・4遼陽占領。10・10沙河會戰。
三八	一九〇五	38	1・1の旅順陥落により、ドイツ領膠州灣に逃避したロシア驅逐艦の武装解除交渉に赴く。1・14第四驅逐司令に轉補。5・27未明の敵艦隊發見の報を受け、鈴木の驅逐隊はバルチック艦隊に随伴航行し主戰場に至る。午後二時砲戰開始、日沒後夜襲にかか	1・1旅順陥落・開城。3・10奉天大會戰に勝利。5・27日本海海戰に完勝。6・9アメリカ大統領セオドア・ルーズヴェルト日露講和勸告。8・10ポーツ

			り、戰果確實。28日欝陵島で沈沒ロシア艦の將兵を救恤。29日海戰からの最後の艦として佐世保に歸投。東郷司令長官から賞詞を受く。11・21海軍大學校教官。	マス講和會議開始。9・5日露講和條約調印。10・12桂・ハリマン協定、滿鐵共同經營の取消。12・20桂內閣總辭職。
三九	一九〇六	39	2・7陸軍大學校兵學教官に兼補。3・19驅逐隊水雷艇隊訓練法調査委員。10・22海軍教育本部部員に兼補。	1・7西園寺內閣成立。10・11サンフランシスコで日本人學童隔離決議。
四〇	一九〇七	40	1・3次女ミツ子出生。3・4水雷に關する諸規程調査委員。9・18海軍大佐に進級。	11・16日本人勞働者の移民制限につき日米紳士協約。
四一	一九〇八	41	9・1「明石」艦長に補せられ第二艦隊に所屬、廣島灣航行中に坐礁事故を起す。12月「明石」が第二艦隊に編入され、秋山眞之艦長の「音羽」と共に南支那沿岸の巡航に出る。	7・14西園寺內閣總辭職の後を承けて第二次桂內閣成立。
四二	一九〇九	42	上海、南京、香港、廣州灣等を巡航、澎湖島海域で危く坐礁事故を免れる。10・1練習艦「宗谷」艦長、11・21佐藤鐵太郎艦長の「阿蘇」と共に近海巡航の練習航海に出る。12・14歸航。	7・6閣議で韓國併合を決議。10・26伊藤博文ハルビン驛頭で暗殺される。
四三	一九一〇	43	2・1右の練習艦隊はフィリピン經由、オーストラリアに巡航、シドニー、タスマニア島、メルボルンに寄港、濠洲海軍との社交も經驗する。5・7フリ	4・15廣島灣で潛水艇沈沒、佐久間艇長以下十五人殉職。5・25大逆事件の檢擧始まる。8・

年号	西暦	年齢	事項	一般事項
			ーマントル碇泊中にイギリス皇帝エドワード七世崩御の報があり、艦隊は半旗を掲げ、弔砲を撃つ。5・9新帝ジョージ五世の即位宣言に接し、祝賀の皇禮砲を撃つ。シンガポールより香港に向ふ海上で「奉公十則」を作り候補生に示す。6・29呉淞出港時に、右の第十則を實地に示す事故未然防止の機に遭ふ。7・2練習艦隊は呉に歸投。7・25水雷學校校長に就任。	22韓國併合の日韓條約調印。11・29白瀬中尉の南極探檢隊出發。12・19徳川大尉代々木練兵場で三千米の飛行に成功。
四四	一九一一	44	12・1戰艦「敷島」艦長、第一艦隊に所屬。	1・18大逆事件判決。8・30第二次西園寺內閣成立。
四五 大正元	一九一二	45	7・30明治天皇崩御。とよ夫人の病重篤につき9・12横須賀所屬の豫備艦「筑波」艦長に轉補、惡評ありし「筑波」の風紀改善に努む。9・18とよ夫人三十三歳で死去。	7・30嘉仁親王踐祚。9・13乃木希典夫妻殉死。12・2閣議で二個師團增設案否決。12・5西園寺內閣總辭職。12・21第三次桂內閣成立。
二	一九一三	46	5・24海軍少將に昇任、舞鶴所屬水雷戰隊司令官に補せられ、訓練に勤しむ。8・10第二艦隊驅逐戰隊司令官に補せらる、旗艦「千歳」坐乘。12・1海軍省人事局長に轉補。	2・11桂內閣總辭職。2・20山本權兵衛內閣成立。6・13陸海軍省官制改革、大臣・次官を現役武官に限定する制度を廢止。
三	一九一四	47	4・17大隈重信內閣の海軍次官に任ぜられる。海軍	1・23シーメンス事件露顯。

			大臣は八代六郎中將。5・29シーメンス事件軍法會議判決、海軍關係者の有罪確定。5月山本權兵衞、齋藤實の二大海軍功勞者豫備役編入。6・20臨時議會で建艦豫算補充案の可決に成功。8・23對ドイツ宣戰布告に際會し、驅逐艦十隻新造案を構想、豫算獲得に成功。12月第二十五通常議會で八八艦隊建設計畫を説明。	3・24山本内閣總辭職。4・11皇太后陛下（昭憲皇后）崩御。4・16第二次大隈内閣成立。6・28オーストリア皇太子暗殺、サライエヴォ事件。7・28オーストリアがセルビアに宣戰し、第一次歐洲大戰勃發。8・4英國が獨逸に宣戰。
四	一九一五	48	6・7足立たかと結婚。11・10大正天皇卽位の御大典に大禮使參與として參列。	1・28對華二十一箇條要求提出。6・9二個師團增設案可決。
五	一九一六	49	6・24ロシア皇帝より贈與の聖アンナ第一等勳章を受領。	4・10鐵道廣軌改正問題協議、實現せず。10・9大隈内閣に代り寺内正毅内閣成立。
六	一九一七	50	5月父由哲の癌發病を確認、東京の官舍にて介護、6・21死去。その少し前、6月1日に海軍中將に昇進。4月に鈴木の建議で急造された輕驅逐艦八隻が輕巡洋艦「明石」を旗艦として地中海に進出、聯合國側商船の護衞に當り、多大の貢獻を爲す。9・1海軍次官を免ぜられ、練習艦隊司令官に補任。	2・15ロシアでニコライ二世退位宣言、ロマノフ王朝倒壞。11・2對中關係につき、アメリカとの間に石井・ランシング協定が成立、日本の特殊地位承認。
七	一九一八	51	3・2練習艦隊を率ゐ、旗艦「磐手」に坐乘、横須	1・8米國ウィルソン大統領の

			賀出港。4月サンフランシスコでの日米戰爭不可論の演說が好評を博し、反響も大きかつた。ロスアンジェルスの日本人會で、日本人居留民の覺悟について講演。ウィルソン天文臺に案內される。パナマで歡迎を受ける。ハワイでは眞珠灣に入る。トラック島を經て7・6横須賀歸港。9月大演習參加中に偶然飛行機事故で漂流中の大西瀧治郎大尉を救出。12・1海軍兵學校長に任ぜられ、江田島に赴任。	十四箇條教書發表。7・16ロシアでニコライ二世刑殺。8・2シベリア出兵宣言。8・3富山で米騷動起る。9・21寺內內閣總辭職。9・29原敬內閣成立。11・9ドイツ革命、ヴィルヘルム二世退位しオランダに亡命。
八	一九一九	52	8月兵學校五十期生より採用枠が倍增に近い三百人に擴大、校長として施設・教育內容の充實に盡瘁。	1・18パリ講和會議開く。7・20朝鮮・臺灣總督府官制改正、文官總督で可。
九	一九二〇	53	11・16皇太子裕仁親王陸軍大演習に行啓の途次、海軍兵學校を御視察、16・17兩日鈴木校長に賜謁。12・1兵學校長の任を解かれ、第二艦隊司令長官に補せられる。	5・25ニコライエフスク事件、日本軍人・居留民多數が虐殺される。11・1明治神宮鎭座祭。11・25戰艦「長門」竣工。
一〇	一九二一	54	8・31第二艦隊旗艦「金剛」に坐乘、訪歐旅行から御歸航の皇太子裕仁親王の御召艦「香取」隨伴艦「鹿島」を奉迎のため志布志灣から出航、種子島沖で北上中の御召艦隊と反航する形で奉迎を果す。10月大演習に參加、攻擊開始早急の講評を受ける。	3・3皇太子裕仁親王訪歐旅行に御出發。9・3皇太子歐洲より御歸國。11・4原敬首相暗殺される。11・13高橋是清內閣成立。11・25皇太子裕仁親王を攝

			12・1第三艦隊司令長官に補せられる。	政に冊立。12・13ワシントン會議にて日英同盟廢棄。
一一	一九二二	55	5・24舞鶴を出航、ウラヂオストックを經由アムール河口のニコライエフスクまでゆく。6月下旬攝政宮（皇太子裕仁親王）の北海道行啓を青森で奉迎し、還啓の航海は旗艦「日向」にて小樽から横須賀まで殿下に近侍して7月下旬歸航する。7・27吳鎭守府司令長官に補せられる。	2・6ワシントン會議にて中國に關する九箇國條約成立。6・12高橋內閣の後を承けて加藤友三郎內閣成立。6・24シベリア派遣軍撤退聲明。
一二	一九二三	56	5月加藤友三郎內閣に海軍大臣として入閣を請はれるも辭退し、代りに財部彪が就任する。過勞だつた加藤は8・24死去、山本權兵衛に大命降下、組閣が完了せぬうちに9・1關東大震災發生、9・2中央との通信杜絶狀態下に鈴木の獨斷專行を以て吳より救援物資運送の巡洋艦「平戶」が出航する。8・3海軍大將に昇任。	9・1關東大震災發生。9・2山本權兵衛內閣成立。12・27虎ノ門事件發生。12・29山本內閣引責總辭職。
一三	一九二四	57	1・27第一艦隊兼聯合艦隊司令長官に補せられ、旗艦「長門」に坐乘。演習費用につき村上格一海相の理解を得る。3月艦隊は支那大陸沿岸と臺灣に周航。3・30「長門」「陸奥」の大艦同士の曳航訓練で危く衝突事故を起しかける。7・15横須賀より九州南	1・7清浦奎吾內閣成立。4・15アメリカ合衆國で排日移民法案成立。5・31埴原駐米大使、米國務長官に排日移民法の制定につき抗議。6・11加藤高明內

			部に向ふ航海中に颱風の中心部を強行突破する。9・2、6標的艦「薩摩」、「安藝」の撃沈演習を指揮。同じ頃政治家達を招待し、「長門」で主砲一齊射撃の實驗展示を行ふ。10月大演習のため小笠原諸島に向け出航、日向灘で又しても颱風に遭遇。大演習は日米主力艦隊の遭遇戰との設想で實施、司令長官の鈴木は自信を抱く。12・1本職を免ぜられ軍事參議官に補せられる。	閣成立。11・24孫文が神戸で「大アジア主義」の演說。
一四	一九二五	58	3・5特命檢閱使を仰せ付けられる。4・15海軍軍令部長就任。秋大正天皇の天機奉伺の機を得る。	4・22治安維持法公布。5・5普通選擧法公布。
一五	一九二六	59	1月若槻禮次郎新內閣の大藏省主計局長河田烈を說伏し、造艦豫算成立の延引を撤回させる。12・25大正天皇崩御、葉山御用邸に參謀總長と共に伺候。	1・28加藤高明首相死去。1・30若槻禮次郎內閣成立。3・31長崎造船所で平賀讓設計の劃期的重巡洋艦「古鷹」竣工。
昭和元			12・25皇太子裕仁親王踐祚、昭和と改元。	
二	一九二七	60	5・28第一次山東出兵の議起る。鈴木軍令部長、國際協約遵守を盾に反對を唱へる。7・8山東出兵の上奏御裁可になる。9・8山東からの撤兵が完了する。10・20から25日にかけての海軍特別大演習で鈴木軍令部長は御召艦「陸奥」に坐乘、終始新帝昭和	4・17若槻內閣總辭職。4・20田中義一內閣成立。

三	一九二八	61	天皇の大演習統裁を輔翼申し上げる。4・19第二次山東出兵の閣議決定、鈴木軍令部長は今度は積極的に第二遣外艦隊の派遣を決める。5・3濟南で日本人居留民虐殺事件發生。6・4奉天で張作霖爆殺事件起る。11・10昭和天皇即位の御大典擧行。	6・9蔣介石麾下國民革命軍北伐を完了。8・27パリで不戰條約調印。12・29張學良の東北政權、國民政府に參加し統一政權成る。
四	一九二九	62	1・16珍田捨巳侍從長急死、後任に一木喜徳郎宮相が鈴木の就任を懇請する。1・22軍令部長を退任、豫備役に編入され、侍從長に任ぜられる。2・14樞密顧問官を兼任する。6・27田中義一首相の張作霖事件處理結果の上奏につき天皇が激怒される。6・28田中首相の辯明のための上奏を侍從長が取次がなかつたことが、侍從長による總理の上奏阻止との誤解をうむ。	6・26樞密院、パリ不戰條約を留保條件付きで批准。7・2田中內閣總辭職、濱口雄幸內閣成立。第二次幣原協調外交始まる。
五	一九三〇	63	ロンドン軍縮會議での條約締結に不滿の軍令部長加藤寛治が帷幄上奏の權限を行使して3・31に反對を上奏するとの山梨勝之進海軍次官の內報あり、鈴木は加藤を呼んでその非を諭す。此も侍從長による軍令部長の上奏阻止の例として歪曲されて洩れ傳はる。4・25第五十八議會でロンドン條約締結に關し、こ	4・22ロンドン海軍軍縮條約米英日佛伊五箇國調印。5・17米國がホーリー・スムート關稅法を施行。日本の輸出に大きな打擊を與へる。11・14濱口雄幸首相襲擊されて重傷を負ふ。

六	一九三一	64	れを內閣の統帥權干犯とする妄論が生ずる。9・18柳條湖の滿鐵線爆破事件起る。9・21林銑十郎麾下の朝鮮軍の越境進擊が生ずる。鈴木は林の獨斷專行を統帥權干犯と見、南陸相との間に意見の齟齬が生ずるも南が鈴木の理に服す。12月宮中と元老西園寺公望との間の連絡役を務め犬養毅を首班とする政友會內閣の成立に盡力する。	4・14濱口內閣の總辭職を承け第二次若槻內閣成立。7・2萬寶山事件。9・18滿洲事變始まる。12・13若槻內閣總辭職の後を承け、犬養毅內閣成立。
七	一九三二	65	1・8櫻田門事件（天皇暗殺未遂事件）起る。1・28第一次上海事變起る。3・3白川義則大將の停戰聲明。5・15犬養首相が青年將校グループに暗殺される。鈴木內心に深く怒る。	1・3關東軍錦州占領。1・7米スティムソンの滿洲新事態不承認政策宣言。5・26五・一五事件の後を承け齋藤實內閣成立。
八	一九三三	66	4・30白川大將の上海事變早期收拾の功績を嘉賞された御製を鈴木が白川大將の遺族に屆ける。12・23皇太子明仁親王誕生。	3・27國際聯盟脫退の詔書。5・31塘沽停戰協定。
九	一九三四	67	12・29ワシントン軍縮條約廢棄を通告。	7・3齋藤內閣總辭職の後を承け岡田啓介內閣成立。
一〇	一九三五	68	1・18美濃部達吉の天皇機關說が貴族院で突如問題化される。8・3岡田啓介內閣による第一次國體明徵聲明。10・15同右第二次聲明。11・9より19日まで鹿兒島、宮崎兩縣での陸軍秋季大演習への行幸に	8・1中國共產黨抗日救國統一戰線結成を宣言。

一一	一九三六	69	侍從長として供奉する。鈴木暗殺の噂が流れる。2・25駐日米國大使ジョセフ・グルーに晩餐に招かれ、齋藤實夫妻その他の賓客と共に興を盡す。2・26未明安藤輝三大尉指揮の叛亂軍一部隊に襲撃され瀕死の重傷を負ふ。4・6恢復して負傷以來初めての參內。4・13侍從長職に復歸する。11・20侍從長職を辭す。男爵に敍せられる。	2・26陸軍青年将校一派の叛乱事件發生。2・29右鎭壓。3・9廣田弘毅內閣成立。11・7新國會議事堂竣工。11・25日獨防共協定成立。
一二	一九三七	70	樞密顧問官專任として務める。1・12議定官に補せられる。12・1宮內省宗秩寮審議官を仰せ付けられる。	2・2林銑十郎內閣成立。6・4近衞文麿內閣成立。7・7盧溝橋事件、支那事變勃發。7・29通州事件。12・13南京占領。
一三	一九三八	71		7・11張鼓峰事件。
一四	一九三九	72	2月自傳の口述を始める。筆記者は青木常盤。	1・5平沼騏一郎內閣成立。8・30阿部信行內閣成立。
一五	一九四〇	73	6・24樞密院副議長に任ぜられる。7・5教育審議官總裁を仰せ付けられる。	1・16米內光政內閣成立。7・22第二次近衞內閣成立。11・10紀元二千六百年式典。
一六	一九四一	74		4・16日米交涉始まる。10・18東條英機內閣成立。12・8大東亞戰爭始まる。

一七	一九四二	75		6・5ミッドウエー海戰の敗北。
一八	一九四三	76		11・8大東亞會議開催。
一九	一九四四	77	8・10樞密院議長に任ぜられる（8月7日死去の原嘉道の後任）。8・21議定官に補せられる。8月樞府議長就任の記事を以て自傳の口述を終へる。	7・22東條內閣總辭職の後、小磯・米內連立內閣成立。11・24 B29による東京空襲始まる。
二〇	一九四五	78	4・5小磯・米內連立內閣總辭職の後を承け組閣の大命を拜する。4・7鈴木內閣成立。4・13米國大統領F・D・ルーズヴェルト急死の報に接し、同盟通信記者に追悼の談話を與へる。4・27陸海軍統合問題につき意見を述べ、同問題は沙汰止みとなる。5月國力の現狀調查と世界情勢の推移判斷につき調查報告書を提出せしむ。6・6右の報告書を資料として最高戰爭指導會議を開催する。6・8第八十七臨時帝國議會を開會。冒頭の施政方針演說の中で米國に對し和平交涉の用意ありとの暗號通信を發信する。6・11右の暗號通信が氣付かれて議會は大荒れの紛糾となる。鈴木一人泰然。6・22天皇御招請の首相、外相、陸海兩相、統帥部兩總長のみ出席の懇談會で、從來の方針を轉換し、和平工作を推進するとの暗默の了解が成立する。7・12右の和平工作の	2・14近衛上奏文奉呈。3・10東京下町大空襲。4・7戰艦「大和」坊ノ岬沖で沈沒。4・30ヒトラーがベルリンの地下壕で自決。5・2ソ聯軍ベルリンを占領。5・7ドイツ無條件降伏。6・18米國の對日最終作戰會議。席上原子爆彈の完成・使用が議題となる。6・26米英佛ソ四國國際連合憲章調印。7・16米、原子爆彈實驗に成功。7・17米・英・ソ三國ポツダムで戰後處理會談、重慶政府紙上參加。7・26米・英・華三國ポツダム宣言を發信。8・12米國

	具體化として近衛文麿を特使に命じソ聯政府に和平仲介依頼のため派遣する案につき、天皇御裁可、近衞も覺悟を決める。東郷外相及び佐藤尚武駐ソ大使經由の日本の申し入れをソ聯政府がはぐらかし續ける。7・26米英華三國共同宣言、ポツダムから放送電波に乘り始める。27日午前日本外務省が受信、内容の檢討が始まる。28日帝國政府は重要視せずと表明。8・6朝廣島市に原子爆彈投下される。8・9ソ聯が我が國に宣戰布告、越境侵略開始。長崎に二發目の原子爆彈投下される。ポツダム宣言の受諾をめぐつて閣議開催、午後十時休憩。宮中で最高戰爭指導會議を開く。8・10零時三分天皇陛下會議に臨御、午前二時頃共同宣言受諾の聖斷仰せ出だされる。午前三時閣議再開、聖斷を以て閣議決定となすと議決。午前七時、ポ宣言の條件付受諾の電信を海外に向け發信。8・12バーンズ回答到着。8・13バーンズ回答了承の可否をめぐり閣議紛糾す。8・14午前一一時天皇陛下直々の御召の形で御前會議、ポ宣言受諾の最終決定。午後一一時二五分、陛下の玉音による詔書朗讀の錄音。8・15陸軍繼戰派の將校、午	がバーンズ回答を發信。8・17東久邇宮內閣成立。8・30マッカーサー厚木に到着。9・22「降伏後における米國の初期對日方針」決定。9・27昭和天皇、マッカーサーを訪問。10・4GHQ「民主化」指令。10・5東久邇宮內閣總辭職。10・9幣原喜重郎內閣成立。11・6GHQ財閥解體指令。12・15GHQ神道指令。12・31GHQ修身・國史・地理の授業中止を指令。

			前一時近衛師團長森赳中將を殺害して叛亂を企つ。午前七時東部軍管區司令官田中靜壹大將により鎭壓される。午前五時半阿南惟幾陸軍大臣自決。午前五時、暴徒の一團小石川丸山町私邸に鈴木を襲擊、間一髮免れて本鄕の妹の邸に避難。午前一一時樞密院本會議で終戰手續の經過報告。正午終戰の詔勅玉音放送。三時五〇分內閣總辭職の辭表奉呈。夜內閣告諭を放送。總理としての公務全て完了。11・25亡父の故鄕關宿に歸住。12・15再度樞密院議長に任ぜられる。	
二一	一九四六	79	3・20米占領軍原案の日本國憲法草案が樞密院に諮詢される。5・13清瀨一郎來訪、極東國際軍事裁判所にポツダム宣言受信時の戰爭犯罪に關する日本政府の公式解釋につき宣誓供述書を作成する。6・8日本國憲法草案、美濃部達吉一人の反對はあれども樞密院で可決。6・13樞密院議長を退任する。	1・1新日本建設の詔書。1・4GHQ軍國主義分子の公職追放を指令。2・3マッカーサー、GHQ民政局に日本國憲法草案作成を指示。2・13同草案を日本國政府に手交。5・3極東國際軍事裁判開廷。5・22吉田茂內閣成立。
二二	一九四七	80	1・8たか夫人同伴で宮中に御機嫌奉伺に參內。1・13元・現宮內大臣、現侍從長等と共に皇居內花	5・20吉田內閣總辭職。6・1片山哲內閣成立。

			陰亭にて陪食仰せ付けられる。12月前官禮遇を受けてゐる元大臣等と共に陪食仰せ付けられ、此が賜謁の最後の機會となる。	
二三	一九四八	81	肝臓癌のため老憊が顯著となる。2月自分と夫人とのため法名を自撰する。3月二・二六事件での負傷以來懇意となつてゐた鹽田重廣博士の往診を受ける。間接的に絶望の診斷である事を悟る。4・17未明死去。4・23小石川護國寺で葬儀。岡田啓介元首相が弔辭奉讀。	2・10片山内閣總辭職。3・10芦田均内閣成立。

人名索引

あ 行

青山胤通　177
秋山眞之　103, 114, 122, 131, 152-154
安達謙藏　281
阿南惟幾　322, 323, 331, 377
安保清種　108
荒木貞夫　287, 293
有栖川宮威仁親王　128
有馬良橘　103
安藤輝三　293, 300, 301, 303
安藤信正　2
井伊直弼　2
石黒忠悳　16
伊集院五郎　63
一木喜德郎　258, 260, 262, 304
市來崎慶一　143
一條實輝　102
伊地知弘一　15
伊地知季珍（すえたか）　148
伊東祐麿　14
伊東祐亨　35, 45
伊藤常作　27
伊藤博文　8, 51
犬養毅　282, 290
井上馨　152
井上成美　143, 331
井上準之助　275
井上勝　167
井上良馨　30, 162
今井兼昌　39, 44, 48
入江相政　286
岩田豐雄　204
イワノフ　101
ウィトゲフト，ウィルヘルム　101
鵜澤聰明　167
內田一臣　211
內田嘉吉　227
內田康哉　218, 221
內田重成　167
梅津美治郎　331, 338
瓜生外吉　62, 124
エドワード七世　70, 141
汪兆銘　312
大井篤　204, 208, 210, 211
大浦兼武　166
大岡育造　157
大隈重信　157, 160, 174, 317
大西瀧治郎　195, 197, 386
大沼龍太郎　59
大山巖　38
岡市之助　176
小笠原長生　13
小笠原長行　13
岡田啓介　13, 21, 230, 258, 266, 299, 310, 316, 323, 383, 414, 419
小川平吉　266
小栗孝三郎　13, 21, 85
尾崎行雄　163
小澤治三郎　331

か 行

加瀨俊一（しゅんいち，スイス國駐在公使）　382
加瀨俊一（としかず，外務省北米課長）　388
片岡七郎　106

片岡直温　241
華頂宮博忠王　205
桂太郎　145, 163
加藤高明　152, 166, 174, 236, 317
加藤友三郎　61, 62, 110, 174, 179, 212, 214, 218
加藤寛治　259, 299
金谷範三　277
樺山資紀　54
上崎辰次郎　43, 47–51
上村彦之丞　35
河井繼之助　19
河井彌八　260
河田烈　242, 243, 318
川田瑞穂　384, 392
河端貞次　286
河邊虎四郎　331
木越安綱　149
岸信介　185
北白川宮能久親王　55
木戸幸一　310, 397
清浦奎吾　151, 221
清瀬一郎　407, 411, 412
清原康平　301, 303
工藤俊作　201, 203, 208, 211
久邇宮朝融王　205
久邇宮良子女王　221
クライマン，マックスウェル　327
栗林忠道　311
グルー，ジョセフ　300, 327, 341–343, 345, 347, 350, 351
クルップ，アルフレッド　71
クルップ，アルント　71, 72
クルップ，グスターフ　71, 72
小池正直　16
小磯國昭　309, 313, 314, 383
河本大作　261, 263
小園安名　210
近衛文麿　309, 316, 349, 383
コルチャコフ，アレクサンドル　205
コロム，フィリップ　26
近藤眞琴　11

さ　行

西園寺公望　262, 276, 283
西郷隆盛　8
齋藤七五郎　147
齋藤實　63, 145, 146, 149, 151, 162, 164, 304, 308
坂井三郎　109
坂井直　301, 303
迫水久常　321, 340, 345, 384
左近司政三　229, 345
佐藤市郎　185
佐藤榮作　185
佐藤鐵太郎　13, 108, 138, 146
鹽田重廣　304, 305, 418
重光葵　284, 313, 314
幣原喜重郎　246, 402, 414
信夫淳平　411
柴田敏夫　369, 370
柴山兼四郎　331
島田三郎　150
島村速雄　38, 113
朱熹　395
蔣介石　313
昭憲皇后　154
勝田主計　65, 66, 322
昭和天皇（裕仁親王）　173, 206, 221, 257
白川義則　246, 261, 263, 264, 266, 269, 284, 285
末次信正　226, 236
杉山元　313, 314
スクリバ，ユリウス　15
鈴木菊男　419
鈴木金次郎　301, 303

鈴木荘六　244, 245, 249, 251
鈴木大拙　360
鈴木孝雄　4, 38, 417
鈴木一　321, 330, 419
鈴木由哲　1-4, 11, 176-178, 417
スティムソン, H.　282, 343, 350, 351, 376
仙石貢　167
園田實　280

た　行

大正天皇（嘉仁親王）　125, 174
高木惣吉　211, 339, 360
高楠順次郎　374
高橋是清　299, 308
高松宮宣仁親王　205, 405, 414
財部彪　13, 21, 85, 218, 241, 268, 414
瀧川具和　68, 69, 76, 83, 86
竹下勇　13, 21, 85, 223
田中義一　168, 246, 253, 255, 261, 262, 267, 314
谷川清澄　31
谷口尚眞　174
張横渠　396
張作霖　255, 265
珍田捨巳　251, 257
土屋正直　260
デーニッツ, カール　333
出羽重遠　59, 125, 147
ドウーマン, ユージン　328
東郷茂徳　322-324, 337, 350, 377
東郷平八郎　98, 122, 164, 200, 233, 275
東郷正路　106, 107
東條英機　310, 316, 322, 383
東宮鐵男　265
徳川義寛　392, 419
徳富蘇峰　360, 361
外波内藏吉　62
豊田副武　331, 386
鳥居民　342, 348, 372
トルーマン, ハリー　348, 352, 354, 361-363, 370, 375, 376

な　行

仲晃　361, 371
中村悌次　211
中村松太郎　40
中村良三　227
中山定義　211
夏目漱石　82
奈良武次　251, 277
ニコライ二世　176
西田幾多郎　373
乃木希典　38
野中四郎　303
野村吉三郎　284, 286
野村貞　19

は　行

橋本左内　8
蓮沼蕃　249
長谷川才次　330, 385
鳩山一郎　271
花井卓藏　167
濱口雄幸　159, 160, 243, 267, 269, 272, 274, 284, 317
林權助　27, 28
林銑十郎　299
林甕臣　9
原敢二郎　239
原嘉道　307
原田熊雄　298
ヒトラー, アドルフ　333
平沼騏一郎　309, 316, 380, 383, 395, 397, 400
廣瀬武夫　13
廣瀬豊作　322
廣田弘毅　309, 310, 316, 324, 383

廣幡忠隆　305
フーバー，ハーバート　347-349
フォール，サムエル　201-203
福田耕　321
藤井較一　108, 113, 114
藤田尚徳　312
伏見宮貞愛親王　55
藤本秀四郎　63, 65
古川阪次郎　167
ベルツ，エルヴィン　15
ヘンリー，パトリック　8
ボイル（アームストロング社員）　90-92, 94
本多忠夫　177

ま　行

マカロフ，ステパン　62, 96, 103
牧野伸顕　258, 283, 299, 310
マコーレー，トーマス　25
眞崎甚三郎　298
町田經宇　216
マッカーサー，D.　400
松平恆雄　307, 324, 328, 339
松村菊男　103
松村龍雄　170
松本俊一　382, 388
松本烝治　401, 402
松本和　151, 163, 165
マハン，アルフレッド　26
マン，トーマス　330
三笠宮崇仁親王　405
三國一朗　369, 370
翠川鐵三　155
美濃部達吉　297, 405
宮澤俊義　402
宮本重良　415
陸奥宗光　51
村岡長太郎　263
村田保　163
明治天皇　177, 191, 381
惠隆之介　202, 203, 205, 207
本居宣長　9
森赳　393
森恪　248
森林太郎（鷗外）　10, 55, 177
諸井六郎　193

や　行

八代六郎　152, 154, 159, 161, 162, 196, 317
安岡正篤　392, 396
山縣有朋　8
山口一太郎　296
山下源太郎　236
山梨勝之進　230, 269
山内萬壽治　70
山本五十六　143
山本權兵衞　22-24, 59, 63, 95, 149, 151, 162, 164, 165, 221, 283
山屋他人　170
湯淺倉平　304, 307
湯地定監　38
吉田賢龍　200
吉田茂　401, 404
吉田松陰　8
吉田晴風　148
米内光政　247, 312-314, 331, 339, 377, 386, 414

ら・わ行

賴山陽　8, 273, 290
ラザラス，アリスティド　407, 412
李鴻章　48, 51, 52
ルーズヴェルト，F. D.　328, 330, 333, 342, 347, 348, 354
若槻禮次郎　159, 166, 246, 268, 274, 279, 282, 284, 309, 316, 383, 414
渡邊錠太郎　299, 308

事項索引

あ 行

アームストロング社　72, 90, 91
青葉　227
赤城　250
明石　106, 107, 121, 129, 130, 132–134, 142, 172
曉　97
アカプルコ港　192
安藝　213, 237, 238
秋津洲　41
朝霧　108, 118, 120, 123, 125
朝潮　69, 101
朝日　98, 99
淺間　25, 69, 118, 125, 162, 170, 180, 195, 197, 387
アスコーリド　101
阿蘇　134, 135, 137, 142, 143, 146, 230
吾妻　195
アプラキシン　123
天城　22
アリヨール　123
アントワープ港　361
威遠　45
硫黄島　311
威海衛　52, 123
――攻撃　35, 41
雷　201–203
いかづち（海上自衛隊）　202
生駒　102
和泉　115
出雲　108
伊勢　151, 169
嚴島　115
伊吹　172, 206
伊豫灘　234
磐手　180
インヴィンシブル　171
インフレキシブル　171
ヴィッカース社　151
ウィルソン天文臺　187
內廷廳舍御政務室　392
欝陵島　121
ウラヂオストック　214–216
ウラヂオストック艦隊　90
蔚山　121
英國皇帝戴冠祝賀觀艦式　69, 70
AP 通信　329, 341
越境將軍事件　63
エドガー　45, 46
エムデン　172
オアフ島　193
オーガスタ　361, 375
オーストリア皇太子夫妻暗殺事件　156
大筒頭取　2
オスラビア　89
小田式機雷　96
音羽　116, 133
鬼貫太郎　61
御文庫　379

か 行

『海軍』　204
海軍大學校　58–60
海軍兵學校　10, 13, 14, 21, 197, 207, 306, 419

カイザー・ヴィルヘルム・デル・グローセ　83
『海上權力史論』　26
『海戰論』　26
海門　52-57, 228
加賀　169
陽炎　104
加古　227
笠置　97, 101, 116
鹿島　211
春日　87, 89, 91-93, 95-97, 99, 101-103, 122, 213, 254
霞　101
香取　211
『漢書』　389
『頑蘇夢物語』　361
關東軍　255, 261, 263, 264, 338
關東大震災　219, 312, 317
キール軍港　76, 80
騎士道　201, 330
北上　227
『木戸幸一日記』　316, 357, 374, 388
衣笠　227
極東國際軍事裁判　406, 408, 410
霧島　147, 169, 211, 212, 224
きりしま（海上自衛隊）　202
キング・アルフレッド　89, 92
金鵄勳章　127, 176
『近思錄』　395
クーリー　94
球磨　227
鞍馬　170
クリスチャンサイエンスモニター　326
吳鎭守府　375
クロンスタット軍港　96
軍人勅諭　209
君側の奸　299, 300
慶應義塾　11
血盟團事件　284
ケルン大聖堂　68
原子爆彈　375, 376
『憲法義解』　273
五・一五事件　282, 288, 291
黃海海戰（日露戰爭）　102, 103, 107
航海法　11
皇室典範　405
膠州灣　106
皇道派　293
蛟龍丸　96
國際聯盟　281
國體　8, 9, 273, 274, 386
國體の護持　385, 386
御眞影　131
黑海艦隊　205
五島列島　195
コミンテルン　265
金剛（初代）　25, 58
金剛（二代）　151, 169, 172, 212, 224
近藤眞琴塾　11

さ　行

濟州島　27, 28, 113, 195
濟南事件　254
佐伯灣　231, 234
榊（地中海派遣二等驅逐艦）　172
佐賀關海峽　234, 235
相模灣　231
櫻田門事件　283, 286
佐世保鎭守府　56, 175, 220
薩摩　170, 237, 238
三國干涉　381
山東出兵　245, 248, 249
山東半島　246, 247, 253
シアネス軍港　70
GHQ　400-403, 405
シーメンス事件　150, 153, 161, 164, 166,

182
シェーンブルン離宮　73
敷島　99, 146, 147
侍従長　257, 258, 270, 271, 276, 283, 307
シソイベリキイ　120-122
『七書正文』　26
實相寺　417
幣原外交　283
シドニー　172
信濃丸　115
上海事變（第一次）　286
重慶工作　313
『十八史略』　7
『春秋左氏傳』　396
上奏　314
『昭和天皇實錄』　246, 249, 262-264, 314, 373, 379, 388, 391
『昭和天皇獨白錄』　222
白雲　120
不知火　103-105, 108, 120
しらね（海上自衛隊）　202
迅鯨　24, 25
神聖アンナ第一勳章　176
振天府　47
水雷術練習生　24
水雷隊攻擊部　29
樞密院　274, 378, 400, 401, 406, 414
スティムソン・ドクトリン　282
スラバヤ沖海戰　206
スワーロフ　84, 123
『正蒙』　396
セニャーウィン　123
セバストーポリ　105, 106
戰爭犯罪人　407
洗濯水兵　20
宗谷　134, 137, 141-145, 147
測量術　11
ソバダヴィア　87

た　行

第一艦隊　223, 224, 234
第一次歐州大戰　156, 169, 180, 317
第三艦隊　284
大正敎養派　207
大正デモクラシー　207
對ソ工作　340, 413
大東亞戰爭　309, 411
大同江口　34, 35, 41
第二艦隊　224, 236, 317
大日本帝國憲法　149, 150, 272, 278
大堡礁　135
臺灣海峽　93
臺灣總督府　178
高雄　22-24
高砂　69, 101
高千穗　21, 25, 40, 121
館山灣　231
多摩　227
丹波丸　65, 67
チェサレウィッチ　100, 101
千歲　97, 101, 116, 124, 145, 148, 157, 230
鳥海　25, 27-29, 58
張鼓峰事件　411
張作霖爆死（殺）事件　255, 260, 262
朝鮮海峽　113
朝鮮戰爭　34
超弩級　171
鎭海灣　108, 113, 122
青島（チンタオ）　176
筑波（初代，練習艦）　16-20
筑波（二代，巡洋艦）　147, 148, 170
對馬　121
テームズ河　70
鐵拳制裁　204
撤棧事件　23
鐵道改良之議　167

天皇機關說問題　296-298
天龍　20, 21
ドイツ東洋艦隊　171
東京丸　21
東宮大夫　257
統帥權干犯誹謗事件　63, 271, 275
同盟通信社　328, 329, 349, 368, 385
常磐　64
特別攻擊（特攻）　322, 387
德山灣　235
獨立革命　8
土佐　169
利根川中學校　7
豊橋丸　47
トラウトマン工作　354
虎ノ門事件　221, 283
ドレッドノート　171
ドンスコイ　121, 122

な　行

長門　99, 169, 224, 227, 229-231, 233, 237-240, 268
長良　227
名取　237
浪速　21, 40, 46, 121
ナバリン　120-123
ナヒモフ　120
新高　116
ニコライ一世（艦名）　123
日獨伊三國同盟　334
日露戰爭　72, 111
日進　87, 89, 90, 92, 93, 98, 99, 102, 172
日清講和　48
日清戰爭　35, 56, 57, 85, 204
二・二六事件　288, 291, 292, 306, 308, 327, 342, 418
『日本外史』 8, 273
『日本語原學』 9
日本國憲法　405, 406
『日本政記』 8, 9
日本放送協會　393
ニューヨークタイムズ　326, 329, 341, 352
ネボガトフ艦隊　123
ノモンハン事件　411

は　行

バーンズ回答　384, 386, 388, 389
排日移民法　221, 222
バス第二等勳章　176
バタビア　141
八八艦隊　151, 169, 179
八四艦隊　151, 161
八六艦隊　179
初瀨　96
バナナ士官　20
パリ不戰條約　409
バルチック艦隊　84, 107, 111, 112, 115, 121, 123
バルト海　83
榛名　169, 224, 279-281
漢口（武漢）　131
版籍奉還　4
比叡（初代，練習艦）　57-59
比叡（二代，巡洋戰艦）　169, 172, 224, 238, 250
ビキニ環礁　194
日向　151, 169, 213, 216
平戶　170, 219, 220
『武經七書』 26
富國强兵　11
富士　97, 99
武士道　201
扶桑　169, 211, 220, 224, 238
フライア　82
古鷹　227, 243, 254
『フレデリック大王傳』 25

文明開化　199
ペトロパヴロフスク　61, 84, 96
ペリリュー島　311
奉公十則　144, 145
鳳翔　197, 250
ホーエンツォルレルン　83
北越戰爭　19
北清事變（拳匪事件）　75, 248
戊辰の役　14
ポツダム宣言　355, 360, 362, 363, 369, 372, 377, 384, 407, 409-411
ホバート港　137
ボン大學　68
本土決戰　344, 374, 381

ま　行

マーシャル群島　194
前橋中學校　7, 9, 11
松島　38, 44
滿洲事變　279, 281, 287, 318, 411
三笠　99, 114, 118, 120
三田尻灣　134, 224
三井物產　151, 173
宮古　97
武藏　210, 224
無條件降伏　333, 352, 360, 364
陸奥　99, 169, 224, 227, 229-231, 237-239, 250-252, 257
叢雲　57, 104
村雨　118-120
むらさめ（海上自衛隊）　202
默殺　368-371
桃井小學校　5
モレノ　87

や　行

八重山　37
八島　64, 96
靖國神社　286
矢矧（初代）　170
矢矧（二代，大和と共に特攻出撃，沈沒）　322
八幡丸　115
山城　151, 169, 224, 238, 250
大和　197, 210, 224, 322
夕霧　104
UP 通信　329, 341, 413, 414
由良　237
揚子江　112, 130
橫須賀鎭守府　30
吉野　97
『能久親王事蹟』　55

ら・わ行

來遠　45
陸軍大學校　60
立憲政友會　155, 160, 246
柳條湖事件　276
遼東半島　53
旅順　61, 249
旅順口　36
旅順港　96, 98, 104, 105
旅順封鎖作戰　107
旅順要塞　107
ルシテリヌイ　107
レイテ島　309
聯合艦隊　45, 115, 122, 222, 223, 234, 235
鹿鳴館　14
ロシア太平洋艦隊（旅順艦隊）　96, 98, 100, 102, 104
鹿角嘴砲臺　42
ロマノフ王朝　176, 317
ロンドン海軍軍縮條約　267, 268, 271, 275
ワシントン軍縮條約　237
ワシントンポスト　326, 329, 341

《著者紹介》

小堀桂一郎（こぼり・けいいちろう）

1933年　東京生まれ。

1958年　東京大学文学部独文科卒業。

1961～63年　旧西ドイツ・フランクフルト市ゲーテ大学に留学。

1968年　東京大学大学院博士課程修了，文学博士学位取得。

東京大学助教授，同教授，明星大学教授を経て，
現　在　東京大学名誉教授。

著　書　『鎖国の思想――ケンペルの世界史的使命』（中公新書，1974年）。

『イソップ寓話――その伝承と変容』（中公新書，1978年）。

『宰相 鈴木貫太郎』（文藝春秋，1982年。同文庫，1987年）。

『和歌に見る日本の心』（明成社，2003年）。

『日本に於ける理性の傳統』（中央公論新社，2007年）。

『日本人の「自由」の歴史』（文藝春秋，2010年）〔以上三作「新日本学」連作〕。

『「國家理性」考』（錦正社，2011年）。

『萬世一系を守る道』（海竜社，2012年）。

『森鷗外――日本はまだ普請中だ』（ミネルヴァ書房，2013年）。

『小堀鞆音――歴史画は故実に拠るべし』（ミネルヴァ書房，2014年）。

『昭和天皇とその時代』（PHP 研究所，2015年），他多数。

ミネルヴァ日本評伝選
鈴《すず》木《き》貫《かん》太《た》郎《ろう》
――用うるに玄黙より大なるはなし――

2016年11月10日　初版第１刷発行　〈検印省略〉

定価はカバーに
表示しています

著　者　小　堀　桂一郎
発行者　杉　田　啓　三
印刷者　江　戸　孝　典

発行所　株式会社　ミネルヴァ書房
607-8494 京都市山科区日ノ岡堤谷町１
電話代表（075）581-5191
振替口座 01020-0-8076

共同印刷工業・新生製本

ISBN978-4-623-07842-4
Printed in Japan

刊行のことば

歴史を動かすものは人間であり、興趣に富んだ人間の動きを通じて、世の移り変わりを考えるのは、歴史に接する醍醐味である。

しかし過去の歴史学を顧みるとき、人間不在という批判さえ見られたように、歴史における人間のすがたが、必ずしも十分に描かれてきたとはいえない。二十一世紀を迎えた今、歴史の中の人物像を蘇生させようとの要請はいよいよ強く、またそのための条件もしだいに熟してきている。

この「ミネルヴァ日本評伝選」は、正確な史実に基づいて書かれるのはいうまでもないが、単に経歴の羅列にとどまらず、歴史を動かしてきたすぐれた個性をいきいきとよみがえらせたいと考える。そのためには、対象とした人物とじっくりと対話し、ときにはきびしく対決していくことも必要になるだろう。

今日の歴史学が直面している困難の一つに、研究の過度の細分化、瑣末化が挙げられる。それは緻密さを求めるが故に陥った弊害といえるが、その結果として、歴史の大きな見通しが失われ、歴史学を通しての社会への働きかけの途が閉ざされ、人々の歴史への関心を弱める危険性がある。今こそ歴史が何のためにあるのかという、基本的な課題に応える必要があろう。評伝という興味ある方法を通じて、解決の手がかりを見出せないだろうかというのも、この企画の一つのねらいである。

狭義の歴史学の研究者だけでなく、多くの分野ですぐれた業績をあげている著者たちを迎えて、従来見られなかった規模の大きな人物史の叢書として、「ミネルヴァ日本評伝選」の刊行を開始したい。

平成十五年（二〇〇三）九月

ミネルヴァ書房

ミネルヴァ日本評伝選

上代

*俾弥呼　古田武彦
*日本武尊　西宮秀紀
*仁徳天皇　若井敏明
雄略天皇　吉村武彦
継体天皇　若井敏明
*蘇我氏四代　遠山美都男
推古天皇　義江明子
聖徳太子　仁藤敦史
斉明天皇　武田佐知子
小野妹子・毛人　大橋信弥
*額田王　梶川信行
弘文天皇　遠山美都男
天武天皇　新川登亀男
持統天皇　丸山裕美子
阿倍比羅夫　熊田亮介
*藤原四子　木本好信
*柿本人麿　古橋信孝
*元明天皇・元正天皇　渡部育子
聖武天皇　本郷真紹
光明皇后　寺崎保広
*孝謙・称徳天皇　勝浦令子
藤原不比等　荒木敏夫
橘諸兄・奈良麻呂　遠山美都男
吉備真備　今津勝紀
*藤原仲麻呂　木本好信
道鏡　吉川真司
*藤原種継　木本好信
大伴家持　和田　萃
*行基　吉田靖雄

平安

*桓武天皇　井上満郎
嵯峨天皇　西別府元日
宇多天皇　古藤真平
醍醐天皇　石上英一
村上天皇　京樂真帆子
花山天皇　上島　享
*三条天皇　倉本一宏
藤原薬子　中野渡俊治
藤原良房・基経　瀧浪貞子
菅原道真　竹居明男
*紀貫之　神田龍身
源高明　所　功
*安倍晴明　斎藤英喜
藤原実資　橋本義則
*藤原道長　朧谷　寿
藤原伊周・隆家　倉本一宏
藤原定子　山本淳子
清少納言　三田村雅子
紫式部　竹西寛子
和泉式部　ツベタナ・クリステワ
大江匡房　小峯和明
*阿弖流為　樋口知志
坂上田村麻呂　熊谷公男
*源満仲・頼光　元木泰雄
平将門　西山良平
藤原純友　寺内　浩
最澄　吉田一彦
円珍　岡野浩二
*空也　石井義長
奝然　上川通夫
*源信　小原　仁
慶滋保胤　吉原浩人
*後白河天皇　美川　圭
式子内親王　奥野陽子
建礼門院　生形貴重
*藤原秀衡　入間田宣夫
平時子・時忠　元木泰雄
平維盛　根井　浄
守覚法親王　阿部泰郎
藤原隆信・信実　山本陽子

鎌倉

源頼朝　川合　康
*源義経　近藤好和
源実朝　神田龍身
*九条兼実　加納重文
九条道家　上横手雅敬
北条時政　野口　実
熊谷直実　佐伯真一
*北条政子　関　幸彦
北条義時　岡田清一
曾我十郎・五郎　杉橋隆夫
北条時頼　山本隆志
北条時宗　近藤成一
安達泰盛　山陰加春夫
平頼綱　細川重男
竹崎季長　堀本一繁
西行　光田和伸
鴨長明　浅見和彦
藤原定家　赤瀬信吾
*京極為兼　今谷　明
*兼好　島内裕子
重源　横内裕人
*運慶　根立研介
快慶　井上一稔
法然　今堀太逸
慈円　大隅和雄
明恵　西山　厚
*親鸞　末木文美士

恵信尼・覚信尼　西口順子
覚如　今井雅晴
*道元　船岡　誠
叡尊　細川涼一
*忍性　松尾剛次
*日蓮　佐藤弘夫
一遍　蒲池勢至
夢窓疎石　原田正俊
*宗峰妙超　竹貫元勝

南北朝・室町

後醍醐天皇　上横手雅敬
*護良親王　新井孝重
*赤松氏五代　渡邊大門
*北畠親房　岡野友彦
楠正成　兵藤裕己
*新田義貞　山本隆志
*光厳天皇　深津睦夫
足利尊氏　市沢　哲
*足利直義　亀田俊和
佐々木道誉　下坂　守
円観・文観　田中貴子
足利義詮　早島大祐
足利義満　川嶋將生
足利義持　吉田賢司
足利義教　横井　清
大内義弘　平瀬直樹
伏見宮貞成親王　松薗　斉
*山名宗全　山本隆志
細川勝元・政元　古野　貢
足利成氏　阿部能久
世阿弥　西野春雄
雪舟等楊　河合正朝
宗祇　鶴崎裕雄
*満済　森　茂暁
一休宗純　原田正俊
蓮如　岡村喜史

戦国・織豊

北条早雲　家永遵嗣
北条氏政　黒田基樹
大内義隆　藤井　崇
斎藤氏三代　木下　聡
*毛利元就　岸田裕之
*毛利輝元　光成準治
*今川義元　小和田哲男
六角氏五代　村井祐樹
*武田信玄　笹本正治
*武田勝頼　笹本正治
*真田氏三代　笹本正治
*三好長慶　天野忠幸
*宇喜多直家・秀家　渡邊大門
*上杉謙信　矢田俊文
島津義久・義弘　福島金治
*長宗我部元親・盛親　平井上総
吉田兼倶　西山　克
山科言継　松薗　斉
*雪村周継　赤澤英二
正親町天皇・後陽成天皇　神田裕理
足利義輝・義昭　山田康弘
織田信長　三鬼清一郎
豊臣秀吉　藤井讓治
*北政所おね　田端泰子
*淀殿　福田千鶴
前田利家　東四柳史明
*黒田如水　小和田哲男
*蒲生氏郷　藤田達生
*細川ガラシャ　田端泰子
伊達政宗　伊藤喜良
*支倉常長　田中英道
*長谷川等伯　宮島新一
顕如　神田千里
教如　安藤　弥

江戸

徳川家康　笠谷和比古
*徳川家光　野村　玄
徳川吉宗　横田冬彦
*後水尾天皇　久保貴子
光格天皇　藤田　覚
崇伝　杣田善雄
春日局　福田千鶴
宮本武蔵　渡邊大門
*池田光政　倉地克直
保科正之　八木清治
シャクシャイン　岩崎奈緒子
*田沼意次　藤田　覚
*二宮尊徳　小林惟司
末次平蔵　岡美穂子
*高田屋嘉兵衛　生田美智子
*林羅山　鈴木健一
吉野太夫　渡辺憲司
中江藤樹　辻本雅史
*山崎闇斎　澤井啓一
山鹿素行　前田　勉
*北村季吟　島内景二
伊藤仁斎　澤井啓一
貝原益軒　辻本雅史
松尾芭蕉　楠元六男
*ケンペル　B・M・ボダルト＝ベイリー
新井白石　大川　真
荻生徂徠　柴田　純
*雨森芳洲　上田正昭
石田梅岩　高野秀晴
白隠慧鶴　芳澤勝弘
前野良沢　松田　清
平賀源内　石上　敏
本居宣長　田尻祐一郎
杉田玄白　吉田　忠
木村蒹葭堂　有坂道子
*大田南畝　沓掛良彦
菅江真澄　赤坂憲雄
*鶴屋南北　諏訪春雄
良寛　阿部龍一
*山東京伝　佐藤至子
*滝沢馬琴　高田　衛
平田篤胤　山下久夫
国友一貫斎　太田浩司
シーボルト　宮坂正英
本阿弥光悦　岡　佳子
小堀遠州　中村利則
狩野探幽・山雪　山下善也
尾形光琳・乾山　河野元昭
*二代目市川團十郎　田口章子
伊藤若冲　狩野博幸
鈴木春信　小林　忠
*佐竹曙山　成瀬不二雄
葛飾北斎　岸　文和
酒井抱一　玉蟲敏子
孝明天皇　青山忠正
*和宮　辻ミチ子
徳川慶喜　大庭邦彦
島津斉彬　原口　泉
横井小楠　沖田行司
*古賀謹一郎　小野寺龍太
*永井尚志　高村直助
岩瀬忠震　小野寺龍太
*栗本鋤雲　小野寺龍太

大村益次郎　竹本知行
河合継之助　小川和也
西郷隆盛　家近良樹
*塚本明毅　塚本学
*月性　海原徹
*吉田松陰　海原徹
*高杉晋作　海原徹
久坂玄瑞　一坂太郎
*ペリー　遠藤泰生
ハリス　福岡万里子
オールコック　佐野真由子
アーネスト・サトウ　奈良岡聰智
緒方洪庵　米田該典

近代

*明治天皇　伊藤之雄
*大正天皇　F・R・ディキンソン
*昭憲皇太后・貞明皇后　小田部雄次
大久保利通　三谷太一郎
山県有朋　鳥海靖
木戸孝允　落合弘樹
井上馨　伊藤之雄
*松方正義　室山義正
北垣国道　小林丈広
板垣退助　小川原正道
長与専斎　笠原英彦

大隈重信　五百旗頭薫
伊藤博文　坂本一登
井上毅　大石眞
*井上勝　老川慶喜
*桂太郎　小林道彦
*渡邉洪基　瀧井一博
*乃木希典　佐々木英昭
星亨　小林道彦
林董　奈良岡聰智
*児玉源太郎　小林道彦
*高宗・閔妃　木村幹
山本権兵衛　室山義正
*金子堅太郎　松村正義
高橋是清　鈴木俊夫
小村寿太郎　簑原俊洋
*犬養毅　小林惟司
*加藤高明　櫻井良樹
牧野伸顕　小宮一夫
田中義一　黒沢文貴
内田康哉　高橋勝浩
石井菊次郎　廣部泉
平沼騏一郎　堀田慎一郎
*鈴木貫太郎　小堀桂一郎
宇垣一成　北岡伸一
*宮崎滔天　榎本泰子
*浜口雄幸　川田稔
幣原喜重郎　西田敏宏
関一　玉井金五
水野広徳　片山慶隆

広田弘毅　井上寿一
安重根　上垣外憲一
*グルー　廣部泉
*永田鉄山　森靖夫
東條英機　牛村圭
今村均　前田雅之
蔣介石　劉岸偉
石原莞爾　山室信一
木戸幸一　波多野澄雄
*岩崎弥太郎　武田晴人
伊藤忠兵衛　末永國紀
五代友厚　田付茉莉子
大倉喜八郎　村上勝彦
*安田善次郎　由井常彦
渋沢栄一　武田晴人
益田孝　鈴木邦夫
山辺丈夫　宮本又郎
武藤山治　阿部武司・桑原哲也
池田成彬　松浦正孝
西原亀三　森川正則
小林一三　橋爪紳也
大倉恒吉　石川健次郎
大原孫三郎　猪木武徳
*河竹黙阿弥　今尾哲也
イザベラ・バード　加納孝代
*林忠正　木々康子
*森鷗外　小堀桂一郎
*二葉亭四迷　ヨコタ村上孝之

夏目漱石　佐々木英昭
徳冨蘆花　半藤英明
巌谷小波　千葉信胤
樋口一葉　佐伯順子
*島崎藤村　十川信介
泉鏡花　東郷克美
上田敏　小林茂
*有島武郎　亀井俊介
永井荷風　川本三郎
北原白秋　平石典子
菊池寛　山本芳明
芥川龍之介　高橋龍夫
*宮沢賢治　千葉一幹
正岡子規　夏石番矢
高浜虚子　坪内稔典
与謝野晶子　佐伯順子
*種田山頭火　村上護
*斎藤茂吉　品田悦一
*高村光太郎　湯原かの子
石川啄木　先崎彰容
萩原朔太郎　エリス俊子
*原阿佐緒　秋山佐和子
*狩野芳崖・高橋由一　古田亮
*小堀鞆音　小堀桂一郎
竹内栖鳳　北澤憲昭
黒田清輝　高階秀爾
中村不折　石川九楊
横山大観　高階秀爾

*橋本関雪　西原大輔
小出楢重　芳賀徹
土田麦僊　天野一夫
岸田劉生　北澤憲昭
*山田耕筰　後藤暢子
松旭斎天勝　川添裕
中山みき　鎌田東二
佐田介石　谷川穣
*ニコライ　中村健之介
出口なお・王仁三郎　川村邦光
島地黙雷　阪本是丸
*新島襄　太田雄三
新島八重　佐伯順子
木下広次　冨岡勝
海老名弾正　西田毅
嘉納治五郎　クリストファー・スピルマン
柏木義円　片野真佐子
津田梅子　田中智子
*澤柳政太郎　新田義之
河口慧海　高山龍三
山室軍平　室田保夫
大谷光瑞　白須淨眞
*久米邦武　高田誠二
フェノロサ　伊藤豊
井上哲次郎　井ノ口哲也
三宅雪嶺　長妻三佐雄
*岡倉天心　木下長宏
志賀重昂　中野目徹

徳富蘇峰　杉原志啓
*竹越与三郎　西田　毅
内藤湖南・桑原隲蔵　礪波　護
*廣池千九郎　橋本富太郎
岩村　透　今橋映子
*西田幾多郎　大橋良介
*金沢庄三郎　石川遼子
柳田国男　鶴見太郎
厨川白村　張　競
天野貞祐　貝塚茂樹
大川周明　山内昌之
西田直二郎　林　淳
折口信夫　斎藤英喜
シュタイン　瀧井一博
*西　周　清水多吉
*福澤諭吉　平山　洋
成島柳北　山田俊治
福地桜痴　山田俊治
島田三郎　武藤秀太郎
田口卯吉　鈴木栄樹
*陸　羯南　松田宏一郎
黒岩涙香　奥　武則
長谷川如是閑　織田健志
*吉野作造　田澤晴子
山川　均　米原　謙
*岩波茂雄　十重田裕一
*北　一輝　岡本幸治
*穂積重遠　大村敦志

中野正剛　吉田則昭
*満川亀太郎　福家崇洋
エドモンド・モレル　林田治男
*北里柴三郎　福田眞人
高峰譲吉　木村昌人
田辺朔郎　秋元せき
*南方熊楠　飯倉照平
石原　純　金子　務
*辰野金吾　河上眞理・清水重敦
*七代目小川治兵衛　尼崎博正
ブルーノ・タウト　北村昌史

現代

昭和天皇　御厨　貴
高松宮宣仁親王　後藤致人
*李方子　小田部雄次
吉田　茂　中西　寛
マッカーサー　柴山　太
石橋湛山　増田　弘
重光　葵　武田知己
市川房枝　村井良太
*池田勇人　藤井信幸
高野　実　篠田　徹
和田博雄　庄司俊作
朴正熙　木村　幹

田中角栄　新川敏光
竹下　登　真渕　勝
*松永安左エ門　橘川武郎
鮎川義介　井口治夫
*出光佐三　橘川武郎
松下幸之助　米倉誠一郎
渋沢敬三　井上　潤
*本田宗一郎　伊丹敬之
井深　大　武田　徹
*佐治敬三　小玉　武
幸田家の人々　金井景子
*正宗白鳥　大嶋　仁
大佛次郎　福島行一
*川端康成　大久保喬樹
*薩摩治郎八　小林　茂
坂口安吾　千葉一幹
太宰　治　安藤　宏
松本清張　杉原志啓
安部公房　鳥羽耕史
*三島由紀夫　島内景二
井上ひさし　成田龍一
R・H・ブライス　菅原克也
柳　宗悦　熊倉功夫
バーナード・リーチ　鈴木禎宏
イサム・ノグチ　酒井忠康

熊谷守一　古川秀昭
川端龍子　岡部昌幸
藤田嗣治　林　洋子
*井上有一　海上雅臣
*手塚治虫　竹内オサム
古賀政男　藍川由美
*吉田　正　金子　勇
武満　徹　船山　隆
*八代目坂東三津五郎　田口章子
*力道山　岡村正史
*西田天香　宮田昌明
安倍能成　中根隆行
サンソム夫妻　平川祐弘・牧野陽子
和辻哲郎　小坂国継
矢代幸雄　稲賀繁美
石田幹之助　岡本さえ
*平泉　澄　若井敏明
*早川孝太郎　須藤　功
安岡正篤　片山杜秀
島田謹二　小林信行
田中美知太郎　川久保剛
前嶋信次　杉田英明
唐木順三　澤村修治
保田與重郎　谷崎昭男
*福田恆存　川久保剛
井筒俊彦　安藤礼二
佐々木惣一　伊藤孝夫
小泉信三　都倉武之

*瀧川幸辰　伊藤孝夫
矢内原忠雄　等松春夫
式場隆三郎　服部　正
*フランク・ロイド・ライト　大久保美春
*中谷宇吉郎　杉山滋郎
大宅壮一　有馬　学
今西錦司　山極寿一
清水幾太郎　庄司武史

*は既刊
二〇一六年十一月現在